LENGUA CASTELLANA 4

FRANCISCA EZQUERRA
EDUARDO GIMENO
JOAQUÍN MINDÁN

ESO

Programa
Concepción Arenal

BARCANOVA
INNOVA

» ÍNDICE

» PRESENTACIÓN Y ESTRUCTURA

Este proyecto consta de 9 unidades, de entre 28 y 32 páginas cada una. Cada unidad se estructura en los siguientes apartados: Club de lectura; Lengua y sociedad; Toma la palabra; Literatura; Gramática; Léxico; Ortografía; Dilo por escrito.

Índice de los apartados en que se divide la unidad.

Vocabulario con las definiciones de las palabras y expresiones más complicadas para facilitar la lectura del texto.

Se plantean unas preguntas previas, **Preparamos la lectura**, así como un **juego** de lengua para trabajar en grupo la comunicación oral.

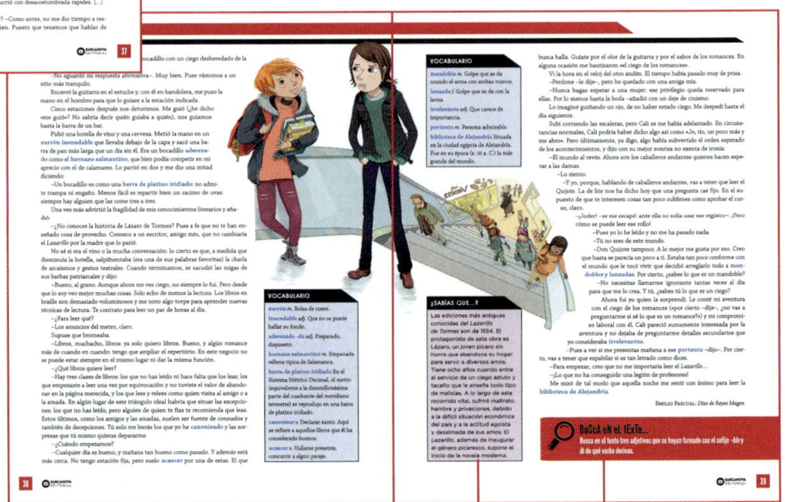

Cada **lectura** finaliza con un cuadro que incluye alguna información curiosa. Asimismo, **Busca en el texto** plantea una pregunta de comprensión literal.

Con el icono se indica que para resolver la actividad es necesario el uso del ordenador o acceder al espacio personal de la web *www.barcanova.cat*.

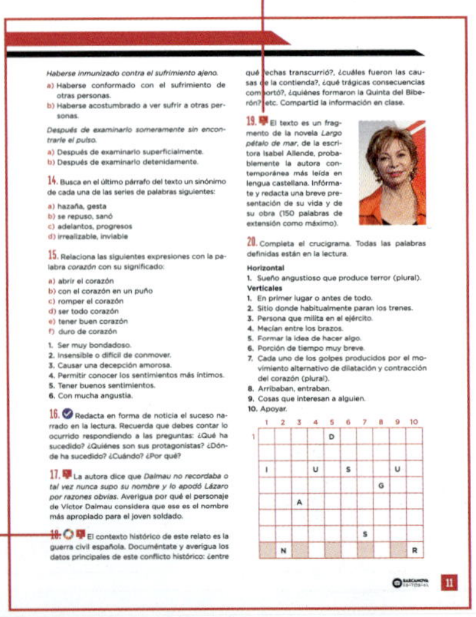

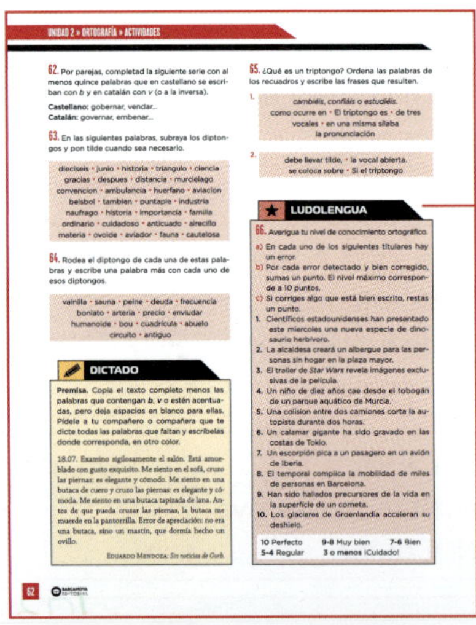

Para dar presencia a la gamificación, se incluyen actividades lúdicas: **Ludolengua**.

El símbolo señala que la actividad está relacionada con uno de los 17 Objetivos de Desarrollo Sostenible establecidos por Naciones Unidas.

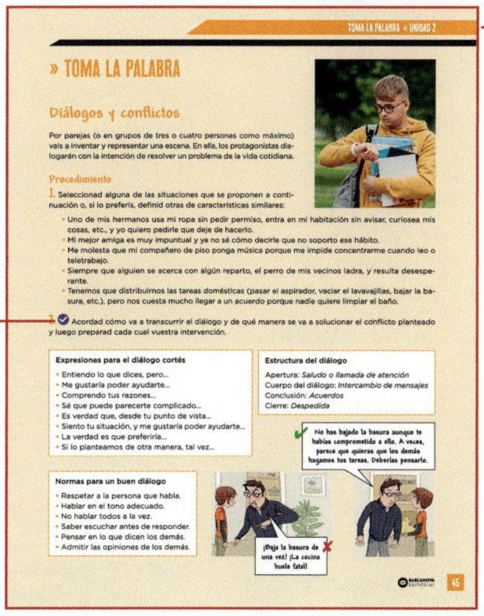

Con la finalidad de trabajar las dimensiones comunicación oral y expresión escrita se han creado dos apartados específicos en cada unidad: **Toma la palabra** y **Dilo por escrito** respectivamente.

Las actividades de gramática tienen en cuenta el **nivel de dificultad**.

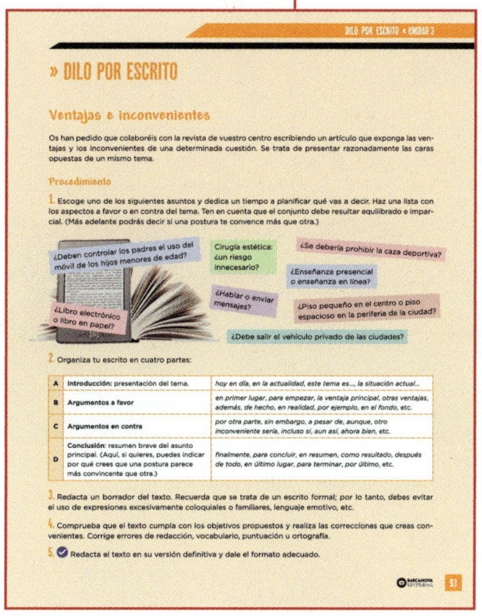

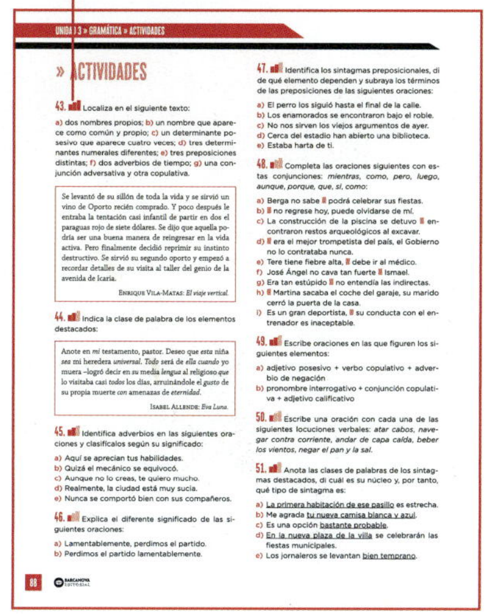

Este símbolo ✔ indica que es una actividad para evaluar por competencias y dimensiones.

En **Ponte a prueba** se propone una evaluación final de la unidad para conocer si se han asimilado de forma adecuada los contenidos.

Al final de cada trimestre, se propone un **Proyecto** para trabajar en grupo. Se puede realizar en varias sesiones seguidas o bien, ir preparándolos a lo largo del curso.

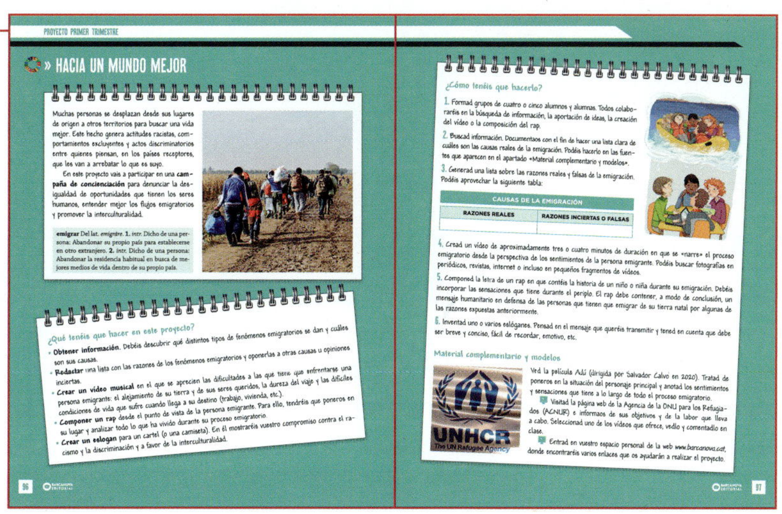

UNIDAD 1

Preparamos la lectura

1. ¿Te interesan los temas históricos? ¿Crees que se puede aprender del pasado para mejorar el presente?

2. En infinidad de ocasiones, el personal sanitario protagoniza historias heroicas en su tarea de cuidar de los demás. ¿Conoces alguna de ellas? ¿Has vivido de cerca algún suceso en el que la intervención de un sanitario haya resultado crucial?

★ TAUTOGRAMA

Vais a empezar el curso escribiendo un saludo o un mensaje de ánimo para vuestros compañeros. Pero con una condición: todas las palabras de la frase o del texto deben comenzar por la misma letra. Por ejemplo: «**C**omenzamos **c**uarto **c**urso **c**on **c**onfianza, **c**ontinuaremos **c**on **c**oraje, **c**oncluiremos **c**on **c**orazón». Pueden premiarse las frases más largas o las más ingeniosas.

» CLUB DE LECTURA

Un acto heroico

VOCABULARIO

quinta *f.* Conjunto de personas nacidas en el mismo año y, según el caso, llamadas a hacer el servicio militar o reclutadas para la guerra.

leva *f.* Reclutamiento de gente para el servicio militar.

inerte *adj.* Inmóvil y sin signos de vida.

posta *f.* Dispensario, puesto de atención médica.

El soldadito era de la **Quinta** del Biberón, la **leva** de niños reclutados cuando ya no quedaban hombres jóvenes ni viejos para la guerra. Víctor Dalmau lo recibió junto a otros heridos que sacaron del vagón de carga sin mucha consideración, porque había prisa, y tendieron como leños en esterillas sobre el piso de cemento y piedra de la estación del Norte, en espera de otros vehículos para llevarlos a los centros hospitalarios del Ejército del Este. Estaba **inerte**, con la expresión tranquila de quien ha visto a los ángeles y ya nada teme. Quién sabe cuántos días llevaba zarandeado de una camilla a otra, de una **posta** de campaña a otra, de una ambulancia a otra, hasta llegar a Cataluña en ese tren. En la estación, varios médicos, sanitarios y enfermeras recibían a los soldados, mandaban de inmediato a los más graves al hospital y clasificaban al resto según dónde estaban heridos —grupo A los brazos, B las piernas, C la cabeza, y así seguía el alfabeto— y los enviaban con un cartel al cuello al lugar correspondiente. Los heridos llegaban por centenares; había que diagnosticar y decidir en cuestión de minutos, pero el tumulto y la confusión eran solo aparentes. Nadie quedaba sin atención, nadie se perdía. Los de cirugía iban al antiguo edificio de Sant Andreu en Manresa, los que requerían tratamiento se mandaban a otros centros y a algunos más valía dejarlos donde estaban, porque nada se podía hacer para salvarlos. Las voluntarias les mojaban los labios, les hablaban bajito y los acunaban como si fueran sus hijos, sabiendo que en otra parte habría otra mujer sosteniendo a su hijo o a su hermano. Más tarde los camilleros se los llevarían al depósito de cadáveres. El soldadito tenía un agujero en el pecho y el médico, después de examinarlo someramente sin encontrarle el pulso, determinó que estaba más allá de cualquier socorro, que ya no necesitaba morfina ni consuelo. En el frente le habían tapado la herida con un trapo, se la habían protegido con un plato de latón invertido para evitar el roce y le habían envuelto el torso con un vendaje, pero de eso hacía varias horas o varios días o varios trenes, imposible saberlo.

Dalmau estaba allí para secundar a los médicos; su deber era obedecer la orden de dejar al chico y dedicarse al siguiente, pero pensó que si ese niño había sobrevivido a la conmoción, la hemorragia y el traslado para llegar hasta ese andén de la estación, debía de tener muchas ganas de vivir y era una lástima que se hubiera rendido ante la muerte en el último momento. Retiró cuidadosamente los trapos y comprobó asombrado que la herida estaba abierta y tan limpia como si se la hubieran pintado en el pecho. No pudo explicarse cómo destrozó el impacto las costillas y parte del esternón sin pulverizar el corazón. En los casi tres años de práctica en la Guerra Civil de España, primero en los frentes de Madrid y Teruel, y después en el hospital de evacuación, en Manresa, Víctor Dalmau creía haber visto de todo y haberse inmunizado contra el sufrimiento ajeno, pero nunca había visto un corazón vivo. Fascinado, presenció los últimos latidos, cada vez más lentos y esporádicos, hasta que se detuvieron del todo y el soldadito terminó de expirar sin un suspiro. Por un breve instante Dalmau se quedó inmóvil, contemplando el hueco rojo donde ya nada latía. Entre todos los recuerdos de la guerra, ese sería el más pertinaz y recurrente: aquel niño de quince o dieciséis años, todavía **imberbe**, sucio de batalla y de sangre seca, tendido en una esterilla con el corazón al aire. Nunca pudo explicarse por qué introdujo tres dedos de la mano derecha en la espantosa herida, rodeó el órgano y apretó varias veces, rítmicamente, con la mayor calma y naturalidad, durante un tiempo imposible de recordar, tal vez treinta segundos, tal vez una eternidad. Y entonces sintió que el corazón revivía entre sus dedos, primero con un temblor casi imperceptible y pronto con vigor y regularidad.

—Chico, si no lo hubiera visto con mis propios ojos, jamás lo creería —dijo en tono solemne uno de los médicos, que se había aproximado sin que Dalmau lo percibiera.

Llamó a los camilleros de dos gritazos y les ordenó que se llevaran de inmediato al herido a toda carrera, que era un caso especial.

—¿Dónde aprendió eso? —le preguntó a Dalmau, apenas los camilleros levantaron al soldadito, que seguía de color ceniza pero con pulso.

Víctor Dalmau, hombre de pocas palabras, le informó en dos frases de que había alcanzado a estudiar tres años de medicina en Barcelona antes de irse al frente como sanitario.

—¿Dónde lo aprendió? —repitió el médico.

—En ninguna parte, pero pensé que no había nada que perder...

—Veo que cojea.

—Fémur izquierdo. Teruel. Está sanando.

—Bien. Desde ahora va a trabajar conmigo, aquí está perdiendo el tiempo. ¿Cómo se llama?

—Víctor Dalmau, **camarada**.

—Nada de camarada conmigo. A mí me trata de doctor y no se le ocurra tutearme. ¿Estamos?

—Estamos, doctor. Que sea recíproco. Puede llamarme señor Dalmau, pero les va a sentar como un tiro a los otros camaradas.

VOCABULARIO

imberbe *adj.* Que todavía no tiene barba. Se refiere a que era muy joven.

camarada *m. y f.* En ciertos partidos políticos y sindicatos, correligionario o compañero.

El médico sonrió entre dientes. Al día siguiente Dalmau comenzó a entrenarse en el oficio que determinaría su suerte.

Víctor Dalmau supo, como supo todo el personal de Sant Andreu y de otros hospitales, que el equipo de cirujanos pasó dieciséis horas resucitando a un muerto y lo sacaron vivo del quirófano. Milagro, dijeron muchos. Avances de la ciencia y la constitución de caballo **percherón** del muchacho, rebatieron quienes habían abdicado de Dios y los santos. Víctor se hizo el propósito de visitarlo adondequiera que lo hubieran trasladado, pero con la prisa de esos tiempos le resultó imposible llevar la cuenta de los encuentros y desencuentros, de los presentes y los desaparecidos, de los vivos y los muertos. Por un tiempo pareció que había olvidado ese corazón que tuvo en la mano, porque se le complicó mucho la vida y otros asuntos urgentes lo mantuvieron ocupado, pero años más tarde, al otro lado del mundo, lo vio en sus pesadillas y desde entonces el chico lo visitaba de vez en cuando, pálido y triste, con su corazón inerte en una bandeja. Dalmau no recordaba o tal vez nunca supo su nombre y lo apodó Lázaro por razones obvias, pero el soldadito nunca olvidó el de su salvador. Apenas pudo sentarse y beber agua por sí mismo, le contaron la proeza de ese enfermero de la estación del Norte, un tal Víctor Dalmau, que lo trajo de vuelta del territorio de la muerte. Lo acosaron a preguntas; todos querían saber si acaso el cielo y el infierno existen de verdad o son inventos de los obispos para meter miedo. El muchacho se recuperó antes de que terminara la guerra y dos años más tarde, en Marsella, se hizo tatuar el nombre de Víctor Dalmau en el pecho, debajo de la cicatriz.

ISABEL ALLENDE: Fragmento de *Largo pétalo de mar*

VOCABULARIO

percherón -na *adj.* Caballo fuerte y corpulento, apropiado para labores de tiro.

¿SABÍAS QUE...?

La Quinta del Biberón es el nombre que se dio a los jóvenes soldados (menores de edad) que fueron reclutados por la República española entre 1938 y 1939, durante los últimos años de la Guerra Civil Española. Fueron llamados a filas unos 27.000 adolescentes cuando la derrota ya era inevitable. Al principio realizaron tareas auxiliares, pero pronto participaron activamente en la guerra. Más de 5.000 perdieron la vida.

BuScA eN eL tExTo...

¿Qué ciudades de entre las siguientes se mencionan en el texto: Madrid, Teruel, Zaragoza, Marsella, Manresa, Barcelona, Tarragona, Narbona?

» ACTIVIDADES

Comprensión de la lectura

1. ¿Dónde transcurre la acción?

2. ¿De qué manera se organiza la atención médica a los soldados? ¿Quiénes participan? ¿Se realiza ordenadamente o más bien reina el caos y la confusión?

3. ¿Qué le ha ocurrido al *soldadito*? ¿En qué estado se encuentra?

4. ¿Cuál es el pronóstico del primer médico que lo examina?

5. ¿Por qué Víctor Dalmau se detiene para atender al muchacho?

- Porque es solo un niño y siente mucha pena por su estado.
- Porque piensa que el chico tiene muchas ganas de vivir.
- Porque valora la herida y considera que no es demasiado grave.
- Porque cree que tiene suficientes conocimientos médicos para socorrerlo.

6. ¿Qué hace para salvar al muchacho?

7. ¿Cuánto tiempo llevaba Víctor Dalmau en la guerra? ¿Cómo la había sufrido él mismo?

8. ¿De qué manera el encuentro con el soldado herido cambió su vida? ¿Cómo continuó la guerra para Dalmau?

9. ¿Cuál fue el destino del soldado? ¿Cómo homenajeó a su salvador?

Expresión personal

10. Resume en un solo párrafo el argumento del texto que acabas de leer.

11. El texto es el primer capítulo de una novela. Enumera las diferencias y las similitudes entre una novela y un cuento.

12. ¿Cuál es el punto de vista narrativo? Selecciona una de las dos opciones siguientes y justifica tu elección con ejemplos:

a) Narrador externo. El narrador cuenta una historia que conoce. Utiliza verbos en 3.ª persona.
b) Narrador interno. El narrador cuenta una historia en la que participa. Utiliza verbos en 1.ª persona.

13. Señala qué opción refleja el sentido de las siguientes frases de la lectura:

Este recuerdo sería el más pertinaz y recurrente.

a) De entre todos los recuerdos, este sería el más persistente y reiterado.
b) De entre todos los recuerdos, este sería el más virulento y constante.

Haberse inmunizado contra el sufrimiento ajeno.

a) Haberse conformado con el sufrimiento de otras personas.
b) Haberse acostumbrado a ver sufrir a otras personas.

Después de examinarlo someramente sin encontrarle el pulso.

a) Después de examinarlo superficialmente.
b) Después de examinarlo detenidamente.

14. Busca en el último párrafo del texto un sinónimo de cada una de las series de palabras siguientes:

a) hazaña, gesta
b) se repuso, sanó
c) adelantos, progresos
d) irrealizable, inviable

15. Relaciona las siguientes expresiones con la palabra *corazón* con su significado:

a) abrir el corazón
b) con el corazón en un puño
c) romper el corazón
d) ser todo corazón
e) tener buen corazón
f) duro de corazón

1. Ser muy bondadoso.
2. Insensible o difícil de conmover.
3. Causar una decepción amorosa.
4. Permitir conocer los sentimientos más íntimos.
5. Tener buenos sentimientos.
6. Con mucha angustia.

16. Redacta en forma de noticia el suceso narrado en la lectura. Recuerda que debes contar lo ocurrido respondiendo a las preguntas: ¿Qué ha sucedido? ¿Quiénes son sus protagonistas? ¿Dónde ha sucedido? ¿Cuándo? ¿Por qué?

17. La autora dice que *Dalmau no recordaba o tal vez nunca supo su nombre y lo apodó Lázaro por razones obvias*. Averigua por qué el personaje de Víctor Dalmau considera que ese es el nombre más apropiado para el joven soldado.

18. El contexto histórico de este relato es la guerra civil española. Documéntate y averigua los datos principales de este conflicto histórico: ¿entre qué fechas transcurrió?, ¿cuáles fueron las causas de la contienda?, ¿qué trágicas consecuencias comportó?, ¿quiénes formaron la Quinta del Biberón?, etc. Compartid la información en clase.

19. El texto es un fragmento de la novela *Largo pétalo de mar*, de la escritora Isabel Allende, probablemente la autora contemporánea más leída en lengua castellana. Infórmate y redacta una breve presentación de su vida y de su obra (150 palabras de extensión como máximo).

20. Completa el crucigrama. Todas las palabras definidas están en la lectura.

Horizontal

1. Sueño angustioso que produce terror (plural).

Verticales

1. En primer lugar o antes de todo.
2. Sitio donde habitualmente paran los trenes.
3. Persona que milita en el ejército.
4. Mecían entre los brazos.
5. Formar la idea de hacer algo.
6. Porción de tiempo muy breve.
7. Cada uno de los golpes producidos por el movimiento alternativo de dilatación y contracción del corazón (plural).
8. Arribaban, entraban.
9. Cosas que interesan a alguien.
10. Apoyar.

	1	2	3	4	5	6	7	8	9	10
1					D					
	I			U		S			U	
								G		
			A							
							S			
		N								R

» LENGUA Y SOCIEDAD

1. El texto y sus propiedades

El **texto** es una **unidad lingüística**, oral o escrita, que tiene un **sentido total** independientemente de su extensión. Un texto puede estar constituido por una sola palabra (*Mañana*), por un sintagma (*Un amigo*), por una oración (*Papá ha dejado el coche en el garaje*), por un párrafo, por un capítulo, por un poema, etc.

Hay una gran variedad de textos: narrativos, descriptivos, dialogados, expositivos, argumentativos, instructivos, predictivos, jurídicos, académicos, etc.

1.1. Propiedades de los textos

Los textos deben ajustarse a una serie de condiciones, llamadas **propiedades textuales**. Son la **adecuación**, la **coherencia** y la **cohesión**.

La adecuación

La **adecuación** es la propiedad por la que un texto **se adapta a la situación comunicativa**. El registro lingüístico deberá tener presente el destinatario, el canal por el que se emite, la intención del emisor, la situación en que se produce, etc.

La coherencia

La **coherencia** es la propiedad que debe cumplir un texto para que todas sus partes tengan una unidad de contenido y den una **información ordenada con un sentido global**. La coherencia hace que todos los elementos del texto estén relacionados entre sí. El texto coherente cuenta con un **tema**, que es la idea general del texto, y con una **estructura**, es decir, la forma como se organiza la información.

Observa cómo el siguiente texto cumple las propiedades de adecuación y de coherencia:

Las reglas de coherencia

Para que un texto sea coherente, debe cumplir las reglas de coherencia:

- Repetir elementos relacionados con el tema.
- Aportar información nueva sobre el tema.
- Evitar contradicciones.
- Referirse a hechos del mundo real o de un mundo imaginario.

El registro utilizado es el estándar, como corresponde a una publicación divulgativa. Expone un tema que desarrolla de forma clara y progresiva; sigue un orden lógico, etc.

Inventores olvidados

Hay cosas tan sencillas y útiles que parece que siempre han estado ahí, que surgieron con el Big Bang, como los átomos de hidrógeno, y que ahí se quedaron a nuestra disposición. Es el caso del comando cortar y pegar, el famoso *cortaypega* que nos ha ahorrado tantos segundos, minutos o incluso años de vida.

Resulta que el *cortaypega* lo inventó un señor, Larry Tesler, científico computacional de Xerox, que falleció en febrero, antes de que la pandemia lo ocupara todo. Es curioso que casi nadie supiera quién había inventado unos comandos tan útiles: es un desconocimiento común en el mundo tecnológico.

SERGIO C. FANJUL, en *Retina*, suplemento n.º 31 de *El País*.

La cohesión

La **cohesión** es la propiedad por la cual **las partes de un texto se relacionan entre sí**: sintagmas con sintagmas, oraciones con oraciones, párrafos con párrafos, etc. Hay varios procedimientos para cohesionar un texto:

PROCEDIMIENTOS DE REFERENCIA	
DEIXIS	Uso de palabras que se refieren a elementos extralingüísticos: *aquí, ahora, yo, tú.*
ANÁFORA	Uso de palabras que reproducen elementos ya mencionados: *Estuve en Roma.* ***Allí*** *conocí a Rocío.*
CATÁFORA	Uso de palabras para referirse a un elemento que aparecerá después: *Te* ***lo*** *advertí: has vuelto a suspender.*
ELIPSIS	Supresión de elementos lingüísticos porque se sobrentienden: *Todos acudieron; yo, no (acudí).*

PROCEDIMIENTOS DE SUSTITUCIÓN LÉXICO-SEMÁNTICA

SINÓNIMOS	HIPERÓNIMOS/HIPÓNIMOS	PERÍFRASIS	METÁFORA	METONIMIA
gordura por *obesidad*	*árbol, planta, vegetal* por *roble, pino, encina*, o al revés.	*el autor de* Cien años de soledad por *G. García Márquez*	*serpiente multicolor* por *pelotón ciclista en línea*	*cuero* por *balón de fútbol*

PROCEDIMIENTOS DE CONEXIÓN

Se usan los **conectores** (o **marcadores discursivos**). Son **adverbios** o **locuciones adverbiales** y **conjunciones** o **locuciones conjuntivas** que organizan los segmentos de un texto y ayudan a interpretarlo correctamente.

ADITIVOS Y DE PARTICULARIZACIÓN	*aparte, de hecho, encima, además, sobre todo, asimismo, en realidad...*
ADVERSATIVOS Y CONTRAARGUMENTATIVOS	*al contrario, antes bien, en cambio, no obstante, sin embargo...*
CONCESIVOS	*aun así, con todo, de todas formas, en cualquier caso...*
CONSECUTIVOS E ILATIVOS	*así pues, consiguientemente, en consecuencia, entonces, por ende, por consiguiente, por tanto, pues...*
EXPLICATIVOS	*a saber, es decir, esto es, o sea...*
REFORMULADORES	*dicho de otra forma, de otro modo, más claramente...*
EJEMPLIFICATIVOS	*así, así por ejemplo, por ejemplo, verbigracia...*
RECTIFICATIVOS	*más bien, mejor dicho...*
RECAPITULATIVOS	*a fin de cuentas, al fin y al cabo, en conclusión, en definitiva, en síntesis, en resumen, en suma, resumiendo, total...*
DE ORDENACIÓN	*a continuación, en primer lugar, finalmente, para empezar, primeramente...*
DE APOYO ARGUMENTATIVO	*así las cosas, dicho esto, en vista de ello, pues bien...*
DE DIGRESIÓN	*a propósito, a todo esto, dicho sea de paso, entre paréntesis, por cierto...*

» ACTIVIDADES

21. Indica los referentes de los elementos destacados del siguiente texto:

> Una de las niñas rubias **que** hacía cabriolas con los pies paró las piruetas dudosa de mis movimientos. ¿Por qué estaba empujada a averiguar la vida de una mujer **que** estaba dirigiendo mi vida? Apostada en la puerta del 9 de Campagne Première, era como esos bañistas **que** se quedan en la orilla del mar esperando que Neptuno **les** dé las respuestas. La madre de las niñas **las** llamó desde la frutería y corrieron a ayudar**la** con las bolsas. Era evidente que vivían **allí**. Sin embargo, ¿cómo colarme con **ellas**? **Las pequeñas** me habían estado viendo rondar en **su** puerta como una vigilante sin un timbre claro para entrar.
>
> MÀXIM HUERTA: *Una tienda en París* (texto adaptado).

22. Señala los conectores del siguiente texto y di de qué tipo son:

> Así habían actuado con ella. Y así seguían actuando. Primero le habían hecho la vida imposible por haberse ido a vivir con un chico; luego porque, a pesar de haberse casado con él, no había querido tener hijos; más tarde, porque había decidido divorciarse; más tarde aún, porque se había metido en líos políticos; después, al final, porque había decidido abandonar la organización y salir de la cárcel.
>
> BERNARDO ATXAGA: *Esos cielos.*

23. ¿Por qué el siguiente texto no es coherente?

> Salimos muy temprano, casi de madrugada. Los lunes salgo de trabajar a las seis. Compartimos gastos en el viaje a Valencia. Íbamos Ana, Toni y yo. Esa autopista siempre tiene un tráfico infernal. Condujimos despacio, no teníamos prisa. El próximo lunes se acaban mis vacaciones.

24. Explica la ambigüedad de la siguiente secuencia gramatical: *No puedo ayudaros, pues me voy.*

25. Completa el siguiente texto con los conectores apropiados de entre los siguientes: *en una palabra, porque, en cambio, ahora bien, por ejemplo, de modo que, pero, porque, incluso.*

> No hay más remedio que elegir y aceptar con humildad lo mucho que ignoramos. Se puede vivir sin saber astrofísica, ni ebanistería, ni fútbol, ■ sin saber leer ni escribir: se vive peor, si quieres, ■ se vive. ■, otras cosas hay que saberlas ■ en ello, como suele decirse, nos va la vida. Es preciso estar enterado, ■, de que saltar desde el balcón de un sexto piso no es cosa buena para la salud; o de que una dieta de clavos (¡con perdón de los fakires!) y ácido prúsico no permite llegar a viejo. Se puede vivir de muchos modos pero hay modos que no dejan vivir. ■, entre todos los saberes posibles existe al menos uno imprescindible: el de que ciertas cosas nos convienen y otras no. ■ ciertas cosas nos convienen y a lo que nos conviene solemos llamarlo «bueno» ■ nos sienta bien; otras, ■, nos sientan pero que muy mal y a todo eso lo llamamos «malo».
>
> FERNANDO SAVATER: *Ética para Amador* (texto adaptado).

26. El siguiente texto reproduce una oferta de trabajo, pero resulta inadecuado. Escríbelo de acuerdo con un registro apropiado.

> Estamos buscando a gente que sepa inglés y alemán para cubrir un puesto de atención al público en un centro comercial. El que aspire al trabajo debe haber trabajado ya en un puesto más o menos igual. Tiene que tener el permiso de conducir y coche propio. El sueldo hay que hablarlo. Si necesita saber más cosas sobre la oferta, díganos algo escribiendo al correo electrónico infofer@gmail.com o haciendo una llamada al 555 444.

» TOMA LA PALABRA

Poesía en voz alta

Vais a componer poemas para participar en un concurso de poesía recitada. Como seguramente sabéis, se trata de una competición cuyos propósitos son compartir la poesía, expresarse poéticamente y escuchar a los demás.

Procedimiento

Las reglas para la composición y recitación de los poemas son muy sencillas:

a) Los textos tienen que ser propios.
b) No se permite utilizar música, accesorios ni disfraces. Solo importa la palabra hablada.
c) El tiempo límite de cada poema es de 3 minutos.
d) Los poemas pueden ser leídos o recitados de memoria.

Se acepta cualquier tipo de poesía (composiciones clásicas, poemas de verso libre, rap, etc.) y se puede tratar cualquier tema con libertad (siempre que no resulte intencionadamente ofensivo para los demás).

Se valorará tanto la declamación del poema como el poema en sí mismo. Es muy importante tratar de conmover al público y procurar que este participe en la interpretación.

Desarrollo del concurso

- El concurso comienza con un sorteo entre los participantes (toda la clase) para determinar el orden de actuación.
- A continuación, se eligen también al azar cinco personas que ejercerán de jurado. Los jurados puntuarán cada actuación del 1 al 10.
- El torneo se divide en tres «asaltos» o «rondas» (*rounds*). Después de la primera ronda, los cinco poetas con mayor puntuación pasan a la segunda. De esta segunda ronda, saldrán los dos que disputarán la final. El jurado puede cambiar en cada ronda.
- El ganador obtendrá un premio o algún reconocimiento por parte de todos.

Podéis grabar las actuaciones para comentarlas (evaluar los poemas, señalar los aciertos de la presentación, sugerir mejoras, etc.) y compartirlas.

» LITERATURA

1. La literatura y los géneros literarios

La **literatura** es el arte que emplea como medio de expresión la palabra, ya sea oral o escrita. Es una fuente de conocimiento que refleja la tradición y la cultura de un pueblo e informa de su historia, su ideología y sus valores. Además, la literatura reproduce con palabras las pasiones, los sentimientos y las vivencias de las personas.

En el texto del margen, el poeta mexicano Jaime Sabines muestra su amor —lleno de contradicciones— por su amada.

> Te quiero a las diez de la mañana, y a las once, y a las doce del día. Te quiero con toda mi alma y con todo mi cuerpo, a veces, en las tardes de lluvia. Pero a las dos de la tarde, o a las tres, cuando me pongo a pensar en nosotros dos, y tú piensas en la comida o en el trabajo diario, o en las diversiones que no tienes, me pongo a odiarte sordamente, con la mitad del odio que guardo para mí.
>
> JAIME SABINES: *Diario y semanario y poemas en prosa.*

1.1. La comunicación literaria

La literatura es un **acto de comunicación** peculiar cuyo objetivo no es práctico o instrumental, sino que en él predomina una finalidad artística o estética, pues es el resultado de una creación desinteresada de un autor con la voluntad de proporcionar un placer estético.

COMUNICACIÓN LITERARIA				
Canal: oral o escrito. Se presenta en distintos soportes (libro tradicional o digital, representación teatral, etc.).				
EMISOR		MENSAJE		RECEPTOR
Persona dotada de un buen dominio del idioma y de un bagaje cultural amplio. Crea el mensaje de manera unidireccional y sin saber quién será el receptor.	**Codificación** con una finalidad estética.	Obra destinada a perdurar en el tiempo. De extensión variable.	**Descodificación** para entender el sentido original. Pueden generarse múltiples interpretaciones de la obra.	Universal (lector, oyente o espectador). Activo: decide en qué momento se produce la comunicación.
Código: el mismo idioma (usado habitualmente en un registro culto o formal) en el que se seleccionan y combinan palabras de manera llamativa y poco usual.				
Contexto o situación: no es compartido por emisor y receptor. Conocer las circunstancias en que se crea la obra (personales, generacionales, culturales, históricas, etc.) es fundamental para interpretarla bien, así como entender las normas poéticas del período, el estilo personal del autor y el género literario al que pertenece.				

1.2. El lenguaje literario

El **lenguaje literario**, propio de los textos literarios, es aquel que, alejándose del uso práctico del idioma (pedir, preguntar, mandar...), pretende proporcionar un placer estético al lector, oyente o espectador gracias a combinaciones sorprendentes de palabras.

El texto literario aspira a la novedad, a la sorpresa, pues el autor se preocupa no solo por lo que se dice, sino, sobre todo, por cómo se dice. Por esa razón, en la literatura predomina la **función poética del lenguaje**, aquella en que se muestra la voluntad de forma del autor y la búsqueda de la belleza. Compruébalo comparando los dos textos siguientes: el primero es de carácter científico, y el segundo, literario.

El gato (*Felis catus*) es un mamífero pequeño, principalmente carnívoro, que pertenece a la familia de los felinos. Tiene uñas retráctiles, dientes afilados, oído y olfato bien desarrollados, una notable visión nocturna y un cuerpo fuerte, musculoso y flexible. En libertad, son excelentes cazadores y, en cautividad, aunque su carácter es solitario, son magníficos animales de compañía. La esperanza natural de vida del gato es de unos 15 años.

Se describe en prosa cómo es este felino de manera objetiva, ordenada y clara. Es una **descripción objetiva**.

Oh pequeño
emperador sin orbe,
conquistador sin patria,
mínimo tigre de salón, nupcial
sultán del cielo
de las tejas eróticas,
el viento del amor
en la intemperie
reclamas
cuando pasas
y posas
cuatro pies delicados
en el suelo,
oliendo,
desconfiando
de todo lo terrestre,
porque todo
es inmundo
para el inmaculado pie del gato.

PABLO NERUDA: *Oda al gato*.

El autor elige el **verso** como modo de expresión lingüística y emplea numerosas figuras retóricas, con juegos sintácticos y semánticos, para llamar la atención sobre el propio lenguaje: metáforas (*pequeño emperador sin orbe*; *mínimo tigre de salón*), paronomasia (*pasas y posas*), etc.

El escritor utiliza numerosos artificios para conseguir una expresión innovadora y atractiva. Para ello juega con algunos recursos:

- La combinación de palabras de forma inesperada e inusual.
- El valor plurisignificativo y connotativo de las palabras.
- La selección de palabras sugerentes y llamativas.
- Los sentidos figurados de las palabras.
- La invención de nuevos términos.
- La búsqueda de ritmos marcados.

Estas técnicas, conocidas desde antiguo, reciben el nombre de **recursos expresivos** o **figuras retóricas**. Aunque pueden aparecer también en la lengua cotidiana, nunca lo hacen en número tan abundante y con tantas variaciones como en un texto literario.

En tu espacio personal de la web *www.barcanova.cat* encontrarás una relación de los principales recursos expresivos o figuras retóricas.

1.3. La prosa y el verso

El lenguaje literario puede expresarse en prosa o en verso. La **prosa** es la forma de expresión natural del lenguaje. Por el contrario, el **verso** es una forma artificial de expresión con la que se consigue un ritmo y una musicalidad muy marcados. El desvío del uso común de la lengua es mayor cuando se emplea el verso.

La métrica

La **métrica** es el arte que estudia la medida o estructura de los versos, sus clases y las distintas combinaciones que pueden formarse con ellos.

Para medir un verso, hay que contar su número de sílabas recordando lo siguiente:

- Si la última palabra del verso es aguda, se cuenta una sílaba más: *yo te la diré, se**ñor*** (7 + 1 = 8 sílabas).
- Si la última palabra del verso es esdrújula, se cuenta una sílaba menos: *mueve luces melan**có**licas* (9 – 1 = 8 sílabas).

Cesura y hemistiquios.

Los versos de arte mayor compuesto suelen tener una pausa en el medio, llamada **cesura**, que divide al verso en dos **hemistiquios**. Cada hemistiquio debe medirse como si fuera un verso independiente. Compruébalo en estos versos de Rubén Darío:

¿Te sientes con la sangre // de la celeste raza
7 + 7 → 14
que vida con los números // pitagóricos crea?
7 (8 – 1) + 7 → 14

También debemos tener presentes fenómenos como **sinalefa**, la **diéresis** y la **sinéresis**:

- La **sinalefa** es la unión de la vocal final de una palabra y la inicial de la siguiente en una sola sílaba: *A cazar va el caballero* (8 sílabas).
- La **diéresis** es la pronunciación de un diptongo como si fuera un hiato. Se indica con el signo ortográfico (¨): *Oh siempre gloriosa patria mía* (11 sílabas).
- La **sinéresis** es la pronunciación de un hiato como si fuera un diptongo: *tr**áe**me nuevas de mi esposa* (8 sílabas).

Los versos de **arte menor** son los que tienen ocho sílabas o menos. Si tienen rima, esta se marca con letras minúsculas. Los versos de **arte mayor** son los que tienen nueve sílabas o más. Su rima se indica con letras mayúsculas.

VERSOS DE ARTE MENOR (hasta 8 sílabas)
2 bisílabo
3 trisílabo
4 tetrasílabo
5 pentasílabo
6 hexasílabo
7 heptasílabo
8 octosílabo

VERSOS DE ARTE MAYOR (9 sílabas o más)	
SIMPLES	COMPUESTOS
9 eneasílabo	12 dodecasílabo
10 decasílabo	14 tetradecasílabo o alejandrino
11 endecasílabo	16 hexadecasílabo (verso épico)

La rima

La **rima** es la repetición de sonidos a partir de la última vocal tónica en dos o más versos. Puede ser de dos tipos:

- **Asonante:** se repiten solo las vocales:

La muerte espera siempre, entre los años,	–
*como un árbol secreto que ensombr**e**c**e**,*	A
de pronto, la blancura de un sendero	–
*y vamos caminando y nos sorpr**e**nd**e**.*	A

José Luis Hidalgo

- **Consonante:** se repiten vocales y consonantes:

*Enhiesto surtidor de sombra y su**eño***	A
*que acongojas el cielo con tu l**anza**.*	B
*Chorro que a las estrellas casi alc**anza***	B
*devanado a sí mismo en loco emp**eño**.*	A

Gerardo Diego

Los **versos sueltos** son aquellos que no riman en una composición en la que otros sí lo hacen. La ausencia de rima se indica con un guion. Los **versos libres** no siguen norma métrica alguna: ni cómputo silábico regular ni rima.

En un poema, los versos pueden agruparse formando **estrofas** (conjuntos de versos que se estructuran con unos rasgos determinados de rima y medida) o **series** (secuencia de versos en un número indeterminado).

1.4. Los géneros literarios

En tu espacio personal de la web *www.barcanova.cat* puedes consultar un cuadro con las principales estrofas y géneros literarios de la tradición literaria española.

Los **géneros literarios** son los diferentes grupos en que se pueden dividir las obras literarias según las características comunes que presenten: temas, finalidad, uso de la prosa o del verso, etc. Generalmente, se consideran tres géneros literarios, que se corresponden con tres actitudes del autor: la **lírica** o **poesía**, la **épica** o **narrativa**, y la **dramática** o **teatro**.

LÍRICA O POESÍA	Comprende aquellas obras en que el autor expresa sus sentimientos, deseos, emociones, valores, etc. Normalmente se usa el **verso**, aunque también hay obras líricas en prosa.
ÉPICA O NARRATIVA	La componen obras en **prosa** o en **verso** en las que el autor relata acciones protagonizadas por personajes o por él mismo en un tiempo y espacio concretos.
DRAMÁTICA O TEATRO	Las obras dramáticas se representan habitualmente ante un público. En ellas, el autor cede la palabra a los personajes y son estos los que, mediante **diálogos**, hacen progresar la acción.

» ACTIVIDADES

27. ✔ Lee este fragmento de un poema de Antonio Machado y responde a las preguntas que se plantean a continuación:

Vosotras, las familiares,
inevitables golosas,
vosotras, moscas vulgares,
me evocáis todas las cosas.
¡Oh, viejas moscas voraces
como abejas en abril,
viejas moscas pertinaces
sobre mi calva infantil!
¡Moscas del primer hastío
en el salón familiar,
las claras tardes de estío
en que yo empecé a soñar!
Y en la aborrecida escuela,
raudas moscas divertidas,
perseguidas
por amor de lo que vuela,
—que todo es volar—, sonoras
rebotando en los cristales
en los días otoñales...

a) ¿Cuál es el tema de esta composición?

b) Anota todas las características que tienen las moscas para el poeta.

c) ¿Te parece que el poeta describe científicamente a estos insectos? Busca en internet una descripción objetiva de las moscas, cópiala y compáralas.

d) Escribe dos argumentos que te permitan defender la siguiente afirmación: *Antonio Machado utiliza el lenguaje literario en su composición* «Las moscas».

e) ¿Qué tipo de texto acabas de leer? Justifica tu respuesta.

28. Explica con tus palabras qué significan los versos siguientes:

A

Sorbió la vida
de un solo y bello trago adolescente.

RAFAEL MONTESINOS

B

Ámame ahora que tengo los cabellos negros
y una corona de junco
y el perfume del agua y de la jara
en los brazos desnudos.

RICARDO MOLINA

C

Me encontré frente a un muro
y en el muro un letrero:
«Aquí empieza tu futuro».

OCTAVIO PAZ

D

Delgado material es el dolor en que hay
fibras que no se ven.

CARLOS EDMUNDO DE ORY

29. Relaciona los términos reales con los figurados. A continuación explica por qué el escritor Ramón Gómez de la Serna (autor de estas metáforas) estableció estas identificaciones.

a) Soda
b) Nutria
c) Morcilla
d) Reloj
e) Trueno
f) Muelle
g) Carterista

1. Bomba de tiempo, de más o menos tiempo.
2. Agua con hipo.
3. Caballero de la mano en el pecho... de otro.
4. Rúbrica del acero.
5. Una rata con gabán de señora.
6. Chorizo lúgubre.
7. Caída de un baúl por las escaleras del cielo.

30. Analiza la métrica de los siguientes poemas: número de sílabas de cada verso, esquema métrico (con las letras correspondientes), clase de rima (consonante o asonante) y tipo de estrofa.

(Consulta tu espacio personal de la web *www.barcanova.cat*).

A

Los caminos de la tarde
se hacen uno, con la noche.
Por él he de ir a ti,
amor que tanto te escondes.

JUAN RAMÓN JIMÉNEZ

B

Buscando mis amores,
iré por esos montes y riberas;
ni cogeré las flores,
ni temeré las fieras,
y pasaré los fuertes y fronteras.

San Juan de la Cruz

C

Fabio, las esperanzas cortesanas
prisiones son do el ambicioso muere
y donde al más activo nacen canas.

Andrés Fernández de Andrada

D

Una tarde parda y fría
de invierno. Los colegiales
estudian. Monotonía
de lluvia tras los cristales.

Antonio Machado

E

Este mundo es el camino
para el otro, que es morada
sin pesar;
mas cumple tener buen tino
para andar esta jornada
sin errar.
Partimos cuando nacemos,
andamos mientras vivimos,
y llegamos
al tiempo que fenecemos;
así que cuando morimos,
descansamos.

Jorge Manrique

31. ¿Qué recurso retórico presentan los textos que te ofrecemos a continuación?

A

Que los gritos de angustia los ahogan con cuentos,
que el llanto del hombre lo taponan con cuentos.

León Felipe

a) metáfora **c)** paralelismo
b) asíndeton **d)** epanadiplosis

B

La primera cosa que Dhjamal vio de Inglaterra fue un manto de nieve blanca en la noche negra.

Romain Puértolas

a) hipérbaton **c)** juego de palabras
b) aliteración **d)** antítesis

C

La heroica ciudad dormía la siesta.

Leopoldo Alas, Clarín

a) personificación **c)** metáfora
b) comparación **d)** ironía

D

Ya no oyes el ruido blanco —dijo.

R. J. Palacio

a) hipérbaton **c)** paronomasia
b) sinestesia **d)** metonimia

32. Consulta en tu espacio personal de la página web *www.barcanova.cat* los recursos retóricos e identifica los que aparecen en estos textos:

A

Aquí yacen de Carlos los despojos...

Fray Luis de León

B

Vivo sola, incluso cuando no lo estoy.

Arturo Pérez Reverte

C

La interminable mandíbula se extendía a lo largo de kilómetros.

Markus Zusak

D

Los rellanos, pedazos de oscuridad y silencio

Carlos Ruiz Zafón

E

¡Y las demás! En tantos climas,
en tantas tierras siempre son,
si no pretextos de mis rimas,
fantasmas de mi corazón.

Rubén Darío

F El río tenía un olor dulce a la brisa caldeada de la mañana.

RICHARD FORD

G La casa parecía pálida, enferma.

MARKUS ZUSAK

H [...] tú echas mano de tu corazón, y vas y lo arrojas a los pies de la primera que pasa, y no quieres que lo pise y lo lastime, y le entregas ese depósito sin conocerla.

MARIANO JOSÉ DE LARRA

33. Lee la siguiente oda de Pablo Neruda y responde a las preguntas que se plantean a continuación:

Oda a la ola

Otra vez a la ola
va mi verso.

No puedo
dejar mil veces mil,
mil veces, ola,
de cantarte,
oh novia fugitiva del océano:
delgada
venus
verde
levantas
tu campana
y en lo alto
derribas azucenas.

Oh
lámina
incesante
sacudida
por
la
soledad
del viento,
erigida como una
estatua
transparente
mil veces mil
cristalizada, cristalina,
y luego
toda la sal al suelo:
el movimiento
se convierte
en espuma
y de la espuma el mar
se reconstruye
y de nuevo resurge la turgencia.

Otras veces
caballo,
yegua pura,
ciclónica
y alada
con las crines
ardiendo en blancura
en la ira del aire
en movimiento,
resbalas, saltas, corres
conduciendo el trineo
de la nieve marina.

Ola, ola, ola,
mil veces mil
vencida, mil
veces mil erecta
y derramada:
viva
la ola,
mil veces siempreviva
la ola.

PABLO NERUDA:
Tercer libro de las odas.

a) Señala una personificación que aparezca en el texto.

b) En las expresiones del poema «novia fugitiva del océano», «delgada venus verde» y «lámina incesante», ¿cuál de estas figuras retóricas vemos: comparación, metáfora, aliteración o anáfora?

c) ¿A quién se refieren todas las expresiones?

¿SABÍAS QUE...?

La comunicación se da en todas las sociedades humanas y, en propiedad, ocurre también en animales, entre estos y las personas, entre personas y máquinas, etc. Puede ser voluntaria o motivada (una conferencia, un rugido...) o involuntaria o inmotivada (un trueno, por ejemplo).

» GRAMÁTICA

1. La comunicación y el lenguaje

La **comunicación** es el acto en el que se produce una transferencia de información entre un origen y un destino. Para que la comunicación pueda darse, se requieren los siguientes elementos:

EMISOR	Quien emite o envía el mensaje.
RECEPTOR	Quien recibe el mensaje.
MENSAJE	La información transmitida.
CANAL	El medio a través del cual se transmite la información
CÓDIGO	El conjunto de signos que se combinan mediante reglas para crear un mensaje.
CONTEXTO O SITUACIÓN	Las circunstancias en que se produce la transferencia de información: el lugar, el momento, la compañía, la formación de las personas que intervienen, etc.

1.1. Las funciones del lenguaje

El **lenguaje** es la capacidad que tenemos las personas para comunicarnos. Las diferentes intenciones con las que utilizamos el lenguaje son las **funciones del lenguaje**:

FUNCIONES DEL LENGUAJE

FUNCIÓN	CENTRADA EN...	FINALIDAD	TEXTOS
Expresiva o emotiva	el emisor	Expresar sentimientos, emociones, estados de ánimo...	Cartas personales, poemas, conversaciones...
Apelativa o conativa	el receptor	Influir sobre la conducta del receptor: preguntar, ordenar...	Reglamentos, instrucciones, decálogos...
Referencial o representativa	el contexto o la situación	Comunicar hechos de manera objetiva.	Noticias, informes, exposiciones, etc.
Estética o poética	el mensaje	Llamar la atención sobre el mensaje mediante su forma.	Textos literarios y publicitarios, artículos de opinión...
Metalingüística	el código	Tratar aspectos relacionados con la propia lengua.	Gramáticas, diccionarios, clases de lengua...
Fática o de contacto	el canal	Abrir y cerrar el canal de comunicación, asegurarse de que sigue abierto, etc.	Muletillas, fórmulas de saludo y despedida...

1.2. La lengua como sistema de signos

La lengua es un **sistema de signos** relacionados entre sí. Las personas usamos signos, orales o escritos, para representar la realidad, para expresar pensamientos, etc. Combinando los signos de acuerdo con unas reglas, podemos crear infinitos mensajes.

El signo

El **signo** es una realidad material, perceptible por los sentidos (un aroma, un ruido, un color...), que representa otra realidad. Así, por ejemplo, una cruz verde adosada a una pared de un edificio (realidad material) nos informa de la existencia de una farmacia (otra realidad).

Los signos se pueden clasificar según el sentido por el que son percibidos:

SIGNO	SE PERCIBE POR...	EJEMPLOS
AUDITIVO	el oído	el sonido de un claxon, la palabra hablada, una sirena de ambulancia...
VISUAL	la vista	una señal de tráfico, la palabra escrita, los emoticonos...
TÁCTIL	el tacto	el sistema braille de lectura y escritura para invidentes, un abrazo, un golpe afectuoso en la espalda...
OLFATIVO	el olfato	un perfume, el olor a podrido o a humo del tabaco...
GUSTATIVO	el gusto	la acidez, la salsedumbre, el dulzor...

Según la forma de referirse a la realidad, los signos pueden ser:

ICONO

Hay cierta relación de semejanza entre el signo y la realidad representada. Ejemplos: un plano de un edificio, un mapa...

INDICIO

Se mantiene entre signo y realidad representada alguna relación natural, no de semejanza. Ejemplos: el llanto es indicio de tristeza o dolor; la fiebre, de enfermedad; la veleta indicando N, de viento que sopla de esa dirección...

SÍMBOLO

No existe ninguna relación entre el signo y la realidad representada. Es fruto de un acuerdo o convención. Ejemplos: una bandera o un himno son símbolos de una localidad, región, comunidad o país.

El signo lingüístico

El **signo lingüístico** es la palabra que, de forma oral o escrita, se emplea para referirse a una realidad. Está compuesto de significante y de significado.

- El **significante** es la parte material, perceptible del signo lingüístico, es decir, los sonidos (en el caso de la lengua oral) y las grafías o letras (en el caso de la lengua escrita).
- El **significado** es el concepto, la idea a que se refiere el significante.

Si tomamos un ejemplo, el signo lingüístico se puede representar de la siguiente forma:

SIGNO LINGÜÍSTICO		REALIDAD
SIGNIFICANTE	/l/ /i/ /b/ /r/ /o/ o *libro*	
SIGNIFICADO	«Conjunto de muchas hojas de papel u otro material semejante que, encuadernadas, forman un volumen».	

¿SABÍAS QUE...?

Las onomatopeyas son signos lingüísticos especiales, puesto que entre el significado y el significante si hay una cierta relación de semejanza (por ejemplo, entre el maullido del gato y la palabra *miau*).

El signo lingüístico presenta las siguientes características:

- Es **convencional** pues es fruto de un acuerdo. Prueba de ello es que cada lengua designa de una manera diferente a una misma realidad.
- Es **arbitrario**, es decir, no hay nada en el significante que le obligue a tener un significado concreto; y tampoco existe nada en un significado que le obligue a tener un determinado significante.

Como puede deducirse de estas dos características, el signo lingüístico es un **símbolo**.

El signo lingüístico presenta una **doble articulación**:

- La **primera articulación** se produce con **morfemas** (unidades mínimas con significado).
- La **segunda articulación** se realiza con **fonemas** (unidades mínimas sin significado).

Primera articulación:

La	atleta	lleg-	-ó	cans-	ad	-a
morfema (fem. sing.)	raíz	raíz	morfema 3.ª pers., sing., pretérito, perfectivo, indicativo	raíz	morf. suf.	morf. fem. sing.

Segunda articulación:

/l/a/a/t/l/e/t/a/λ/e/g/ó/k/a/n/s/a/d/a/ (fonemas)

1.3. Niveles de estudio de la lengua

La lengua es un código formado por unidades lingüísticas (fonemas, morfemas, palabras, sintagmas, oraciones, etc.) y por reglas gramaticales que permiten combinarlas para crear mensajes y hacer posible la comunicación. Así, la lengua se puede estudiar en diferentes niveles:

- **Nivel fónico**: estudia las unidades fonéticas (el sonido) y fonológicas (el fonema, el acento y la entonación) de la lengua. Hay que tener cuidado con no confundir sonido, fonema y letra.

	DEFINICIÓN	REPRESENTACIÓN
FONEMA	Representación abstracta (mental) esencial de los diferentes sonidos vocálicos y consonánticos.	/a/, /b/
SONIDO	Realización material (física) del fonema. Se percibe por el oído.	[a], [b], [ß]
LETRA	Representación gráfica del fonema.	*a*, *b*, *v*, *w*

¿SABÍAS QUE...?

Las áreas cerebrales encargadas de la producción y la comprensión del lenguaje son las áreas de Broca y de Wernicke. Las lesiones en estas áreas provocan diversos trastornos del lenguaje llamados *afasias*.

- **Nivel morfológico**: estudia la estructura de las palabras, los elementos que las constituyen y las relaciones que se establecen entre ellos.

  Los morfemas pueden clasificarse de acuerdo al siguiente esquema:

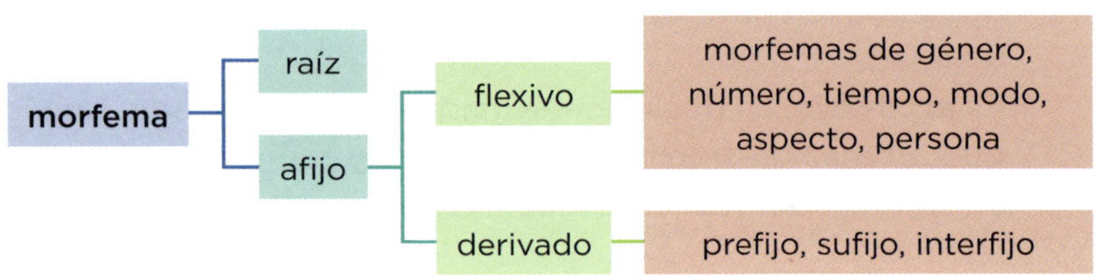

  La **raíz** aporta el contenido léxico de la palabra que comparten todas las voces integrantes de la misma familia léxica: ***gat***-*o*, ***gat***-*uno*, ***gat***-*era*, ***gat***-*ito*. El **afijo** se une a la raíz para formar palabras derivadas y para indicar variaciones de género, número, persona, tiempo, etc.

- **Nivel sintáctico:** estudia las combinaciones gramaticales y relacionales que dan lugar a los sintagmas y a las oraciones. La sintaxis se ocupa de asegurar que las relaciones entre las palabras no generen estructuras agramaticales y, por tanto, incorrecciones. Así, por ejemplo, que el sujeto y el verbo concuerden en número y persona, o que determinantes y adjetivos de un sintagma nominal concuerden con el nombre en género y número.
- **Nivel léxico-semántico:** estudia las unidades léxicas como palabras y locuciones, así como su significado.

» ACTIVIDADES

34. Prepara una infografía en la que recojas la información sobre los elementos de la comunicación y las funciones del lenguaje. Para realizarla puedes emplear los recursos que encontrarás en las webs que te recomendamos en el espacio personal de la web *www.barcanova.cat*. La actividad puede realizarse en parejas.

35. Explica qué significado adquiere el enunciado «¡Ha llegado el momento!» en las siguientes situaciones comunicativas o contextos:

a) El piloto de un avión se lo dice a los paracaidistas.
b) Tras la comida en una celebración de aniversario, los amigos se dirigen a quien cumple años.
c) Tras numerosas dificultades de relación en una pareja, uno de los dos se lo dice al otro.
d) En la prórroga de un partido de baloncesto, el entrenador se lo dice a sus jugadores.

36. Observa los siguientes enunciados y describe una situación en la que cada uno de ellos resulte comunicativamente adecuado.

a) Se ruega no molestar.
b) No molesten, señores.
c) Vale ya de molestar, tíos.

37. Indica qué funciones del lenguaje predominan en las siguientes oraciones:

a) ¿Cenaste anoche en Port Ginesta?
b) Sí... Claro... Por supuesto... Bien...
c) Atiende a las explicaciones de tu abuelo.
d) *Mejunje* se escribe con *j*; *coge*, *recoge*, *acoge*, con *g*.
e) Mañana salgo para Vitoria en el tren de las siete.
f) Inició un nuevo capítulo en el largo libro de su vida.
g) ¡Qué ganas tengo de que la preocupación por el medioambiente sea objetivo prioritario en las políticas globales!
h) Dos claros mares azules se abrieron en su cara al despertar.
i) *Poliéster* es un anglicismo adaptado al castellano, por lo que debe escribirse con tilde.
j) ¡Sal de aquí ahora mismo!

38. Clasifica los siguientes signos en iconos, indicios y símbolos, y di qué significan:

a) Un mapa de las líneas de metro.
b) Un cielo nublado amenazante.
c) La representación gráfica de una nota musical.
d) La caída de las hojas de los árboles.
e) Una huella en el escenario de un crimen.
f) Los aros olímpicos.
g) El signo √ (de una raíz cuadrada).
h) Una pierna enyesada.
i) Un sol en el mapa del tiempo.

39. Relaciona las dos columnas para formar refranes meteorológicos. La sabiduría popular se ha basado en indicios largamente experimentados por las personas para enunciarlos:

	• lluvia y viento.
Año de nieves, •	• año de bienes.
Sol de invierno •	• sale tarde y pónese presto.
Luna con cerco, •	
Buena es la nieve •	• que en su tiempo viene.

40. Los emoticonos son un tipo de iconos que sirven para expresar estados de ánimo o emociones. Explica qué significan los siguientes:

41. Reescribe las siguientes oraciones de manera correcta y explica si el error que contienen corresponde al nivel fónico (y su correspondencia gráfica), morfológico, semántico o sintáctico de la lengua:

a) No sé si la oja de estos arboles es caduca o perenne.
b) Habían nubes en el horizonte.
c) Fueron felices tres años de los dos que vivieron en Alaska.
d) Los gatos siamés son preciosos.
e) Uyeron a toda prisa por entre los matorrales.
f) El jardinero podó con esmero las ventanas y la puerta de la casa.
g) María era el hermano mayor de Teresa y de Alejandro.

» LÉXICO

1. El léxico del castellano

El origen del español se remonta a la lengua hablada por los romanos que se establecieron en la península ibérica hace más de veinte siglos (siglo III a. C.): el latín vulgar. Así, el castellano es una lengua románica (igual que el catalán, el gallego, el francés, el italiano, etc.). La mayor parte de su léxico la conforman palabras de origen latino.

El *Diccionario de la lengua española*, de la Real Academia, es la obra lexicográfica por excelencia de esta lengua. Hasta el momento, se han publicado veintitrés ediciones: la primera, en 1780, y la más reciente, en 2014.

1.1. Palabras patrimoniales y cultismos

Las **palabras patrimoniales** proceden del latín vulgar y figuran en el idioma desde sus orígenes. En ellas se aprecia con claridad la evolución del término desde el latín hasta la actualidad. Ejemplos:

OVUM > huevo *FERRUM* > hierro *DECEM* > diez

Los **cultismos** son también palabras de origen latino (algunas proceden, sin embargo, del griego clásico) que presentan una forma igual o muy parecida a la que tenían en latín. Esto se debe a su incorporación tardía en el idioma, especialmente desde finales de la Edad Media, cuando el castellano necesita un nuevo vocabulario filosófico, científico, técnico, literario etc. Ejemplos:

AGRICOLAM > agrícola *MULTITUDO* > multitud *POETAM* > poeta

Es posible la existencia de dos palabras (una voz patrimonial y un cultismo) procedentes de un mismo término latino. A estos pares de palabras con el mismo origen se les denomina **dobletes**.

	DOBLETE	
TÉRMINO LATINO	VOZ PATRIMONIAL	CULTISMO
CLAVICULAM	clavija	clavícula
CAUSAM	cosa	causa

¿SABÍAS QUE...?

Lapsus linguae es una locución latina que utilizamos para referirnos a una equivocación involuntaria que cometemos al hablar.

1.2. Latinismos y locuciones latinas

Los **latinismos** son palabras tomadas del latín que se emplean normalmente en un registro culto de un idioma moderno. Existen también expresiones o giros formados por más de una palabra que reciben el nombre de **locuciones latinas**: por ejemplo, *a priori*, que significa 'antes de examinar o considerar el asunto de que se trata'.

» ACTIVIDADES

42. Indica cuál de las definiciones es más correcta:

Palabra patrimonial

a) Palabra procedente del latín que no cambia con el paso del tiempo hasta la actualidad.
b) Palabra culta que va cambiando hasta la actualidad.
c) Palabra procedente del latín vulgar que forma parte del idioma desde sus orígenes y ha ido evolucionando con el paso del tiempo.

Cultismo

a) Palabra procedente del latín o del griego que, por su incorporación tardía al idioma, apenas sufre modificaciones hasta nuestros días.
b) Palabra de uso culto empleada por personas de un nivel cultural elevado.
c) Palabra procedente del latín vulgar que aparece siempre en textos literarios.

43. Relaciona las palabras patrimoniales con los términos latinos de las que proceden:

LACTEM •	• llorar
PORTAM •	• mucho
PLORARE •	• leche
AURUM •	• boca
MULTUM •	• lágrima
BUCCAM •	• hablar
FABULARE •	• puerta
LACRIMAM •	• oro

44. En estas series, consta la palabra latina original y el cultismo al que dio lugar. Falta la palabra patrimonial correspondiente, que hallarás ordenando las letras en cada caso.

a) *RADIUM* > radio, *y o r a*
b) *CALIDUM* > cálido, *d l o a c*
c) *DELICATUM* > delicado, *a g l d e o d*
d) *PLAGAM* > plaga, *g a l a l*

45. Escribe los dobletes de los siguientes vocablos latinos anotando las palabras patrimoniales y los cultismos que se derivan de ellos. Fíjate en el siguiente ejemplo: *PLENUM* > lleno, pleno.

a) *CATHEDRA*
b) *DIRECTUM*
c) *FOCUM*
d) *PLANUM*

46. La palabra *caballo* procede de *CAVALLUS*, voz del latín vulgar para referirse a los equinos de poco valor. En latín clásico se usaba el término *EQUUS*, mientras que los griegos usaban la palabra *HIPOS*. Escribe a continuación dos palabras relacionadas con cada uno de estos términos:

a) *CAVALLUM* (palabras patrimoniales)
b) *EQUUM* (cultismos latinos)
c) *HIPOS* (cultismos griegos)

47. Escribe oraciones en las que se aprecie con claridad el significado de estos latinismos: *bis*, *alias*, *hábitat*, *ultimátum*, *viceversa*, *humus*, *rictus*.

48. Explica el significado de las expresiones cultas de origen latino destacadas en las oraciones siguientes.

a) Actuaba *motu proprio*, sin que se lo mandara nadie.
b) Tenía una forma muy *sui generis* de vestir.
c) Tras el atentado, todo fue un *maremágnum* de personas heridas, atemorizadas o muertas.
d) El profesor vino *ex profeso* de Londres para esa conferencia.
e) Clara se quedó *in albis* en el examen.

49. De algunos latinismos se han formado variantes más asimiladas a las formas propias del castellano. Obsérvalo, por ejemplo, en las palabras *currículo* o *referendo*. En estos casos, el plural se constituye sobre la forma más castellanizada: *currículos* y *referendos*. Aplica este criterio a los siguientes latinismos que combinan su presencia en castellano con terminaciones más propias del idioma.

Latinismo	Adaptación en singular	Plural
auditórium		
memorándum		
eucaliptus		
maremágnum		
solárium		

» ORTOGRAFÍA

1. Las mayúsculas

SE ESCRIBE CON MAYÚSCULA...	EJEMPLOS
La **primera palabra** de cualquier texto y la palabra que va **después de punto**.	***E**mpezó la película. **E**l silencio llenó la sala.*
Después de los **dos puntos** al inicio de una **carta** y cuando se citan **palabras textuales**.	*Como dice el refrán: «**N**o hay mal que cien años dure».*
Todos los **nombres propios**: nombres de persona, apellidos, nombres de lugares y accidentes geográficos, nombres de estrellas, planetas, signos del zodíaco, etc.	*El escritor egipcio **N**aguib **M**ahfuz nació en la ciudad de **E**l **C**airo.*
Los **nombres de instituciones**, **entidades**, u **organismos**, los **títulos de nobleza**, los **nombres de divinidades y de festividades religiosas** y los **apodos**.	*Alfonso X el **S**abio impulsó la ciencia y la cultura a través de la **E**scuela de **T**raductores de **T**oledo.*
La primera letra de los títulos de **obras literarias y artísticas**.	*Pablo Neruda publicó* **V**einte poemas de amor y una canción desesperada *en 1924.*
Los nombres de las **ciencias** (como asignaturas), de los **movimientos culturales** y de las **edades históricas**.	*El **R**enacimiento se desarrolló a lo largo del siglo XVI. Mi hermano estudiará **D**erecho; yo, **F**ilología.*
Algunas **abreviaturas**, todas las letras de las **siglas** y todas las cifras de los **números romanos**.	***S**ra. (señora), **V**ds. (ustedes), **NIF** (número de identificación fiscal), siglo XXI.*

Se escriben en minúscula las estaciones, los días de la semana y los meses del año, los gentilicios y los nombres geográficos comunes.

2. Reglas generales de la acentuación

REGLAS	EJEMPLOS
Las palabras **agudas** (la sílaba tónica es la **última**) llevan acento si acaban en **vocal** o en las consonantes **n** o **s**.	*caf**é**, sof**á**s, sill**í**n*
Las palabras **llanas** (la sílaba tónica es la **penúltima**) se acentúan si acaban en **consonante** que **no** sea **n** o **s**.	*C**á**diz, az**ú**car, **á**rbol*
Las palabras **esdrújulas** y **sobresdrújulas** (la sílaba tónica es la **antepenúltima** y la **anterior a la antepenúltima**, respectivamente) llevan acento ortográfico **siempre**.	*p**á**jaro, p**ú**blico, c**ó**mpraselo*
Las mayúsculas llevan **acento ortográfico** siempre que les corresponda según las reglas generales de la acentuación.	***Á**ngel, **Á**frica*

» ACTIVIDADES

50. Identifica en cada oración los errores en el uso de las mayúsculas y corrígelos. Fíjate también en la acentuación:

a) El aneto es el pico más alto de los pirineos.
b) En bilbao visitaron el Museo de bellas artes situado en el centro de la ciudad.
c) Mi hijo eduardo ha estudiado económicas en la universidad de Barcelona.
d) El océano atlántico separa américa de europa y africa.
e) Mi hermana Elisa nació el 12 de Febrero, su signo del zodíaco es acuario.
f) Celebraremos la navidad en la Habana con nuestra familia cubana.
g) La saga cinematográfica *La Guerra de las Galaxias* es un éxito mundial.
h) Han decidido que si es niña se llamará Angeles, y si es niño, Alvaro.
i) Este Lunes cumplire 16 años.

51. Escribe mayúscula donde corresponda.

El valle de gistau, encajonado en un ensanche del río cinqueta y protegido por las estribaciones de dos grandes macizos montañosos, el del posets-maladeta (3.369 metros) y el de cotiella (2.910 metros), es uno de los más virginales del pirineo central, donde gracias a un secular aislamiento se mantuvieron vivas tradiciones, formas de vida y tipologías arquitectónicas diferentes a las de los valles circundantes. Tras el periodo de esplendor que el valle vivió en el siglo XVI gracias al comercio con francia llega ahora una segunda edad dorada con el negocio turístico.

PACO NADAL: *El País*. 2, julio, 2020.

52. De las siguientes palabras agudas, ¿cuántas deben llevar acento? Escríbelas correctamente.

iglu • voluntad • bisturi • color • virtud • sarten
interes • vegetal • antigas • tulipan • compas
amistad • acordeon • gestion • favor • biberon
autobus • cafe • hotel

53. Acentúa cuando convenga las siguientes palabras llanas y clasifícalas según lleven acento o no.

marmol • libro • datil • paño • nectar • flecha
cesped • album • letra • tunel • lapiz • gafas
fragil • vida • año • util • cancer • fotos
arbol • habil

Con acento	Sin acento

54. Acentúa las siguientes palabras esdrújulas y sobresdrújulas.

plastico • sabana • helicoptero • musica
pajaro • elastico • belico • electrico • indigena
digamelo • entregueselo • tarantula
cuadrilatero • islamico • carceles

55. Copia estas oraciones y acentúa las palabras que lo necesiten:

a) Cuando estudiaba Arte Dramatico, participo en la pelicula *La mascara del zorro*.
b) Japon es un archipielago del oceano Pacifico.
c) Ha dejado el regimen porque le produce vertigos y mareos.
d) El nacar se encuentra en la capa interna del caparazon de algunos moluscos.
e) Suspendieron el entrenamiento por el lamentable estado del cesped.
f) En carretera, los ciclistas deben circular por el arcen.

LUDOLENGUA

56. Averigua tu nivel de conocimiento ortográfico.

a) En cada una de las siguientes oraciones, hay un error ortográfico.

b) Por cada error detectado y bien corregido, sumas un punto. El «nivel máximo» corresponde a 20 puntos.

c) Si corriges una palabra que está bien escrita, restas un punto.

1. Haber si acaban pronto las obras y podemos disfrutar del nuevo carril para bicicletas.
2. Es poco probable que nos halla visto con esta niebla tan densa.
3. Los domingos no ahí servicio público de autobuses entre los pueblos de la comarca.
4. Las terrazas del paseo marítimo están animadíssimas a estas horas de la noche.
5. El negocio les está iendo bien: cubren gastos y se ganan el sueldo.
6. Un parque zoológico es un recinto donde se exiben animales.
7. Le regalaron una estraña orquídea de gran belleza.
8. Cuando cumplas veintiseis años, obtendrás un descuento en la póliza del seguro del coche.
9. Hacía meses que no llovía y la hierva seca prendía con facilidad.
10. Un canvio de tarifa significa casi siempre un aumento de precio.
11. Los nuevos coetes espaciales regresarán a la base tras cada lanzamiento.
12. El ave tarda alrededor de media hora en ir de Barcelona a Tarragona.
13. No me eches la culpa a mi porque mi perro no ha causado este destrozo.
14. Cuéntame porque has llegado tarde y quizás podré justificar tu retraso.
15. Lavava a mano y en agua fría la ropa delicada.
16. Edimburgo és la capital de Escocia pero no la mayor ciudad escocesa.
17. Callad! Ya os he escuchado, ahora me oiréis a mí.
18. Isabel es más alta, que su hermana mayor.
19. Nunca me fié de él, es decir, nunca fuimos amigos.
20. Sobretodo no os olvidéis el paraguas y alguna prenda de abrigo.

20 ¡Perfecto! **19-17** Muy bien **16-15** Bien
14-12 Regular **Menos de 12** ¡Cuidado!

DICTADO

Premisa. Haz los dictados y luego explica qué regla ortográfica regula el uso de las mayúsculas cada vez que las has usado.

Abriendo la segunda puerta que daba paso a la escalera, subí muy despacio asido al barandal. El corazón me latía con loca presteza: pareciéndome tan desmesuradamente ensanchado que experimenté la sensación de llevar dentro del pecho un objeto mayor que la casa en que estaba. Me tenté la espada, por ver si estaba en mi cinto, y probé si salía con holgura de la vaina.

BENITO PÉREZ GALDÓS: *Cádiz.*

3 de noviembre
Tengo diecisiete años, me llamo Juan García Madero, estoy en el primer semestre de la carrera de Derecho. Yo no quería estudiar Derecho sino Letras, pero mi tío insistió y al final acabé transigiendo. Soy huérfano. Seré abogado. Eso le dije a mi tío y a mi tía y luego me encerré en mi habitación y lloré toda la noche.

ROBERTO BOLAÑO: *Los detectives salvajes.*

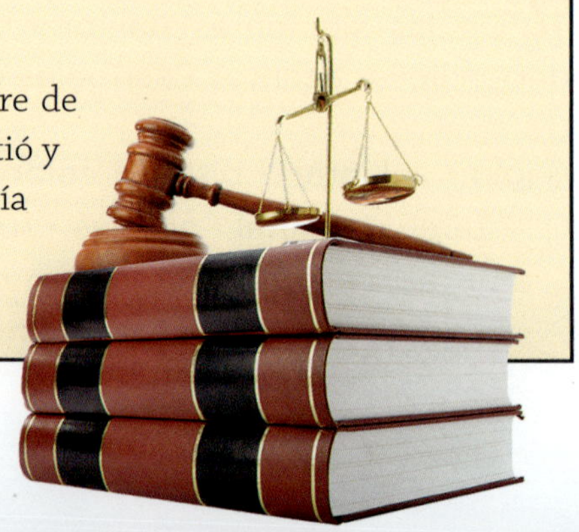

BARCANOVA EDITORIAL

» DILO POR ESCRITO

Este curso voy a...

Vas a redactar un texto que recoja por escrito tus propósitos para este curso. Esta tarea te puede ayudar a reflexionar sobre tus deseos, esperanzas, temores, etc., a concretar tus objetivos y a trazar un plan para alcanzarlos.

¿Qué tienes que hacer?

Observa el círculo de la derecha y selecciona las áreas que en estos momentos son más importantes para ti. Determina ahora cuáles son tus metas en estas áreas y toma nota de ello. Puedes plantearte preguntas como estas:

¿Qué espero del curso?,
¿qué me gustaría que pasara?,
¿qué es lo que más temo?,
¿qué voy a hacer para mejorar?,
¿qué voy a dejar de hacer?

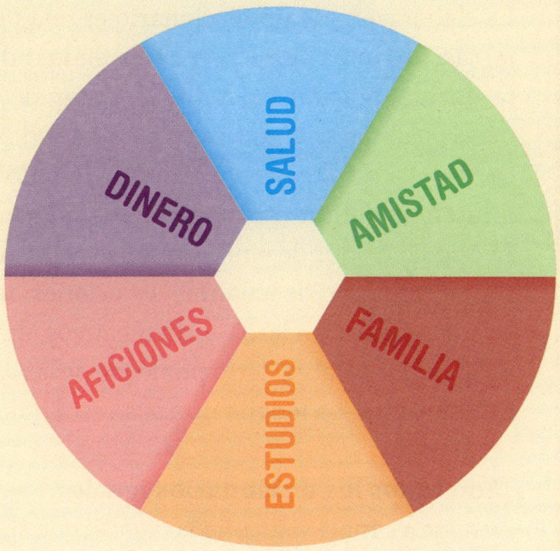

Ordena las ideas y planifica la manera de exponerlas. Redacta un borrador y asegúrate de que tiene la siguiente estructura:

- **Introducción**: di cuál es la finalidad del escrito, anticipa qué es lo que vas a contar, etc.
- **Desarrollo**: expón tus argumentos, deseos, motivaciones...
- **Conclusión**: resume lo dicho, expresa buenos deseos para todos, inventa un eslogan de ánimo, etc.

Aquí tienes algunas expresiones útiles:

Mi objetivo este año es…
Cuento con la ayuda de…
Tengo que mejorar en…
Me comprometo a…
Querría…
Necesito…
Voy a lograr…
Ojalá…
Me gustaría…
Mi deseo es…
Intentaré…
Es difícil…
Trataré de…

Y algunos verbos para redactar objetivos:

demostrar, alcanzar, desarrollar, crear, superar, estudiar, aprender, distinguir, explicar, expresar, descubrir, terminar, concluir, opinar, probar, cambiar, diseñar, producir, organizar, identificar, compartir, conseguir

Ahora revisa tu borrador, evalúa si se ajusta a la tarea propuesta y realiza las correcciones que creas convenientes.

Finalmente, redacta la versión definitiva del texto y dale un formato adecuado. Si quieres, puedes leer tu escrito en clase o compartirlo en el blog del aula, junto con los de tus compañeros.

» PONTE A PRUEBA

Lee y comprueba si lo has comprendido

Algunas preguntas frecuentes sobre los diccionarios

La elaboración de un diccionario es una tarea compleja, casi diríamos heroica. Ir extrayendo cada palabra de la documentación existente y tratar de definir con otras palabras su significado preciso, todos sus significados —si esto te parece sencillo, detente un segundo a intentar definir, por ejemplo, la palabra *esponja*—. Averiguar de dónde vino, qué otras palabras la sucedieron. Enumerar de cuántas locuciones forma parte, buscar ejemplos claros y divulgativos de su empleo. Palabra por palabra, letra por letra, de la A a la Z y vuelta a empezar. La lengua nunca se está quieta.

¿Son todos los diccionarios iguales?

Aunque a simple vista pueda parecer que sí, no todos los diccionarios son iguales: no contienen los mismos términos y no ofrecen el mismo tipo de información sobre ellos.

El **diccionario académico**, acaso el diccionario por antonomasia para el común de los hablantes, es un **diccionario normativo** y esto ya lo hace raro, especial, en su género.

Otros diccionarios muy frecuentes son los llamados **diccionarios de uso, que tratan de describir el español común actual**, como el *Diccionario de uso del español*, de María Moliner.

También existen los **diccionarios de dudas**, que no recogen el léxico de una lengua, sino que responden a las dudas que más habitualmente se dan en su uso práctico. De este modo, en obras como el ***Diccionario panhispánico de dudas*** no figurará un verbo como *amar*, verbo regular que no presenta dificultades, pero sí uno como *abolir*, que causa dudas con la diptongación (*abolo/abuelo*).

Se publican, además, **diccionarios etimológicos**, que recogen el origen, y en muchos casos hasta la biografía del vocabulario de nuestra lengua, y **diccionarios técnicos** sobre un área del conocimiento. Hay diccionarios de **sinónimos y antónimos**, combinatorios, inversos, diccionarios de preposiciones, del léxico de una determinada zona, para estudiantes, etc.

Si una palabra no está en el diccionario, ¿es que no existe?

Desde luego que no, **ningún diccionario recoge todas las palabras**. Los diccionarios no recogen necesariamente toda la familia léxica de una palabra (en el académico figura, por ejemplo, el adjetivo *mediterráneo*, pero no el sustantivo, también posible, *mediterraneidad*). Tampoco están todas las formas que se pueden derivar de un término: el diccionario registra *casa*, pero no *megacasa*, *casita* o *casaza* (aunque sí incluye *mega-*, *-ita* y *-aza* como elementos compositivos).

¿Cómo llega una palabra a entrar en el Diccionario?, ¿y cómo sale?

Las decisiones lexicográficas de la Real Academia Española se toman en comisiones especializadas, que luego se aprueban en el Pleno. **Los datos se toman**, en gran parte, del ***Banco de datos del español***, una inmensa base de datos, que casi llega a los 300 millones de registros léxicos y que recoge textos representativos de todos los países de habla española.

Pero del diccionario desaparece también información, dejan de figurar palabras o acepciones. Sin embargo, este material no se pierde, queda accesible en el ***Nuevo tesoro lexicográfico***, un diccionario de diccionarios que reúne 70 obras desde el siglo XV hasta el siglo XX.

Los diccionarios son el gran libro, la llave para acceder a todo lo demás. Tienen, paradójicamente, mucho de efímero y mucho de eterno.

JUDITH G. FERRÁN: «10 preguntas frecuentes sobre los diccionarios», en *Fundéu* (texto adaptado).

1. Explica qué es y en qué consiste la «tarea compleja» que se menciona en la primera línea del texto.

2. Di si los siguientes enunciados son verdaderos (V) o falsos (F):

a) La lengua experimenta cambios con el paso del tiempo.
b) En el *Diccionario panhispánico de dudas* figuran las palabras que pueden presentar dificultades en su uso.
c) Si una palabra no está en el diccionario académico, es que es incorrecta.
d) Para admitir una palabra en el diccionario académico, se consulta el *Nuevo tesoro lexicográfico*.

3. ¿Qué significa la afirmación «El diccionario académico es un diccionario normativo»? Escoge la opción correcta.

a) Se trata de un diccionario normal, que refleja la lengua tal como se usa.
b) Se trata de un diccionario que regula la corrección o incorrección de los términos.

4. El texto de la lectura es principalmente...

a) narrativo y descriptivo.
b) descriptivo y expositivo.
c) expositivo y argumentativo.
d) descriptivo y dialogado.

5. Define la palabra *esponja*.

6. Escribe el referente de las palabras destacadas en las siguientes frases del primer párrafo:

a) *su* significado preciso
b) qué otras palabras *la* sucedieron

7. Completa la siguiente oración: «En una definición del diccionario predomina la función ■ del lenguaje».

8. La palabra *academia*, que proviene del latín *Academīa*, y este del griego Ἀκαδήμεια *Akadémeia*, es...

a) una palabra patrimonial.
b) un cultismo.
c) un doblete.

9. Reescribe las siguientes secuencias de manera que no quede en ellas ninguna incorrección.

a) Las decisiones lexicograficas de la real academia española se toman en comisiones especializadas.
b) Pero del diccionario desaparece tambien información, dejaran de figurar palabras i se incorporaran otras nuevas.

10. Explica, teniendo en cuenta el contexto, el sentido de las dos últimas oraciones del texto.

Consulta

Consulta el *Diccionario panhispánico de dudas* y responde a las siguientes cuestiones:

a) ¿Cuál es la forma correcta: *satisfació* o *satisfizo*? ¿*Dormiendo* o *durmiendo*?
b) ¿Qué debemos escribir: *México* o *Méjico*?
c) ¿Significan lo mismo *prever* o *proveer*?
d) ¿Qué es preferible: *paddle* o *pádel*?
e) ¿Cuál es el gentilicio de *Bagdad*?

Mira

La Real Academia Española es «la casa de las palabras». Consulta tu espacio personal de la web *www.barcanova.cat*, donde encontrarás diversos enlaces sobre esta institución.

UNIDAD 2

Preparamos la lectura

1. ¿Te gusta leer en voz alta? ¿Te gustaría que leyeran para ti?
2. ¿Recuerdas el argumento del *Lazarillo*?
3. ¿Te has parado alguna vez a ver la actuación de algún artista callejero?

GRANDES ESCRITORES

¿Podríais ordenar cronológicamente esta lista de escritores? No hace falta que indiquéis los años o los siglos en que vivieron, basta con que anotéis los nombres del más antiguo al más moderno:

Virginia Woolf, Molière, Johann Wolfgang von Goethe, Dante Alighieri, Miguel de Cervantes, Gabriel García Márquez, Homero

» CLUB DE LECTURA

VOCABULARIO

peregrino jacobeo Peregrino que recorre el Camino de Santiago para llegar a Santiago de Compostela.

vieira *f.* Molusco comestible cuya concha es la insignia de los peregrinos de Santiago.

aguardentoso -sa *adj.* Áspero, ronco.

subvertir *v.* Trastornar, alterar.

sagaz *adj.* Astuto e inteligente.

romance de ciego Romance sobre un suceso o historia, que cantaban los ciegos por la calle.

salpimentar *v.* Adobar con sal y pimienta. Aquí se refiere a que ha amenizado el romance con sus propias palabras.

jocoso -sa *adj.* Gracioso.

El ciego de los romances

Era un ciego a la antigua usanza. Voluminoso, con amplia capa de **peregrino jacobeo** ornada con la inevitable **vieira**, un sombrero alado, aunque demasiado terrenal por el polvo y la grasa acumulados, una borrascosa barba inverosímil con mechones de canas, unas gafas redondas, oscurísimas, con protectores laterales como si fuera a soldar el mundo o a sumergirse en los océanos. [...]

Tenía una voz áspera, ligeramente **aguardentosa**. [...] Acabó su romance y recogió algunas de las monedas que los viajeros apresurados habían ido depositando en el estuche de la guitarra. Sin duda advirtió mi presencia observadora, porque sin descomponer su figura dijo:

–¿Qué miras? ¿No has visto nunca a uno que no ve?

En circunstancias normales yo habría desaparecido en silencio. Pero, últimamente, algo **había subvertido** el orden esperado de los acontecimientos, y me sorprendí a mí mismo enunciando una respuesta poco verosímil:

–Me ha gustado su poesía.

Por entonces yo no había leído aún el *Lazarillo* y desconocía el adjetivo «**sagacísimo**» aplicado a un ciego. Aquel lo era, pues respondió sin vacilar:

–Has dicho tres mentiras en cinco palabras.

Enrojecí. De algún modo debió de percibir mi rubor o mi sorpresa, y aclaró:

–Tres. O, si prefieres, dos errores y una mentira, a saber: ni es una poesía, ni es mía, ni te ha gustado. Es un **romance de ciego**, y no lo he escrito yo, aunque alguno de sus ingredientes lo he **salpimentado** a mi manera. A tu edad deberían haberte enseñado ya esas cosas. O haberlas aprendido por ti mismo. ¿Cuántos años tienes? No, no me lo digas –me interrumpió antes de que pudiera abrir la boca.

Paseó su mano derecha, inesperadamente suave, por mi cara y mi cabeza. Dijo:

–Apostaré a que pasas de quince y no llegas a diecisiete.

De pronto pareció recordar algo y, con su imperturbable continente de estatua, observó:

–Entonces... ¿no deberías estar en el instituto a estas horas?

–Tal vez debería –repliqué con impensado aplomo–. Pero no estoy. No me enseñan lo que quiero, y me niego a aprender lo que no quiero.

–¡Mozo voluntarioso! –dijo entre dientes, esbozando una sonrisa indescifrable–. ¿Buscas trabajo? Hablaremos de eso luego. Ahora me toca trabajar a mí.

Cogió la guitarra, punteó una melodía burlesca, y empezó a recitar otro romance **jocoso**. [...]

El tiempo transcurrió con desacostumbrada rapidez. [...]

El ciego dijo:

–¿Tienes dónde comer? –Como antes, no me dio tiempo a responder–. Supongo que no. Bien. Puesto que tenemos que hablar de

negocios, ¿te dignarías a compartir un bocadillo con un ciego desheredado de la fortuna?

–No aguardó mi respuesta afirmativa–. Muy bien. Pues vámonos a un sitio más tranquilo.

Encerró la guitarra en el estuche y, con él en bandolera, me puso la mano en el hombro para que lo guiase a la estación indicada.

Cinco estaciones después nos detuvimos. Me guió (¿he dicho «me guió»? No sabría decir quién guiaba a quién), nos guiamos hasta la barra de un bar.

Pidió una botella de vino y una cerveza. Metió la mano en un **zurrón insondable** que llevaba debajo de la capa y sacó una barra de pan más larga que un día sin él. Era un bocadillo **aderezado** como el **hornazo salmantino**, que bien podía competir en mi aprecio con el de calamares. Lo partió en dos y me dio una mitad diciendo:

–Un bocadillo es como una **barra de platino iridiado**: no admite trampa ni engaño. Menos fácil es repartir bien un racimo de uvas: siempre hay alguien que las come tres a tres.

Una vez más advirtió la fragilidad de mis conocimientos literarios y añadió:

–¿No conoces la historia de Lázaro de Tormes? Pues a fe que no te han enseñado cosa de provecho. Conozco a un escritor, amigo mío, que no cambiaría el *Lazarillo* por la madre que lo parió.

No sé si era el vino o la mucha conversación: lo cierto es que, a medida que disminuía la botella, salpimentaba (era una de sus palabras favoritas) la charla de arcaísmos y gestos teatrales. Cuando terminamos, se sacudió las migas de sus barbas patriarcales y dijo:

–Bueno, al grano. Aunque ahora me ves ciego, no siempre lo fui. Pero desde que lo soy veo mejor muchas cosas. Solo echo de menos la lectura. Los libros en braille son demasiado voluminosos y me noto algo torpe para aprender nuevas técnicas de lectura. Te contrato para leer un par de horas al día.

–¿Para leer qué?

–Los anuncios del metro, claro.

Supuse que bromeaba.

–Libros, muchacho, libros: ya solo quiero libros. Bueno, y algún romance más de cuando en cuando: tengo que ampliar el repertorio. En este negocio no se puede estar siempre en el mismo lugar ni dar la misma función.

–¿Qué libros quiere leer?

–Hay tres clases de libros: los que no has leído ni hace falta que los leas; los que empezaste a leer una vez por equivocación y no tuviste el valor de abandonar en la página merecida, y los que lees y relees como quien visita al amigo o a la amada. En algún lugar de este triángulo ideal habría que situar las excepciones: los que no has leído, pero alguien de quien te fías te recomienda que leas. Estos últimos, como los amigos y las amadas, suelen ser fuente de consuelos y también de decepciones. Tú solo me leerás los que yo he **canonizado** y las sorpresas que tú mismo quieras depararme.

–¿Cuándo empezamos?

–Cualquier día es bueno, y mañana tan bueno como pasado. Y además está más cerca. No tengo estación fija, pero suelo **acaecer** por una de estas. El que

VOCABULARIO

zurrón *m.* Bolsa de cuero.

insondable *adj.* Que no se puede hallar su fondo.

aderezado -da *adj.* Preparado, dispuesto.

hornazo salmantino *m.* Empanada rellena típica de Salamanca.

barra de platino iridiado En el Sistema Métrico Decimal, el metro (equivalente a la diezmillonésima parte del cuadrante del meridiano terrestre) se reprodujo en una barra de platino iridiado.

canonizar *v.* Declarar santo. Aquí se refiere a aquellos libros que él ha considerado buenos.

acaecer *v.* Hallarse presente, concurrir a algún paraje.

VOCABULARIO

mandoble *m.* Golpe que se da usando el arma con ambas manos.

lanzada *f.* Golpe que se da con la lanza.

irrelevante *adj.* Que carece de importancia.

portento *m.* Persona admirable.

biblioteca de Alejandría Situada en la ciudad egipcia de Alejandría. Fue en su época (s. III a. C.) la más grande del mundo.

busca halla. Guíate por el olor de la guitarra y por el sabor de los romances. En alguna ocasión me bautizaron «el ciego de los romances».

Vi la hora en el reloj del otro andén. El tiempo había pasado muy de prisa.

–Perdone –le dije–, pero he quedado con una amiga mía.

–Nunca hagas esperar a una mujer: ese privilegio queda reservado para ellas. Por lo menos hasta la boda –añadió con un deje de cinismo.

Lo imaginé guiñando un ojo, de no haber estado ciego. Me despedí hasta el día siguiente.

Subí corriendo las escaleras, pero Cali se me había adelantado. En circunstancias normales, Cali podría haber dicho algo así como «Jo, tío, un poco más y me abro». Pero últimamente, ya digo, algo había subvertido el orden esperado de los acontecimientos, y dijo con su mejor sonrisa no exenta de ironía:

–El mundo al revés. Ahora son los caballeros andantes quienes hacen esperar a las damas.

–Lo siento.

–Y yo, porque, hablando de caballeros andantes, vas a tener que leer el *Quijote*. La de lite nos ha dicho hoy que una pregunta cae fijo. En el supuesto de que te interesen cosas tan poco sublimes como aprobar el curso, claro.

–¡Joder! –se me escapó: ante ella no solía usar ese registro–. ¡Pero cómo se puede leer ese rollo!

–Pues yo lo he leído y no me ha pasado nada.

–Tú no eres de este mundo.

–Don Quijote tampoco. A lo mejor me gusta por eso. Creo que hasta se parecía un poco a ti. Estaba tan poco conforme con el mundo que le tocó vivir que decidió arreglarlo todo a **mandobles** y **lanzadas**. Por cierto, ¿sabes lo que es un mandoble?

–No necesitas llamarme ignorante tantas veces al día para que me lo crea. Y tú, ¿sabes tú lo que es un ciego?

Ahora fui yo quien la sorprendí. Le conté mi aventura con el ciego de los romances («por cierto –dije–, ¿no vas a preguntarme si sé lo que es un romance?») y mi compromiso laboral con él. Cali pareció sumamente interesada por la aventura y no dejaba de preguntarme detalles secundarios que yo consideraba **irrelevantes**.

–Pues a ver si me presentas mañana a ese **portento** –dijo–. Por cierto, vas a tener que espabilar si es tan letrado como dices.

–Para empezar, creo que no me importaría leer el *Lazarillo*...

–¡Lo que no ha conseguido una legión de profesores!

Me miró de tal modo que aquella noche me sentí con ánimo para leer la **biblioteca de Alejandría**.

Emilio Pascual: *Días de Reyes Magos.*

¿SABÍAS QUE...?

Las ediciones más antiguas conocidas del *Lazarillo de Tormes* son de 1554. El protagonista de esta obra es Lázaro, un joven pícaro sin honra que abandona su hogar para servir a diversos amos. Tiene ocho años cuando entra al servicio de un ciego astuto y tacaño que le enseña todo tipo de malicias. A lo largo de este recorrido vital, sufrirá maltrato, hambre y privaciones, debido a la difícil situación económica del país y a la actitud egoísta y desalmada de sus amos. El *Lazarillo*, además de inaugurar el género picaresco, supone el inicio de la novela moderna.

BuScA eN eL tExTo...

Busca en el texto tres adjetivos que se hayan formado con el sufijo *-ble* y di de qué verbo derivan.

» ACTIVIDADES

Comprensión de la lectura

1. ¿Qué aspecto tiene el ciego? ¿Cómo va vestido? ¿Qué está haciendo en el momento en que lo descubre el joven narrador?

2. ¿Por qué es «sagaz» el ciego? Selecciona la respuesta correcta.

a) Porque ha reconocido la presencia del muchacho sin poderlo ver.
b) Porque ha detectado que el joven mentía en su respuesta.
c) Porque es capaz de adivinar la edad del muchacho con solo tocarle la cabeza.
d) Porque sabe enseguida que el chico es bastante ignorante.

3. ¿Cómo justifica el joven protagonista su ausencia del instituto?

4. ¿Por qué el ciego lo invita a comer? Selecciona la respuesta correcta.

a) Porque se da cuenta de que el chico tiene mucha hambre.
b) Porque sabe que el chico está solo y no tiene donde ir.
c) Porque tienen que hablar de negocios.
d) Porque el joven le ha ayudado durante toda la mañana.

5. ¿Qué clases de libros hay según el ciego? ¿Cuáles quiere que el muchacho lea para él?

6. ¿Adónde va el chico después de dejar al ciego?

Expresión personal

7. Redacta con otras palabras las siguientes oraciones de la lectura. Procura ajustarte al sentido que tienen en el texto.

a) De algún modo debió de percibir mi rubor o mi sorpresa.
b) Aunque alguno de sus ingredientes lo he salpimentado a mi manera.
c) Una vez más advirtió la fragilidad de mis conocimientos literarios.
d) Me leerás los que yo he canonizado.
e) Algo había subvertido el orden esperado de los acontecimientos.

8. En ocasiones, en la lectura se usan palabras o construcciones anticuadas. Trata de actualizar las siguientes redactándolas de otra manera. Consulta el diccionario.

a) Pues a fe que no te han enseñado cosa de provecho.
b) ¡Mozo voluntarioso! —dijo entre dientes.
c) No sé si era el vino o la mucha conversación.
d) No tengo estación fija, pero suelo acaecer por una de estas.
e) Metió la mano en un zurrón insondable que llevaba debajo de la capa.

9. Al parecer, el ciego de los romances ha sido un lector apasionado. Redacta tres argumentos a favor de la siguiente idea: Leer nos hace mejores personas. Concluye tu texto con un eslogan publicitario para animar a la gente a leer. Encontrarás información en el espacio personal de la página web *www.barcanova.cat.*

10. Una paradoja es una contradicción aparente. Explica la que se produce en estas oraciones: *Aunque ahora me ves ciego, no siempre lo fui. Pero desde que lo soy veo muchas cosas.*

11. En las frases de la lectura que figuran más abajo, el término *barra* es... a) una palabra polisémica, b) una palabra homónima, c) un hiperónimo. Justifica tu respuesta.

a) Nos guiamos hasta la *barra* de un bar.
b) Sacó una *barra* de pan.
c) Un bocadillo es como una *barra* de platino iridiado.

12. Escribe un sinónimo y un antónimo de cada una de las siguientes palabras destacadas.

a) una voz **áspera**
b) mi presencia **observadora**
c) circunstancias **normales**
d) una respuesta **verosímil**
e) unas gafas **oscurísimas**

13. El sufijo de origen latino *-ísimo, -ma* se une a adjetivos calificativos (y a algunos adverbios) para formar el superlativo, como en *sagacísimo*. Escribe el superlativo de los siguientes adjetivos utilizando este mismo sufijo:

agradable • feliz • confortable • vulgar • amplio
fuerte • joven • serio • nuevo • antiguo • cierto

14. Reescribe la frase del texto *Estas cosas **tú** deberías haberlas aprendido por ti mismo* sustituyendo el pronombre *tú* por el pronombre personal *yo* y realiza los cambios que convenga. Luego haz lo mismo utilizando el pronombre de 3.ª persona del singular *él*.

15. ¿Qué son los romances de ciego? ¿Qué privilegio, reservado a ciegos y lazarillos, los llevaba a recorrer pueblos y ciudades?

16. ¿Qué recurso retórico se aprecia en las siguientes intervenciones de los protagonistas de la lectura?

—¿Para leer qué?
—Los anuncios del metro, claro.

a) paradoja
b) paralelismo
c) ironía
d) metáfora
e) comparación

17. Pasa el siguiente fragmento de texto escrito en estilo directo a estilo indirecto (u otro que parezca más oportuno):

> De pronto pareció recordar algo y, con su imperturbable continente de estatua, observó:
> –Entonces... ¿no deberías estar en el instituto a estas horas?
> –Tal vez debería –repliqué con impensado aplomo–. Pero no estoy. No me enseñan lo que quiero, y me niego a aprender lo que no quiero.
> –¡Mozo voluntarioso! –dijo entre dientes, esbozando una sonrisa indescifrable–. ¿Buscas trabajo? Hablaremos de eso luego. Ahora me toca trabajar a mí.

18. ¿Qué conclusiones se pueden extraer de esta narración? Lee las ideas que te sugerimos y señala si estás de acuerdo y por qué.

a) Es un homenaje a la literatura y a los amantes de los libros.
b) Trata la rebeldía y el inconformismo propios de la adolescencia y de la juventud.
c) Plantea cómo los libros son útiles para aprender a vivir.

19. Numera los siguientes enunciados según el orden en que aparecen en la lectura:

A —Entonces... ¿no deberías estar en el instituto a estas horas?

B —¿Tienes dónde comer?

C Te contrato para leer un par de horas al día.

D Era un ciego a la antigua usanza.

E —Cualquier día es bueno, y mañana tan bueno como pasado.

F —Me ha gustado su poesía.

G Cinco estaciones después nos detuvimos.

H Tenía una voz áspera, ligeramente aguardentosa.

I Le conté mi aventura con el ciego de los romances...

J Una vez más advirtió la fragilidad de mis conocimientos literarios.

K No me enseñan lo que quiero...

L ... vas a tener que leer el *Quijote*.

» LENGUA Y SOCIEDAD

1. Narración, descripción y diálogo

1.1. La narración

La **narración** es el relato de unos hechos que suceden a unos personajes en un espacio y en un tiempo determinados. Los elementos que definen el texto narrativo son los siguientes:

- El **narrador:** es la persona que cuenta los hechos. Según el punto de vista que adopte el autor, hay diferentes tipos de narrador:

Espacio y tiempo

El **espacio** es el lugar donde se desarrollan los acontecimientos. Puede ser real, ficticio, imaginario, simbólico, etc.
El **tiempo** es el momento en que sucede la historia.

Interno: cuenta la historia desde dentro.	**Narrador protagonista:** en primera persona (forma autobiográfica).
	Otro personaje.
Externo: narra los hechos desde fuera, en **tercera persona**.	**Omnisciente:** conoce todos los detalles del relato, los sentimientos de los personajes, sus emociones, etc.
	Objetivo: cuenta los hechos como si los observara desde fuera.

- La **acción** o **argumento:** es la sucesión de los hechos que suceden a los protagonistas. Los hechos pueden contarse en **orden cronológico**, es decir, siguiendo el orden en que suceden, aunque a veces la historia comienza por un punto intermedio (***in medias res***). En ocasiones, la narración se interrumpe para contar algo que sucedió en el pasado (**analepsis** o ***flash-back***).

  La obra narrativa se estructura en tres partes:

Planteamiento	Se presentan los personajes, sus relaciones, el espacio, el conflicto que se va a desarrollar, etc.
Nudo	Se desarrollan los conflictos.
Desenlace	Se resuelven los conflictos, coincidiendo con el final del relato.

Este texto presenta un **narrador interno**, como se puede apreciar por el uso de las formas verbales, de los pronombres personales y de los determinantes posesivos:

> ¿Debía irme de allí? Todo indicaba una respuesta afirmativa. Pero en estos casos uno se deja llevar por racionalidades escondidas. Me parece que me decidió el sentido del ridículo: no había cruzado medio mundo para renunciar a mi destino justo cuando acababa de alcanzarlo.
>
> ALBERT SÁNCHEZ PIÑOL: *La piel fría*.

- Los **personajes:** son los que llevan a cabo la acción. Hay dos tipos de personajes:

PRINCIPALES		**SECUNDARIOS**
Son los responsables directos de la acción.		Son meros comparsas de los principales y su papel es poco relevante.
Protagonista: la acción gira en torno a él.	**Antagonista:** se opone al protagonista. **Otros personajes**.	

Hay personajes reales, inventados, simbólicos, colectivos, etc.

La descripción es **estática** si se describen elementos en reposo, y **dinámica** si se detalla un proceso a medida que se va produciendo.

1.2. La descripción

La **descripción** representa con palabras cualquier realidad: una persona, un animal, un objeto, un lugar, una idea, etc. La descripción puede ser **objetiva** o **subjetiva**:

TIPOS	CARACTERÍSTICAS
OBJETIVA	Se describe la realidad tal como es. Es propia de diccionarios, enciclopedias, manuales, ensayos científicos, artículos, conferencias, etc.
SUBJETIVA	El autor describe la realidad según su visión personal. Se da, sobre todo, en obras literarias.

Observa la diferencia entre la descripción de la palabra *rosa* que ofrece el Diccionario de la Real Academia y la de sor Juana Inés de la Cruz:

Rosa: *f.* Flor del rosal, notable por su belleza, la suavidad de su fragancia y su color. Suele llevar el mismo calificativo de la planta que la produce. *Rosa de Alejandría, de pitiminí.*

Rosa divina que en gentil cultura
eres, con tu fragante sutileza,
magisterio purpúreo en la belleza,
enseñanza nevada a la hermosura. [...]

La descripción de personas

Hay diferentes tipos de descripción de personas:

TIPOS	CARACTERÍSTICAS
PROSOPOGRAFÍA	Se describen los rasgos físicos de una persona.
ETOPEYA	Se describen los rasgos psíquicos, de carácter, morales.
RETRATO	Se describen rasgos físicos y de carácter.
CARICATURA	Se describen los rasgos físicos o de carácter exagerados, deformados.

En los diálogos intercalados en las narraciones, es frecuente que las palabras de los personajes vayan acompañadas de **verbos de dicción**, como *decir*, *afirmar*, *concluir*, *insistir*, *responder*, *preguntar*, etc., aunque a veces no aparecen.

1.3. El diálogo

El **diálogo** es un texto en el que dos o más personas intercambian información. El género literario que utiliza exclusivamente el diálogo como forma de expresión es el **teatro**.

En los relatos, es habitual que la narración se combine con la descripción y con el diálogo.

» ACTIVIDADES

20. Lee el siguiente texto y responde a las preguntas que se plantean a continuación:

> Cuando vio su casa nueva por primera vez, Bruno abrió los ojos desmesuradamente, sus labios formaron una O y los brazos se le extendieron hacia los lados. Era todo lo contrario de su antigua casa y no podía creer que de verdad fueran a vivir allí.
>
> JOHN BOYNE: *El niño con el pijama de rayas.*

a) ¿Qué tipo de narrador se da en el texto? ¿Cómo lo has sabido?
b) Vuelve a escribir el texto de forma que el narrador sea interno.

21. Lee el siguiente fragmento y responde a las preguntas que se plantean:

> Al acercarme, oí una vocecita de hombre tímido que balbuceaba:
>
> –Pero una foto, solo le pido una foto...
>
> –¡Que le digo que aquí no se puede entrar! ¿Cómo tengo que decírselo para que lo entienda? ¡Prohibido entrar en el despacho, y punto!
>
> –Pero si entro con usted...
>
> –¡Ni conmigo ni con la pareja de la Guardia Civil! ¡Que no, hombre, que no!
>
> Era un pasillo estrecho con habitaciones a ambos lados. Delante de la puerta que lucía el número trece vi a una mujer alta y a un hombre grasiento, bajito y encorvado.
>
> ANDREU MARTÍN y JAUME RIBERA: *Los vampiros no creen en Flanagans.*

a) ¿Qué tipo de narrador presenta? ¿Qué elementos te han permitido saberlo?
b) ¿En qué época crees que se desarrolla la acción? ¿Cómo lo has sabido?
c) El texto combina partes narrativas, descriptivas y dialogadas. Distínguelas.
d) Vuelve a escribir el texto de manera que el narrador sea externo omnisciente. Puedes empezar así: *Al acercarse, oyó una vocecita...*

22. Di de qué tipo son las siguientes descripciones de personas incluidas en *El trigo en ciernes*, de Colette:

a) Phil abrió los ojos y vio inclinarse sobre él, invertido como en un espejo de agua, un rostro femenino. Rostro que, del revés, ofrecía una barbilla un poco carnosa, una boca realzada por el rojo de labios, unos orificios nasales estrechos, irritables, y dos ojos oscuros que, vistos desde abajo, tomaban la forma de dos medias lunas.
b) La postura caballeresca de Phil casaba mal con su rostro ofendido de dios latino, dorado, coronado de cabellos negros y con una gracia apenas amenazada por la sombra —pelo espeso mañana, hoy pelusa de terciopelo— del futuro bigote.

23. Lee el siguiente texto y responde a las preguntas planteadas a continuación:

> Don Manuel, el anciano que por las noches estudiaba sus sellos con ayuda de la linterna, era un hombre pequeño y grueso, con gafas metálicas de patillas grotescamente retorcidas y cuatro pelos blancos en la cabeza, despeinados a pesar de su escasez. Vestía pulcramente, con traje y pajarita, y tenía el ceño fruncido, como si yo le hubiera hecho algo.
>
> FERNANDO MARÍAS: *Cielo abajo.*

a) ¿Qué tipo de narrador presenta el texto? ¿Cómo lo has sabido?
b) El texto es descriptivo. ¿De qué tipo de descripción se trata? ¿Por qué?

24. Justifica que la siguiente descripción es subjetiva:

> Él la obligó a detenerse en la curva del sendero. No quedaba ningún rastro de azul en el mar, fundido como estaba en un metal sólido y gris, casi sin pliegues; el sol apagado había dejado en el horizonte la larga huella de un rojo triste, por encima de la cual reinaba una zona pálida, verde, más clara que la aurora, donde se bañaba la estrella tempranera.
>
> COLETTE: *El trigo en ciernes.*

» TOMA LA PALABRA

Diálogos y conflictos

Por parejas (o en grupos de tres o cuatro personas como máximo) vais a inventar y representar una escena. En ella, los protagonistas dialogarán con la intención de resolver un problema de la vida cotidiana.

Procedimiento

1. Seleccionad alguna de las situaciones que se proponen a continuación o, si lo preferís, definid otras de características similares:

- Uno de mis hermanos usa mi ropa sin pedir permiso, entra en mi habitación sin avisar, curiosea mis cosas, etc., y yo quiero pedirle que deje de hacerlo.
- Mi mejor amiga es muy impuntual y ya no sé cómo decirle que no soporto ese hábito.
- Me molesta que mi compañero de piso ponga música porque me impide concentrarme cuando leo o teletrabajo.
- Siempre que alguien se acerca con algún reparto, el perro de mis vecinos ladra, y resulta desesperante.
- Tenemos que distribuirnos las tareas domésticas (pasar el aspirador, vaciar el lavavajillas, bajar la basura, etc.), pero nos cuesta mucho llegar a un acuerdo porque nadie quiere limpiar el baño.

2. Acordad cómo va a transcurrir el diálogo y de qué manera se va a solucionar el conflicto planteado y luego preparad cada cual vuestra intervención.

Expresiones para el diálogo cortés

- Entiendo lo que dices, pero...
- Me gustaría poder ayudarte...
- Comprendo tus razones...
- Sé que puede parecerte complicado...
- Es verdad que, desde tu punto de vista...
- Siento tu situación, y me gustaría poder ayudarte...
- La verdad es que preferiría...
- Si lo planteamos de otra manera, tal vez...

Estructura del diálogo

Apertura: *Saludo o llamada de atención*
Cuerpo del diálogo: *Intercambio de mensajes*
Conclusión: *Acuerdos*
Cierre: *Despedida*

Normas para un buen diálogo

- Respetar a la persona que habla.
- Hablar en el tono adecuado.
- No hablar todos a la vez.
- Saber escuchar antes de responder.
- Pensar en lo que dicen los demás.
- Admitir las opiniones de los demás.

» LITERATURA

1. El siglo XVIII

El siglo XVIII se conoce con los nombres de **Siglo de las Luces** y **Siglo de la Razón**. Estas denominaciones se deben a la **Ilustración**, una nueva corriente de pensamiento, procedente de Francia, que tiene como base el **racionalismo**: solo acepta como verdadero aquello que pueda ser admitido por *las luces de la razón*. Al rechazarse todo tipo de dogma, lo religioso deja de ser prioritario, y los intelectuales prefieren dedicarse a los aspectos más pragmáticos de la vida.

En España, en el siglo XVIII se instaura una **nueva dinastía monárquica**, pues, tras la Guerra de Sucesión (originada por la muerte sin descendencia de Carlos II), llega al trono Felipe V, primer rey de la Casa de Borbón; le sucedió su hijo Fernando VI y a este, Carlos III; el último monarca del siglo fue Carlos IV.

¿SABÍAS QUE...?

Para conseguir la modernización del país, se crean industrias y centros culturales y de investigación (museos, bibliotecas, academias, seminarios, institutos, etc.), entre los que destacan la Biblioteca Nacional (1712), la Real Academia Española (1713), la Real Academia de la Historia (1735), el Jardín Botánico (1755), el Museo del Prado (1785), etc.

La familia de Carlos IV, de Francisco de Goya.

El sistema de gobierno de la época es el **despotismo ilustrado**, que pretende educar al pueblo para que sea más culto y para mejorar sus condiciones de vida. Los ilustrados aspiran al **progreso** y a la **modernización** de España, pero actúan sin contar con el pueblo, de ahí que el lema del despotismo ilustrado sea «Todo para el pueblo, pero sin el pueblo».

Todas estas medidas impulsadas por los ilustrados produjeron efectos beneficiosos para España: aumentó la cultura y la investigación, crecieron las rentas, mejoró la sanidad, con lo que la población se incrementó considerablemente a lo largo del siglo, etc.

Con Fernando VI y con Carlos III se llevaron a cabo las reformas más importantes. Con Carlos IV se frenaron bastante al ver que, en Francia, las reformas llevadas a cabo condujeron a la Revolución Francesa (1789).

2. La literatura en el siglo XVIII. El Neoclasicismo

El movimiento literario más importante del siglo XVIII es el **Neoclasicismo**, que imita al clasicismo francés. Este movimiento supone una vuelta a las **normas clásicas**, que limitan la originalidad de los escritores y reprimen la expresión de los sentimientos, la imaginación o la fantasía, etc.

Durante los primeros años del siglo XVIII, los escritores muestran su rechazo a la literatura del siglo XVII, la barroca, y los intelectuales tienen preferencia por las actividades científicas más prácticas, con lo que la literatura pasa a ser una actividad secundaria. Todo ello hace que la literatura del siglo XVIII carezca de la calidad de la literatura anterior.

Los géneros que se cultivan en la época, la finalidad de las obras y el estilo de estas son consecuencia del espíritu ilustrado:

- La **finalidad** es educar; enseñar deleitando.
- El **estilo** es natural, sencillo y claro para que la obra sea entendida por todos.

2.1. El teatro neoclásico

El teatro neoclásico presenta las siguientes características:

- Cumple la «**regla de las tres unidades**»: una sola acción, desarrollada en un único lugar y en un día como máximo.
- **Separa lo trágico de lo cómico**.
- **Suprime lo fantástico**, lo imaginativo, pues ha de ser un teatro ajustado a la razón.
- Está escrito en **prosa**.
- Pretende **educar** y divertir.

Argumento de *El sí de las niñas*

Doña Francisca (Paquita) es una joven de dieciséis años a quien su madre quiere casar con don Diego, un señor rico de cincuenta y nueve años. Pero Paquita está enamorada de don Carlos, teniente coronel y sobrino de don Diego. Este descubre que los jóvenes están enamorados y finalmente renuncia a Paquita para que ella se case con don Carlos.

Leandro Fernández de Moratín

Leandro Fernández de Moratín (Madrid, 1760-París, 1828) es el dramaturgo más importante del teatro neoclásico. Solo escribió cinco comedias, entre las que destacan dos: *La comedia nueva* o *El café*, donde critica a los dramaturgos que no siguen las reglas neoclásicas, y *El sí de las niñas*, en la que defiende la libertad de la mujer para escoger marido, en una época en que todos los matrimonios eran concertados por las familias.

La obra se ajusta perfectamente a las normas clásicas y respeta la **regla de las tres unidades** característica de la preceptiva clásica desde Aristóteles: una sola acción; un lugar (una posada de Alcalá de Henares); un día como máximo (toda la acción transcurre en diez horas, desde las siete de la tarde hasta las cinco de la madrugada del día siguiente). Lee a continuación un fragmento de la obra.

Acto II, Escena IV

Doña Irene *le habla a su hija* Doña Francisca *de las virtudes de* Don Diego, *de lo rico que es y de lo bien que estaría casándose con él.*

Doña Irene. Pues mucho será que Don Diego no haya tenido algún encuentro por ahí, y eso lo detenga. Cierto que es un señor muy mirado, muy puntual... ¡Tan buen cristiano! ¡Tan atento! ¡Tan bien hablado! ¡Y con qué garbo y generosidad se porta!... Ya se ve, un sujeto de bienes y de posibles... ¡Y qué casa tiene! Como un ascua de oro la tiene... Es mucho aquello. ¡Qué ropa blanca! ¡Qué batería de cocina! ¡Y qué despensa, llena de cuanto Dios crio!... Pero tú no parece que atiendes a lo que estoy diciendo.

Doña Francisca. Sí, señora, bien lo oigo, pero no la quería interrumpir a usted.

Doña Irene. Allí estarás, hija mía, como pez en el agua; pajaritas del aire que apetecieras las tendrías, porque como él te quiere tanto, y es un caballero tan de bien y tan temeroso de Dios... Pero mira Francisquita, que me cansa de veras el que siempre que te hablo de esto hayas dado en la flor de no responderme palabra... [...]

Doña Francisca. Mamá, no se enfade usted.

2.2. La poesía neoclásica

La poesía neoclásica, al igual que el teatro, tiene como finalidad educar y divertir; de ahí que sea una poesía fría, intrascendente y carente de sentimientos. Los géneros que más se cultivan son la **sátira**, que critica los defectos de la sociedad, y la **fábula**, que suele tener como protagonistas a animales; el tono es humorístico; su finalidad es didáctica: alabar las virtudes y criticar los defectos de las personas. De ella se extrae una **moraleja**.

Los poetas más destacados son **Juan Meléndez Valdés**, autor de poesía pastoril, y los fabulistas **Tomás de Iriarte** y **Félix María Samaniego**. En la fábula de Iriarte de la derecha se aprecia el carácter didáctico de la poesía neoclásica, con la moraleja final: más vale trabajar con cuidado y paciencia que hacer las cosas rápido y mal.

El gusano de seda y la araña

Trabajando un gusano su capullo,
la araña, que tejía a toda prisa,
de esta suerte le habló con falsa risa,
muy propia de su orgullo:
«¿Qué dice de mi tela el señor gusano?
Esta mañana la empecé temprano,
y ya estará acabada a mediodía.
¡Mire qué sutil es, mire qué bella!...».
El gusano, con sorna, respondía:
«¡Usted tiene razón, así sale ella!».

2.3. La prosa neoclásica

La **prosa narrativa** está representada por el **Padre Isla**, con su obra *Fray Gerundio de Campazas* (una burla del estilo barroco), y por **Diego de Torres Villarroel**, con su *Vida*, una especie de novela picaresca.

En la danza también tuve que trabajar; pero en esta con más satisfacción y sin ningún peligro, porque era más diestro en los compases que los médicos en sus curaciones, y vivía fuera de las congojas de que me **capitulasen** de necio en el ejercicio. A pocos días era ya la celebridad y conversación de los melancólicos, los desocupados y noveleros. Y con sus solicitudes y aprehensiones, arribé a juntar algunas monedas de oro, buenas camisas y un par de vestidos que me engalanaban y prometían mi poco seso.

Torres Villarroel: *Vida.*

La *Vida* de Torres Villarroel es una especie de novela picaresca donde nos cuenta que desempeñó varios oficios: soldado, alquimista, bailarín, torero, etc. También escribió almanaques, donde hacía pronósticos, y llegó a ser catedrático de Matemáticas de la Universidad de Salamanca.

La **prosa crítica** está representada por **José Cadalso** y su obra *Cartas marruecas*, escrita en forma **epistolar**. En efecto, se trata de noventa cartas que se dirigen entre sí el moro Gazel, que vive en Madrid y viaja por España, el español Nuño Núñez, y Ben-Beley, maestro de Gazel, que vive en Marruecos. El contenido de las cartas es diverso y variado: denuncia la decadencia de España, así como los defectos, los vicios y las costumbres de los españoles; defiende la Ilustración, elogia a Francia, critica el abuso de galicismos en nuestra lengua, etc.

El siguiente texto forma parte de *Cartas marruecas*:

VOCABULARIO

pusilánime *adj.* Falto de valor para tolerar las desgracias o para intentar cosas grandes.

desidioso -sa *adj.* Negligente, no cuidadoso.

adulador -ra *adj.* Que solo dice lo que cree que puede agradar a otro.

delirio *m.* Afición desmedida por algo.

sentar plaza Conseguir la reputación de lo que se expresa (en este caso, extravagante).

CARTA LXXXI (De Gazel a Ben-Beley)

No es fácil saber cómo ha de portarse un hombre para hacerse un mediano lugar en el mundo. Si uno aparenta talento o instrucción, se adquiere el odio de las gentes, porque le tienen por soberbio, atrevido y capaz de cosas grandes. Si, al contrario, uno es humilde y comedido, le desprecian por inútil y necio. Si ven que uno es algo cauto, prudente y detenido, le tienen por vengativo y traidor. Si es uno sincero, humano y fácil de reconciliarse con quien le ha agraviado, le llaman cobarde y **pusilánime**; si procura elevarse, ambicioso; si se contenta con la medianía, **desidioso**; si sigue la corriente del mundo, adquiere nota de **adulador**; si se opone a los **delirios** de los hombres, **sienta plaza** de extravagante. Estas consideraciones, pesadas con madurez y confirmadas con tantos ejemplos como abundan, le dan al hombre gana de retirarse a lo más desierto de nuestra África, huir de sus semejantes y escoger la morada de los desiertos y montes entre fieras y brutos.

José Cadalso: *Cartas marruecas.*

La **prosa doctrinal** tiene una finalidad **didáctica**. Pretende que todo mejore mediante el seguimiento de una serie de normas, preceptos y consejos. El autor más destacado fue **Gaspar Melchor de Jovellanos** (1744-1811), gran intelectual del siglo XVIII español. Desempeñó cargos importantes (llegó a ser ministro de Justicia) y acometió grandes empresas reformadoras para modernizar el país. Actuó como un auténtico ilustrado: quiso mejorar las condiciones de vida del pueblo, pero sin contar con él. Sufrió persecución por sus ideas reformistas y pasó siete años en prisión en el castillo de Bellver (Mallorca).

Aunque fue dramaturgo y poeta, destaca, sobre todo, por su obra en prosa, fundamentalmente de carácter **didáctico**. Es autor de ensayos de contenido muy variado: políticos, históricos, económicos, filosóficos, etc. Entre sus obras más famosas figuran: *Memoria para el arreglo de la policía de espectáculos* e *Informe sobre la Ley Agraria.*

Otro autor importante es el **padre Feijoo**, que escribió ensayos sobre filosofía, literatura, religión, etc. Con voluntad reformista, combatió el atraso del país, las supersticiones, las falsas creencias. Sus dos obras más destacadas son *Teatro crítico universal* y *Cartas eruditas*, en las que trata temas diversos.

» ACTIVIDADES

25. La Ilustración es una corriente de pensamiento procedente de:

a) Alemania.
b) Italia.
c) Inglaterra.
d) Francia.

26. Copia y completa esta tabla con algunos de los principales autores y obras del siglo XVIII:

Autor	Obra	Género
Torres Villarroel		
	El sí de las niñas	
José Cadalso		epistolar
Tomás de Iriarte		
	Informe sobre la Ley Agraria	
Padre Isla		

27. Lee la siguiente fábula de Samaniego y contesta a las preguntas:

Bebiendo un perro en el Nilo
al mismo tiempo corría.
–Bebe quieto –le decía
un **taimado** cocodrilo.
Díjole el perro prudente:
–Dañoso es beber y andar,
¿pero es sano el aguardar
a que me claves el diente?
¡Oh, qué **docto** perro viejo!
Yo **venero** tu sentir
en esto de no seguir
del enemigo el consejo.

F. M.ª SAMANIEGO

a) Mide los versos, indica el tipo de rima que presentan y escribe su esquema métrico.
b) Busca información y di el nombre de la estrofa.
c) La moraleja figura en la última estrofa. Explícala.

VOCABULARIO

taimado -da *adj.* Astuto.
docto -ta *adj.* Sabio.
venerar *v.* Respetar o admirar a alguien por sus grandes virtudes.

28. Lee la carta LXI de las *Cartas marruecas* y responde a las preguntas que se formulan a continuación:

CARTA LXI (De Gazel a Ben-Beley)

En esta nación hay un libro muy aplaudido por todas las demás. Lo he leído, y me ha gustado sin duda; pero no deja de mortificarme la sospecha de que el sentido literal es uno, y el verdadero es otro muy diferente. Ninguna obra necesita más que esta el diccionario de Nuño. Lo que se lee es una serie de extravagancias de un loco, que cree que hay gigantes, encantadores, etcétera; algunas sentencias en boca de un necio, y muchas escenas de la vida bien criticada; pero lo que hay debajo de esta apariencia es, en mi concepto, un conjunto de materias profundas e importantes.

Creo que el carácter de algunos escritores europeos (hablo de los clásicos de cada nación) es el siguiente: los españoles escriben la mitad de lo que imaginan; los franceses más de lo que piensan, por la calidad de su estilo; los alemanes lo dicen todo, pero de manera que la mitad no se les entiende; los ingleses escriben para sí solos.

JOSÉ CADALSO: *Cartas marruecas.*

a) Gazel habla de un libro español muy admirado en todo el mundo. Tiene como protagonista a un loco que ve gigantes, encantadores, etc., y va acompañado de un ignorante que dice muchas sentencias y refranes. ¿De qué libro se trata?
b) Según el autor, ¿hay que entender este libro en sentido literal? ¿Por qué?
c) ¿Qué admira Cadalso de los escritores franceses?
d) ¿Qué significa esta afirmación del texto: «los alemanes lo dicen todo, pero de manera que la mitad no se les entiende»?
- Que saben de todo, pero no lo explican bien.
- Que escriben de lo que no entienden.
- Que escriben sobre cualquier tema, pero de forma complicada.

29. Lee el siguiente fragmento de *El sí de las niñas* y responde a las preguntas que se formulan a continuación:

Acto III. Escena VIII

DON DIEGO *insiste a* DOÑA FRANCISCA *para que reconozca que no quiere casarse con él porque está enamorada de* DON CARLOS, *pero ella no hace caso a la petición de su pretendiente.*

DON DIEGO: [...] Hablemos siquiera una vez sin rodeos ni disimulación... Dígame usted: ¿no es cierto que usted mira con algo de repugnancia este casamiento que se la propone? ¿Cuánto va que si la dejasen a usted entera libertad para la elección no se casaría conmigo?

DOÑA FRANCISCA: Ni con otro.

DON DIEGO: ¿Será posible que usted no conozca otro más amable que yo, que la quiera bien, y que la corresponda como usted merece?

DOÑA FRANCISCA: No, señor; no, señor.

DON DIEGO: Mírelo usted bien.

DOÑA FRANCISCA: ¿No le digo a usted que no?

DON DIEGO: ¿Y he de creer, por dicha, que conserve usted tal inclinación al retiro en que se ha criado, que prefiera la austeridad del convento a una vida más...?

DOÑA FRANCISCA: Tampoco; no señor... Nunca he pensado así. [...] Haré lo que mi madre me manda, y me casaré con usted.

DON DIEGO: ¿Y después, Paquita?

DOÑA FRANCISCA: Después..., y mientras me dure la vida, seré mujer de bien.

DON DIEGO: Eso no lo puedo yo dudar... Pero si usted me considera como el que ha de ser hasta la muerte su compañero y su amigo, dígame usted: estos títulos ¿no me dan algún derecho para merecer de usted mayor confianza? ¿No he de lograr que usted me diga la causa de su dolor? Y no para satisfacer una impertinente curiosidad, sino para emplearme todo en su consuelo, en mejorar su suerte, en hacerla dichosa, si mi **conato** y mis **diligencias** pudiesen tanto.

DOÑA FRANCISCA: ¡Dichas para mí!... Ya se acabaron.

DON DIEGO: ¿Por qué?

DOÑA FRANCISCA: Nunca diré por qué. [...]

DON DIEGO: ¡Ve aquí los frutos de la educación! Esto es lo que se llama criar bien a una niña: enseñarla a que desmienta y oculte las pasiones más inocentes con una **pérfida** disimulación. Las juzgan honestas luego que las ven instruidas en el arte de callar y mentir. Se obstinan en que el temperamento, la edad ni el genio no han de tener influencia alguna en sus inclinaciones, o en que su voluntad ha de torcerse al capricho de quien las gobierna. Todo se las permite, menos la sinceridad. Con tal que no digan lo que sienten, con tal que finjan aborrecer lo que más desean, con tal que se presten a pronunciar, cuando se lo manden, un sí **perjuro**, **sacrílego**, origen de tantos escándalos, ya están bien criadas, y se llama excelente educación la que inspira en ellas el temor, la astucia y el silencio de un esclavo.

a) ¿Qué le pide don Diego a doña Francisca?
b) ¿Por qué no hace feliz a doña Francisca el matrimonio que va a contraer con don Diego?
c) Paquita reconoce que nunca será feliz; escribe la frase en que lo dice.
d) ¿Por qué doña Francisca acepta casarse con don Diego si está enamorada del sobrino de este?
e) Según don Diego, ¿en qué consistía una buena educación de las mujeres en España?

VOCABULARIO

conato *m.* Propósito.

diligencia *f.* Trámite en un proceso, generalmente administrativo.

pérfido -da *adj.* Desleal.

perjuro -ra *adj.* Que jura en falso.

sacrílego -ga *adj.* Que va contra lo sagrado.

» GRAMÁTICA

1. Clases de palabras (I)

La **palabra** es la unidad lingüística con significado que se representa gráficamente entre espacios en blanco. Las palabras que comparten idénticas propiedades gramaticales y sintácticas se agrupan en clases, llamadas **categorías gramaticales**:

NOMBRE O SUSTANTIVO	Designa o nombra realidades, tanto concretas como abstractas. Admite morfemas de género y número.	*mano, amor, niñas...*
VERBO	Designa acciones, procesos o estados. Presenta morfemas de persona, número, tiempo, modo y aspecto.	*leer, recibir, amar...*
ADJETIVO	Designa principalmente cualidades, propiedades y relaciones referidas a un nombre. Presenta morfemas de género y número y, además, puede expresar grado.	*listo, célebre, institucional...*
ADVERBIO	Palabra invariable que significa cantidad, lugar, tiempo, duda...	*aquí, quizás, sí, hoy...*
DETERMINANTE	Se antepone a un sustantivo para concretarlo. Admite morfemas de género y número.	*el, estas, tres, algún...*
PRONOMBRE	Se emplea para referirse a personas, animales o cosas sin nombrarlos pues no tiene contenido léxico. Puede poseer morfemas de género, número y persona.	*ella, tú, lo, eso...*
PREPOSICIÓN	Establece relaciones de subordinación entre el elemento que introduce (término de la preposición) y el que lo precede.	*a, en, hacia...*
CONJUNCIÓN	Sirve para relacionar entre sí palabras, sintagmas u oraciones. Establece relaciones de coordinación o de subordinación. Es invariable.	*y, o, pero...*
INTERJECCIÓN	Se emplea para comunicar impresiones y sentimientos.	*¡ay!, ¡bravo!*

1.1. El nombre o sustantivo

NOMBRES PROPIOS. Identifican a un ser entre los demás de su mismo grupo: *Guatemala, Rosario, Bucéfalo...*

NOMBRES COMUNES. Designan personas, animales, lugares o cosas que comparten unas propiedades o rasgos: *ratón, silueta, maceta...*	**Contables.** Se refieren a entidades que se pueden enumerar: *cuatro gatos, dos vasos...*
	No contables. Designan realidades que no se pueden enumerar: *sangre, agua, enfado...*
	Individuales. Informan en singular de un solo ser: *ventana, yegua, médico...*
	Colectivos. Designan en singular un conjunto de seres con análoga naturaleza: *arboleda, flota, familia, rebaño...*
	Concretos. Se refieren a realidades materiales, perceptibles por los sentidos: *lince, arena...*
	Abstractos. Designan una realidad intangible o imperceptible: *maldad, fe, dolor, belleza...*

1.2. El verbo

<table>
<tr><td rowspan="3">VERBOS PREDICATIVOS</td><td rowspan="3">Poseen contenido léxico pleno. Los verbos predicativos pueden constituir predicado por sí mismos.</td><td colspan="3">Transitivos: van acompañados de complemento directo [+ CD].
Juan tiene un tren de juguete.</td></tr>
<tr><td rowspan="2">Intransitivos: no llevan complemento directo [– CD].</td><td>Inergativos</td><td>Expresan una acción o proceso realizado por un agente, que es el sujeto: brillar, nadar...
Julia nada en la piscina.</td></tr>
<tr><td>Inacusativos</td><td>Designan surgimiento, acaecimiento, desaparición, dirección, etc. El sujeto no es el agente, sino el afectado por la acción verbal: brotar, caer, morir...
La hierba brotaba en el jardín.</td></tr>
<tr><td>VERBOS COPULATIVOS</td><td colspan="4">Poseen escaso contenido léxico. Necesitan un atributo para formar predicado. Ejemplos: El bisonte es un cuadrúpedo; Roberto parece enojado; La casa está deshabitada.</td></tr>
<tr><td>VERBOS SEMICOPULATIVOS</td><td colspan="4">Son verbos predicativos que han perdido parte de su significado y necesitan un atributo. Por ejemplo, seguir en El enfermo sigue grave, frente al valor predicativo de El enfermo sigue al médico.</td></tr>
</table>

1.3. El adjetivo

<table>
<tr><td>ADJETIVOS CALIFICATIVOS</td><td>Expresan cualidades o propiedades del sustantivo al que complementan: ciudad limpia; camino largo; ciudad antigua.
En general, pueden presentar grado:
• Grado positivo: azul, bonito, astuto...
• Grado comparativo: menos ajustado que...; tan estúpido como; más agudo que...
• Grado superlativo: lentísimo, celebérrimo, muy agradable, extraplano, requetelindo...</td></tr>
<tr><td>ADJETIVOS RELACIONALES</td><td>Permiten clasificar personas o cosas. No presentan grado. Ejemplos: marco legal, texto literario, transporte público...</td></tr>
</table>

Los epítetos realzan una cualidad inherente del nombre (***dulce** miel*). Son frecuentes en textos literarios.

Uso especificativo y uso explicativo del adjetivo

En el uso **especificativo**, el adjetivo limita la extensión del nombre o lo selecciona dentro de un grupo indicando una cualidad que lo distingue del resto. Ejemplos: *caballo **veloz***, *carácter **vehemente***.
En cambio, el uso **explicativo** aporta una explicación o una justificación. Aparece entre comas: *El reinado, **triste** y **decepcionante**, se diluyó entre inquinas y envidias.*

El epíteto es un adjetivo que indica una cualidad que ya se presupone en el nombre al que acompaña. Suele aparecer antepuesto: ***inmenso** océano*, ***negra** noche...*

1.4. El determinante

ARTÍCULOS	Determinados	***el*** *alimento,* ***la*** *canción,* ***los*** *estudiantes,* ***las*** *rebajas*
	Indeterminados	***un*** *mendrugo,* ***una*** *acusación,* ***unos*** *ejercicios,* ***unas*** *habilidades*
DEMOSTRATIVOS	***este*** *profesor,* ***esa*** *sensación,* ***aquellos*** *lamentos…*	
POSESIVOS	***su*** *casa,* ***vuestros*** *andares,* ***mis*** *amigos…*	
CUANTIFICADORES	Indefinidos	***ambos*** *personajes,* ***bastante*** *oscuridad,* ***más*** *frío,* ***cualquier*** *animal…*
	Numerales (cardinales, ordinales, fraccionarios y multiplicativos)	***cien*** *estrellas,* ***primer*** *piso,* ***medio*** *litro,* ***doble*** *ración*
INTERROGATIVOS	*¿**Qué** personas…?, ¿**Cuáles** ejercicios…?*	
EXCLAMATIVOS	*¡**Qué** alegría!, ¡**Cuántas** desgracias!…*	
RELATIVOS	*El médico **cuya** hija era ingeniera…*	

Los determinantes preceden siempre al nombre. Si una de esas formas se pospone, deja de serlo y pasa a considerarse un adjetivo que complementa al sustantivo: *los chicos* ***aquellos****, amigo* ***mío****…*

1.5. El pronombre

PERSONALES	*yo, ellas, nosotros, os, los, usted, se…*	
	Reflexivos	Indican que la acción que realiza el sujeto recae sobre él mismo. Puede aparecer con sujetos singulares o plurales. ***Te*** *lavaste las manos;* ***Os*** *duchasteis por la noche.*
	Recíprocos	Señalan que la acción del verbo se intercambia entre los elementos integrantes del sujeto. Solo puede aparecer con sujetos plurales. ***Nos*** *besamos;* ***Se*** *vieron por el balcón.*
DEMOSTRATIVOS	*esto, eso, aquello*	
NUMERALES CARDINALES	*uno* (nunca precede a un sustantivo)	
INDEFINIDOS	*alguien, algo, nada…*	
EXCLAMATIVOS	*¡**Quién** pudiera!; ¡**Qué** me cuentas!*	
INTERROGATIVOS	*¿**Cuál** prefieres?; ¿**Qué** quieres?; ¿**Quién** jugó?*	
RELATIVOS	*Se lo dije a **quien** quiso oírlo; Se accidentó con la moto **que** compramos…*	

» ACTIVIDADES

30. Identifica los determinantes de las siguientes oraciones y di de qué tipo son:

a) ¡En alguna escondida ciudad habrá refugio para nosotros!
b) Catorce canoas navegaban lentamente río abajo.
c) Tras el golpe, perdió el conocimiento.
d) En vuestra urbanización no hay piscina.
e) ¡Qué estupenda noticia nos disteis!
f) No dejó que tocara el libro con sus manos sucias.
g) Me pregunto qué canción le gustará más a Antonio.
h) En el hospital atendieron al enfermo cuyo brazo estaba destrozado.

31. Indica a qué clase de palabra pertenecen las destacadas. Escribe otra oración con cada una de ellas manteniendo la misma categoría gramatical.

a) ¿A **qué** huele aquí?
b) La porcelana **aquella** era de Sèvres.
c) El sabio con **quien** me eduqué murió el año pasado.
d) El investigador descubrió la fórmula del **nuevo** medicamento.
e) **Esa** ventana no cabe en el hueco.
f) De entre todos los trofeos posibles, solo le correspondió **uno**.

32. Di de qué tipo son los pronombres destacados en las oraciones:

a) **Me** contaron todas sus andanzas.
b) ¿**Qué** pensará después de las últimas noticias?
c) **Se lo** dije a **alguien** en **quien** confiaba.
d) ¡**Qué** me dices!
e) **Te** sorprendieron, pero a **mí** no.
f) **Aquello** pasó y ya no podemos resolver**lo**.
g) Tras su fracaso, **nada** le satisfacía lo suficiente.
h) El mensajero no sabía para **quién** eran las flores que traía.

33. Selecciona la serie que indica ordenadamente la clase de las palabras destacadas en las siguientes oraciones:

a) En **mi** habitación da el sol toda la tarde.
b) No nos recibieron en el salón, **sino** en el jardín.
c) No **se** lo dijeron hasta el final.
d) Quizá fuera mejor **así**.
e) Se hará **según** las indicaciones del jefe.

1. determinante personal, preposición, pronombre personal, adverbio adjetival, preposición
2. pronombre posesivo, conjunción adversativa, pronombre reflexivo, adverbio de modo, conjunción de modo
3. determinante posesivo, conjunción adversativa, pronombre personal, adverbio de modo, preposición
4. pronombre personal, preposición adversativa, artículo, adverbio de modo, conjunción de modo

34. Clasifica los nombres según sean comunes o propios, contables o no contables, individuales o colectivos, concretos o abstractos:

libro • azúcar • bandada • codicia • Tortosa
paquete • encinar • Teresa • columna • piano
salud • Rocinante • ordenador • obispo • paz

35. Observa estos pares de oraciones y explica qué cambios de significado se producen por la aparición o la ausencia del artículo.

Luis perdió confianza. / Luis perdió la confianza.
Estoy buscando piso. / Estoy buscando el piso.
¿Tienes dinero? / ¿Tienes el dinero?
Sé que tienes plan. / Sé que tienes el plan.

36. Identifica los nueve adjetivos del siguiente texto:

> El achacoso vapor había salido de Londres, del Támesis, hizo escala en Falmouth y finalmente partió atestado de un pasaje de enfermos de tuberculosis que huían del frío y húmedo invierno inglés a la búsqueda ilusionada del sol del sur. Así que ahora añadió al relato algo que Henrietta no le había escuchado antes, un apunte irónico que aludía al estado de la máquina de vapor: el barco también estaba tísico. Se le notó la enfermedad a la primera embestida.
>
> MANUEL RIVAS: *Los libros arden mal.*

37. Indica si los adjetivos destacados están en grado positivo, comparativo o superlativo:

a) Le dio una respuesta **correctísima** para su **insolente** pregunta.
b) La luz de mi lámpara era más **tenue** que la del viejo farol del abuelo.
c) Fue muy **hábil** con sus comentarios.
d) Saramago es un **celebérrimo** escritor portugués.
e) Guzmán era tan **espabilado** como José.
f) El primo de Luisa es **requeteguapo**.
g) Este reloj **extraplano** es menos caro que el otro.

38. Descubre en el texto dos estructuras comparativas:

> Ya está cerca la embarcación; ha sido veloz aunque no corra mucho viento. Irenia, que sabe de mar, aprecia ahora la finura del casco, más alargado que el de las embarcaciones de las islas, y la doble espuma levantada por la tajamar, así como la especial inclinación del mástil de mesana. La camareta central también es mucho más baja que la de las naves convencionales y empieza a comprender que el proyectista del velero no es un constructor rutinario.
>
> JOSÉ LUIS SAMPEDRO: *La vieja sirena.*

39. Identifica si los adjetivos destacados son relacionales o calificativos y escribe otra oración con cada uno de ellos:

a) Se venden **excelentes** productos en el mercado **municipal**.
b) Mi amigo **escocés** no viste falda a cuadros ni toca la gaita.
c) La empresa **familiar** se mantuvo a flote durante la **dura** crisis **económica**.
d) Las **bonitas** notas de esa **triste** canción me embelesan.

40. ¿Qué dos posibles interpretaciones tiene el siguiente sintagma: *el burro del concejal*? Escribe una oración para cada caso en que se aprecie con claridad la diferencia.

41. Entre las oraciones siguientes hay una que es incorrecta. Identifícala y explica por qué sucede esa agramaticalidad.

a) Hoy sopla un viento muy frío.
b) Vivimos cerca del mercado muy municipal.
c) El perro de Javier está muy enfermo.

42. Indica si en las siguientes oraciones los adjetivos son explicativos, especificativos o epítetos:

a) El **luminoso** sol calentaba los tejados de las casas del pueblo.
b) Guardamos de vosotros un **magnífico** recuerdo.
c) La selección, **desenvuelta** y **alegre**, goleó al equipo contrario.
d) La vida es un libro **abierto** que debes leer sin prisas.
e) Las esposas de los marineros, **cansadas** de esperar, se reunieron en el puerto.
f) Cuando llegamos al refugio, se nos había echado encima la **oscura** noche.
g) El zapatero arregló unos **viejos** y **desgastados** zapatos.
h) Cayó por la pendiente por culpa del **resbaladizo** barro.

43. ¿Qué diferencia a los adjetivos *especial* y *militar* en las siguientes oraciones?

Es una acción especial.
Es una acción militar.

44. Explica las diferencias de significado entre los siguientes pares de sintagmas:

a) gran museo / museo grande
b) pobre persona / persona pobre
c) triste escritor / escritor triste
d) curiosa persona / persona curiosa
e) fantástica novela / novela fantástica

45. Escribe el referente completo de los pronombres, adverbios o determinantes destacados en estas oraciones:

a) Julio releyó las notas **que** había escrito en **su** libreta.
b) Una vez regresó del frente ruso, el soldado no quiso volver más **allí**.
c) ¡Escapad! Corréis peligro en esta ciudad —os **lo** juro.
d) En la sobremesa **le** pidió al poeta que recitara un poema.
e) No **lo** he podido evitar: leí tu correspondencia.
f) Le enloquecen los Ferrari y los Mercedes: **aquellos**, por su estética; **estos**, por sus motores.
g) Viajaron de Guayaquil a Barcelona. De **allí** salieron con tiempo revuelto, pero al llegar **aquí** el cielo era claro y brillante.
h) El reportero quería saber la verdad: **sus** preguntas incomodaron a los entrevistados, **quienes** negaron los hechos.

46. En las siguientes oraciones indica si los pronombres personales destacados son reflexivos o recíprocos:

a) Pol, láva**te** las manos con jabón.
b) Los hermanos **se** miraron fijamente a la cara.
c) **Me** pinté los ojos para la ceremonia.
d) Tras la película, Joel y Alba **se** abrazaron.
e) **Se** mandaban correos electrónicos cada día.
f) Jordi **se** afeita todas las mañanas antes de salir de casa.
g) No **os** respetáis y por eso siempre discutís.
h) Yo **me** miro en el espejo del recibidor antes de salir de casa.

47. En las siguientes oraciones, diferencia los verbos copulativos, los semicopulativos y los predicativos (transitivos o intransitivos):

a) Pizarro capturó a Atahualpa con un ardid.
b) El legendario vaquero fue el último habitante solitario de la pradera.
c) Óscar se ha vuelto un sabelotodo.
d) La situación del circo parece desastrosa.
e) Vive en soledad, tan solo con la compañía de una tortuga y de un loro charlatán.
f) Las amapolas florecían entre el trigo.
g) Les vendieron un bonito reloj de pared en el barrio de Gracia.
h) La actriz brilló con fuerza en su última actuación.
i) Tres personas murieron en el último accidente de tráfico.
j) Miguel estaba entusiasmado con su futura cosecha de trufas.
k) ¿Todavía sigues enfadado?

48. Escribe oraciones en que se cumplan estas condiciones:

a) verbo transitivo + nombre contable + determinante posesivo
b) verbo inergativo + nombre propio + adjetivo calificativo
c) verbo copulativo + nombre concreto + sintagma preposicional cuyo término sea un sintagma adverbial
d) verbo intransitivo + sintagma preposicional cuyo término sea un sintagma nominal
e) verbo copulativo + sintagma adjetivo + sintagma adverbial
f) verbo semicopulativo + sintagma adjetivo

» LÉXICO

1. La renovación del léxico: los préstamos léxicos

La adquisición de nuevos términos procedentes de otras lenguas es una de las vías más comunes de ampliación del léxico de un idioma. Esta incorporación es compleja y está condicionada por distintos factores: políticos, sociales, económicos, etc.

Las voces procedentes de otras lenguas que se incorporan a un idioma reciben el nombre de **extranjerismos** o **préstamos léxicos**. Se suelen clasificar según su lengua de procedencia:

lenguas prerromanas	*carrasca, arroyo, cabaña, charco...*
germanismos (de las lenguas germánicas)	*burgo, guerra, guardia, yelmo, ganso...*
americanismos (de las lenguas indígenas americanas)	*tomate, chocolate, canoa, guayaba, huracán, cacao, maíz...*
galicismos (del francés)	*chalé, croqueta, chófer, edredón, equipaje, cruasán...*
arabismos (del árabe)	*albaricoque, alcohol, ajedrez, berenjena, tambor, arroz, sandía, ojalá...*
italianismos (del italiano)	*cartucho, embajada, batuta, novela, góndola...*
anglicismos (del inglés)	*béisbol, gánster, cheque, líder, escáner, esprínter, club...*
lusismos (del portugués)	*ostra, caramelo, mejillón, bandeja, buzo...*
galleguismos (del gallego)	*vieira, morriña, chubasco, vigía...*
vasquismos (del vasco)	*urraca, chacolí, izquierda, boina, pizarra...*
catalanismos (del catalán)	*masía, capicúa, moscatel, forastero, granel...*

La incorporación más habitual de préstamos se produce siguiendo su **acomodación fonológica**, **silábica** y **ortográfica** al castellano (*fútbol*, *pícnic*, *béisbol*, *champán*, *tatuaje*, *blíster*...). Hoy en día, sin embargo, existe una tendencia a **mantener las grafías originales no adaptadas** (*light*, *mozzarella*, *thriller*, *collage*, *paparazzi*...). Estas palabras deben escribirse siempre en cursiva o entre comillas.

Un tipo especial de préstamos son **los calcos**, que consisten en traducciones literales de la lengua original: *honeymoon* > luna de miel; *kindergaten* > jardín de infancia; *hawk eye* > ojo de halcón.

Se denomina **neologismo** a aquella palabra, giro o expresión de reciente incorporación en un idioma.

¿SABÍAS QUE...?

Los préstamos se consideran un enriquecimiento del idioma y pueden servir para nombrar realidades nuevas para las que no existe denominación en este. A veces, sin embargo, su adopción obedece a un cierto mimetismo respecto a una lengua considerada más prestigiosa o moderna. Esto ocurre en palabras como *mutear* en vez de *silenciar*; *healthy* en lugar de *sano* o *saludable* o *outfit* por *conjunto* o *modelo*. En estos casos, se desaconseja su uso.

» ACTIVIDADES

49. Clasifica las siguientes palabras según su origen (anglicismos, arabismos, germanismos, galicismos, italianismos, americanismos o lusismos):

dosier • guerra • chocolate • chat • espía
chubasco • zanahoria • bloguero • puma
aceituna • bigote • vivac • macarrón • novela
cachalote • clicar • capo • canoa • forfait
almohada • almeja

50. Consulta el diccionario de la Real Academia Española en internet (*www.rae.es*) y anota cómo prescribe la Academia que deben escribirse en castellano los siguientes términos procedentes de otras lenguas:

croissant • *alligator* • *guetto* • *paddle*
gymkhana • *puzzle* • *email* • *link* • *meeting*

51. La RAE acepta la escritura de algunas voces con la forma original de la lengua de procedencia (siempre en cursiva o entre comillas), aunque recomienda la escritura de la voz con su adaptación gráfica y fonética. Anota cuál es la forma castellanizada de estas palabras:

bacon • *whisky* • *shock* • *sharia* • *hacker* • *spray*
bypass • *selfie* • *sponsor* • *glamour*

52. Escribe las formas castellanas equivalentes a las siguientes palabras o expresiones del mundo del tenis. Encontrarás un enlace útil para llevar a cabo esta actividad en tu espacio personal de la web *www.barcanova.cat*.

punto de *break* • *challenge* • *deuce* • *drive*
let • *match point* • *passing shot* • *smash*
tie break • *wild card*

53. Explica el significado de las siguientes expresiones extranjeras y busca una expresión en castellano para sustituirlas:

a) *in crescendo*
b) *tour de force*
c) *happy end*
d) *full time*
e) *off the record*
f) *on line*
g) *take away*
h) *jet lag*
i) *top model*
j) *petit comité*

54. Sustituye las expresiones innecesarias de otras lenguas por las correctas en castellano.

a) Sus charlas y arengas siempre son especiales. Es el mejor *speaker* del momento.
b) Han abierto una nueva tienda en el *outlet* de Viladecans.
c) Por la pasarela desfilaron numerosos *celebrities*.
d) El *shopping* no es la afición más destacable de mi familia.
e) Expuso toda su obra pictórica en el *showroom* de la Fundación.
f) El aeropuerto de El Prat se ha convertido en un *hub* internacional.

55. Lee el siguiente texto y reescribe las oraciones que aparecen a continuación sin utilizar la palabra *nominar*:

> «El verbo **nominar significa 'proponer como candidato para algo'**», tal como indica el *Diccionario panhispánico de dudas*. [...] Pese a considerarse, inicialmente, este significado de *nominar* como un calco innecesario del inglés *to nominate*, los principales diccionarios de referencia, tanto académicos como de uso, recogen desde hace años esta acepción (el *Diccionario de la lengua española* desde 2001), por lo que su empleo se considera hoy apropiado. Se recuerda, no obstante, que existen expresiones alternativas, como ***proponer***, ***presentar como candidato***, ***votar***, ***postular***, según el contexto.
>
> Fundéu

a) Los nominados al Óscar comenzaron su eterno desfile por la alfombra roja.
b) Sería un error nominar a Raúl como mejor futbolista del año 2020.

» ORTOGRAFÍA

1. La *b* y la *v*

SE ESCRIBE *B*	EJEMPLOS
Después de la consonante ***m***.	*e**mb**alsamar, so**mb**ra, tu**mb**ona*
Delante de consonante (en interior de palabra o en final de sílaba).	*ce**br**a, **br**újula, posi**bl**e, a**bd**omen, o**bs**equio*
Las palabras acabadas en ***-bilidad*** y en ***-bundo/-a,*** salvo ***movilidad*** y ***civilidad***.	*ama**bilidad**, mori**bundo***
Las terminaciones del **pretérito imperfecto de indicativo** de los verbos de la 1.ª conjugación. También el pretérito imperfecto de indicativo del verbo ***ir***.	*cant**aba**, cant**abas**, cant**aba**, cant**ábamos**, cant**abais**, cant**aban*** *i**b**a, i**b**as, i**b**a, í**b**amos, i**b**ais, i**b**an*
Los verbos ***haber***, ***deber***, ***beber***, ***caber*** y ***saber***.	*ha**b**ían, de**b**emos, be**b**í, ca**b**rán, sa**b**en*
Los verbos terminados en ***-bir*** y en ***-buir***, salvo ***hervir***, ***servir*** y ***vivir***.	*reci**bir**, contri**buir***

SE ESCRIBE *V*	EJEMPLOS
Después de las consonantes ***n***, ***b*** o ***d***.	*e**nv**ío, o**bv**io, a**dv**ersario*
Las palabras que comienzan por ***eva-***, ***evi-***, ***evo-***.	***eva**cuación, **evi**tar, **evo**lución*
Los adjetivos terminados en ***-avo*** y ***-ava***, ***-evo*** y ***-eva***, ***-ivo*** e ***-iva***, ***-ave*** y ***-eve***.	*oct**avo**, nu**eva**, caut**ivo**, definit**iva**, gr**ave**, l**eve***
El **presente de indicativo**, el **presente de subjuntivo** y el **imperativo** del verbo ***ir***.	***v**oy, **v**as, **v**a; **v**aya, **v**ayas; **v**e,* etc.
El **pretérito perfecto simple de indicativo** y el **pretérito imperfecto de subjuntivo** de los verbos ***estar***, ***tener***, ***andar*** y sus derivados.	*estu**v**iste, tu**v**ieron, andu**v**o; estu**v**ierais, tu**v**ieran, andu**v**iera*

2. Acentuación de diptongos y triptongos

El **diptongo** es la pronunciación de dos vocales, una **abierta** y una **cerrada** (o **dos cerradas**) en una misma sílaba. Las vocales abiertas son ***a***, ***e***, ***o*** y las cerradas son ***i***, ***u***.	*a-**cei**-tu-na, **au**-sen-te*
Los **diptongos** se acentúan siguiendo las **reglas generales de la acentuación**. Cuando la sílaba que debe llevar acento está constituida por un diptongo, **el acento o tilde se pone sobre la vocal abierta**.	*a-fi-**ción**, die-ci-**séis***
Si el **diptongo** está formado por **dos vocales cerradas**, se acentúa la **segunda vocal**.	***cuí**-da-te, lin-**güís**-ti-ca*
El **triptongo** es la pronunciación de tres vocales en una misma sílaba: **vocal cerrada + vocal abierta + vocal cerrada**. Si debe llevar tilde, se coloca sobre la vocal abierta.	*des-pre-**ciáis**, lim-**piéis***

» ACTIVIDADES

56. Busca las seis diferencias que hay entre los dos recuadros siguientes.

1.

embalse • bóveda • abrigo • invadir • buzo
bisabuelo • buscar • envenenar • objetivo
observar • reverberar • verbena • avería
convoy • mover • dibujo • absorber
abdomen • albóndigas • favor • albergue
cobardía • carburante • invierno • devolución
vendaval • verruga • soberbia • absurdo
gobierno • visera

2.

vendaval • albóndigas • gobierno • bóveda
invadir • buzo • cobardía • mover • verruga
reverberar • exhibir • buscar • invierno
envenenar • absurdo • abrigo • objetivo
observar • vestigio • avería • embalse
convoy • absorber • dibujo • visera
abdomen • albergue • carburante
devolución • hirviendo • bisabuelo

a) Están en **1** pero no en **2**: ■, ■, ■
b) Están en **2** pero no en **1**: ■, ■, ■

57. Escribe una palabra derivada que acabe en *-bilidad* o *-bundo/-a*: hábil: *habilidad*; morir: *moribundo*.

a) disponible
b) probable
c) variable
d) responsable
e) tremendo
f) náusea
g) meditar
h) furia

58. Agrupa los siguientes adjetivos de dos en dos de manera que en las parejas cada uno tenga un significado parecido al otro.

bravo • longevo • ligero • enorme • imparcial
leve • comprensivo • agresivo • valiente
blando • tolerante • excesivo • anciano
equitativo • suave • violento

59. Completa las frases con *b* o con *v* según convenga en cada caso. Puedes tener en cuenta que falta el mismo número de bes que de uves.

a) Son her■í■oros los animales que se alimentan de plantas her■áceas.
b) Pro■ó la sopa y ■io que le falta■a un poco de sal.
c) Era apicultor, es decir, se dedica■a a la cría de a■ejas.
d) Solamente me cam■iaré el mó■il cuando se estropee el que tengo.
e) El pue■lo conser■a■a su atracti■o a pesar de que los turistas lo in■adían todo.
f) Se ha producido un nue■o atentado contra un con■oy militar en Irak.

60. Completa las oraciones con las palabras adecuadas y justifica tu respuesta en cada caso.

a) La reina de Inglaterra ha presidido la (*apertura / abertura*) ■ del Parlamento.
b) La bomba tiene potencial suficiente como para (*desbastar / devastar*) ■ toda una ciudad.
c) Las alcantarillas han sido insuficientes para (*absorber / absolver*) ■ el agua de la lluvia.
d) Padece una infección en la cavidad (*vocal / bucal*) ■.

61. Copia en tu cuaderno y completa la siguiente tabla y responde:

acababa					
	lavabas				
		llevaba			
			observábamos		
				amabais	
					iban

• ¿Qué característica ortográfica se observa en estas formas verbales?

62. Por parejas, completad la siguiente serie con al menos quince palabras que en castellano se escriban con *b* y en catalán con *v* (o a la inversa).

Castellano: gobernar, vendar...
Catalán: governar, embenar...

63. En las siguientes palabras, subraya los diptongos y pon tilde cuando sea necesario.

dieciseis • junio • historia • triangulo • ciencia
gracias • despues • distancia • murcielago
convencion • ambulancia • huerfano • aviacion
beisbol • tambien • puntapie • industria
naufrago • historia • importancia • familia
ordinario • cuidadoso • anticuado • airecillo
materia • ovoide • aviador • fauna • cautelosa

64. Rodea el diptongo de cada una de estas palabras y escribe una palabra más con cada uno de esos diptongos.

vainilla • sauna • peine • deuda • frecuencia
boniato • arteria • precio • enviudar
humanoide • bou • cuadrícula • abuelo
circuito • antiguo

DICTADO

Premisa. Copia el texto completo menos las palabras que contengan ***b***, ***v*** o estén acentuadas, pero deja espacios en blanco para ellas. Pídele a tu compañero o compañera que te dicte todas las palabras que faltan y escríbelas donde corresponda, en otro color.

18.07. Examino sigilosamente el salón. Está amueblado con gusto exquisito. Me siento en el sofá, cruzo las piernas: es elegante y cómodo. Me siento en una butaca de cuero y cruzo las piernas: es elegante y cómoda. Me siento en una butaca tapizada de lana. Antes de que pueda cruzar las piernas, la butaca me muerde en la pantorrilla. Error de apreciación: no era una butaca, sino un mastín, que dormía hecho un ovillo.

EDUARDO MENDOZA: *Sin noticias de Gurb.*

65. ¿Qué es un triptongo? Ordena las palabras de los recuadros y escribe las frases que resulten.

1.
cambiéis, confiáis o *estudiéis.*
como ocurre en • El triptongo es • de tres
vocales • en una misma sílaba
la pronunciación

2.
debe llevar tilde, • la vocal abierta.
se coloca sobre • Si el triptongo

LUDOLENGUA

66. Averigua tu nivel de conocimiento ortográfico.

a) En cada uno de los siguientes titulares hay un error.
b) Por cada error detectado y bien corregido, sumas un punto. El nivel máximo corresponde a 10 puntos.
c) Si corriges algo que está bien escrito, restas un punto.

1. Científicos estadounidenses han presentado este miercoles una nueva especie de dinosaurio herbívoro.
2. La alcaldesa creará un albergue para las personas sin hogar en la plaza mayor.
3. El trailer de *Star Wars* revela imágenes exclusivas de la película.
4. Un niño de diez años cae desde el tobogán de un parque aquático de Murcia.
5. Una colision entre dos camiones corta la autopista durante dos horas.
6. Un calamar gigante ha sido gravado en las costas de Tokio.
7. Un escorpión pica a un pasagero en un avión de Iberia.
8. El temporal complica la mobilidad de miles de personas en Barcelona.
9. Han sido hallados precursores de la vida en la superfície de un cometa.
10. Los glaciares de Groenlandia acceleran su deshielo.

10 Perfecto **9-8** Muy bien **7-6** Bien
5-4 Regular **3 o menos** ¡Cuidado!

» DILO POR ESCRITO

Te cuento el final

¿Qué tienes que hacer?

Escribe una historia de al menos 150 palabras utilizando uno de los textos propuestos como desenlace y de manera que el resultado sea un texto coherente.

¿Cómo puedes hacerlo?

1. Lee detenidamente los textos y escoge el que más te guste. Fíjate en los datos que van a determinar tu relato: el tipo de narrador, los personajes, el espacio y el tiempo, etc.

> Me encontraba bien así. Tal como estaba. Tumbada en los tres asientos, recordando, fabulando.
>
> Decidiendo, en fin, que aquellos pocos días en Estambul, yo, a pesar de todo, me lo había pasado en grande.
>
> CRISTINA FERNÁNDEZ CUBAS: *Con Agatha en Estambul.*

> Entonces sentí que me inundaba un extraño regocijo, un esbozo de felicidad.
>
> Y no era para menos. Por vez primera lo había dejado mudo. Por vez primera lo había derrotado. Inapelablemente.
>
> MARIO BENEDETTI: *No hay sombra en el espejo.*

> Media hora después, [...] subieron a buscarlo y le encontraron arrodillado en el suelo del estudio, llorando como un niño sobre unos harapos azules y la vieja pistola, un enredo de herrumbre y de moco. Efectivamente, había una bala en la recámara. Pero el arma estaba encasquillada y no se disparó.
>
> JUAN MARSÉ: *La muchacha de las bragas de oro.*

> Una mano ruda sujetó por un instante mi cabeza; un lienzo cubría mis ojos; sentí mucha apretura en la garganta y... desperté.
>
> El cuello de la camisa me estaba apretando de un modo extraordinario. No hice más que soltar el botón y quedé otra vez profundamente dormido.
>
> ARMANDO PALACIO VALDÉS: *El sueño de un reo de muerte.*

> Después volvió la espalda y se fue, convertido de nuevo en la sombra negra que siempre había sido. Y oí su risa alejándose bajo la lluvia.
>
> ARTURO y CARLOTA PÉREZ-REVERTE: *El capitán Alatriste.*

2. Traza un plan en una hoja aparte: piensa en qué quieres contar y decide en qué orden vas a hacerlo.

3. Escribe el texto. Recuerda separarlo en párrafos con puntos y aparte.

4. Revisa el texto, corrígelo y pásalo a limpio.

5. Al acabar, tus compañeros y tú podéis leer los relatos en clase y comparar vuestros trabajos. También podéis publicarlos en el blog del aula o en la revista del centro.

» PONTE A PRUEBA

Lee y comprueba si lo has comprendido

Quién fue Mercedes, la niña de 11 años que dio nombre a un imperio automovilístico

Su padre había ganado diversas carreras a principios del siglo XX con un coche bautizado con el nombre de la joven

[...] Mercedes no se llamaba Mercedes Benz como equivocadamente mucha gente cree. Ni tampoco era la esposa o la hija del propietario de la fábrica de coches, como cabría suponer. Ni tan siquiera era familiar. Mercedes llevaba el apellido Jelinek. Su padre, Emil Jelinek, fue un empresario austríaco que comerciaba con vehículos Daimler y los inscribía en carreras de coches. En una de esas pruebas celebrada en Niza en 1901 causó sensación un vehículo bautizado con el melódico nombre español, el Mercedes 35 PS.

Considerado el primer prototipo del automóvil moderno, este coche contaba con una avanzada tecnología que le permitió ganar varias carreras de forma *holgada*. A ello unía un diseño extraordinariamente elegante y una avanzada arquitectura de vehículo que desde muy pronto se convirtió en un ejemplo para la industria de la automoción. «Hemos entrado en la era Mercedes», declaró convencido Paul Meyan, secretario general del Automóvil Club de Francia coincidiendo con el inicio del siglo XX.

Tras el éxito que supuso el Mercedes 35 PS, las letras curvas de «Mercedes» decoraban los radiadores de los automóviles de pasajeros de Daimler. El nombre se registró como marca comercial el 23 de junio de 1902 y a partir de junio de 1926, tras la fusión de las compañías Daimler y Benz, el nombre de la nueva empresa pasó a ser Mercedes-Benz.

La vida de Mercedes Jelinek fue corta, ya que murió poco antes de cumplir los 40 años. Con veinte años se casó con el barón Karl Schlosser, con el que tuvo dos hijos. Uno de ellos, Hans-Peter, es en gran medida el responsable de que hoy conozcamos exactamente quién fue Mercedes, ya que facilitó a Daimler los documentos que *acreditaban* su nombre y a través de los cuales se ha podido *indagar* sobre su vida.

Mercedes no es la única mujer que ha tenido una especial *relevancia* a lo largo de la historia de la compañía alemana. En este sentido, cabe añadir el nombre de Bertha Benz, la esposa de Carl Benz, a quien se considera el inventor del automóvil. Este empresario que se dedicaba a la fabricación de máquinas industriales consiguió que su carruaje de tres ruedas se moviera con un motor de tracción trasera. Esto fue en 1886 y, aunque parezca mentira, el ingenio no despertó excesivo interés en la época. Bertha no se desanimó y sin tener siquiera el permiso de las autoridades se puso al mando del nuevo Mercedes Benz-Motorwagen, junto a sus hijos Richard y Eugen, para recorrer los 106 kilómetros que separan Mannheim de Pforzheim y convertirse en la primera mujer en conducir un vehículo.

La Vanguardia, 14 de abril de 2020 (texto adaptado).

1. Indica si los siguientes enunciados son verdaderos (V) o falsos (F):

a) El empresario austríaco Emil Jelinek puso el nombre de su hija Mercedes a los vehículos Daimler con los que comerciaba y competía.
b) El Mercedes 35 PS fue considerado el primer prototipo de automóvil moderno.
c) Según el texto, la era Mercedes comienza con el inicio del siglo XX.
d) El nombre de «Mercedes» se registró como marca comercial en 1926.
e) Las compañías Daimler y Benz se fusionaron.
f) El barón Rudolf Weigl dio a conocer la vida de Mercedes Jelinek.
g) Las letras curvas de «Mercedes» decoraban el portón trasero del vehículo.

2. ¿De qué manera Bertha Benz contribuyó al crecimiento y desarrollo de la compañía Mercedes-Benz?

a) Propuso que su apellido figurara en el nombre de la marca junto con el nombre de Mercedes.
b) Viajó con sus hijos desde Mannheim hasta Pforzheim en el nuevo Mercedes Benz-Motorwagen que ella misma conducía.

3. Carl Benz se considera el inventor del automóvil porque...

a) ... consiguió que su carruaje se moviera impulsado por un motor de combustión trasera.
b) ... despertó el interés por los vehículos entre sus contemporáneos.

4. Por sus rasgos formales, este texto es...

a) ... una conferencia.
b) ... un relato basado en hechos reales.
c) ... un artículo periodístico.
d) ... un informe.
e) ... un relato fantástico.

5. Por su tipología, se trata de un texto fundamentalmente:

a) Narrativo.
b) Descriptivo.
c) Expositivo.
d) Argumentativo.

6. Localiza y escribe el referente de las palabras destacadas en este fragmento: «**Su** padre, Emil Jelinek, fue un empresario austríaco **que** comerciaba con vehículos Daimler y **los** inscribía en carreras de coches».

7. Señala qué serie, de las tres que se proponen, es la única correcta para sustituir a las palabras *holgada*, *acreditaban*, *indagar*, *relevancia*, destacadas en el texto:

a) cómoda, confirmaban, investigar, importancia
b) suficiente, incluían, explorar, envergadura
c) clara, mencionaban, profundizar, alcance

8. Indica las alternativas en español a los siguientes extranjerismos relacionados con el mundo del motor de competición:

a) *pole position*
b) *stop and go*
c) *safety car*
d) *pit lane*

9. En el sintagma «la compañía alemana», el adjetivo *alemana* es...

a) ... un adjetivo relacional.
b) ... un adjetivo calificativo.

10. ¿Qué regla ortográfica sobre el uso de la *b* relaciona las siguientes formas verbales?

dedicaba • comerciaba • contaba
acreditaban • llamaba

Visita

En el espacio personal de la página web *www.barcanova.cat* encontrarás un enlace sobre ocho museos del automóvil que puedes visitar sin moverte de casa.

Averigua y comparte

¿Cómo serán los coches del futuro? Infórmate en el enlace que encontrarás en el espacio personal de la web *www.barcanova.cat* y averigua qué características innovadoras tendrán.

UNIDAD 3

- CLUB DE LECTURA » *El mundo*
- LENGUA Y SOCIEDAD » La exposición y la argumentación
- TOMA LA PALABRA » Exponer en un minuto
- LITERATURA » La literatura del s. XIX. El Romanticismo
- GRAMÁTICA » Clases de palabras (II)
- LÉXICO » La formación de palabras: derivación (prefijos)
- ORTOGRAFÍA » La *h*. Acentuación de hiatos
- DILO POR ESCRITO » Ventajas e inconvenientes

Preparamos la lectura

1. ¿Aprovechas la ropa de tus hermanos mayores o eres tú el mayor y se la pasas a los menores?
2. ¿Qué sueles hacer durante el trayecto que va desde tu casa al instituto donde estudias? ¿Vas en compañía? ¿Prefieres ir solo o sola?
3. ¿Alguna vez has hecho algo inexplicable o de lo que te has arrepentido? ¿Qué ocurrió?

★ REFRANES DE INVIERNO

¿Cuántos refranes sobre el invierno podéis componer relacionando las dos columnas del recuadro?

A invierno lluvioso,	ni invierno hasta Navidad.
Por san Valentín,	tiembla el enfermo.
Ni verano hasta San Juan,	verano abundoso.
Frío en invierno y calor en verano,	sol de invierno.
En otoño y en invierno,	el invierno anuncia su fin.
Abril concluido,	eso es lo sano.
Amistad de yerno,	señal de año bueno.
Calabazas coloridas,	en invierno recogidas.
Truenos en invierno,	invierno es ido.

Solución:

En otoño y en invierno, tiembla el enfermo.
Calabazas coloridas, en invierno recogidas.
Abril concluido, invierno es ido.
Por san Valentín, el invierno anuncia su fin.
Frío en invierno y calor en verano, eso es lo sano.
A invierno lluvioso, verano abundoso.
Amistad de yerno, sol de invierno.
Truenos en invierno, señal de año bueno.
Ni verano hasta San Juan, ni invierno hasta Navidad.

» CLUB DE LECTURA

VOCABULARIO

paradójicamente *adv.* Contrariamente a la lógica.

fanal *m.* Campana transparente, generalmente de cristal, que sirve para que el aire no apague la luz puesta dentro de ella o para atenuar el resplandor.

El mundo

En invierno, los días eran cortos. Cuando volvía a casa por las tardes ya era de noche. Desde el colegio a casa habría veinte minutos si regresaba por el borde del barrio, a través de los descampados, y unos quince si lo hacía por el interior, a través de una serie de calles cortas y torturadas, como los conductos de un sistema digestivo. De noche, el descampado daba miedo, de modo que elegía la segunda posibilidad. Con frecuencia, volvía solo, para continuar imaginando historias por el camino. A veces, sin darme cuenta, hablaba solo. Iba con una cartera de mano muy vieja, heredada de alguno de mis hermanos, y vestido con las ropas que se les quedaban pequeñas a los mayores. Era un niño de segunda mano prácticamente en todos los sentidos. Si cierro los ojos, puedo ver dentro de mi cabeza una calle iluminada por farolas de gas. La calle está dentro de mí, pero yo también estoy dentro de la calle y ambas cosas son posibles de forma simultánea. El cine ha reproducido muy bien la atmósfera moral de las farolas de gas, cuya luz, **paradójicamente**, es una gran generadora de tinieblas. Tu propia sombra, bajo aquellos **fanales**, se convertía en la sombra de Hyde, aunque entonces no sabíamos quién era Hyde. Es pleno invierno y llevo una camiseta de manga larga, una camisa, un jersey y una bufanda. Sobre todo ello, intentando contenerlo o someterlo a cierta unidad, me han puesto la chaqueta de uno de mis hermanos mayores, ligeramente arreglada para que se adapte a mi cuerpo. Se trata de una chaqueta de tres botones, ninguno igual a otro, pues se han ido sustituyendo a medida que se caían por el primero que se encontraba en el cesto de la costura. A lo mejor ha nevado y las aceras están llenas de nieve sucia. O ha llovido y el empedrado irregular de la calle brilla a la luz del gas.

Un día, volviendo del colegio, tropecé con una obra protegida por una valla de hierro. Los obreros, antes de irse, habían colgado un farol de carburo para avisar a los transeúntes del peligro. No había nadie más en ese instante en la calle, de modo que cogí una piedra y la arrojé contra la lámpara de carburo, que cayó al suelo rompiéndose con singular estrépito. En ese instante, se materializó

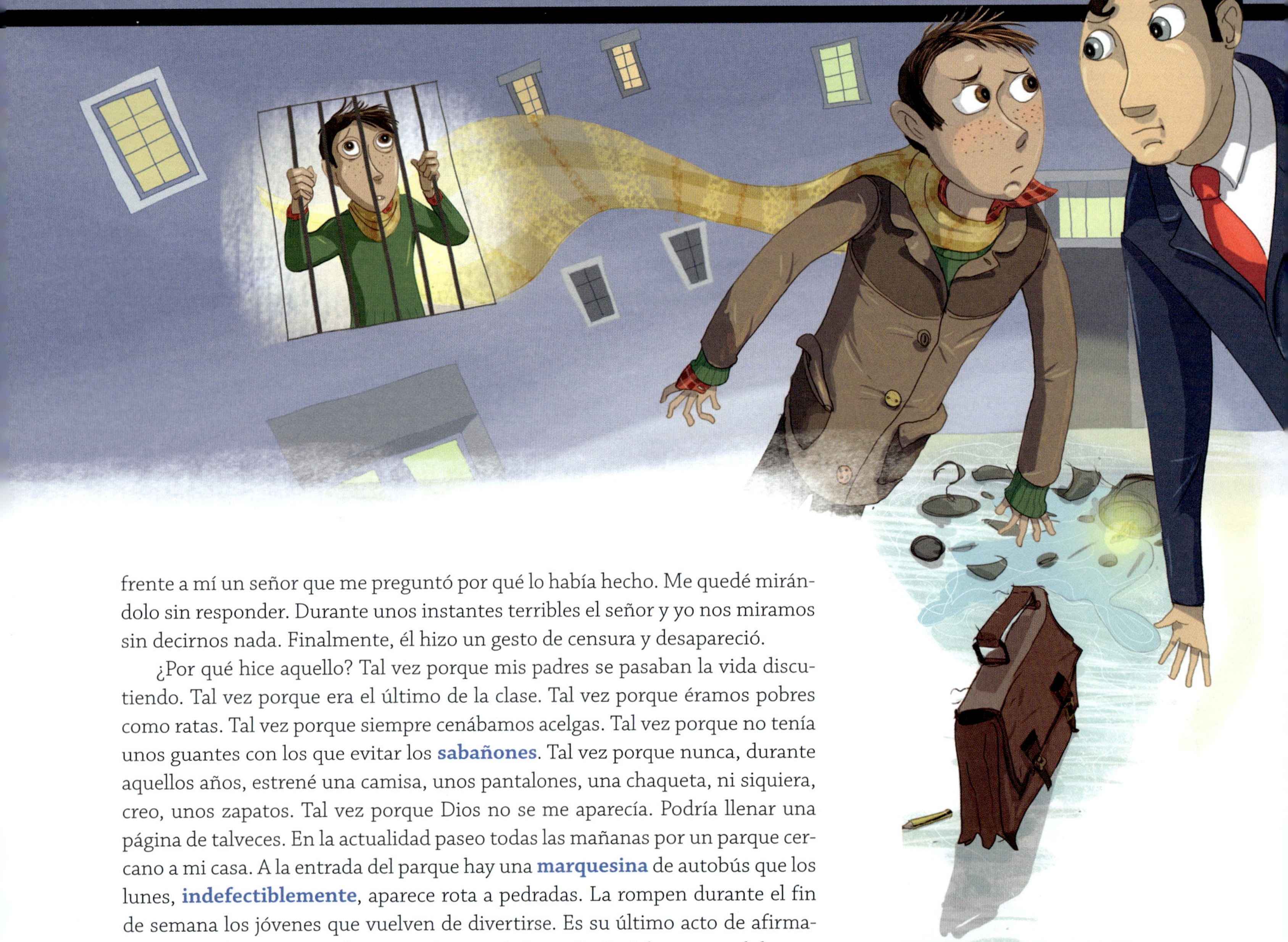

frente a mí un señor que me preguntó por qué lo había hecho. Me quedé mirándolo sin responder. Durante unos instantes terribles el señor y yo nos miramos sin decirnos nada. Finalmente, él hizo un gesto de censura y desapareció.

¿Por qué hice aquello? Tal vez porque mis padres se pasaban la vida discutiendo. Tal vez porque era el último de la clase. Tal vez porque éramos pobres como ratas. Tal vez porque siempre cenábamos acelgas. Tal vez porque no tenía unos guantes con los que evitar los **sabañones**. Tal vez porque nunca, durante aquellos años, estrené una camisa, unos pantalones, una chaqueta, ni siquiera, creo, unos zapatos. Tal vez porque Dios no se me aparecía. Podría llenar una página de talveces. En la actualidad paseo todas las mañanas por un parque cercano a mi casa. A la entrada del parque hay una **marquesina** de autobús que los lunes, **indefectiblemente**, aparece rota a pedradas. La rompen durante el fin de semana los jóvenes que vuelven de divertirse. Es su último acto de afirmación antes de meterse en la cama. ¿Por qué lo hacen? ¿Qué destrozan al destrozar la marquesina? ¿Qué rompía yo al romper el farol de carburo?

Cuando llegué a casa me temblaban las piernas, pues si el señor que me había sorprendido me hubiera llevado a la comisaría, habría acabado en la cárcel, que era, por otra parte, mi destino. Bauticé a aquel individuo como el señor Tálvez por razones obvias, acentuando la «a» porque la palabra sonaba mejor como llana que como aguda. Tálvez. Durante unos **ejercicios espirituales**, en aquella época, un cura nos dijo que Dios se manifestaba sobre todo en las cuestiones aparentemente pequeñas de la vida cotidiana. Nada más escuchar aquello sentí un escalofrío. Comprendí que el señor Tálvez era Dios. Lo fuera o no, su curiosa actuación cambió mi vida. Nunca volví a cometer un acto incívico, no ya por miedo a que se me apareciera, sino por temor a decepcionarle. Un buen educador (también un buen padre) debería ser capaz de llevar a cabo intervenciones de este tipo, tan **indoloras**, pero tan eficaces, tan oportunas y precisas. Tálvez no ha dejado de aparecerse nunca. Aún hoy, cuando estoy a punto de hacer algo que no debo, se manifiesta dentro de mi cabeza preguntándome por qué. Hace años empecé a escribir una novela en la que convertí a este individuo en una especie de superhéroe que se aparecía a los jóvenes en mo-

VOCABULARIO

sabañón *m.* Hinchazón de la piel en algunas partes del cuerpo, con ardor y picazón, causada por el frío excesivo.

marquesina *f.* Construcción en las paradas de los transportes públicos para proteger del sol, de la lluvia, etc. a quienes esperan.

indefectiblemente *adv.* Inevitablemente.

ejercicios espirituales Retiros que se realizan ciertos días, alejándose del mundo y dedicándose a la oración y a la penitencia.

indoloro, ra *adj.* Que no causa dolor.

mentos decisivos de su vida, pero la dejé a medias, en parte porque me dio la impresión de que lo **devaluaba** al presentarlo de ese modo; en parte, supongo, porque me molestaba compartirlo. Tálvez llevaba un sombrero de ala, un abrigo gris, una camisa blanca y una corbata negra.

En casa, hasta que llegaba la hora de meterse en la cama, nos reuníamos todos en el salón, pues el resto de las habitaciones estaban tomadas por el frío, y abríamos los libros sobre una gran mesa para fingir que estudiábamos. Mi madre cosía con la radio puesta, pero nos prohibía, **incongruentemente**, escucharla. El salón estaba en el piso de arriba o en el de abajo, indistintamente, según la época, pues ya he dicho que las habitaciones cambiaban de función con alguna frecuencia, en busca de un ordenamiento de tipo práctico o moral con el que nunca dimos. Yo abandonaba a veces la estancia, como si fuera al cuarto de baño, y acudía a una de las habitaciones que daban al patio, a través de cuya ventana, desde la oscuridad, podía observar a mi padre en su taller, iluminado por una luz amarilla. Allí estaba, él solo, trabajando en sus circuitos eléctricos con la misma tenacidad que yo en mis historias. Habría dado cualquier cosa por que fuera comunista o agente de la **Interpol**. De la Interpol no podía ser porque parecía inverosímil que hubiera dos agentes en la misma calle. Y comunista tampoco, eso era evidente. Si mi padre llevaba una doble vida, lo hacía al modo en que la llevaba yo con mis historias. En todo caso, al observarle a través de la ventana, mientras escuchaba discutir a mi madre o a mis hermanos por encima de las voces de la radio, comprendía que yo no era uno de ellos.

JUAN JOSE MILLÁS: *El mundo.*

VOCABULARIO

devaluar *v.* Rebajar el valor de algo o de alguien.

incongruentemente *adv.* De manera ilógica.

Interpol Organización Internacional de Policía Criminal. Cuenta con 194 países miembros y su objetivo es combatir el crimen y la delincuencia.

¿SABÍAS QUE...?

La lámpara de carburo o acetileno es un ingenio de iluminación a gas. El aparato produce una llama muy luminosa ocasionada por la ignición del gas acetileno. Fue inventada por Enrique Alexandre y Gracián en Barcelona en 1897. Fue presentada por su inventor en la Exposición Universal de París en 1900.

BuScA eN eL tExTo...

En el texto hay varias palabras relacionadas con la iluminación. Localízalas y escríbelas en tu cuaderno.

» ACTIVIDADES

Comprensión de la lectura

1. ¿En qué estación del año se desarrolla la acción principal del relato?

2. ¿Cuánto tardaba el protagonista en llegar a casa desde su colegio?

3. ¿Por qué ya era de noche cuando llegaba a casa?

4. ¿Por qué volvía por las calles estrechas en lugar de por el descampado?

5. ¿A qué se dedicaba durante el trayecto?

6. ¿Qué tipo de iluminación había en las calles?

7. ¿Qué acción censurable lleva a cabo el protagonista un día al volver del colegio?

8. ¿Por qué cree que el señor Tálvez es Dios?

9. ¿Qué consecuencias tuvo en el protagonista el encuentro con el señor Tálvez?

10. ¿A qué se dedicaban los padres del protagonista?

11. ¿Cuál es la profesión del protagonista al escribir esta historia?

12. ✔ Di si son verdaderos o falsos los siguientes enunciados referidos al protagonista:

a) A veces, al volver a casa, hablaba solo.
b) Sus padres le compraban ropa a menudo.
c) Tenía varios hermanos.
d) Se dedica a escribir historias.
e) Su familia tenía dinero en abundancia.
f) Sus padres discutían a todas horas.

13. ¿Por qué al narrador le parece incongruente que su madre les prohibiera escuchar la radio, si ella cosía con la radio puesta?

Expresión personal

14. El protagonista dice que su familia era muy pobre. Busca la frase del texto en que se afirma esta realidad y cópiala en tu cuaderno.

15. ¿Qué diferencia hay entre las palabras *Tálvez* y *Talvez*?

16. ¿A qué clase de palabras pertenecen las siguientes, según los morfemas que las forman?

descampados • incívico • indoloras
superhéroe • reuníamos • indistintamente

Elige la opción correcta:

a) compuestas
b) polisémicas
c) homónimas
d) derivadas

17. En el primer párrafo se alternan las formas verbales en pretérito imperfecto (*era*, *volvía*, *elegía*, etc.) y en presente de indicativo (*cierro*, *puedo*, *estoy*, etc.); ¿de qué depende el uso de una u otra forma?

18. ¿Qué tipo de narrador se da en el texto? ¿Qué elementos te han permitido deducirlo?

19. Vuelve a escribir el segundo párrafo del texto de manera que el narrador sea externo omnisciente. Puedes empezar así: *Un día, volviendo del colegio, tropezó con una obra protegida por una valla de hierro...*

20. ¿Cuál de los significados que te proponemos se ajusta más a la afirmación «se materializó frente a mí un señor»?

a) Se apartó de mí un señor.
b) Se enfrentó a mí un señor.
c) Apareció delante de mí un señor.
d) Se levantó delante de mí un señor.
e) Tropezó frente a mí un señor.

21. ¿Qué figura literaria aparece destacada en el siguiente enunciado?

«calles cortas y torturadas, *como los conductos de un sistema digestivo*»

22. ¿Qué figura literaria se da en las oraciones que comienzan con la expresión *Tal vez porque...*?

a) Metáfora
b) Personificación
c) Anáfora
d) Polisíndeton

23. Según el protagonista, ¿por qué rompió la lámpara de carburo de una pedrada? Anota las expresiones que lo demuestran.

24. Desde el principio hasta el final del relato está presente el frío. Copia alguna frase del texto donde aparezca esta idea.

25. Comprar alguna cosa de segunda mano es adquirir algo que antes ha pertenecido a otra persona: un coche, una casa, una moto, etc. En el texto, el protagonista afirma que «era un niño de segunda mano prácticamente en todos los sentidos». ¿Qué significa esta afirmación? Copia las frases del texto que le permiten hacer tal afirmación.

26. ¿En torno a qué año situarías la acción narrativa de la lectura?

a) 1850
b) 2000
c) 1950
d) 2020

27. El protagonista afirma: «Tu propia sombra, bajo aquellos fanales, se convertía en la sombra de Hyde». Infórmate sobre este personaje literario, sobre la obra en que aparece y sobre su autor y, después, confecciona una ficha con los datos que consideres más relevantes.

28. Según la actitud del emisor, ¿de qué tipo es la oración *Tal vez porque mis padres se pasaban la vida discutiendo*? Elige la opción correcta.

a) Declarativa
b) Exhortativa
c) Desiderativa
d) Dubitativa

29. Al final del primer párrafo hay una oración que responde a la misma modalidad. Localízala y escríbela.

30. El texto puede dividirse en cuatro partes: la primera comprende el primer párrafo; la segunda, los tres párrafos siguientes, hasta *Tálvez*; la tercera, el párrafo siguiente (desde *Durante unos ejercicios espirituales* hasta *una corbata negra*), y la cuarta, el último párrafo.

Justifica esta división y haz un breve resumen de cada parte.

31. Lee la siguiente oración del texto y contesta a la pregunta que se formula:

Aún hoy, cuando estoy a punto de hacer algo que no debo, se manifiesta dentro de mi cabeza preguntándome por qué.

- ¿Con quién se puede identificar al señor Tálvez? Elige la opción correcta:

a) Con Dios
b) Con sus profesores
c) Con su conciencia
d) Con sus padres

32. En el párrafo final se lee la oración: *Allí estaba, él solo.*

Explica por qué es ambigua esta oración.

» LENGUA Y SOCIEDAD

1. La exposición

La exposición es un tipo de discurso en que se presenta un tema para darlo a conocer. La información que facilitan los textos expositivos ha de ser **clara**, **ordenada** y **objetiva**, por lo que la función del lenguaje predominante en ellos es la **referencial**. Suelen aparecer en textos académicos (enciclopedias, libros de texto, exámenes, etc.), en los medios de comunicación (sobre todo a través de artículos, reportajes, etc.), en el mundo científico y de las humanidades (conferencias, ensayos, monografías, etc.), entre otros.

Los textos expositivos pueden ser **especializados** (destinados a receptores cultos) o **divulgativos** (destinados a la sociedad en general).

1.1. Estructura del texto expositivo

El texto expositivo suele presentar tres partes:

- **Introducción:** se presenta el tema que se va a tratar y, a veces, se justifica su elección.
- **Desarrollo:** se exponen las ideas principales y las secundarias.
- **Conclusión:** se resume lo expuesto, se recoge la idea principal y se expresan conclusiones.

1.2. Rasgos lingüísticos de los textos expositivos

Además de la claridad, el orden y la objetividad, antes apuntados, los textos expositivos presentan los siguientes rasgos lingüísticos:

RASGOS LÉXICOS	RASGOS SINTÁCTICOS	RASGOS TEXTUALES
• Palabras con significado denotativo (propio) y palabras monosémicas. • Abundancia de tecnicismos y de sustantivos abstractos.	• Predominio de la oración enunciativa. • Uso de verbos en 3.ª persona y del presente gnómico (atemporal). • Abundancia de oraciones impersonales y de pasivas reflejas.	• Uso de ejemplos e incisos. • Abundancia de elementos anafóricos y catafóricos. • Uso de conectores estructuradores: *en primer lugar*, *a continuación*, *por último*, etc.

Ejemplo de texto expositivo:

Lope de Vega creó, y los otros dramaturgos del Siglo de Oro consolidaron, una fórmula teatral que, con ligeras modificaciones, pervivió durante más de siglo y medio. La singularidad de algunos de sus rasgos justifica que Tirso de Molina la llamara *comedia nueva*. Mediante ese nombre se la distinguía de la obra teatral clásica que, desde los tiempos de la antigüedad grecolatina, se había venido desarrollando dentro de unos cauces fijos.

JUAN MARÍA MARÍN: *La revolución teatral del Barroco.*

2. La argumentación

En función de cómo se estructure la argumentación, esta puede ser:

INDUCTIVA:
argumentos → tesis
Se exponen los argumentos y al final se recoge la tesis principal como **conclusión**.
DEDUCTIVA:
tesis → argumentos
Se expone la tesis inicial y se aportan los argumentos para defenderla.
ENCUADRADA:
tesis → argumentos → tesis
Al principio se expone la tesis; luego se aportan los argumentos y, al final, vuelve a recogerse la tesis a modo de conclusión.

La **argumentación** es un tipo de discurso cuya finalidad es **convencer** a alguien de la veracidad o falsedad de una idea o punto de vista mediante una serie de razones o argumentos.

2.1. Estructura del texto argumentativo

Los textos argumentativos presentan la siguiente estructura:

- **Introducción:** se presenta la **tesis** o **idea** que se quiere defender.
- **Desarrollo** o cuerpo: se aportan los **argumentos** para defender la tesis.

2.2. Tipos de argumentos

El emisor puede utilizar diferentes argumentos para convencer a la persona que los recibe:

- **Argumento de autoridad:** se basa en la opinión de personas de prestigio, consideradas una autoridad en la materia de que se trate.
- De **verdad aceptada** con carácter general: se basa en el sentir de la mayoría de la sociedad (refranes, aforismos, sentencias, verdades aceptadas generalmente, etc.).
- De la **experiencia personal**: proviene de la propia vivencia personal.
- **Racional:** se apoya en datos científicos, comprobables y demostrables.
- **Comparativo** o **analógico**: se basa en la similitud o comparación del hecho que se presenta con otro que tiene validez para el emisor.

Ejemplo de texto argumentativo:

La toalla es peor [que el secador para secarse el pelo]. Al menos, esta fue la conclusión a la que llegó un equipo de investigadores de la Facultad de Medicina de la Universidad Yonsei de Corea, al estudiar los efectos de ambos métodos de secado en el cabello. Resulta que, según sus conclusiones, el secador solo produce daños en la superficie del cabello si se acerca mucho al pelo durante el proceso y si la temperatura es muy alta. Sin embargo, la humedad prolongada que conlleva el secado natural daña su membrana celular, lo que ataca al brillo e incluso al color del cabello. [...]

Quo, núm. 242.

2.3. Características lingüísticas de los textos argumentativos

RASGOS LÉXICOS	• Uso de tecnicismos y de elementos anafóricos. • Empleo de palabras con significado denotativo (propio). • Abundancia de sustantivos abstractos.
RASGOS SINTÁCTICOS	• Uso del modo indicativo (actitud objetiva) o del subjuntivo (actitud subjetiva). • Predominio de la oración enunciativa (actitud objetiva), de la exclamativa y de la dubitativa (actitud subjetiva). • Presencia de incisos para aclarar conceptos.
RASGOS TEXTUALES	• Abundancia de conectores. • Organización del texto en párrafos.

» ACTIVIDADES

33. Lee el siguiente texto y responde a las preguntas que se formulan a continuación:

> El verdadero *foie gras* solo lleva inscrita esta denominación. El más sabroso es el que está a medio cocer; no es propiamente una conserva, pues solo se mantiene unas tres semanas después de su fabricación.
>
> En cuanto vea términos que aparecen al lado de la palabra *foie gras* como «lingotes», «bloque», etc., ya no se trata de *foie gras* al 100 %, sino de productos que contienen en mayor o menor medida esta preciosa substancia: vaya pues con cuidado, y desconfíe de los apelativos altisonantes que esconden una realidad ilusoria.
>
> En cuanto a las trufas que se le añaden a veces, no tienen por qué estar ahí: el *foie gras* se basta por sí solo.
>
> LAURA FRONTY: *Diccionario general de habilidades.*

a) Distingue las partes de que consta el texto: introducción, desarrollo y conclusión.
b) ¿Qué modo verbal predomina en el texto?
c) ¿Qué clase de oración es la más utilizada?
d) ¿Crees que se trata de un texto expositivo o argumentativo? Razona tu respuesta.
e) ¿Cuál es la idea principal del texto? ¿Dónde se expresa?

34. Lee el siguiente texto y contesta a las preguntas que se plantean a continuación:

> Hasta comienzos del siglo VI las escuelas clásicas perduraron en la mayor parte de los reinos germánicos. Tanto los cristianos como los paganos se educaban en las instituciones escolares de tradición romana. Aprender a leer y escribir era usual, aunque la élite perfeccionara luego sus conocimientos en las escuelas superiores de Gramática y Retórica, o de Filosofía. Pero poco a poco, desde fines del siglo V, se fue abandonando la cultura filosófica y científica del mundo clásico, y la enseñanza se redujo a ser solo literaria, prefiriendo los prosistas de los primeros siglos del Imperio a los poetas, salvo en todo caso Virgilio y Statio.
>
> MANUEL RIU: *La Alta Edad Media.*

a) ¿Qué modo verbal predomina en el texto?
b) ¿Qué modalidad oracional se aprecia fundamentalmente? Por tanto, ¿es objetiva o subjetiva la actitud del autor?
c) Anota en tu cuaderno las palabras o expresiones propias del tema que se trata.
d) ¿Se trata de un texto expositivo o argumentativo? Razona tu respuesta.

35. Lee el siguiente texto y responde a las preguntas que se formulan a continuación.

> **Los cuentos en clase**
>
> Cuando se leen cuentos a los niños, en clase o en la biblioteca durante la hora de estudio, los críos parecen fascinados. Pero, a menudo, no se les da la oportunidad de reflexionar sobre los relatos ni de reaccionar de ninguna manera; se les hace empezar inmediatamente otra actividad, o bien se les cuenta una historia diferente, que diluye o destruye la impresión que había causado el primer cuento. Al hablar con los niños después de una experiencia así, parece que no se les hubiera contado ninguna historia puesto que no les ha hecho efecto alguno. Pero cuando el narrador da tiempo a los niños para meditar sobre el relato, para sumergirse en la atmósfera que se les crea al oírlo, y cuando se les anima a hablar de ello, la conversación revela que el cuento ofrece muchas posibilidades desde el punto de vista emocional e intelectual, por lo menos para un gran número de niños.
>
> BRUNO BETTELHEIM: *Psicoanálisis de los cuentos de hadas.*

a) Distingue las partes de que consta el texto: introducción, desarrollo y conclusión.
b) ¿Cuál es la idea principal del texto? ¿Dónde se expresa?
c) ¿Qué tipo de argumentos crees que utiliza el autor? ¿Por qué?
d) ¿La estructura es inductiva, deductiva o encuadrada? Razona tu respuesta.

36. Consulta los enlaces que encontrarás en tu espacio personal de la web *www.barcanova.cat* y elige un documental de un tema que te interese. Míralo, fíjate en cómo se ordena la información y resume las ideas principales. Podéis realizar esta actividad conjuntamente en clase.

» TOMA LA PALABRA

Exponer en un minuto

Con el fin de mejorar algunas técnicas propias de la comunicación oral, vas a realizar una exposición oral de 1 minuto de duración sobre un tema. Se trata de transmitir tus conocimientos acerca del mismo, pero sobre todo de ejercitar tus capacidades de comunicación.

Procedimiento

1. Cada uno de vosotros escribe en un papel el nombre de un objeto, una idea, un sentimiento, etc. Tiene que ser un sustantivo. Por ejemplo: *cabello*, *cuchara*, *amistad*, *paloma*, *esperanza*, *libro*, *luna*...
2. Se recogen todos los papeles y, a continuación, se reparten aleatoriamente entre toda la clase. Desde ese momento, cada cual dispone de unos 10 minutos para preparar la exposición oral sobre el asunto que le ha correspondido. Podéis buscar algo de información, pero no es imprescindible.
3. La exposición oral se ajustará a la estructura que se ha explicado en la unidad:

   a) Introducción del tema b) Desarrollo de las ideas principales c) Conclusión
4. ✓ Por turnos, exponed vuestro trabajo ante la clase. Podéis utilizar un guion, pero en ningún caso podéis leer frases o fragmentos. El tiempo de la exposición será cronometrado.
5. Después de cada intervención, valorad los aspectos más acertados del orador y aquellos que se podrían mejorar. También se pueden grabar las intervenciones y evaluarlas en otro momento.

Consejos para la exposición oral

Gestos, postura corporal y voz

- Potenciar la expresividad con gestos que refuercen el discurso y faciliten la comprensión. No hay que dar la espalda al auditorio ni apoyarse en la pared o sentarse en la mesa.
- Mirar directamente al público y mantener siempre el contacto visual.
- Asegurarse de que la voz llega con un volumen apropiado y evitar que la entonación sea monótona o el ritmo demasiado rápido.

Orden y estructura

- Organizar la exposición en partes y usar conectores para relacionarlas.
- Asegurarse de que el auditorio conoce y puede seguir el orden expositivo propuesto: *Lo primero que veremos será...*, *Ya hemos hablado de...*, *Ahora trataremos de...*, *Y para terminar...*

Aspectos lingüísticos

- Elegir un léxico adecuado al tema, a la finalidad de la exposición y al grado de formalidad.
- Evitar los vulgarismos, las muletillas y los términos excesivamente coloquiales.
- Construir frases sencillas para evitar largas parrafadas inconclusas.

» LITERATURA

1. Historia, cultura y sociedad en el siglo XIX

Durante el siglo XIX se produjeron una serie de cambios y acontecimientos trascendentales en España que dieron lugar a una nueva forma de entender la vida: se pasó del **absolutismo** de Carlos IV y Fernando VII al **liberalismo** de la Restauración. Este siglo fue uno de los períodos más inestables y conflictivos de nuestra historia.

En el terreno social, los aspectos más destacados son el enfrentamiento entre conservadores y liberales; la consolidación de la **burguesía** como clase dominante; la aparición de los **movimientos obreros**, que defendían los derechos de los trabajadores; el **desarrollo industrial**, que trasformó las estructuras económicas y sociales, aunque en España fue escaso; el alto nivel de **analfabetismo**; la guerra contra Estados Unidos, que culminó con el **desastre de 1898** y la pérdida de las últimas colonias americanas (Puerto Rico, Filipinas y Cuba).

En el ámbito literario, destacan en el siglo tres grandes corrientes: el **Romanticismo** (primera mitad del siglo) y el **Realismo** y el **Naturalismo** (segunda mitad del siglo).

Absolutismo: régimen político que se caracteriza por la concentración de todos los poderes en una sola persona, generalmente, un monarca (monarquía absoluta).

Liberalismo: régimen político, surgido a finales del siglo XVIII, que propugna la división de poderes, la soberanía nacional y las libertades individuales.

2. El Romanticismo

El **Romanticismo** surgió en las últimas décadas del siglo XVIII en Alemania e Inglaterra y culminó en la primera mitad del siglo XIX.

El escritor romántico rechaza la realidad que le rodea, se opone al racionalismo del siglo anterior y no acepta ninguna norma que limite su capacidad creadora. Por el contrario, defiende el derecho a expresar los **sentimientos** más íntimos, las **emociones**, la **fantasía**, etc.; y todo ello con total **libertad**, que es la bandera del artista romántico.

Los **géneros literarios** y los **autores** más destacados del Romanticismo son los siguientes:

Principales características del Romanticismo:

- **Subjetivismo y culto al «yo».** Expresión del mundo interior; defensa de la imaginación, de los sueños, etc.
- **Libertad.** Oposición a normas que limiten la capacidad creadora.
- **Huida del mundo.** La obra se ambienta en lugares exóticos, otras épocas...
- **Exaltación de lo nacional.**
- **Paisaje.** El paisaje se tiñe de la subjetividad del artista.

LÍRICA	José de Espronceda, Gustavo Adolfo Bécquer y Rosalía de Castro
NARRATIVA	**Poesía narrativa:** José de Espronceda, José Zorrilla **Prosa narrativa:** Gustavo Adolfo Bécquer
TEATRO	F. Martínez de la Rosa, José Zorrilla, Duque de Rivas, J. Eugenio Hartzenbusch, A. García Gutiérrez
ARTÍCULO PERIODÍSTICO	Mariano José de Larra

2.1. La poesía romántica

En el Romanticismo se cultiva la **poesía lírica** y la **poesía narrativa**.

Se trata de una poesía en la que el autor **expresa su mundo interior** sin limitaciones. Los temas que surgen de la inspiración del poeta son el amor exaltado, el amor desgraciado, el dolor, la disidencia, el misterio, lo sobrenatural, etc.

Los ambientes reflejan el alma atormentada del poeta: paisajes nocturnos, lugares solitarios y sobrecogedores (ruinas, cementerios, personajes fantasmagóricos, etc.).

En cuanto a la forma, se crean nuevas estrofas, se recuperan otras, y se ensayan combinaciones de versos para conseguir ritmos marcados, efectismo y musicalidad.

José de Espronceda

José de Espronceda (1808-1842) desde muy joven mostró su espíritu liberal, rebelde e inconformista. Luchó contra el absolutismo y, a causa de sus ideas revolucionarias, sufrió prisión y tuvo que exiliarse al extranjero, como otros muchos liberales. En su exilio, vivió en varios países europeos: Portugal, Inglaterra, Bélgica y Francia.

En el terreno amoroso, también mostró una actitud profundamente romántica: se enamoró de una mujer casada, Teresa Mancha, a la que raptó y con quien tuvo una hija.

Espronceda desempeñó cargos políticos de relevancia: fue diplomático en Holanda y diputado por Almería en España. Murió en Madrid en 1842, con 34 años.

Obra

Su obra es un buen reflejo de su ideología **liberal progresista y revolucionaria**. Aunque cultivó la novela histórica y el teatro, donde mejor muestra sus cualidades literarias es en su poesía lírica. En ella refleja nítidamente su ideología: sus ansias de libertad, su denuncia de la corrupción, su predilección por personajes marginados, como en *Canción del pirata*, *El mendigo*, *El reo de muerte*, *El verdugo*, entre otras composiciones.

En su obra poética destacan *El estudiante de Salamanca*, extenso poema donde narra los crímenes del estudiante Félix de Montemar, y *El diablo mundo*, poema inacabado de más de ocho mil versos, que trata temas profundos, graves, elevados: el sentido de la vida, la muerte, etc.

Los rasgos románticos de su poesía pueden apreciarse en varios aspectos:

- en los **temas**: la libertad, el amor, la muerte, la corrupción, etc.;
- en los **personajes**: marginados, desheredados, rebeldes, esqueletos, fantasmas, etc.;
- en los **ambientes**: escenas nocturnas, callejas oscuras, la mansión de los muertos, etc.;
- y también en la **versificación**: combinación de diferentes versos y estrofas.

Gustavo Adolfo Bécquer

Bécquer escribió obras en verso y obras en prosa.

Como **poeta**, escribió algo más de ochenta composiciones, publicadas con el título de ***Rimas***.

Los **temas** que trata en las *Rimas* son: la propia poesía (su objeto, su motivación, etc.); el amor exaltado; el desengaño, el fracaso, el dolor, la desesperación tras la pérdida del amor; la soledad, la angustia, la proximidad de la muerte.

En cuanto a la **forma**, las *Rimas* presentan estas características: uso de nuevas estrofas; predominio de la rima asonante; presencia de ritmos muy marcados, gracias al uso de estructuras simétricas, paralelismos, anáforas, etc.

La poesía de Bécquer es intimista, profunda, breve, cargada de sentimientos.

En la rima que aparece al lado, Bécquer trata el tema del amor exaltado, el amor correspondido y la felicidad que embarga al poeta.

XVII

Hoy la tierra y los cielos me sonríen,
hoy llega al fondo de mi alma el sol,
hoy la he visto..., la he visto y me ha mirado...
¡hoy creo en Dios!

GUSTAVO ADOLFO BÉCQUER: *Rimas*.

Bécquer nació en Sevilla en 1836. A los dieciocho años se instaló en Madrid, donde pasó grandes apuros económicos, aunque consiguió mantenerse gracias a sus colaboraciones en revistas literarias y periódicos.
Se enamoró de Elisa Guillén, que le inspiró parte de sus versos. Mantuvieron una intensa relación hasta que ella lo abandonó.
A los veintiún años contrajo la tuberculosis, por lo que tuvo que trasladarse al monasterio de Veruela (Zaragoza), para recuperarse. A los veinticinco años se casó con Casta Esteban, aunque se separaron al poco tiempo.
Murió en Madrid en 1870. Tenía 34 años.

Como **prosista**, escribió veintiocho relatos que tituló *Leyendas*. Son relatos fantásticos, muchos de ellos ambientados en la Edad Media. Tratan del amor imposible, lo misterioso, lo desconocido, lo exótico, lo sobrenatural, el costumbrismo, etc. Destacan *El rayo de luna*, *El Monte de las Ánimas*, *Maese Pérez el organista*, *El beso*, *El miserere*, *La promesa*, *La cruz del diablo*, *La rosa de pasión*, etc.

Escribió también *Cartas literarias a una mujer*, de gran belleza lírica. La obra está formada por cuatro cartas publicadas en el periódico *El Contemporáneo.* Y durante su estancia en el monasterio de Veruela escribió *Cartas desde mi celda*, con hermosas descripciones.

Rosalía de Castro

Rosalía de Castro (Santiago de Compostela, 1837-Padrón, 1885), como Bécquer, es una poetisa romántica que escribe cuando ya ha triunfado el Realismo en España; de ahí que se les considere a ambos «románticos rezagados». Fue hija ilegítima (su padre fue un sacerdote), lo que marcó profundamente su carácter. Aunque escribió obras en prosa, destacó especialmente por su obra poética. Sus obras más importantes son *Cantares gallegos* y *Follas novas*, en gallego, y *En las orillas del Sar*, en castellano.

Con *Cantares gallegos* pretende dar a conocer las bellezas de su tierra galega y denunciar las injusticias que se cometen contra ella.

Follas novas y *En las orillas del Sar* tratan los mismos temas: el pesimismo y la desolación, el dolor, el sufrimiento, la desesperanza, el silencio de Dios, la soledad; y, como única solución, la muerte.

2.2. El teatro romántico

Principales dramaturgos románticos:

- **Ángel de Saavedra, duque de Rivas.**
  Don Álvaro o la fuerza del sino.
  El protagonista mata sin querer al padre y a un hermano de su amada, Leonor. Otro hermano, antes de morir, mata a Leonor. Don Álvaro enloquece y se suicida.
- **José Zorrilla.**
  Don Juan Tenorio.
  Su personaje es un burlador de mujeres que desafía a la justicia y a las fuerzas sobrenaturales.

Los escritores románticos defienden la originalidad y la libertad creadora, de forma que no aceptan ninguna regla ni norma. Por ello, las principales características del teatro romántico son las siguientes:

- **Rechazo** de la **regla de las tres unidades** (una acción, un lugar, un día).
- **Mezcla** de lo **trágico** y lo **cómico** y de **personajes de diferentes clases sociales**.
- División de la obra en **cinco actos**.
- Cambio de estrofas y versos a lo largo de la obra.
- **Mezcla**, en ocasiones, de la **prosa** y el **verso**.
- Importancia del **paisaje**: escenas nocturnas y sobrecogedoras, lugares solitarios, edificios en ruinas, cementerios con sus tumbas, escenas sobrenaturales, apariciones, suicidios, etc.

La **finalidad** de las obras es emocionar, conmover, impresionar.

En cuanto a los **temas**, predominan los históricos, los legendarios, los caballerescos, el misterio, los amores imposibles y desgraciados, el destino incontrolable, etc.

En la siguiente escena del primer acto, don Juan Tenorio y don Luis Mejía se reúnen en una taberna para comparar sus conquistas y determinar cuál de los dos ha ganado la apuesta que hicieron hace un año. Observa la actitud «donjuanesca» del personaje.

Acto I Escena XII

[...]
DON JUAN: Sumo aquí cincuenta [y seis.
DON LUIS: Y yo sumo en vuestras [listas
setenta y dos.
DON JUAN: Pues perdéis.
DON LUIS: ¡Es increíble, don Juan!
DON JUAN: Si lo dudáis, apuntados
los testigos ahí están,
que si fueren preguntados
os lo testificarán.
DON LUIS: ¡Oh! Y vuestra lista es [**cabal**.
DON JUAN: Desde una princesa real
a la hija de un pescador,
¡oh!, ha recorrido mi amor
toda la escala social.
¿Tenéis algo que tachar?
DON LUIS: Solo una os falta [en justicia.
DON JUAN: ¿Me la podéis señalar?
DON LUIS: Sí, por cierto: una [**novicia**
que esté **para profesar**.
DON JUAN: ¡Bah! Pues yo os [complaceré
doblemente, porque os digo
que a la novicia uniré
la dama de algún amigo
que para casarse esté.
DON LUIS: ¡Pardiez, que sois [atrevido!
DON JUAN: Yo os lo apuesto si [queréis.
DON LUIS: Digo que acepto el [**partido**.
Para darlo por perdido,
¿queréis veinte días?
DON JUAN: Seis.
DON LUIS: ¡Por Dios, que sois [hombre extraño!
¿cuántos días empleáis
en cada mujer que amáis?
DON JUAN: Partid los días del año
entre las que ahí encontráis.
Uno para enamorarlas,
otro para conseguirlas,
otro para abandonarlas,
dos para sustituirlas
y una hora para olvidarlas.
Pero, la verdad a hablaros,
pedir más no se me antoja,
porque, pues vais a casaros,
mañana pienso quitaros
a doña Ana de Pantoja.

JOSÉ ZORRILLA: *Don Juan Tenorio.*

VOCABULARIO

cabal *adj.* Muy completa.

una novicia para profesar Una muchacha que durante un año está a prueba en un convento para hacerse monja.

partido *m.* Trato, pacto, apuesta.

2.3. El artículo periodístico. Mariano José de Larra

El artículo periodístico se desarrolló en el siglo XIX y su principal cultivador fue **Mariano José de Larra**.

Larra nació en Madrid en 1809, en el seno de una familia de afrancesados. Siendo niño, tuvo que marchar a Francia con su familia. Tras volver a España, empezó a publicar artículos a los diecinueve años. Un año después se casó, pero el matrimonio duró muy poco. Mantuvo relaciones amorosas con una mujer casada, Dolores Armijo.

Publicó sus artículos con seudónimos; **Fígaro** fue el más conocido.

Tras romper con Dolores y decepcionado por la situación política de España, se suicidó disparándose un tiro en la sien el 13 de febrero de 1837, a los veintiocho años.

Obra

Larra escribió una novela histórica y una obra de teatro, pero lo más destacado de su obra fueron sus artículos periodísticos, de contenido diverso: literarios, históricos, políticos, de costumbres, etc. En ellos, con una prosa clara y elegante, critica la ignorancia, el atraso de España, la organización del Estado, el absolutismo, el falso orgullo, la mala educación, etc.

En el artículo titulado «Vuelva usted mañana», Larra presenta a un francés que viene a España para resolver ciertos asuntos familiares y se encuentra con que la pereza y la incompetencia que imperan en el país lo obligarán a prolongar su estancia.

VOCABULARIO

entrambos, as *adj.* Ambos, los dos.

instósele *v.* Se le insistió en la petición.

Vuelva usted mañana

Amaneció el día siguiente, y salimos **entrambos** a buscar un genealogista, lo cual solo se pudo hacer preguntando de amigo en amigo y de conocido en conocido: encontrámosle por fin, y el buen señor, aturdido de ver nuestra precipitación, declaró francamente que necesitaba tomarse algún tiempo; **instósele**, y por mucho favor nos dijo definitivamente que nos diéramos una vuelta por allí dentro de unos días. Sonreíme y marchámonos. Pasaron tres días; fuimos.

—Vuelva usted mañana —nos respondió la criada—, porque el señor no se ha levantado todavía.

—Vuelva usted mañana —nos dijo al siguiente día—, porque el amo acaba de salir.

—Vuelva usted mañana —nos respondió al otro—, porque el amo está durmiendo la siesta.

—Vuelva usted mañana —nos respondió el lunes siguiente—, porque hoy ha ido a los toros.

—¿Qué día, a qué hora se ve a un español?

Vímosle por fin, y «Vuelva usted mañana —nos dijo—, porque se me ha olvidado».

» ACTIVIDADES

37. Completa la información siguiente referida a autores románticos, género que cultivaron y título de una obra representativa:

a) José de Espronceda / Poesía lírica y narrativa / *El estudiante de Salamanca*.
b) ▮ / ▮ / *Rimas*.
c) Duque de Rivas / ▮ / ▮
d) Rosalía de Castro / ▮ / ▮
e) ▮ / Artículo periodístico / ▮

38. La *Canción del pirata* es un buen ejemplo de poesía romántica, tanto en los aspectos formales (métrica, léxico, etc.) como en el contenido.

Lee el siguiente fragmento de *La canción del pirata* y contesta a las preguntas que figuran a continuación.

Canción del pirata

Con diez cañones por banda,
viento en popa a toda vela,
no corta el mar, sino vuela
un velero **bergantín**:
bajel pirata que llaman
por su bravura el Temido,
en todo el mar conocido
del uno al otro **confín**.

La luna en el mar **rïela**,
en la lona gime el viento,
y alza en blando movimiento
olas de plata y azul.
Y ve el capitán pirata,
cantando alegre en la popa,
Asia a un lado, al otro Europa
y allá a su frente Estambul.

«Navega, velero mío,
sin temor,
que ni enemigo navío,
ni tormenta, ni bonanza
tu rumbo a torcer alcanza,
ni a sujetar tu valor.»

«Veinte presas
hemos hecho
a despecho
del inglés,
y han rendido
sus **pendones**
cien naciones
a mis pies».

«Que es mi barco mi tesoro,
que es mi Dios la libertad,
mi ley, la fuerza y el viento,
mi única patria, la mar.»

«Allá muevan feroz guerra
ciegos reyes
por un palmo más de tierra;
que yo tengo aquí por mío
cuanto abarca el mar bravío,
a quien nadie impuso leyes. [...]»

«Que es mi barco mi tesoro...»

«En las presas
yo divido
lo cogido
por igual;
solo quiero
por riqueza
la belleza
sin rival.»

«Que es mi barco mi tesoro...»
[...]

JOSÉ DE ESPRONCEDA

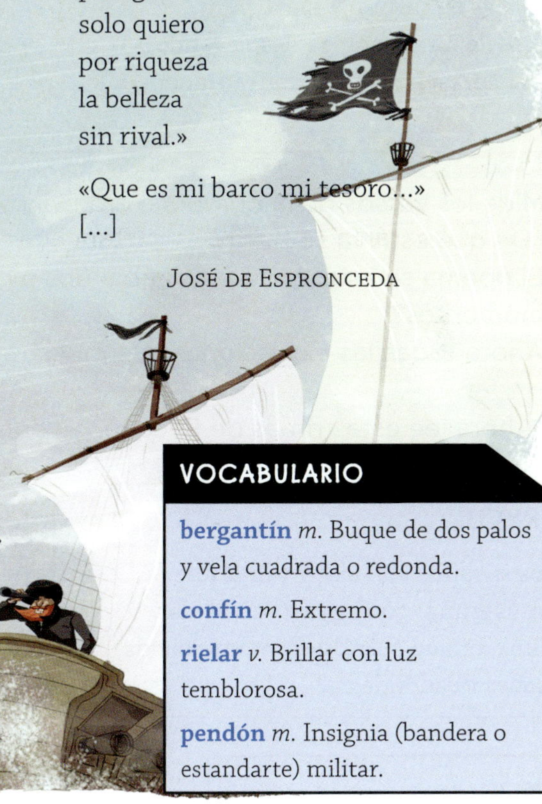

VOCABULARIO

bergantín *m.* Buque de dos palos y vela cuadrada o redonda.

confín *m.* Extremo.

rielar *v.* Brillar con luz temblorosa.

pendón *m.* Insignia (bandera o estandarte) militar.

a) Analiza la métrica del poema: medida de los versos, tipo de rima, esquema métrico.
b) En el poema hay partes expresadas en 1.ª y en 3.ª persona. Distínguelas.
c) ¿Cuál es el estribillo del poema?
d) Determina el tema del mismo.
e) ¿Qué cualidades típicamente románticas destacan en el protagonista de la canción?
f) Visita el espacio personal de la web *www.barcanova.cat* y accede a distintas versiones audiovisuales que se han hecho de este poema. ¿Cuál de ellas prefieres? ¿Por qué?

39. En el siguiente fragmento del poema, Espronceda recuerda momentos felices con Teresa y se duele por su muerte. Léelo y contesta a las preguntas que se formulan a continuación:

Canto a Teresa

¿Por qué volvéis a la memoria mía,
tristes recuerdos del placer perdido,
a aumentar la ansiedad y la agonía
de este desierto corazón herido?
¡Ay!, que de aquellas horas de alegría,
le quedó al corazón solo un gemido
y el llanto que al dolor los ojos niegan,
lágrimas son de **hiel** que el alma **anegan**.

¿Dónde volaron ¡ay! aquellas horas
de juventud, de amor y de **ventura**,
regaladas de músicas sonoras,
adornadas de luz y de hermosura?
imágenes de oro bullidoras,
sus alas de carmín y nieve pura,
al sol de mi esperanza desplegando,
pasaban ¡ay!, a mi alredor cantando. [...]

¿Quién pensara jamás, Teresa mía,
que fuera eterno manantial de llanto
tanto inocente amor, tanta alegría,
tantas delicias y delirio tanto?
¡Quién pensara jamás llegase un día
en que, perdido el celestial encanto
y caída la venda de los ojos,
cuanto diera placer causara enojos! [...]

Los años ¡ay! de la ilusión pasaron;
las dulces esperanzas que trajeron,
con sus blancos ensueños se llevaron,
y el porvenir de oscuridad vistieron;
las rosas del amor se marchitaron,
las flores en **abrojos** convirtieron,
y de afán tanto y tan soñada gloria
solo quedó una tumba, una memoria.

José de Espronceda: «Canto a Teresa», de *El diablo mundo*.

VOCABULARIO

hiel *f.* Amargura.
anegar *v.* Inundar.
ventura *f.* Felicidad.
abrojo *m.* Planta espinosa, cardo.

a) Mide los versos de la primera estrofa, indica el tipo de rima que presenta y escribe su esquema métrico. ¿De qué estrofa se trata?
b) El poema se estructura en torno a dos momentos: Teresa viva y Teresa muerta. ¿Qué caracteriza ambos momentos?
c) Anota todas las expresiones que muestran dolor por la muerte de su amada.

40. Ahora lee estas rimas de Bécquer y contesta a las preguntas:

XXXVIII

Los suspiros son aire y van al aire.
Las lágrimas son agua y van al mar.
Dime, mujer, cuando el amor se olvida,
¿sabes tú adónde va?

LX

Mi vida es un **eriïal**,
flor que toco se deshoja;
que en mi camino fatal
alguien va sembrando el mal
para que yo lo recoja.

LXIX

Al brillar un relámpago nacemos
y aún dura su **fulgor** cuando morimos;
¡tan corto es el vivir!
La gloria y el amor tras que corremos
sombras de un sueño son que perseguimos;
¡despertar es morir!

VOCABULARIO

erial *m.* Terreno yermo sin cultivar. (En la rima va con diéresis para el cómputo silábico.)
fulgor *m.* Resplandor, brillantez.

a) ¿Cuál es el tema de la rima XXXVIII?
b) ¿Qué figura literaria se da en los dos primeros versos? Explica en qué consiste.
c) Explica el contenido de la rima LX.
d) El tema de la rima LXIX es la fugacidad de la vida. ¿De qué manera lo expresa Bécquer?
e) Analiza métricamente los poemas: medida, rima, esquema métrico.

41. Lee el siguiente poema de Rosalía de Castro y responde a las preguntas que se formulan:

Del mar azul las transparentes olas
mientras blandas murmuran
sobre la arena, hasta mis pies rodando,
tentadoras me besan y me buscan.

Inquietas lamen de mi planta el borde,
lánzanme airosas su nevada espuma,
y pienso que me llaman, que me atraen
hacia sus salas húmedas.

Mas cuando ansiosa quiero
seguirlas por la líquida llanura,
se hunde mi pie en la **linfa** transparente
y ellas de mí se burlan.

Y huyen abandonándome en la playa
a la terrena, inacabable lucha,
como en las tristes playas de la vida
me abandonó inconstante la fortuna.

ROSALÍA DE CASTRO: *En las orillas del Sar.*

VOCABULARIO

linfa *f.* Aquí significa 'agua'.

a) Señala algún hipérbaton en el poema y explica en qué consiste.
b) A lo largo del poema se puede apreciar la figura llamada *personificación*. Explícala.
c) Explica el significado de *sus salas húmedas* y *líquida llanura*. ¿Cómo se llama esta figura literaria?
d) Explica el contenido del poema.

42. Este fragmento corresponde al final del artículo de Larra «El día de difuntos de 1836». En él, Larra pasea por Madrid, ciudad a la que ve como un inmenso cementerio donde reposan la libertad, la Inquisición, el trono, el valor, etc. Léelo y responde a las preguntas:

[...] Pero ya anochecía, y también era hora de retiro para mí. Tendí una última ojeada sobre el vasto cementerio. Olía a muerte próxima. Los perros ladraban con aquel aullido prolongado, intérprete de su instinto **agorero**; el gran coloso, la inmensa capital, toda ella se removía como un moribundo que tantea la ropa; entonces no vi más que un gran sepulcro: una inmensa lápida se disponía a cubrirle como una ancha tumba.

No había «aquí yace» todavía; el escultor no quería mentir; pero los nombres del difunto saltaban a la vista ya distintamente alineados.

¡Fuera –exclamé– la horrible pesadilla, fuera! ¡Libertad! ¡Constitución! ¡Tres veces! ¡Opinión nacional! ¡Emigración! ¡Vergüenza! ¡Discordia! Todas estas palabras parecían repetirme a un tiempo los últimos ecos del clamor general de las campanas del día de Difuntos de 1836.

Una nube sombría lo envolvía todo. Era la noche. El frío de la noche helaba mis venas. Quise salir violentamente del horrible cementerio. Quise refugiarme en mi propio corazón, lleno no ha mucho de vida, de ilusiones, de deseos.

¡Santo cielo! También otro cementerio. Mi corazón no es más que otro sepulcro. ¿Qué dice? Leamos. ¿Quién ha muerto en él? ¡Espantoso letrero! «¡Aquí yace la esperanza!»

¡Silencio, silencio!

VOCABULARIO

agorero, ra *adj.* Que predice males, fatídico.

a) Anota en tu cuaderno todas las palabras del texto relacionadas con el léxico romántico.
b) Localiza una personificación y una comparación en el primer párrafo.
c) ¿En qué se nota que Larra ha perdido todas sus ilusiones?
d) ¿Qué idea se sugiere en el primer párrafo? ¿En qué te basas para afirmarlo?

» GRAMÁTICA

1. Clases de palabras (II)

1.1. Adverbio

Los adverbios son palabras invariables que tienen significado léxico y, en algunos casos, valor referencial.

Según su **significado**, los adverbios se clasifican del siguiente modo:

AFIRMACIÓN	*sí, ciertamente, evidentemente...*	**TIEMPO**	*antes, hoy, mañana...*
NEGACIÓN	*no, jamás, nada...*	**CANTIDAD**	*bastante, suficientemente, poco...*
LUGAR	*cerca, abajo, fuera...*	**ASPECTO**	*aún, todavía, completamente...*
MANERA	*así, tristemente, lamentablemente...*	**DUDA**	*quizá(s), probablemente, acaso...*

Según su **estructura**, los adverbios pueden ser simples (*nunca, mal, ya, bien...*) o formados por derivación con el sufijo *-mente*: *recientemente, alegremente...*

Los **adverbios adjetivales** son adverbios que presentan la misma forma que un adjetivo masculino singular. Ejemplo: *Estudiaron duro para el examen*; *La leche sabe raro*. Obsérvese que estas palabras funcionan como adverbios y no como adjetivos, pues no tienen flexión de género ni de número.

RECUERDA

Para acentuar correctamente los adverbios acabados en *-mente* no se debe tener en cuenta el sufijo. Así, *fácilmente* lleva tilde porque *fácil* se acentúa, mientras que *mayoritariamente* no tiene tilde porque *mayoritaria* no la lleva.

1.2. Preposición

Las preposiciones son *a, ante, bajo, cabe, con, contra, de, desde, durante, en, entre, hacia, hasta, mediante, para, por, según, sin, so, sobre, tras, versus* y *vía*.

Las preposiciones cumplen una función gramatical de relación entre dos elementos (un elemento principal y el término de la preposición):

la motocicleta [el. pral.] *de* [prep.] *mi tío* [término de la prep. = SN]

Alguna preposiciones también aportan significado léxico. Esto se puede apreciar claramente con algunos valores locativos como *hacia, bajo, sobre...*

En ocasiones pueden aparecer varias preposiciones juntas: *por entre los árboles*; *hasta por la noche...* Esto ocurre cuando el término de la preposición es un sintagma preposicional:

por [prep.] *entre los árboles* [término de la prep. = SPrep]

Las preposiciones *cabe* y *so* apenas se utilizan en la actualidad: *El armario está cabe la mesita* (= al lado de); *Escondía so la mesa sus manos* (= debajo de).

1.3. Conjunción

La **conjunción** es una palabra invariable que sirve para establecer **relaciones** entre palabras, sintagmas u oraciones. Hay dos tipos de conjunciones: coordinantes y subordinantes.

COORDINANTE (Relaciona elementos de la misma categoría gramatical o que desempeñan la misma función.)	**copulativa**	*y, ni, tanto... como*	*Gané y convencí.* *No me gusta el salchichón ni la mortadela.* *Tanto Umberto como Clara son italianos.*
	disyuntiva	*o, u, bien... bien, ya... ya...*	*¿Quieres carne o pescado?* *¿Aurora u Olga?* *Llegarán, bien hoy, bien mañana.* *Ya salto de alegría, ya me escondo bajo la almohada.*
	adversativa	*pero, mas, sino*	*Te lo dijo claro, pero sin acritud.* *Quiso ir, mas no pudo tomar el tren.* *No son profesionales, sino aficionados.*
SUBORDINANTE (Establece una relación de dependencia de un elemento respecto a otro, que es el principal.)	**completiva**	*que, si*	*Ramón le dijo que estaba enfermo.* *Pregúntale si llegará a tiempo.*
	condicional	*si, como...*	*Si mueves ese peón, perderás la partida.* *Como no duerma un poco, mañana no se aguantará en pie.*
	causal	*porque, como...*	*Se mojó porque llovía a mares.* *Como era el mandamás, hacía lo quería.*
	concesiva	*aunque, si bien...*	*Aunque me lo dijo, no le hice caso.* *Si bien no es el camino más corto, iremos por ahí.*
	temporal	*mientras, apenas...*	*Se durmió mientras miraba la televisión.* *Apenas lo dijo, se arrepintió.*
	modal	*según, como*	*Escribe como le enseñaron.* *Cocinó las verduras según le indicó su abuela.*
	consecutiva	*que*	*Odiaba tanto a Raúl que no celebraba triunfo alguno suyo.*
	ilativa	*luego, conque...*	*Pienso, luego existo.* *Todavía es pronto; conque ponte cómodo.*
	comparativa	*que, como*	*Hace más calor ahora que esta mañana.* *Esta flauta suena tan aguda como la anterior.*
	final	*que*	*Díselo en voz alta, que quiere oírlo por segunda vez.*

En la actualidad, las formas *porque* y *para que* se consideran formadas por una preposición y una conjunción (introductora de una subordinada sustantiva): *Llegamos tarde porque se estropeó el coche* (*por* + eso); *Mandó un correo electrónico para que supieran sus condiciones* (*para* + eso).

1.4. Interjección

La interjección se emplea para comunicar impresiones y sentimientos.

PROPIA	Se usa solo como interjección: *¡eh!, ¡epa!, ¡olé!, ¡oh!, ¡ay!, ¡puf!...*
IMPROPIA	Se forma a partir de nombres (*¡cielos!, ¡hombre!*), verbos (*¡arrea!, ¡venga!*), adjetivos (*¡bravo!, ¡bueno!*) o adverbios (*¡fuera!, ¡adelante!*).

Las interjecciones se escriben entre signos de exclamación.

1.5. Las clases de palabras transversales

Algunas clases de palabras se consideran **transversales** ya que tienen distintas propiedades gramaticales según el contexto en el que aparecen.

	DETERMINANTES	ADJETIVOS	PRONOMBRES	ADVERBIOS
DEMOSTRATIVOS	*He leído **esta** carta.*	*Mira al hombre **aquel**.*	*Dame **eso**.*	*Vive **allí**.*
POSESIVOS	***Tus** amigos son así.*	*Me lo dijo un tío **suyo**; La casa es **nuestra**.*		
CUANTIFICADORES INDEFINIDOS	***Alguna** vez te lo dije.*	*No había persona **alguna** en la calle.*	***Alguien** lo trajo.*	*Corren **mucho**.*
CUANTIFICADORES NUMERALES	*Tienen **dos** problemas.*	*La vuelta **quinta** fue la mejor.*	*Por fin apareció **uno**.*	
INTERROGATIVOS	*¿A **qué** problema te refieres?*		*¿**Quién** llamó?*	
EXCLAMATIVOS	*¡**Qué** cosas dices!*		*¡**Qué** dices!*	*¡**Cómo** disfruta!*
RELATIVOS	*Son personas **cuyos** actos juzgarán.*		*Aplaudimos al equipo **que** perdió.*	*Reside en la misma ciudad **donde** trabaja.*

En contextos como *Compraron esta bicicleta, pero prefería **aquella**; Me gustan los churros, pero como habitualmente **pocos**; Vimos algunas setas, aunque solo cogimos **diez***, la gramática tradicional considera «aquella», «pocos» y «diez» como pronombres demostrativos, indefinidos y numerales, respectivamente. En la actualidad, se prefiere considerarlos determinantes de un sustantivo elidido: «aquella ø [bicicleta]», «pocos ø [churros]» y «diez ø [setas]».

BARCANOVA EDITORIAL

1.6. Combinaciones de palabras: las locuciones, los sintagmas y las oraciones

Las palabras se combinan con otras para formar unidades lingüísticas superiores:

LOCUCIONES

Grupos de palabras que funcionan como una sola palabra. Es común considerar los siguientes tipos:

locución nominal: *carne de cañón, pata de gallo...*
locución verbal: *caer en la cuenta, meter la pata...*
locución adverbial: *de antemano, a regañadientes...*
locución adjetiva: *de cuidado, hasta el cuello...*
locución preposicional: *a causa de, rumbo a...*
locución conjuntiva: *puesto que, si bien...*
locución interjectiva: *¡Ahí va!, ¡Vaya por Dios!...*

SINTAGMAS

Unidades lingüísticas que desempeñan determinadas funciones sintácticas. Se constituyen en torno a una palabra (**núcleo**), alrededor de la que puede haber **modificadores** (delante del núcleo) y **complementos** (normalmente, detrás del núcleo).

Sintagma = (modificador/complemento) + núcleo + (complemento)

Suele hablarse de los siguientes sintagmas:

sintagma nominal (núcleo = nombre, pronombre o locución nominal). El núcleo puede estar acompañado por determinantes o complementos del nombre: *este pequeño ratón*; *la fiesta de anoche, los extraños días de tu ausencia...*

sintagma verbal (núcleo = verbo, locución verbal o perífrasis verbal): *Luce el sol por la mañana*; *Vivimos de casualidad...* Puede presentar complementos. (Consulta la unidad 5.)

sintagma adverbial (núcleo = adverbio o locución adverbial). El adverbio puede estar acompañado de modificadores y complementos: *antes de ti*; *bastante pronto...*

sintagma adjetival (núcleo = adjetivo o locución adjetival). El adjetivo puede ser modificado por adverbios o complementado por algún SPrep.: *muy agradable*; *enamorado de ti...*

sintagma preposicional: *en la ciudad*; *bajo el sol asfixiante...* Está formado por una preposición (*en*, *bajo*) y el término de la preposición (*la ciudad*, *el sol asfixiante*).

ORACIONES

Unidades (de predicación) que ponen en relación un sujeto con un predicado.

» ACTIVIDADES

43. Localiza en el siguiente texto:

a) dos nombres propios; **b)** un nombre que aparece como común y propio; **c)** un determinante posesivo que aparece cuatro veces; **d)** tres determinantes numerales diferentes; **e)** tres preposiciones distintas; **f)** dos adverbios de tiempo; **g)** una conjunción adversativa y otra copulativa.

> Se levantó de su sillón de toda la vida y se sirvió un vino de Oporto recién comprado. Y poco después le entraba la tentación casi infantil de partir en dos el paraguas rojo de siete dólares. Se dijo que aquella podría ser una buena manera de reingresar en la vida activa. Pero finalmente decidió reprimir su instinto destructivo. Se sirvió su segundo oporto y empezó a recordar detalles de su visita al taller del genio de la avenida de Icaria.
>
> ENRIQUE VILA-MATAS: *El viaje vertical.*

44. Indica la clase de palabra de los elementos destacados:

> Anote en *mi* testamento, pastor. Deseo que *esta* niña *sea* mi heredera *universal*. *Todo* será de *ella cuando* yo muera –logró decir en *su* media *lengua* al religioso *que* lo visitaba casi *todos* los días, arruinándole el *gusto* de su propia muerte *con* amenazas de *eternidad*.
>
> ISABEL ALLENDE: *Eva Luna.*

45. Identifica adverbios en las siguientes oraciones y clasifícalos según su significado:

a) Aquí se aprecian tus habilidades.
b) Quizá el mecánico se equivocó.
c) Aunque no lo creas, te quiero mucho.
d) Realmente, la ciudad está muy sucia.
e) Nunca se comportó bien con sus compañeros.

46. Explica el diferente significado de las siguientes oraciones:

a) Lamentablemente, perdimos el partido.
b) Perdimos el partido lamentablemente.

47. Identifica los sintagmas preposicionales, di de qué elemento dependen y subraya los términos de las preposiciones de las siguientes oraciones:

a) El perro los siguió hasta el final de la calle.
b) Los enamorados se encontraron bajo el roble.
c) No nos sirven los viejos argumentos de ayer.
d) Cerca del estadio han abierto una biblioteca.
e) Estaba harta de ti.

48. Completa las oraciones siguientes con estas conjunciones: *mientras*, *como*, *pero*, *luego*, *aunque*, *porque*, *que*, *si*, *como*:

a) Berga no sabe ▮ podrá celebrar sus fiestas.
b) ▮ no regrese hoy, puede olvidarse de mí.
c) La construcción de la piscina se detuvo ▮ encontraron restos arqueológicos al excavar.
d) ▮ era el mejor trompetista del país, el Gobierno no lo contrataba nunca.
e) Tere tiene fiebre alta, ▮ debe ir al médico.
f) José Ángel no cava tan fuerte ▮ Ismael.
g) Era tan estúpido ▮ no entendía las indirectas.
h) ▮ Martina sacaba el coche del garaje, su marido cerró la puerta de la casa.
i) Es un gran deportista, ▮ su conducta con el entrenador es inaceptable.

49. Escribe oraciones en las que figuren los siguientes elementos:

a) adjetivo posesivo + verbo copulativo + adverbio de negación
b) pronombre interrogativo + conjunción copulativa + adjetivo calificativo

50. Escribe una oración con cada una de las siguientes locuciones verbales: *atar cabos*, *navegar contra corriente*, *andar de capa caída*, *beber los vientos*, *negar el pan y la sal*.

51. Anota las clases de palabras de los sintagmas destacados, di cuál es su núcleo y, por tanto, qué tipo de sintagma es:

a) La primera habitación de ese pasillo es estrecha.
b) Me agrada tu nueva camisa blanca y azul.
c) Es una opción bastante probable.
d) En la nueva plaza de la villa se celebrarán las fiestas municipales.
e) Los jornaleros se levantan bien temprano.

» LÉXICO

1. La formación de palabras: derivación (prefijos)

El conjunto de palabras que comparten una misma raíz se denomina **familia léxica**. Así, *aguacero, desaguar, aguardiente, aguador...* conforman la familia léxica de *agua*.

Los prefijos se recogen en el diccionario. Fíjate en que siempre aparecen seguidos de un guion. En la entrada correspondiente, se anotan los valores significativos que pueden aportar.

La **derivación** es un proceso de formación de palabras que consiste en la incorporación de afijos derivativos (prefijos, sufijos, interfijos) a una base léxica —palabra de la que se parte en el proceso derivativo—, ya sea esta raíz o no. Así, en *barquero*, *barca* es la base léxica y *barc-*, la raíz; en el caso de *marino*: *mar* es la base léxica y la raíz.

La **prefijación** es un proceso derivativo que consiste en la unión de un prefijo a la raíz o base léxica de una palabra sin que se produzca cambio en su categoría gramatical. Así, *útil* (adjetivo) > *inútil* (adjetivo).

Los prefijos se unen directamente a la base cuando esta es una sola palabra: *preacuerdo, antigubernamental...* Si, en cambio, la base es más de una palabra, se escribe separado: *ex gobernador civil*, *pro derechos humanos*. Si el prefijo precede a una sigla o a una palabra en mayúscula, se escribe con guion: *pro-ONG, anti-Mussolini*.

Algunos de los prefijos más significativos son los siguientes:

A-	negación	*anormal*
ANTE-	anterioridad	*anteponer*
BI- BIS-	dos, el doble	*bimensual, bisabuelo*
CO- COM- CON-	unión, compañía, colaboración	*colateral, compadre, confluir*
CONTRA-	oposición, contrariedad	*contraatacar*
DE- DES- DIS-	privación o negación	*decolorar, desventaja, disconformidad*
EN-	dentro de	*encajonar*
EX-	hacia fuera	*expatriar*
HIPER-	exceso	*hipercalórico*
HIPO-	inferioridad	*hipocalórico*
I- IM- IN-	privación o negación, dentro de	*ilegalizar, inagotable, implantar*

MULTI-	mucho	*multicopiar*
POS- POST-	posterioridad	*posguerra, postimpresionismo*
PRE-	anterioridad	*predecir*
PRO-	delante	*procónsul*
RE-	repetición o detrás de	*remover, recámara*
RETRO-	hacia atrás	*retroactivo*
SEMI-	medio, casi	*semiabierto*
SO- SUB-	debajo de	*socavar, subestimar*
SOBRE-	encima de	*sobresueldo*
SUPER-	posición superior o grado sumo, exceso	*superponer, superfino*
TRANS- TRAS-	al otro lado	*transalpino o trasalpino*
ULTRA-	más allá de o en grado extremo	*ultramar, ultraligero*

» ACTIVIDADES

52. Identifica las cinco palabras con prefijos que hay en el siguiente texto:

> Le gustaba actuar contracorriente. Siempre se había considerado un ser tocado por la divinidad, extraordinario. Cuando todo el mundo pensaba que algo era imposible, allí estaba él. Desde el entresuelo 3 B, donde vivía desde hacía ya tres años, encontraba una solución, aunque se tratara de embotellar avellanas.

53. Recuerda que, cuando el prefijo *-in* se antepone a una palabra que comienza por *p* o *b*, se debe escribir *im-*. Del mismo modo, cuando el prefijo se añade a un vocablo que empieza por *r*, se tiene que escribir *irr-*. Escribe ahora el adjetivo que corresponde a las siguientes definiciones:

a) Que carece de razón.
b) Que no tiene paciencia.
c) Que no se puede recuperar.
d) Que no se puede romper.
e) Que todavía no tiene barba.
f) Que no se puede pensar.
g) Que es poco decidido o dubitativo.
h) Que no tiene paciencia.

54. En la siguiente lista de palabras, distingue las que tienen prefijo *-in* de las que no. Pista para la resolución: el número de palabras es el mismo.

interno • inteligente • ininteligible • incierto
incapacidad • interior • inocente • inocuo
inclasificable • invierno • inhábil
intrascendente • inclusión • inoperativo
incauto • íntimo

55. Escribe dos ejemplos en los que se aprecie el valor locativo de los siguientes prefijos:

circun- ('alrededor')
entre- ('en medio de') • infra- ('debajo de')
extra- ('fuera de' o 'sumamente')
inter- ('en medio de')

56. Combina correctamente los prefijos con las siguientes agrupaciones de verbos y escribe el resultado de la prefijación. En algún caso tendrás que hacer pequeñas modificaciones:

des- • *re-* • *in-*

a)	b)	c)
buscar	hacer	movilizar
poner	confiar	comunicar
construir	honrar	plantar
cargar	atender	tranquilizar
leer	templar	sensibilizar

57. Copia la tabla y clasifica las siguientes palabras generadas por prefijación según sean verbos, adjetivos o nombres:

	Verbo	Adjetivo	Nombre
reseco reconstitución rellenar			
cooperar coetáneo coparticipación			
subacuático subsuelo subarrendar			

58. Escribe una oración con cada una de las palabras del ejercicio anterior.

59. Uno de los mecanismos para indicar una cualidad máxima (grado superlativo) es añadir prefijos a los adjetivos. Los más habituales son *archi-*, *extra-*, *hiper-*, *re-*, *requete-*, *super-* y *ultra-*. Escribe a continuación superlativos con cada uno de los prefijos. Ejemplo: *archi-*: archiconocido.

60. El escritor Gianni Rodari propone la prefijación como un método para inventar nuevas palabras. Así, por ejemplo, dice que el *despincel* «permite deshacer un cuadro si no es muy bueno» o el *sinsombrero* es «para quien no siente nunca crudo frío en la cabeza». Déjate llevar por la imaginación e imita al escritor italiano: inventa tres palabras con prefijo y escribe una oración o un pequeño texto en el que aparezcan.

» ORTOGRAFÍA

1. La *h*

SE ESCRIBEN CON *H*	EJEMPLOS
Las palabras que empiezan por ***hie-***, ***hue-***, ***hui-***.	***hie**na*, ***hue**lga*, ***hui**da*
Las palabras que empiezan por ***hum-***.	***hum**o*, ***hum**edad*, ***hum**ano*
Muchas palabras que se escribían con ***f-*** inicial en latín y que en catalán mantienen esa letra (fill, fulla, ferida)..	***h**ijo*, ***h**oja*, ***h**erida*
Los verbos ***haber***, ***hacer***, ***hablar***, ***hallar***, ***habitar***.	***h**abían*, ***h**aría*, ***h**ablaban*, ***h**abitabais*
Las palabras que comienzan por los prefijos ***hiper-*** (superioridad, exceso), ***hipo-*** (debajo de, escasez), ***homo-*** (igual), ***hemi-*** (mitad), ***hemo-*** (sangre), ***hetero-*** (diferente), ***hidro-*** (agua), ***hexa-*** (seis), ***hepta-*** (siete).	***hiper**tensión*, ***hipo**termia*, ***homó**fono*, ***hemi**ciclo*, ***hemo**globina*, ***hetero**sexual*, ***hidro**avión*, ***hexá**gono*, ***hepta**sílabo*
Las interjecciones: ***¡ah!***, ***¡eh!***, ***¡oh!***, ***¡huy!***, ***¡hala!***, ***¡bah!***, ***¡hola!***	*¡**Oh**! ¡Qué sorpresa!*

Los derivados de *hueso*, *huelo*, *huevo*, *huérfano*, *hueco* se escriben sin *h-* inicial cuando empiezan por **o-**: *óseo*, *oler*, *óvulo*, *orfanato*.

La *h* no impide el hiato: *pro-hí-bo*.

2. Acentuación de hiatos

HIATOS	EJEMPLOS
El **hiato** es la pronunciación en **sílabas distintas** de dos (o tres) vocales que están juntas en una palabra.	*z**o-ó**-lo-go, tr**a-e**r, **o-í**-do*
Los **hiatos** formados por **vocal abierta** (***a***, ***e***, ***o***) átona más **vocal cerrada tónica** (***i***, ***u***), o viceversa, llevan tilde siempre, incluso en contra de las reglas gramaticales de la acentuación. El **acento ortográfico** o **tilde** se coloca sobre la **vocal cerrada tónica**.	*b**a-ú**l, r**a-í**z, **e**-g**o-í**s-ta, v**e**-h**í**-cu-lo*
También forma **hiato** la combinación de una **vocal cerrada tónica** más **dos vocales abiertas** o un **diptongo**. Siempre lleva tilde la vocal cerrada.	*l**e-í-a**, b**e**-b**í-ai**s, sonr**e**-**í-ai**s*
La combinación de **dos vocales abiertas** (***a***, ***e***, ***o***) **forma hiato** (nunca diptongo) y se **acentúa** siguiendo las **reglas generales de la acentuación**.	*c**a-ó**-ti-co, **a-é**-re-o, cr**é-e**-me*

Por medio de la tilde, se indica que dos vocales —que habitualmente formarían diptongo— pertenecen a sílabas distintas. La destrucción del diptongo se señala con la tilde.

» ACTIVIDADES

61. Completa las series como en el ejemplo: *faminem* (latín), *fam* (catalán), *fame* (gallego), *hambre* (castellano).

a) *farinam* (latín)
b) *filium* (latín)
c) *facere* (latín)
d) *ferire* (latín)
e) *ferrum* (latín)
f) *fumum* (latín)

62. Separa las sílabas de las siguientes palabras con hiato y acentúalas correctamente.

pescaderia • lejania • desvio • vacio • fluor
decaido • paraiso • europeismo • refreir
egoista

63. Fíjate en las palabras siguientes, separa sus sílabas y acentúalas cuando sea necesario.

campeon • craneo • empleado • faraon
heroe • linea • oceano • oseo • subterraneo

64. Escribe una palabra que comience por alguno de los siguientes prefijos de origen grecolatino:

hiper- (exceso) • *hemo-* (sangre)
homo- (igual) • *hetero-* (diferente)
hemi- (mitad) • *hidro-* (agua) • *hexa-* (seis)
hipo- (inferior) • *helio-* (sol) • *hepta-* (siete)

65. Completa estas oraciones con las palabras adecuadas:

a) ¡▮! ¡Por fin nos ▮ llegado el mensaje ▮ todos!
(*ha, ah, a*)

b) ▮ decidido que sean Antonia ▮ Isabel las portavoces del grupo. Pero no me gustaría que nadie se enfadara, ¿▮?
(*he, eh, e*)

c) Es la primera vez que viene ▮ el espectáculo. Se siente muy feliz de ▮ conseguido las entradas.
(*haber, a ver*)

d) ¡▮! ¿Cuántas veces ▮ que decirte que no dejes la ropa sucia ▮?
(*hay, ahí, ay*)

★ LUDOLENGUA

66. Averigua tu nivel de conocimiento ortográfico.

a) En cada oración hay un error.
b) Por cada error detectado y bien corregido, sumas un punto. El nivel máximo corresponde a 10 puntos.
c) Si corriges algo que está bien escrito, restas un punto.

1. Abrieron la cerradura con una ganzua.
2. Le prohibo que use herbicidas en el jardín.
3. Han venido ha ver si el médico los recibe hoy.
4. Los transeuntes se detenían para contemplar las actuaciones callejeras.
5. Deja hay la garantía porque hay que conservarla junto con el aparato.
6. La grua solía retirar los vehículos que entorpecían la circulación del autobús.
7. La história parecía increíble pero era cierta.
8. En verano, te habituas en seguida al calor.
9. Usa un dentrífico con flúor contra la caries.
10. Era muy egoísta: atendía su interés e ignorava el de los demás.

10 ¡Perfecto! **9-8 Muy bien** **7-6 Bien**
5-4 Regular **3 o menos ¡Cuidado!**

DICTADO

Premisa: Haréis el dictado de dos en dos; uno dicta hasta el primer punto y el otro escribe. A continuación, os intercambiáis los papeles. Corregid el dictado conjuntamente.

Había hielo por debajo de la nieve y la tracción no era perfecta por falta de agarre, pero él sabía conducir por esa carretera, aflojar entre una curva y la siguiente sin pisar demasiado el freno. En las dos cunetas, había zanjas profundas para que discurriera el agua del deshielo, pero ahora estaban ambas cargadas de nieve y costaba bien poco derrapar hacia allí y pasar en ellas la noche entera. Él mismo cada invierno ayudaba a alguien a salir de una zanja, entre tacos, resbalones, jadeos y tirones. Era muy divertido; pero esa noche, no.

WILLIAM KOTZWINKLE: *El nadador en el mar secreto.*

» DILO POR ESCRITO

Ventajas e inconvenientes

Os han pedido que colaboréis con la revista de vuestro centro escribiendo un artículo que exponga las ventajas y los inconvenientes de una determinada cuestión. Se trata de presentar razonadamente las caras opuestas de un mismo tema.

Procedimiento

1. Escoge uno de los siguientes asuntos y dedica un tiempo a planificar qué vas a decir. Haz una lista con los aspectos a favor o en contra del tema. Ten en cuenta que el conjunto debe resultar equilibrado e imparcial. (Más adelante podrás decir si una postura te convence más que otra.)

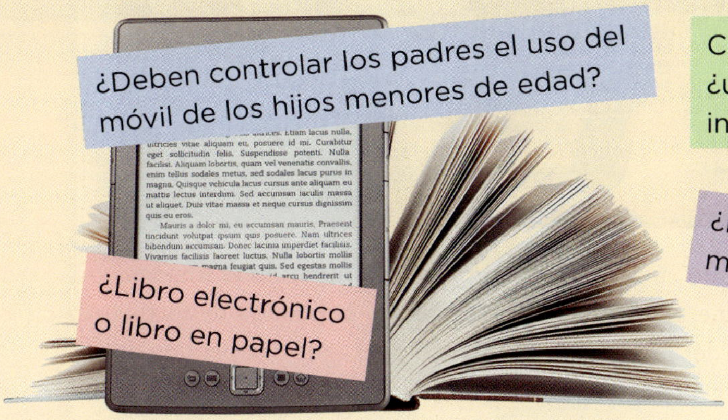

¿Deben controlar los padres el uso del móvil de los hijos menores de edad?

Cirugía estética: ¿un riesgo innecesario?

¿Se debería prohibir la caza deportiva?

¿Enseñanza presencial o enseñanza en línea?

¿Hablar o enviar mensajes?

¿Libro electrónico o libro en papel?

¿Piso pequeño en el centro o piso espacioso en la periferia de la ciudad?

¿Debe salir el vehículo privado de las ciudades?

2. Organiza tu escrito en cuatro partes:

A	**Introducción:** presentación del tema.	*hoy en día, en la actualidad, este tema es…, la situación actual…*
B	**Argumentos a favor**	*en primer lugar, para empezar, la ventaja principal, otras ventajas, además, de hecho, en realidad, por ejemplo, en el fondo*, etc.
C	**Argumentos en contra**	*por otra parte, sin embargo, a pesar de, aunque, otro inconveniente sería, incluso si, aun así, ahora bien*, etc.
D	**Conclusión**: resumen breve del asunto principal. (Aquí, si quieres, puedes indicar por qué crees que una postura parece más convincente que otra.)	*finalmente, para concluir, en resumen, como resultado, después de todo, en último lugar, para terminar, por último*, etc.

3. Redacta un borrador del texto. Recuerda que se trata de un escrito formal; por lo tanto, debes evitar el uso de expresiones excesivamente coloquiales o familiares, lenguaje emotivo, etc.

4. Comprueba que el texto cumpla con los objetivos propuestos y realiza las correcciones que creas convenientes. Corrige errores de redacción, vocabulario, puntuación u ortografía.

5. ✔ Redacta el texto en su versión definitiva y dale el formato adecuado.

» PONTE A PRUEBA

Lee y comprueba si lo has comprendido

El viaje de una pera: por qué hay alimentos que hacen miles de kilómetros antes de llegar al supermercado

Estos productos siguen siendo baratos para el bolsillo, pero costosos para el medioambiente

La pera envasada y cortada en dados que llegó a manos del usuario del foro Reddit Jan Levinson llevaba más de 20.000 kilómetros de viaje antes de entrar en su boca: fue recolectada en Argentina, envasada en Tailandia y llevada a Estados Unidos para su consumo [...].

En los supermercados españoles encontramos decenas de productos similares. En una visita a dos establecimientos de dos grandes cadenas diferentes, hemos encontrado pimientos y alcachofas en conserva procedentes de Perú, envasados en Francia y vendidos en España o legumbres procedentes de Estados Unidos, importadas a España y distribuidas desde aquí también a Portugal.

Muchos de estos productos realizan viajes de miles de kilómetros y, sin embargo, su precio es similar al de muchos alimentos cultivados y procesados en España. Desde que empezó el proceso de globalización, hay empresas denominadas *transnacionales* que minimizan costes llevando cada parte del proceso de producción al país donde les resulta más barata. Además, la diferencia de los salarios o condiciones laborales, así como legislaciones ambientales poco exigentes, permiten precios de producción más reducidos.

Los costes ambientales no se reflejan en el precio

Estos alimentos pueden resultar económicos para el bolsillo, pero no significa que sean baratos. En el precio no se tienen en cuenta todos los costes sociales y ambientales de la producción del producto, lo que en economía se conoce como *externalidad*. Se podría decir que son más baratos en términos monetarios (porque no se contabilizan todos los costes) a costa de desplazar costes ambientales y sociales a otros lugares y a otras personas, incluido a las generaciones futuras.

No se reflejan en el precio de mercado el impacto ambiental asociado al transporte, la pérdida de fertilidad del suelo, la contaminación del agua o la pérdida de biodiversidad.

Desde el punto de vista medioambiental, estos costes externos se reflejan en la huella ecológica de los alimentos. Esta, según la define la ONG WWF en su informe bianual *Planeta vivo* (2018), «mide la demanda humana sobre la naturaleza». Según este informe, «la mayor contribución a la huella ecológica proviene de las emisiones de carbono por la quema de combustibles fósiles».

Algunas de las medidas que podrían tomarse para reducir el impacto de estos productos viajeros es incentivar la producción ecológica, que ponga el énfasis en el cuidado de la tierra, así como promover políticas que favorezcan cambios en este ámbito, que igualen los precios entre lo local y lo importado [...]. Es muy relevante apoyar las producciones locales, de temporada y que utilicen técnicas de producción sostenibles. De este modo, estaremos favoreciendo la construcción de un modelo agroalimentario más sostenible y justo.

PABLO CANTÓ, en *www.elpais.com*,
8 de septiembre de 2020 (texto adaptado).

1. El texto que acabas de leer pertenece a...

a) un ensayo científico.
b) un fragmento de un cuento.
c) un artículo de una revista de divulgación.
d) un reportaje periodístico.

2. Según su contenido y su estructura el tipo de texto es...

a) instructivo. **c)** argumentativo.
b) descriptivo. **d)** expositivo.

3. Los productos que viajan miles de kilómetros hasta llegar al consumidor no son más caros que los producidos en el lugar de consumo porque... (Puede haber más de una opción correcta.)

a) los viajes en avión son baratos.
b) las empresas trasladan la producción a países donde es más barata.
c) el precio del producto en el lugar de origen es muy bajo.
d) se producen a gran escala.
e) los salarios son más bajos en el lugar de producción.

4. ¿Qué consecuencias sociales y ambientales tiene este tipo de producción? (Puede haber más de una opción correcta.)

a) Se desplazan los costes ambientales y sociales a otros lugares y a otras personas.
b) Se genera riqueza en el lugar de producción.
c) Se produce más contaminación debida al transporte.
d) La tierra se hace más fértil.
e) Se contamina el agua.

5. ¿Cómo se podría reducir el impacto de los «productos viajeros»? Propón, al menos, dos medidas que ayudarían a conseguirlo.

6. Indica un sinónimo para la palabra «arancel», que figura en el texto:

a) producción **c)** impuesto
b) subvención **d)** recolección

7. Indica si las siguientes palabras del texto contienen diptongos o hiatos y señálalos:

viaje • usuario • pimientos • realizan economía • globalización • país • serie salario • aceite • gobierno • agua • huella ambiental • contaminación socioeconómicos • agroalimentario

8. La expresión *mano de obra* significa 'trabajo manual de los obreros', 'precio que se paga por el trabajo manual de los obreros' y 'conjunto de asalariados de un país, o de un sector concreto'. Relaciona el significado de las siguientes expresiones con las propuestas que te ofrecemos:

a) ser mano de santo, **b)** tener mano dura, **c)** tener mano izquierda, **d)** ser la mano derecha, **e)** estar mano sobre mano

1. estar sin trabajar, **2.** ser un colaborador eficaz, **3.** ser un remedio eficaz, **4.** tener habilidad o astucia, **5.** ser duro en el trato personal

9. A lo largo del texto aparece repetidamente la palabra «producto». Escribe al menos cinco palabras que pertenezcan a su misma familia léxica.

Infórmate y opina

Visita un supermercado y toma nota de la procedencia de algunos productos vegetales (frutas, hortalizas). A continuación, expón tu opinión sobre la conveniencia de importar esos productos y su repercusión en la economía española.

Consulta

Averigua qué propone el Objetivo de Desarrollo Sostenible número 12: *Garantizar modalidades de consumo y producción sostenibles*. ¿En qué consiste? ¿Por qué es importante? ¿Cuáles son los principales hechos y cifras? ¿Cuáles son las metas de este objetivo? Poned en común la información que recabéis.

» HACIA UN MUNDO MEJOR

Muchas personas se desplazan desde sus lugares de origen a otros territorios para buscar una vida mejor. Este hecho genera actitudes racistas, comportamientos excluyentes y actos discriminatorios entre quienes piensan, en los países receptores, que les van a arrebatar lo que es suyo.

En este proyecto vais a participar en una **campaña de concienciación** para denunciar la desigualdad de oportunidades que tienen los seres humanos, entender mejor los flujos emigratorios y promover la interculturalidad.

emigrar Del lat. *emigrāre*. **1.** *intr.* Dicho de una persona: Abandonar su propio país para establecerse en otro extranjero. **2.** *intr.* Dicho de una persona: Abandonar la residencia habitual en busca de mejores medios de vida dentro de su propio país.

¿Qué tenéis que hacer en este proyecto?

- **Obtener información.** Debéis descubrir qué distintos tipos de fenómenos emigratorios se dan y cuáles son sus causas.
- **Redactar** una lista con las razones de los fenómenos emigratorios y oponerlas a otras causas u opiniones inciertas.
- **Crear un vídeo musical** en el que se aprecien las dificultades a las que tiene que enfrentarse una persona emigrante: el alejamiento de su tierra y de sus seres queridos, la dureza del viaje y las difíciles condiciones de vida que sufre cuando llega a su destino (trabajo, vivienda, etc.).
- **Componer un rap** desde el punto de vista de la persona emigrante. Para ello, tendréis que poneros en su lugar y analizar todo lo que ha vivido durante su proceso emigratorio.
- **Crear un eslogan** para un cartel (o una camiseta). En él mostraréis vuestro compromiso contra el racismo y la discriminación y a favor de la interculturalidad.

¿Cómo tenéis que hacerlo?

1. Formad grupos de cuatro o cinco alumnos y alumnas. Todos colaboraréis en la búsqueda de información, la aportación de ideas, la creación del vídeo o la composición del rap.
2. Buscad información. Documentaos con el fin de hacer una lista clara de cuáles son las causas reales de la emigración. Podéis hacerlo en las fuentes que aparecen en el apartado «Material complementario y modelos».
3. Generad una lista sobre las razones reales y falsas de la emigración. Podéis aprovechar la siguiente tabla:

CAUSAS DE LA EMIGRACIÓN	
RAZONES REALES	**RAZONES INCIERTAS O FALSAS**

4. Cread un vídeo de aproximadamente tres o cuatro minutos de duración en que se «narre» el proceso emigratorio desde la perspectiva de los sentimientos de la persona emigrante. Podéis buscar fotografías en periódicos, revistas, internet o incluso en pequeños fragmentos de vídeos.
5. Componed la letra de un rap en que contéis la historia de un niño o niña durante su emigración. Debéis incorporar las sensaciones que tiene durante el periplo. El rap debe contener, a modo de conclusión, un mensaje humanitario en defensa de las personas que tienen que emigrar de su tierra natal por algunas de las razones expuestas anteriormente.
6. Inventad uno o varios eslóganes. Pensad en el mensaje que queréis transmitir y tened en cuenta que debe ser breve y conciso, fácil de recordar, emotivo, etc.

Material complementario y modelos

Ved la película *Adú* (dirigida por Salvador Calvo en 2020). Tratad de poneros en la situación del personaje principal y anotad los sentimientos y sensaciones que tiene a lo largo de todo el proceso emigratorio.

Visitad la página web de la Agencia de la ONU para los Refugiados (ACNUR) e informaos de sus objetivos y de la labor que lleva a cabo. Seleccionad uno de los vídeos que ofrece, vedlo y comentadlo en clase.

Entrad en vuestro espacio personal de la web *www.barcanova.cat*, donde encontraréis varios enlaces que os ayudarán a realizar el proyecto.

UNIDAD 4

CLUB DE LECTURA » *Los intrusos*
LENGUA Y SOCIEDAD » El texto instructivo. El texto predictivo
TOMA LA PALABRA » ¿Cómo se hace...?
LITERATURA » El Realismo. El Naturalismo. Benito Pérez Galdós. Leopoldo Alas, *Clarín*
GRAMÁTICA » El enunciado y la oración. Clasificación de la oración. El sujeto y el predicado
LÉXICO » La formación de las palabras: derivación (sufijos)
ORTOGRAFÍA » La *g* y la *j*. El acento diacrítico. Las formas *por qué, porque, porqué* y *por que*
DILO POR ESCRITO » Cartas de amor

Preparamos la lectura

1. ¿Te imaginas caminar por el bosque en invierno, de noche, en mitad de una tormenta? ¿Te has encontrado alguna vez en una situación parecida? ¿Dónde? ¿Cómo te sentiste?

2. Fíjate en el título de la lectura y formula una hipótesis acerca de su argumento. Toma nota y luego podrás comprobar si has acertado.

★ LOS SONIDOS DE LOS ANIMALES

Dos de las siguientes palabras no nombran el sonido que emite un animal. ¿Cuáles son? ¿A qué animales se refieren las restantes?

arrullo • aullido • balido • barrito • berrido • bramido • bufido • cacareo • chirrido • fruncido • gamitido • glugluteo • gorjeo • gruñido • ladrido • maullido • monería • mugido • rebuzno • reclamo • relincho • rugido • silbo • trinado

» CLUB DE LECTURA

Los intrusos

En un bosque de vegetación variada situado en algún lugar de las **estribaciones** orientales de los Cárpatos, un hombre permanecía atento y vigilante en medio de una noche de invierno, como al acecho de un animal salvaje que de un momento a otro aparecería al alcance de su mirada y luego de su escopeta. Sin embargo, Ulrich von Gradwitz patrullaba el oscuro bosque en busca de un enemigo humano.

Las tierras forestales de Gradwitz eran amplias y estaban bien provistas de caza; la estrecha franja de **escarpado** bosque situada en su periferia no destacaba por la abundancia de los animales que albergaba ni por sus posibilidades de caza, pero era la vigilada con más celo de todas las posesiones territoriales de su propietario. Una famosa sentencia, en tiempos de su abuelo, la había arrebatado de la posesión ilegal de una familia vecina de pequeños terratenientes; la parte desposeída nunca había reconocido la decisión de los tribunales, y una larga serie de afrentas por caza **furtiva** y escándalos similares había enturbiado las relaciones entre las dos familias durante tres generaciones. La enemistad vecinal se había convertido en personal cuando Ulrich pasó a ser el cabeza de su familia; si había un hombre sobre la faz de la Tierra a quien deseara el mal, ese era Georg Znaeym, el heredero de la disputa y el incansable cazador furtivo y saqueador de la disputada frontera forestal.

Ulrich se apartó de los vigilantes que había dejado apostados en la cresta de la colina y descendió en busca de los furtivos por las empinadas pendientes de enredados matorrales. Ojalá pudiera encontrarse esa noche inhóspita en ese lugar oscuro y solitario con Georg Znaeym, frente a frente, sin testigos... tal era el deseo que ocupaba todos sus pensamientos. Y al rodear el tronco de una enorme haya se encontró cara a cara con el hombre buscaba.

Los dos enemigos se quedaron mirándose mutuamente durante un prolongado instante de silencio. Cada uno de ellos empuñaba una escopeta, cada uno de ellos llevaba el odio en el corazón y la idea del asesinato fija en su mente. Y, antes de que el momento de duda diera paso a la acción, un acto de violencia de la propia naturaleza los superó a ambos. A un violento aullido de la tormenta respondió un crujiente estrépito que se les vino encima; y antes de que pudieran hacerse a un lado, sobre ellos se desplomó con estruendo la masa derribada de un haya. Ulrich von Gradwitz se encontró tendido en el suelo con un brazo inmovilizado bajo su cuerpo y el otro casi igual de inútil en una **tupida** maraña de ramas entrecruzadas, las dos piernas atrapadas bajo la masa caída. A su lado, tan cerca que en circunstancias normales podría haberlo tocado, yacía Georg Znaeym vivo y forcejeante, pero a todas luces tan inmovilizado como él. Georg, casi cegado por la sangre que le cubría el rostro, detuvo un momento su forcejeo para escuchar y luego prorrumpió en una carcajada breve y áspera.

VOCABULARIO

estribación *f.* Montaña.

escarpado, da *adj.* Montañoso, con pendientes muy pronunciadas.

furtivo, va *adj.* Aquí se refiere a que caza en finca ajena, a escondidas de su dueño.

tupido, da *adj.* Espeso.

—¡Así que no estás muerto como debieras, pero sí atrapado! —gritó—. ¡Y bien atrapado! Vaya, menuda broma, Ulrich von Gradwitz atrapado en su bosque robado. ¡Al fin se ha hecho justicia! —Y volvió a reír, burlón y despiadado.

—¡Estoy atrapado en mi propio bosque! —respondió Ulrich—. Cuando mis hombres vengan a liberarnos, a lo mejor desearás que no te hubieran pillado cazando furtivamente en la tierra de tu vecino, qué vergüenza.

Georg permaneció en silencio durante un instante; a continuación, respondió con calma:

—¿Estás seguro de que tus hombres encontrarán mucho que rescatar? Yo también tengo hombres en el bosque esta noche, y van a ser ellos quienes lleguen primero a liberarme. [...] Tus hombres encontrarán tu cadáver bajo un haya caída [...].

—Gracias por la sugerencia —dijo Ulrich con ferocidad—. Mis hombres tenían órdenes de seguirme pasados diez minutos, de los que ya deben haber transcurrido siete [...].

—Bien, bien —gruñó Georg—. Parece que llevamos la disputa hasta sus últimas consecuencias. Tú, yo y nuestros guardabosques, sin malditos intrusos que se interpongan entre nosotros. Que sobre ti caiga la muerte y la condena, Ulrich von Gradwitz.

—Lo mismo te deseo, Georg Znaeym, ladrón de bosques, cazador furtivo.

Sin embargo, los dos sabían que sus hombres podían tardar mucho en salir en su busca o encontrarlos; era una simple cuestión de suerte que un bando u otro llegara el primero hasta el lugar.

Ambos habían abandonado ya el inútil forcejeo por liberarse del enorme tronco que los aprisionaba; Ulrich limitó sus movimientos a un intento por acercar lo bastante el brazo que tenía parcialmente libre hasta el bolsillo exterior de su chaqueta para sacar su **petaca** de vino. El vino calentó y reconfortó al herido, y este miró con una punzada de lástima hacia donde yacía su enemigo.

—¿Podrás atrapar esta petaca si te la lanzo? —preguntó de repente—. Tiene buen vino, y lo cierto es que no hay razón para no estar lo más cómodos que podamos.

—No, casi no veo nada; tengo demasiada sangre seca sobre los ojos —dijo Georg—. Y aunque pudiera, yo no bebo con un enemigo.

Ulrich permaneció en silencio unos minutos, escuchando el cansado aullido del viento. Una idea se formó y creció poco a poco en su mente, una idea que cobraba fuerza cada vez que miraba al hombre que se debatía a su lado con tanto **denuedo** contra el dolor y el cansancio. En el dolor y la debilidad que sentía el propio Ulrich pareció que se disolvía el viejo odio encarnizado.

—Vecino —dijo entonces—, haz lo que quieras si tus hombres llegan primero. Fue un trato justo. Por mi parte, he cambiado de parecer. Si mis hombres llegan antes que los tuyos, te ayudarán a ti primero, como si fueras mi invitado. Hemos peleado como endemoniados toda la vida por esta inútil franja de bosque, donde los árboles ni siquiera son capaces de aguantarse en pie en una ráfaga de viento. Vecino, si me ayudas a enterrar esta vieja disputa, te... te pediré que seas mi amigo.

Georg Znaeym permaneció tanto rato callado que Ulrich pensó que tal vez se había desvanecido debido al dolor de sus heridas. Y entonces habló lentamente y a trompicones.

—¿Te imaginas cómo miraría y hablaría toda la región si paseáramos juntos por el mercado? No queda nadie vivo capaz de recordar a un Znaeym y a un Von

VOCABULARIO

petaca *f.* Botella de bolsillo, ancha y plana, que se usa para llevar bebidas alcohólicas.

denuedo *m.* Valor, brío.

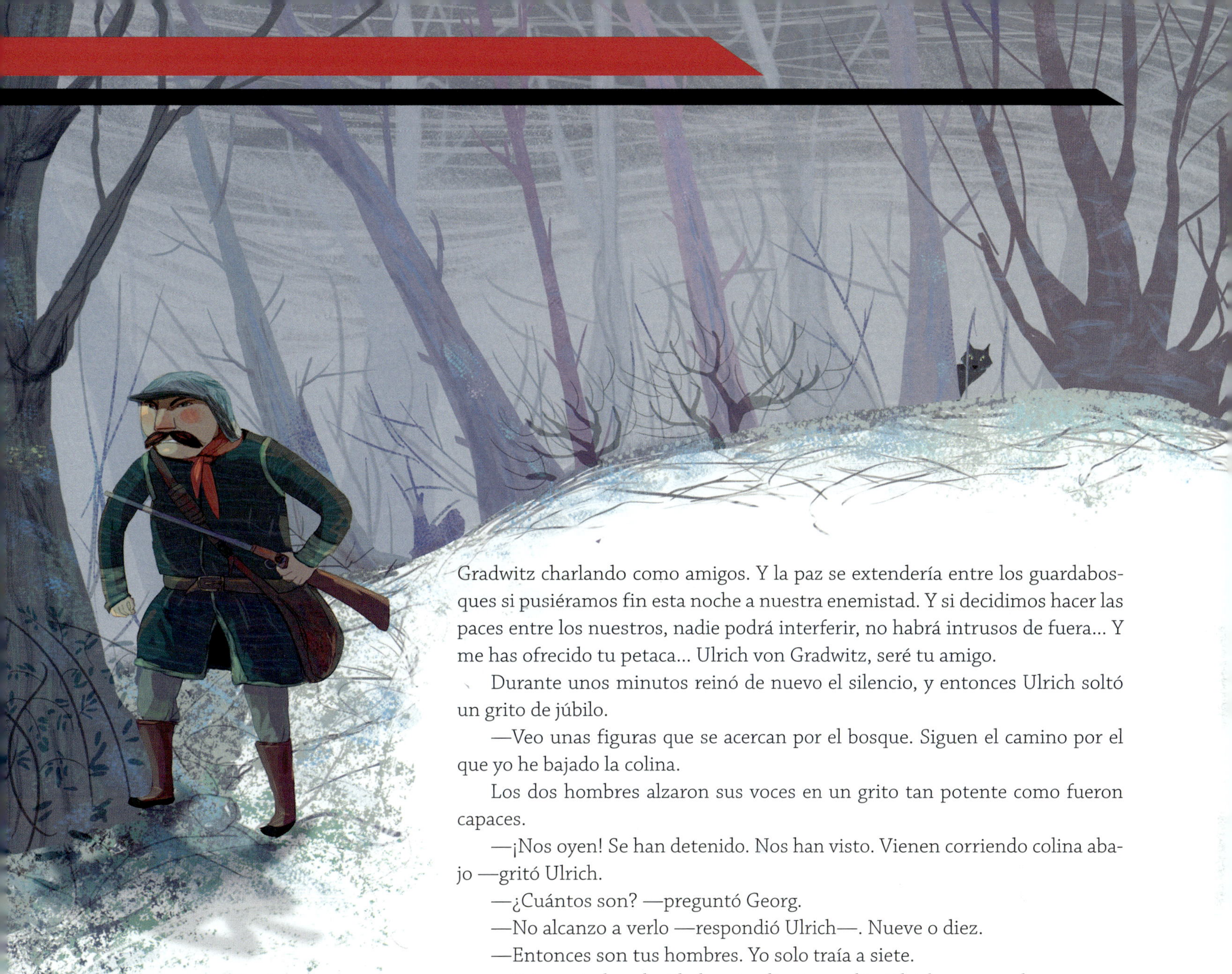

Gradwitz charlando como amigos. Y la paz se extendería entre los guardabosques si pusiéramos fin esta noche a nuestra enemistad. Y si decidimos hacer las paces entre los nuestros, nadie podrá interferir, no habrá intrusos de fuera... Y me has ofrecido tu petaca... Ulrich von Gradwitz, seré tu amigo.

Durante unos minutos reinó de nuevo el silencio, y entonces Ulrich soltó un grito de júbilo.

—Veo unas figuras que se acercan por el bosque. Siguen el camino por el que yo he bajado la colina.

Los dos hombres alzaron sus voces en un grito tan potente como fueron capaces.

—¡Nos oyen! Se han detenido. Nos han visto. Vienen corriendo colina abajo —gritó Ulrich.

—¿Cuántos son? —preguntó Georg.

—No alcanzo a verlo —respondió Ulrich—. Nueve o diez.

—Entonces son tus hombres. Yo solo traía a siete.

—Bajan a toda velocidad, qué valientes —dijo Ulrich con agrado.

—¿Son tus hombres? —preguntó Georg—. ¿Son tus hombres? —repitió con impaciencia al no recibir respuesta de Ulrich.

—No —dijo Ulrich con una risotada, la castañeante risa idiota de un hombre sobrecogido por un miedo horrible.

—¿Quiénes son? —se apresuró a preguntar Georg forzando los ojos para intentar ver lo que el otro preferiría no haber visto.

—Son lobos.

Saki: *Los intrusos.*

¿SABÍAS QUE...?

Los montes Cárpatos forman una cordillera de unos 1.600 km de longitud que se extiende como un arco por Europa Oriental (Hungría, Polonia, República Checa, Eslovaquia, Ucrania y Rumanía). Estas montañas no destacan por su altitud: el pico Gerlachov (2.654 m), en Eslovaquia, es el más elevado. Sin embargo, su fauna es muy rica y diversa. Los Cárpatos albergan la mitad de la población de osos de Europa, además de lobos, linces, jabalíes, ciervos y otros mamíferos más pequeños.

BUSCA EN EL TEXTO...

Localiza todas las expresiones que se refieran al lugar en que transcurre la narración. Después escoge tres adjetivos para calificarlo: *inhóspito, desértico, pelado, selvático, sombrío, agreste, indómito, abigarrado, intrincado, inextricable.*

» ACTIVIDADES

Comprensión de la lectura

1. ¿Dónde suceden los hechos del relato? ¿En qué época del año?

2. ¿Qué está haciendo Ulrich von Gradwitz?

3. ¿Cuál es el motivo de la disputa entre las dos familias?

4. ¿Se trata de un asunto reciente o, por el contrario, se refiere a una antigua historia?

5. Cuando los dos personajes protagonistas se encuentran atrapados bajo el haya, ¿qué hacen? ¿De qué se acusan mutuamente?

6. Por el contrario, ¿qué es lo que sospecha interiormente cada uno de ellos?

7. ¿Qué ocurre a medida que pasa el tiempo y ambos son conscientes de la difícil situación en que se hallan? ¿De qué manera cambia su actitud y su comportamiento?

8. ¿Cómo se resuelve finalmente la situación? ¿Cuál es el destino sugerido por el autor para sus personajes?

9. ¿Quiénes son «los intrusos» que se mencionan a lo largo del relato?

10. ¿Crees que este desenlace es coherente con el desarrollo de los hechos y la manera de proceder de los dos protagonistas? Justifica tu respuesta.

Expresión personal

11. Leed en voz alta y de forma expresiva el texto, como si se tratara de una obra de teatro. Podéis repartiros los papeles:

- Narrador
- Ulrich von Gradwitz
- Georg Znaeym

12. ¿Crees que el desenlace de la historia contiene algún tipo de lección moral? Indica con cuáles de los enunciados siguientes estás de acuerdo y justifica tu decisión.

- Los personajes son, finalmente, castigados por su comportamiento absurdo y estúpido. El autor los «condena» con la intención de que paguen por los errores cometidos.
- La manada de lobos representa la crueldad del azar, el cual queda fuera del control de los seres humanos. Ulrich von Gradwitz y Georg Znaeym no pueden hacer nada para salvarse.
- El autor actúa cínicamente, puesto que sacrifica a sus personajes a partir del momento en que actúan con honradez y generosidad.

13. ✔ ¿Qué desenlace hubieras preferido tú? Escribe en uno o dos párrafos el final que a ti te hubiera gustado leer.

14. ¿En cuántas partes se puede dividir el texto? Justifica tu división y resume brevemente el contenido de cada parte.

15. En el fragmento *Cada uno de ellos empuñaba una escopeta, cada uno de ellos llevaba el odio en el corazón y la idea del asesinato fija en su mente* se produce la repetición de una misma estructura sintáctica. ¿Cómo se llama este recurso expresivo?

hipérbaton • anáfora • epífora • hipérbole

16. Redacta con otras palabras las siguientes oraciones de la lectura:

a) Un hombre permanecía atento y vigilante como al acecho de un animal salvaje.
b) La estrecha franja de escarpado bosque no destacaba por la abundancia de animales.
c) Una larga serie de afrentas había enturbiado las relaciones entre las dos familias.
d) Se apartó de los vigilantes que había dejado apostados en la cresta de la colina.
e) Sobre ellos se desplomó con estruendo la masa derribada de un haya.

17. Propón un par de títulos distintos que consideres adecuados para el cuento.

18. Transforma en estilo indirecto el último diálogo entre los protagonistas, desde «Los dos hombres alzaron sus voces en un grito tan potente como fueron capaces...» hasta el final. Haz los cambios que consideres necesarios para que el texto sea coherente.

19. Copia las expresiones y oraciones siguientes sustituyendo las palabras destacadas por un sinónimo.

a) Se desplomó con **estruendo**.
b) La **estrecha** franja de bosque.
c) Una carcajada **breve**.
d) Gracias por la **sugerencia**.
e) Sin que se **interpongan** entre nosotros.
f) El vino **reconfortó** al herido.

20. Copia todas las expresiones que hay en el segundo párrafo formadas de la siguiente manera:

a) un sustantivo + un adjetivo
b) un adjetivo + un sustantivo
c) un adjetivo + un sustantivo + un adjetivo

- En tu opinión, ¿qué aporta la adjetivación al estilo del texto? Selecciona alguna de las siguientes opciones y justifícala.

a) precisión y concisión
b) sencillez y naturalidad
c) dinamismo y vivacidad
d) detallismo y expresividad

21. Escribe una valoración crítica del cuento en tres párrafos:

- Párrafo 1: Presentación del texto, tipo, temas, intención del autor, etc.
- Párrafo 2: Valoración del texto de forma argumentada.
- Párrafo 3: Conclusión.

Ten en cuenta estos consejos:

- No cuentes o expongas todo el argumento.
- Evita expresiones como «me gusta» o «no me gusta», etc.

22. Dibuja un cómic de, al menos, seis viñetas sobre el cuento. Prepara primero un guion como te indicamos:

- Divide el argumento en pequeñas unidades que contengan los momentos más representativos.
- Elige qué vas a representar en cada viñeta y qué planos vas a utilizar.
- Decide cómo vas a distribuir las viñetas en la página.

23. Al final del relato, el miedo se apodera de ambos personajes. Relaciona los siguientes términos, que son a veces sinónimos de «miedo», con su definición:

pavor • pánico • temor • horror • susto • alarma

a) Miedo muy intenso que, a menudo, es colectivo y contagioso.
b) Sentimiento de inquietud hacia lo que se considera dañino o peligroso.
c) Rechazo o aversión profundos hacia algo desagradable.
d) Impresión repentina de miedo.
e) Inquietud o susto provocados por la aparición repentina de un riesgo o amenaza.
f) Terror o miedo extremo.

24. Los lobos han tenido siempre un lugar en la literatura. Busca alguna obra en la que su papel haya sido destacado y escribe una breve reseña de ella. Comparte la información con tus compañeros.

25. Busca e imprime un mapa en el que figuren los montes Cárpatos, con sus principales picos, junto con los países por donde se extiende esta cordillera.

» LENGUA Y SOCIEDAD

1. El texto instructivo

El **texto instructivo** es de carácter **informativo** y su finalidad es enseñar al receptor a realizar una actividad o tarea mediante una serie de pasos, reglas o consejos: preparar un plato de cocina, poner en marcha un aparato, actuar en alguna circunstancia concreta o en determinado ambiente o círculo, etc. Por ello, las instrucciones han de ser claras, sencillas y precisas.

Los textos instructivos suelen utilizar **recursos tipográficos**: fotografías, dibujos, esquemas, etc. Las ideas se presentan de manera lógica o cronológica y suelen disponerse en columnas, con números, letras, guiones, apartados, etc.

1.1. Estructura

Los textos instructivos suelen estar estructurados en dos partes:

- La primera contiene el **título** y, generalmente, los elementos imprescindibles para realizar o preparar algo (por ejemplo: piezas y herramientas para montar un mueble o un aparato, ingredientes para preparar un plato de cocina, etc.).
- La segunda contiene las **instrucciones** precisas para hacer, montar, preparar, etc., algo. Esta parte constituye el auténtico texto instructivo.

Entre los textos instructivos, destacan los **prescriptivos**, que no solo enseñan a preparar, montar o hacer algo, sino que obligan a su cumplimiento: leyes, consignas, normas, reglamentos, recetas médicas, etc.

1.2. Características lingüísticas

Estas son algunas características lingüísticas de los textos instructivos:

- Uso de **léxico claro** y **sencillo**, con abundantes **tecnicismos**.
- Predominio del modo **imperativo** (*lava*), el **infinitivo** (*lavar*), el **subjuntivo** (*lave*), el **presente de indicativo** (*lavamos*); también abundan las **perífrasis verbales de obligación**: *hay que freír*, *debemos cortar*, etc.
- Abundancia de oraciones cortas, simples; se usan también **pasivas reflejas** con la palabra *se*: *se hierve*, *se sirve*, etc.
- Uso de **conectores estructuradores** y **ordenadores** para enumerar y ordenar las acciones: *primero…*, *segundo…*, *en primer lugar…*, *a continuación…*, *por último…*
- Predominio de **párrafos cortos** y precedidos de números o letras, para indicar los pasos que hay que seguir.

Observa el uso del imperativo en el texto instructivo que puedes leer a la derecha.

Confitura de albaricoque
Al hacer confituras, **guarde** una pequeña cantidad de huesos. **Rómpalos** por la mitad con un cascanueces y **extraiga** las almendras: les darán un gusto exquisito a sus confituras. Pero, ¡ojo!, no **deje** que sus hijos coman demasiadas almendras crudas porque contienen ácido cianhídrico, que puede provocar trastornos digestivos.

LAURA FRONTY: *Diccionario general de habilidades.*

Las previsiones meteorológicas son textos predictivos de carácter científico.

2. El texto predictivo

El **texto predictivo** informa de algo que sucederá o puede suceder en el futuro. Hay textos predictivos **científicos**, que son consecuencia de observaciones rigurosas en el campo de la física, de la astronomía, de la medicina, de la política, de la meteorología, etc. Así, se pueden predecir los cambios de temperatura, las lluvias, los huracanes, las reacciones fisiológicas, etc.

Otros son **pseudocientíficos**, basados en supuestas observaciones de astros y planetas, de las líneas de la mano, de los naipes, etc. Los más habituales son los horóscopos.

Ambos presentan aspectos comunes:

- Intentan predecir el **futuro** y se mueven en el campo de las **suposiciones**, las hipótesis.
- Usan un **léxico específico**, según el contenido y el tema tratado.
- El **emisor** suele ser **anónimo** y se dirige a un **receptor múltiple**, diverso y desconocido.
- Tienen un **carácter periódico** (diario, semanal, mensual...).

2.1. Estructura

En los textos predictivos **científicos**, la información suele agruparse por temas, aspectos o ideas, como los boletines meteorológicos, que predicen temperatura, lluvias, estado de la mar, etc., por zonas.

La estructura de los textos **pseudocientíficos** se basa en las personas a quienes van dirigidos y en los aspectos sobre los que hacen las predicciones (salud, dinero, trabajo, amor, relaciones sociales...).

2.2. Características lingüísticas

Estas son algunas características lingüísticas de los textos predictivos:

- Uso del **futuro** y del **condicional**, así como de **perífrasis modales** de probabilidad: *Subirán las temperaturas en Aragón*; *Podría nevar en los Pirineos*.
- Presencia de oraciones **dubitativas**, con adverbios o locuciones adverbiales de duda (*acaso*, *quizá*, *tal vez*, *probablemente*), y **condicionales**: *Quizá consigas...*; *Si quieres lograr...*
- Predominio de la **segunda persona** en los horóscopos: *Hoy recibirás una noticia*; *Tendréis un gran éxito*.
- Uso de **tecnicismos**: *chubascos*, *frente frío*, *marejada...*
- Frecuencia de **construcciones nominales** (sin verbo): *Fuerte viento en la costa gallega*; *Lluvia moderada en Cataluña*.
- Uso de **imágenes icónicas** o **simbólicas** fáciles de interpretar: mapas, diagramas, objetos, animales, planetas, etc. A veces estas imágenes llevan leyendas explicativas.

» ACTIVIDADES

26. Lee el siguiente texto predictivo y responde a las preguntas que se plantean:

> Cielo despejado en el Pirineo central, poco nuboso en el litoral, en el prelitoral y en el Valle de Arán, con nubes más abundantes en toda la zona oeste y en el Prepirineo occidental. Nuboso en el delta del Ebro.
> Vientos de fuerza 2 de componente este en el litoral central y meridional y de componente sureste en el norte.
> Estado de la mar, marejadilla.
> Las temperaturas se mantendrán estacionarias.

a) ¿La construcción de las oraciones es nominal o verbal?
b) En el texto hay un solo verbo. Localízalo y di en qué tiempo está expresado. ¿Por qué?
c) Anota todos los tecnicismos pertenecientes al campo de la meteorología.
d) ¿Por qué es un texto predictivo? ¿Te parece científico o pseudocientífico? ¿Por qué?

27. Lee el siguiente texto y contesta a las preguntas:

> **HORNO. CONSEJOS PRÁCTICOS**
>
> - Si va a comprar un horno eléctrico **procure** que sea de clase A.
> - No **abra** innecesariamente el horno. Cada vez que lo hace está perdiendo un mínimo del 20 % de la energía acumulada en su interior.
> - **Procure** aprovechar al máximo la capacidad del horno y cocine, si es posible de una vez, el mayor número de alimentos.
> - Generalmente no es necesario precalentar el horno para cocciones superiores a una hora.
> - **Apague** el horno un poco antes de finalizar la cocción: el calor residual será suficiente para acabar el proceso.
>
> *Guía práctica de la energía. Consumo eficiente y responsable.*

a) ¿En qué tiempo están las formas verbales destacadas en el texto? ¿Por qué?
b) ¿En qué persona gramatical están expresadas?
c) ¿Qué disposición tipográfica presenta el texto?

28. Lee el siguiente texto y después anota todas las características lingüísticas y tipográficas que presenta propias de un texto instructivo.

> **Milhojas con calabacín y *foie* con mermelada de arándanos**
>
> **Ingredientes para 4 comensales**
>
> - 1 calabacín
> - 2 nueces
> - 1 hígado de pato
> - Mermelada
> - Sal y pimienta
> - Azúcar
> - Aceite
>
> **Preparación**
>
> 1. Cortamos el hígado en láminas, lo marcamos a la plancha y lo reservamos.
> 2. En un recipiente con agua añadimos azúcar y el calabacín cortado fino. Lo ponemos a hervir y lo reservamos.
> 3. Picamos las nueces.
> 4. En un bol añadiremos las nueces, aceite, sal y pimienta. La mezcla la ponemos encima del hígado y empezamos a formar el milhojas, añadiendo una capa de calabacín y otra de *foie*.
> 5. Una vez terminado, añadiremos las nueces y la mermelada.
>
> MIGUEL YEPES: *El aroma y el sabor de recibir. Historias y recetas.*

29. Inventa un horóscopo para las personas que sean de tu mismo signo zodiacal donde hagas predicciones sobre el trabajo, la salud, el dinero y el amor. Tira un dado antes de escribir sobre cada aspecto: el número obtenido te indicará la suerte o el infortunio que deberás atribuirles.

» TOMA LA PALABRA

¿Cómo se hace...?

Un videotutorial es una guía paso a paso o un manual de uso en soporte electrónico. Vais a participar en el I Concurso de videotutoriales de vuestro centro. Habrá un «Premio al mejor tutorial» pero también se podrá obtener premio en otras categorías: «Premio al más útil», «Premio al más original o gracioso», «Premio al más elaborado técnicamente»...

Procedimiento

1. Pensad en un problema al que podáis ofrecer una solución. Por ejemplo:

- Cómo decorar tu habitación
- Cómo pelar una naranja
- Cómo cambiar de imagen
- Cómo entrenar para una maratón
- Cómo cultivar tomates
- Cómo doblar una camiseta
- Cómo bailar reguetón
- Cómo limpiar una bicicleta
- Cómo pintarse las uñas
- Cómo hacer croquetas

2. Organizad la información que queréis transmitir y elaborad un guion. Podéis ajustaros a un esquema como el siguiente:

a) Presentación de lo que se va a hacer y exposición del objetivo que os proponéis.
b) Desarrollo del proceso dividido en partes o secciones distintas.
c) Resumen del trabajo realizado y exposición del resultado.

3. Determinad los medios técnicos que vais a necesitar (programas, aplicaciones, cámara, materiales, etc.) y decidid si vais a realizar un vídeo de animación, vais a intervenir como actores o mostraréis solamente las manos del instructor.

4. Confeccionad un calendario de trabajo y señalad los días de grabación y montaje junto con la fecha en la que la tarea debe estar acabada.

5. Compartid vuestros vídeos en clase o en el blog del aula y escoged por votación aquellos que merezcan ser premiados.

En el espacio personal de la web *www.barcanova.cat* encontraréis ejemplos de editores de vídeos que podéis utilizar y también algunos modelos de tutorial.

» LITERATURA

1. El Realismo

A mediados del siglo XIX triunfó en Europa una nueva corriente de pensamiento que suponía una concepción del mundo diferente. La nueva mentalidad se basaba en corrientes científicas y en novedosas teorías y métodos de investigación: el **positivismo**, que solo aceptaba como verdadero aquello que se pudiera observar y experimentar, las teorías relativas a la **herencia biológica** y a **la evolución de las especies**, la **psicología**, la **sociología**, etc.

Los escritores realistas, que se oponían al subjetivismo y a los excesos imaginativos y fantasiosos del Romanticismo, aplicaron estos métodos a sus obras. Así, prestaban más atención al mundo exterior que a su «yo» interior, es decir, pretendían reflejar fielmente la **realidad exterior** y los **caracteres de las personas**. Por ello, su método de trabajo fue la **observación rigurosa de la realidad**, la **documentación** y el **análisis de los caracteres** de sus personajes.

Los autores realistas centran su atención en la sociedad, se documentan sobre ella y adoptan una actitud objetiva en sus novelas.

1.1. Características del Realismo literario

El hecho de que el Realismo pretenda reflejar la realidad exterior tal como es hace que el género literario más cultivado de la época sea la **novela**, pues en ella se describen lugares, personas, ambientes, caracteres, modos de actuar y de pensar, etc. Veamos algunas de las características más importantes de esta corriente literaria:

- Se presta atención al **mundo exterior**, que se ha de describir de manera fiel, objetiva y precisa. Se describe la **sociedad contemporánea** del escritor, por ser la más próxima y la más conocida.
- Para conseguir su objetivo, se sigue el método de la **observación directa** de la realidad, la **toma de apuntes**, la **documentación** rigurosa, etc.
- Los escritores reflejan con fidelidad, precisión y exactitud los **ambientes** (lugares, vestimenta, habla, costumbres, etc.) y los **caracteres** de las personas, por lo que en las obras realistas abundan las descripciones.
- La actitud del escritor es **objetiva**, ya que actúa como un notario o cronista que da fe de lo que sucede en la obra y de la manera de pensar y de actuar de los personajes.
- El estilo suele ser **natural** y el registro de lengua variado, según la situación y la condición de los personajes: a veces culto, a veces popular y coloquial, otras incluso vulgar.
- El punto de vista narrativo suele ser el propio del **narrador externo omnisciente**.

1.2. La novela realista en España

La nueva corriente narrativa tuvo una buena acogida en España, porque nuestra literatura ya contaba con claros antecedentes de novela realista: el *Lazarillo*, Cervantes, María de Zayas, los relatos costumbristas de siglo XIX, etc.

Por otra parte, los escritores españoles leyeron las obras de los grandes escritores realistas europeos: los franceses Stendhal (*Rojo y negro*) y Flaubert (*Madame Bovary*); el inglés Dickens (*Oliver Twist*); los rusos Tolstoi (*Guerra y paz*, *Ana Karenina*) y Dostoievski (*Crimen y castigo*), etc.

Este ambiente propicio favoreció el triunfo y el desarrollo de la novela realista en el último tercio del siglo XIX.

Entre los muchos escritores realistas españoles del siglo XIX destacan **Juan Valera**, **Benito Pérez Galdós**, **Leopoldo Alas**, ***Clarín***, **Fernán Caballero** (pseudónimo de Cecilia Böhl de Faber), **Emilia Pardo Bazán**, **Vicente Blasco Ibáñez**, **Pedro Antonio de Alarcón**, **José María de Pereda**, **Armando Palacio Valdés**, etc.

2. El Naturalismo

Emilia Pardo Bazán (1851-1921) fue la mejor representante del Naturalismo en España.

En el último tercio del siglo XIX la novela naturalista profundizó en los principios del Realismo y trató de incorporar la objetividad científica a la literatura. Las bases del Naturalismo las estableció el autor francés **Émile Zola**, a partir, fundamentalmente, de dos corrientes científicas y filosóficas de la época: el **materialismo** y el **determinismo**

- El **materialismo** niega lo espiritual, y por tanto, la existencia de Dios.
- El **determinismo** considera que el ser humano actúa condicionado por la **herencia biológica**, contra la que no se puede hacer nada, y por las circunstancias sociales en que está inmerso: el ambiente, la familia, el barrio, los amigos, etc.

Los escritores naturalistas suelen reflejar ambientes sórdidos, miserables, y los personajes suelen estar condicionados por la familia y por el entorno: dementes, mendigos, psicópatas, alcohólicos, etc. Los escritores siguen fielmente el método de la observación y la documentación antes de escribir sus obras. Por ello, reproducen con precisión el lenguaje hablado en todos sus niveles, incluidos los más bajos y vulgares, así como regionalismos y modismos.

Pescadores valencianos, de Sorolla, es un cuadro naturalista.

Además de Galdós y Clarín, usaron técnicas naturalistas en sus novelas **Emilia Pardo Bazán** (1851-1921) y **Vicente Blasco Ibáñez** (1852-1901).

3. Benito Pérez Galdós

La obra literaria de Galdós es muy extensa. Escribió varias obras de teatro y más de cien novelas entre las que destacan las siguientes:

- ***Episodios Nacionales***. Son cuarenta y seis novelas en las que presenta los grandes acontecimientos del siglo, desde la guerra de la Independencia hasta la Restauración (1875). Algunas de estas novelas son: *Zaragoza*, *El dos de mayo*, *Bailén*, *Gerona*, etc.
- ***Novelas españolas contemporáneas***. Son veinticuatro novelas en las que refleja la sociedad española de su tiempo, una sociedad hipócrita, inculta, sin ideales, con políticos ineficaces y personas ruines e intransigentes. Destacan *Miau*, *La desheredada*, *Tormento*, *Tristana* y, sobre todo, *Fortunata y Jacinta*.
- **Otras novelas**. En sus primeras creaciones, Galdós presenta una sociedad enfrentada ideológicamente: los tradicionalistas, intransigentes, y los progresistas, más abiertos y liberales. De esta época son *Marianela*, *Gloria*, *Doña Perfecta*, etc. En sus últimas novelas encontramos al Galdós más pesimista; en ellas denuncia la falta de caridad con las personas más desfavorecidas. Ejemplo de ello son *Nazarín* y *Misericordia*.

Galdós practica los principios realistas de **observación** y **documentación**. Las descripciones de ambientes y la caracterización de los personajes, de todas las clases sociales, son admirables. Compruébalo en el siguiente fragmento:

Benito Pérez Galdós nació en Las Palmas de Gran Canaria en 1843. Estudió Derecho en Madrid, ciudad en que vivió y que fue la auténtica protagonista de muchas de sus novelas. Ideológicamente, Galdós fue un liberal progresista. En los últimos años de su vida perdió la vista y sufrió numerosas penalidades. Murió en 1920 en Madrid.

Jacinta era de estatura mediana, con más gracia que belleza, lo que se llama en lenguaje corriente una mujer mona. Su tez finísima y sus ojos que despedían alegría y sentimiento componían un rostro sumamente agradable. Y hablando, sus atractivos eran mayores que cuando estaba callada, a causa de la movilidad de su rostro y de la expresión variadísima que sabía poner en él. La estrechez relativa en que vivía la numerosa familia de Arnaiz no le permitía variar sus galas; pero sabía triunfar del amaneramiento con el arte, y cualquier perifollo anunciaba en ella una mujer que, si lo quería, estaba llamada a ser elegantísima. Luego veremos. Por su talle delicado y su figura y cara porcelanescas, revelaba ser una de esas hermosuras a quienes la Naturaleza concede poco tiempo de esplendor, y que se ajan pronto, en cuanto les toca la primera pena de la vida o la maternidad.

Argumento de *Fortunata y Jacinta*

Fortunata, una joven del pueblo, se enamora de Juanito Santa Cruz, de familia acomodada. Ella queda embarazada y él la abandona para casarse con Jacinta, una joven burguesa. Fortunata, por su parte, se casa con Maximiliano Rubín, pero vuelve a caer en brazos de Juanito Santa Cruz y de nuevo queda embarazada. Tras dar a luz, Fortunata se pelea con una nueva amante de Juanito. Como consecuencia de la pelea, se desangra y muere. Su hijo, por voluntad de ella, será adoptado por Jacinta.

4. Leopoldo Alas, *Clarín*

Clarín escribió más de sesenta cuentos (*Doña Berta*, *Pipá*, *Cambio de luz*, *¡Adiós, Cordera!*, etc.) y varias novelas.

Entre sus novelas, destaca *Su único hijo* y, sobre todo, *La Regenta*, cumbre de la narrativa española del siglo XIX, publicada en 1885.

La Regenta nos ofrece un imponente retrato de la sociedad española del siglo XIX. La obra presenta una sociedad mezquina e hipócrita, intransigente, con una aristocracia y una burguesía vulgares y corruptas y un clero materialista, ambicioso.

Leopoldo Alas nació en Zamora (1852). Dada su ideología liberal, criticó la sociedad de su tiempo: la hipocresía, las injusticias, la corrupción política, la falsa piedad, la explotación obrera, etc. Desarrolló su obra literaria en dos vertientes: la **crítica** y la **narrativa**. Como crítico, con el sobrenombre *Clarín*, escribió artículos que muestran su extraordinaria cultura y su gran talla intelectual. Murió en Oviedo (ciudad en la que pasó buena parte de su vida) en 1901.

En tu espacio personal de la web *www.barcanova.cat* encontrarás varios enlaces relacionados con este apartado de literatura.

Argumento de *La Regenta*

La acción transcurre en Vetusta (Oviedo), una ciudad anclada en el pasado, tradicional y conservadora. En ella vive la protagonista, Ana Ozores, joven insatisfecha, casada con el Regente de la Audiencia, bastante mayor que ella. Su confesor, Fermín de Pas, el Magistral de la catedral, intentará aprovecharse de ella. Ana desea encontrar al gran amor de su vida, lo que la lleva a caer en brazos de Álvaro Mesía, un donjuán maduro y sin escrúpulos, que logra seducirla. El marido de Ana muere en un duelo con don Álvaro. El final es desolador: toda la sociedad de Vetusta, incluido su confesor, Fermín de Pas, condena a Ana, que acaba siendo despreciada por todos.

El carácter naturalista de la obra se aprecia, sobre todo, en la presión que la sociedad ejerce sobre los protagonistas, en especial sobre Ana Ozores y sobre el Magistral, Fermín de Pas. Su conducta y su temperamento están condicionados por sus orígenes, por el entorno familiar en que han sido educados, por el ambiente social, etc. En el siguiente fragmento, Ana, la Regenta, no puede disimular la atracción que siente por don Álvaro:

Ana vio aparecer debajo del arco de la calle del Pan, que une la plaza de este nombre con la nueva, la arrogante figura de don Álvaro Mesía, jinete en soberbio caballo blanco, de reluciente piel, crin abundante y ondeada, cuello grueso, poderosa cerviz, cola larga y espesa. [...] Saludó Mesía de lejos y no vaciló en acercarse a la Rinconada, hasta llegar debajo del balcón de la Regenta.

El estrépito de los cascos del animal sobre las piedras, sus graciosos movimientos, la hermosa figura del jinete llenaron la plaza de repente de vida y alegría, y la Regenta sintió un soplo de frescura en el alma. ¡Qué a tiempo aparecía el galán! Algo sospechó él de tal oportunidad al ver en los ojos y en los labios de Ana, dulce, franca y persistente sonrisa.

No le negó la delicia de anegarse en su mirada, y no trató de ocultar el efecto que en ella producía la de don Álvaro. [...] Ana estaba locuaz, hasta se atrevió a decir lisonjas, que si directamente iban con el caballo también comprendían al jinete.

¿SABÍAS QUE...?

La Regenta es considerada como una obra maestra de la literatura universal por su penetración psicológica en el análisis de los personajes; por su portentoso retrato de la sociedad de la época, por su perfección constructiva; por su excelente y minuciosa descripción de ambientes, etc.

» ACTIVIDADES

30. En el siguiente fragmento de «El 19 de marzo y el 2 de mayo», uno de los *Episodios nacionales* de Galdós, se narra la lucha entre los madrileños y el ejército francés durante la Guerra de la Independencia. Léelo y responde a las preguntas que se formulan a continuación.

VOCABULARIO

manolo A partir del siglo XVIII y principios del XIX, persona de las clases populares de Madrid que se distinguía por su traje y desenfado.

Nadie podrá imaginar cómo eran aquellos combates parciales. Mientras desde las ventanas y desde la calle se les hacía fuego, los **manolos** los atacaban navaja en mano y las mujeres clavaban sus dedos en la cabeza del caballo o saltaban, asiendo por los brazos al jinete. Este recibía auxilio, y al instante acudían dos, tres, diez, veinte, que eran atacados de la misma manera, y se formaba una confusión, una mezcolanza horrible y sangrienta que no se puede pintar. Los caballos vencían al fin y avanzaban al galope, y cuando la multitud, encontrándose libre, se extendía hacia la Puerta del Sol, una lluvia de metralla cerraba el paso.

Perdí de vista a la Primorosa en uno de aquellos espantosos choques; pero al poco rato la vi reaparecer, lamentándose de haber perdido su cuchillo, y me arrancó el fusil de las manos con tanta fuerza, que no pude impedirlo. Quedé desarmado en el mismo momento en que una fuerte embestida de los franceses nos hizo recular a la acera de San Felipe el Real. El anciano noble fue herido junto a mí. Quise sostenerle; pero deslizándose de mis manos, cayó exclamando: «¡Muera Napoleón! ¡Viva España!».

a) ¿Qué armas empleaban los madrileños contra los franceses? ¿Y estos contra aquellos?
b) La lucha era encarnizada; ¿cómo se pone de manifiesto?
c) ¿Qué tipo de narrador presenta el texto? ¿Con qué finalidad?

31. ✓ Lee el siguiente fragmento de *La Regenta*, de *Clarín*, y contesta a las preguntas:

El Magistral conocía una especie de Vetusta subterránea: era la ciudad oculta de las conciencias. Conocía el interior de todas las casas importantes y de todas las almas que podían servirle para algo. Sagaz como ningún vetustense, clérigo o seglar, había sabido ir poco a poco atrayendo a su confesionario a los principales creyentes de la piadosa ciudad. [...] Había llegado a confesar a quien quería y cuando quería. Su memoria para los pecados ajenos era portentosa.

Hasta de los morosos que tardaban seis meses o un año en acudir al tribunal de la penitencia, recordaba la vida y flaquezas. Relacionaba las confesiones de unos con las de otros, y poco a poco había ido haciendo el plano espiritual de Vetusta, de Vetusta la noble; desdeñaba a los plebeyos si no eran ricos, poderosos, es decir, nobles a su manera. [...].

Así, el Magistral conocía los deslices, las manías los vicios y hasta los crímenes a veces, de muchos señores vetustenses que no confesaban con él o no confesaban con nadie.

[...] Muchas veces, en las casas donde era recibido como amigo de confianza, escuchaba en silencio las reyertas de la familia, con los ojos discretamente clavados en el suelo; y mientras su gesto daba a entender que nada de aquello le importaba ni comprendía, acaso era el único que estaba en el secreto, el único que tenía el cabo de aquella madeja de discordia. En el fondo de su alma despreciaba a los vetustenses. «Era aquello un montón de basura». Pero muy buen abono, por lo mismo. Él lo empleaba en su huerto: todo aquel cieno que revolvía le daba hermosos y abundantes frutos.

a) Explica el significado de las tres primeras líneas del texto y de las cinco últimas.
b) ¿Por qué el Magistral conocía tantos secretos de los vetustenses?
c) ¿Qué piensa el Magistral de los vetustenses?
d) ¿Qué piensas de la actitud del Magistral desde el punto de vista moral?

32. En *Misericordia*, de Galdós, la *señá Benina* trabaja en casa de doña Francisca, una señora arruinada. Llega incluso a mendigar para poder mantener a su señora. Lee el siguiente fragmento y contesta a las preguntas.

—Dios es bueno.

—Conmigo no lo parece. No se cansa de darme golpes; me apalea, no me deja respirar: tras un día malo viene otro peor. Pasan años aguardando el remedio, y no hay ilusión que no se me convierta en desengaño. Me canso de sufrir, me canso también de esperar. Mi esperanza es traidora, y como me engaña siempre, ya no quiero esperar cosas buenas, y las espero malas para que vengan... siquiera regulares.

—Pues yo que la señora —dijo Benina dándole al fuelle— tendría confianza en Dios, y estaría contenta... Ya ve que yo lo estoy... ¿No me ve? Yo siempre creo que cuando menos lo pensemos nos vendrá el golpe de suerte, y estaremos tan ricamente, acordándonos de estos días de apuros y desquitándonos de ellos con la gran vida que nos vamos a dar.

—Ya no aspiro a la buena vida, Nina —declaró casi llorando la señora—. Solo aspiro al descanso.

—¿Quién piensa en la muerte? Eso no; yo me encuentro muy a gusto en este mundo fandanguero, y hasta **le tengo ley** a los **trabajillos** que paso. Morirse no.

—¿Te conformas con esta vida?

—Me conformo, porque no está en mi mano el darme otra. Venga todo antes que la muerte, y padezcamos con tal que no falte un pedazo de pan, y pueda uno comerse con dos salsas muy buenas: el hambre y la esperanza.

—¿Y soportas, además de la miseria, la vergüenza, tanta humillación, deber a todo el mundo, no pagar a nadie, vivir de mil enredos, trampas y embustes, no encontrar quien te fíe valor de dos reales, vernos perseguidos de tenderos y vendedores?

—¡Vaya si lo soporto!... Cada cual en esta vida se defiende como puede. ¡Estaría bueno que nos dejáramos morir de hambre, estando las tiendas tan llenas de sustancia! Eso no. Dios no quiere que a nadie se le enfríe el cielo de la boca por no comer, y cuando no nos da dinero, un suponer, nos da la sutileza del **caletre** para inventar modos de **allegar** lo que hace falta sin robarlo... Eso no. Porque yo prometo pagar, y pagaré cuando lo tengamos. Ya saben que somos pobres..., que hay formalidad en casa, ya que no *haigan* otras cosas. ¡Estaría bueno que nos afligiéramos porque los tenderos no cobran estas miserias, sabiendo como sabemos que están ricos!...

VOCABULARIO

le tengo ley Les tengo estima.

trabajillos *m*. Penalidades.

caletre *m*. Capacidad, inteligencia, imaginación.

allegar *v*. Conseguir.

a) ¿Qué dos personas hablan en el fragmento que acabas de leer?
b) ¿Qué diferencias de carácter se pueden apreciar en ellas?
c) Señala las expresiones propias del lenguaje popular.
d) ¿Qué figura literaria aparece en «Mi esperanza es traidora, y como me engaña siempre...»?

• Explica el sentido de la frase «Cada cual en esta vida se defiende como puede» que está al comienzo del último párrafo.

33. Los escritores del Realismo ambientaron sus novelas en espacios concretos e identificables. Escoge uno de los siguientes autores y prepara una presentación con imágenes de lugares que tengan alguna relación con su vida y con su obra:

Juan Valera • Leopoldo Alas, *Clarín*
Benito Pérez Galdós • Emilia Pardo Bazán
Vicente Blasco Ibáñez

» GRAMÁTICA

1. El enunciado y la oración

Un **enunciado** es la unidad comunicativa mínima con sentido completo. Es independiente sintácticamente y posee entonación propia. Los enunciados pueden ser **oracionales** (con estructura de oración, es decir, sujeto y predicado) o **no oracionales**, como es el caso de las interjecciones (*¡Ay!*, *¡Olé!*, etc.).

La **oración** es una unidad gramatical con sentido completo, autonomía sintáctica y entonación propia que normalmente presenta la estructura de sujeto y predicado.

El fontanero *arregló el escape de agua en un santiamén.*
Sujeto — Predicado

2. Clasificación de la oración

Las oraciones se pueden clasificar atendiendo a tres criterios: la modalidad que expresan, la naturaleza gramatical de su predicado y el número de predicados verbales que contienen.

Las oraciones declarativas se llamaban tradicionalmente *oraciones enunciativas*.

a) Según la actitud que exprese el hablante en relación con lo que dice (**modalidad oracional**):

MODALIDAD	EXPLICACIÓN	EJEMPLOS	
DECLARATIVAS	Informan de algo objetivamente, afirmándolo o negándolo.	*Este restaurante cierra los lunes.*	
EXCLAMATIVA	Expresan emociones, sentimientos, estados de ánimo. En la escritura van entre signos de exclamación.	*¡Qué alegría me has dado!*	
INTERROGATIVAS	Se emplean, en general, para preguntar sobre algún hecho.	**Directas** (sintácticamente independientes; van entre signos de interrogación).	*¿Han regresado tus padres de París?*
		Indirectas (subordinadas sustantivas; no llevan signos de interrogación).	*No sé cómo voy a resolver el problema.*
IMPERATIVAS O EXHORTATIVAS	Expresan mandatos, órdenes, prohibiciones, ruegos, recomendaciones...	*Recoged el certificado en la oficina de Correos.*	
DUBITATIVAS	Manifiestan duda o probabilidad.	*Quizá viaje este verano a Pamplona.*	
DESIDERATIVAS	Expresan deseos.	*Ojalá acabe de una vez la sequía.*	

b) Según la **naturaleza gramatical del predicado**:

COPULATIVAS	*La jugada estaba invalidada.*		
PREDICATIVAS	**Activas**	transitivas	*Le enviaron una felicitación.*
		intransitivas	*Maite saltó desde el trampolín.*
	Pasivas	Pasiva perifrástica	*Un velero fue avistado en el horizonte.*
		Pasiva refleja	*Se vendieron todas las casas del pueblo.*

c) Según el **número de predicados verbales** que contienen, las oraciones pueden ser **simples**, si contienen un solo predicado verbal (*Remedios visitó a su hermana*) o **compuestas**, si contienen más de un predicado verbal (*No sabía que tu hermano era acróbata*). Las oraciones compuestas se clasifican, a su vez, en **compuestas por coordinación** (*Fui a tu casa, pero ya te habías ido*), **compuestas por subordinación** (*Estaba seguro de que triunfarías*) y **yuxtapuestas** (*Llegó tarde; el tren se había ido*).

3. El sujeto y el predicado

- El **sujeto** concuerda en número y persona con el verbo de la oración. Pueden desempeñar la función de sujeto los siguientes elementos:

SINTAGMAS NOMINALES	**Un SN, con o sin determinantes y complementos**	***Ramón*** *visita a su hermana todas las semanas.* ***La cacerola de latón*** *está abollada.*
	Un pronombre	***Ella*** *siempre ayuda a sus compañeros.*
ORACIONES SUBORDINADAS SUSTANTIVAS		*Es fundamental* ***que cuentes la verdad sobre el incidente****.*

Las oraciones pasivas tienen un sujeto paciente (que corresponde al CD de las oraciones activas transitivas) y, en ocasiones, un complemento agente (el sujeto de la oración activa): *El periódico publicó la noticia* (activa). / *La noticia fue publicada por el periódico* (pasiva).

El sujeto puede presentar las siguientes particularidades:

- **Sujeto tácito** (**elidido** o **elíptico**). Es aquel que no se expresa, pero se deduce por el contexto, por las desinencias verbales, por el morfema de número, etc. Ejemplo: *Joana era una gran informática y [Joana] tenía la capacidad de arreglar cualquier ordenador*.
- **Sujeto paciente**. El sujeto paciente aparece en estructuras de pasiva perifrástica (verbo *ser* + participio del verbo conjugado) y de pasiva refleja (*se* + verbo en activa con significado pasivo). El sujeto de la oración no es el agente de la acción, sino que recibe la acción o el proceso que se expresa en el predicado. Ejemplos:

  Pasiva perifrástica: ***La encuesta*** *fue analizada por los directivos de la empresa*.
  Pasiva refleja: *Se analizó* ***la encuesta***.

LAS ORACIONES IMPERSONALES

Son aquellas que carecen de sujeto, bien porque no existe, bien porque este no se necesita o no se quiere expresar. En cualquier caso, conviene no confundirlas con las oraciones con sujeto tácito. Pueden ser de distintos tipos:

Se construyen con verbos que se refieren a fenómenos naturales o atmosféricos: *llover, nevar, granizar, tronar, relampaguear, amanecer*... Solo se emplean en 3.ª persona de singular.	*Esta mañana ha llovido en toda la comarca.* *Últimamente casi no nieva en invierno.* *Amanece cada día más pronto.*
Con el verbo *haber* en 3.ª persona de singular.	*Había luz todavía a las diez de la noche.*
Con los verbos *hacer* y *ser*.	*Hizo un calor infernal toda la noche.* *Es tarde.*
Impersonales con *se* o impersonales reflejas Se construyen con el pronombre *se* y con un verbo en 3.ª persona del singular. El *se* aporta un valor de 'alguien (la gente) en general'.	*En estas reuniones siempre se habla de lo mismo.* *Se duerme muy bien en este colchón.* *Aquí se está de maravilla.*

Pueden considerarse también impersonales aquellas construcciones con verbos en 3.ª persona de plural (y algunas en 2.ª de singular o 1.ª de plural) cuya acción no se atribuye semánticamente a un sujeto plural: *Llaman a la puerta. Me han dicho que Antonio sale con Paula. Si vas al cine a las seis, tendrás que hacer cola siempre.*

¿Cómo distinguir las oraciones impersonales reflejas de las pasivas reflejas?

Las oraciones impersonales no tienen sujeto y nunca pueden tener el verbo en plural, mientras que las pasivas reflejas tienen sujeto paciente y pueden estar en singular o en plural. En todo caso, ten en cuenta que los sujetos no pueden tener una preposición antepuesta.

- El **predicado** aporta la información que se le atribuye al sujeto, ya sean estados, procesos o acciones. El núcleo del predicado es siempre un verbo (también una locución verbal o una perífrasis verbal) que puede ir acompañado de distintos complementos (complemento directo, complemento indirecto, complemento de régimen, etc.). En cualquier caso, este verbo concuerda en número y persona con el sujeto de la oración. Ejemplo:

Todos los participantes en el concurso ***obtuvieron*** *una buena puntuación.* (3.ª pers. pl.)
Vosotros y vuestros padres ***cantaréis*** *en la próxima ceremonia colegial.* (2.ª pers. pl.)

Para identificar el sujeto de una oración, podemos cambiar el verbo de número; al hacerlo, el sujeto cambiará de número. Fíjate en el siguiente ejemplo:

No me ha gustado nada esa canción.
No me han gustado nada esas canciones.

¿SABÍAS QUE...?

Es incorrecto establecer concordancia de número entre el verbo *haber* y su CD en oraciones impersonales: ** Hubieron muchos incidentes* (incorrecto) / *Hubo muchos incidentes* (correcto).

TIPOS DE PREDICADO SEGÚN SU NATURALEZA	
PREDICADO NOMINAL	Se construye con un verbo **copulativo** (verbos *ser*, *estar* o *parecer*) y un **atributo** (normalmente un nombre o un adjetivo, aunque también lo pueden ser sintagmas preposicionales, entre otros) que no puede eliminarse, pues, al suprimirlo, la oración pierde su significado: *Esta begonia* ***está seca****.* *El último cuadro de ese autor* ***parece interesante****.* *Javier* ***es el profesor de Lengua castellana****.* *El problema* ***está bien****.* *El premio* ***es de los vecinos del quinto****.* El atributo con verbos copulativos se sustituye por *lo*: *lo está*; *lo parece*, *lo es*...
	También puede formarse con un verbo **semicopulativo**, es decir, un verbo que ha perdido parte de su contenido léxico y necesita un atributo para completar el predicado: *El investigador* ***se volvió loco***; *Las clases* ***siguen bien***. El atributo no puede sustituirse por *lo*.
PREDICADO VERBAL TRANSITIVO	Los predicados transitivos están compuestos por un verbo no copulativo más un complemento directo: *Los niños* ***recibieron una visita sorpresa al atardecer****.* *El pescador* ***soltó las redes en el momento adecuado****.* En ocasiones, el CD puede darse de forma sobreentendida y, por tanto, no aparecer expresamente mencionado: *Andrea siempre compra [ϕ] por internet*. No por ello el predicado deja de ser transitivo.
PREDICADO VERBAL	Los predicados intransitivos se forman con un verbo no copulativo que no tiene complemento directo: *El cooperante internacional* ***viajó a Nigeria en avión****.* *El atleta olímpico* ***se preparó para las Olimpiadas japonesas****.* Existen dos tipos de verbos que generan predicados intransitivos: • **Verbos inergativos o intransitivos puros**: expresan una acción desempeñada por un sujeto agente: *bostezar*, *ladrar*, *sonreír*, *patinar*, *caminar*... • **Verbos inacusativos**: denotan presencia, aparición o acaecimiento de algo: *caer*, *nacer*, *morir*, *llegar*, *florecer*, *brotar*... La mayoría de los verbos pronominales son intransitivos: *jactarse*, *reírse*, *arrepentirse*, etc.

Los verbos *ser* y *parecer* en ocasiones no forman predicados nominales, pues tienen significado de carácter predicativo y no necesitan atributo:

SER	'suceder, ocurrir, existir, acontecer, celebrarse...'	*El acto fue en el Aula Magna.*
PARECER(SE)	'semejarse a, tener parecido con...'	*Ana se parece a su abuela materna.*

» ACTIVIDADES

34. Clasifica las siguientes oraciones según su modalidad:

a) Acuéstate antes de las doce.
b) Nos refirió cuáles habían sido sus andanzas por China.
c) Iremos al supermercado mañana por la tarde.
d) ¡Cuánto me alegra tu ascenso!
e) ¿Por qué razón saliste de noche a navegar?
f) Le ruego que atienda mis peticiones.
g) ¡Ojalá siga nevando todo el día!
h) Tal vez aquellas nuevas crías de oso panda sobrevivan.
i) Un día os contaré cómo nos establecimos en este país.
j) El río Duero desemboca en Oporto.
k) Me sentó fatal vuestra decisión.
l) ¡Que llegue pronto la paz, por favor!

35. Reescribe las siguientes oraciones en forma de interrogativas indirectas. Fíjate bien en el ejemplo:

¿Cuándo se reincorporará Erica a los entrenamientos?
No sabemos cuándo se reincorporará Erica a los entrenamientos.

a) ¿Para quién trabaja tu hermano?
b) ¿Cuántas cartas repartes en un día?
c) ¿Por dónde irás a Palencia?
d) ¿Te acordaste de renovar el carné de identidad?
e) ¿Por qué Francisco se hizo vegetariano?

36. Identifica el sujeto en las siguientes oraciones:

a) Los gatos de la vecina perseguían por el sótano a los ratones.
b) ¿Te interesa ese asunto?
c) La esperanza ilumina la vida de la gente.
d) Me gustan los macarrones a la boloñesa.
e) Es necesaria tu presencia en el supermercado.
f) Siempre vivirán tus recuerdos en tus amigos.
g) Nos alegraba mucho tu buena predisposición al trabajo.
h) ¿Quiénes sobrevivieron a la explosión?

37. Di si las siguientes oraciones son impersonales o tienen sujeto:

a) Los aplausos surgían hasta de las filas más remotas del auditorio.
b) Hay demasiadas desigualdades en el mundo.
c) Dicen que las alegrías duran poco en casa del pobre.
d) Me incomodaba tu presencia en el acto.
e) Tronaba a lo lejos.
f) Ramón hizo de cantante por una noche.
g) Se camina bien por la vera del río.
h) Ayer hizo mucho frío.
i) Es pronto para volver a casa.
j) En Rupit llovió con fuerza todo el fin de semana.
k) El guardacostas era un hombre con mucha experiencia.
l) En el bosque se oye a los pájaros piar y a las abejas zumbar.

38. Anota los tipos de impersonalidad de las oraciones del ejercicio anterior.

39. En cada una de estas parejas hay una oración correcta y otra agramatical. Indica cuál es la gramatical y explica por qué.

Un ejército de vándalos destrozaron la ciudad.
Un ejército destrozaron la ciudad.

Durante la mañana habrán dos carpas médicas preparadas.
Durante la mañana habrá dos carpas médicas preparadas.

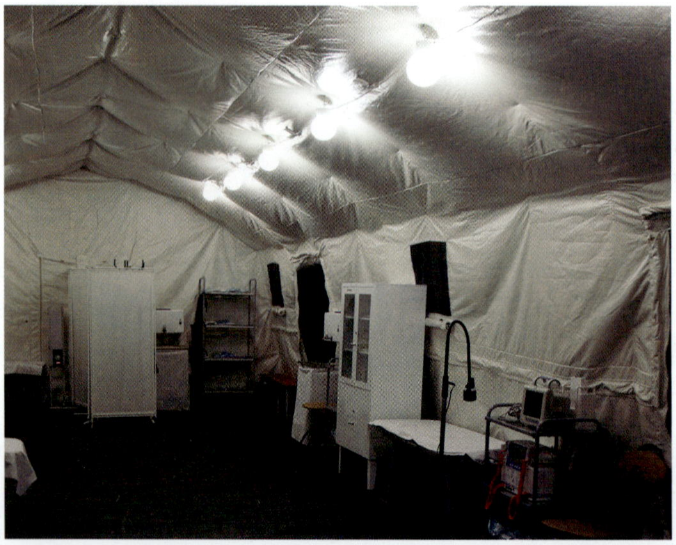

40. En las siguientes oraciones copulativas subraya el atributo:

a) Las reses estaban intranquilas ante la llegada de la tormenta.
b) Cuando llegaron a casa, las ventanas estaban abiertas y las puertas, rotas.
c) Son imprescindibles unas palabras del padre del novio.
d) Las flores estaban bellísimas con la llegada de la primavera.
e) El edificio de enfrente parecía terminado.

41. En las siguientes oraciones hay tres cuyos predicados son semicopulativos. Descúbrelos e indica su atributo.

a) Todos los invitados se pusieron sus mejores galas para la celebración.
b) Manuel se puso furioso por su actitud.
c) El regimiento mantuvo la posición ante el ataque enemigo.
d) Ante la desgracia se mantiene impasible y tranquilo.
e) Todos mis amigos se encontraban enfermos.
f) Encontraron petróleo en el viejo campo de golf.

42. Justifica si en el siguiente par de oraciones hay un verbo semicopulativo o no:

a) Tras su último desengaño, María se encontraba desmoralizada todos los días.
b) Tras su último desengaño, María se encontraba con su amiga todos los días.

43. Transforma las siguientes oraciones activas en pasivas perifrásticas y, después, en pasivas reflejas. Observa el ejemplo:

Activa: El tendero había vendido muchos productos durante el fin de semana.
Pasiva perifr.: Muchos productos habían sido vendidos por el tendero durante el fin de semana.
Pasiva refleja: Se vendieron muchos productos durante el fin de semana.

a) Ya resolverán el problema los ingenieros.
b) La orquesta tocó todas las piezas con gran armonía.
c) El investigador descubrirá una nueva enzima.
d) El delegado de clase transmite todas las recomendaciones de los profesores.

44. Distingue las oraciones impersonales reflejas de las pasivas reflejas.

a) Se condenó al preso a diez años de cárcel.
b) Se tomaron medidas para solventar el problema de actitud.
c) Se descalificó al jugador por su comportamiento antideportivo.
d) En este país se disfruta de la vida sin pensar en el futuro.
e) El acuerdo se firmó en un tiempo récord.
f) Se vive con mucha libertad en Berlín.
g) Años atrás la uva se recolectaba a finales de septiembre.

45. Explica la diferencia gramatical entre las dos oraciones siguientes:

Mañana se contratarán nuevos trabajadores para recoger la fruta.
Mañana se contratará a nuevos trabajadores para recoger la fruta.

46. En las siguientes oraciones, distingue los verbos transitivos de los intransitivos. En este último caso, indica si estos son inergativos o inacusativos.

a) Moratín solo escribió cinco comedias.
b) El joven camarero únicamente trabajaba los fines de semana.
c) ¡Cuánto ha crecido el niño este verano!
d) Marc solicitó una entrevista de trabajo por internet.
e) El agua hierve a cien grados centígrados.
f) Patinaron por el lago helado durante todo el invierno.
g) Helena acabará sus estudios de Biomedicina el año próximo.

47. Escribe oraciones con las siguientes condiciones:

a) Verbo copulativo + atributo (formado por artículo + nombre + adjetivo)
b) Verbo semicopulativo + atributo (formado por un adverbio y un adjetivo)
c) Verbo transitivo + adjetivo relacional
d) Verbo inergativo + nombre propio
e) Verbo inacusativo + determinante posesivo + nombre concreto

» LÉXICO

1. La formación de palabras: derivación (sufijos)

La **sufijación** es un proceso derivativo de formación de palabras que consiste en añadir un sufijo a una base léxica: *profeta* > *profetizar*; *amor* > *amoroso*.

Mediante la sufijación se puede modificar la categoría gramatical de la palabra: de verbo a nombre (*padecer* > *padecimiento*), de adjetivo a verbo (*húmedo* > *humedecer*), de nombre a adjetivo (*trópico* > *tropical*), etc. Obsérvalo en la siguiente clasificación de los sufijos:

- **Sufijos nominalizadores.** Indican acción, resultado, propiedad, estado, agente, instrumento o lugar: *-ante* (*ayudante*), *-ción* (*anulación*), *-dor* (*comedor*), *-ez* (*estupidez*), *-idad* (*felicidad*), *-ismo* (*socialismo*), *-miento* (*entretenimiento*), *-ura* (*negrura*), etc.
- **Sufijos adjetivadores o adjetivales**. Expresan cualidad, relación o pertenencia, como *-al* (*tribal*), *-able/-ible* (*alcanzable*, *distinguible*), *-izo* (*cobrizo*), *-ino* (*diamantino*), *-oso* (*gravoso*), etc.
- **Sufijos verbalizadores.** Manifiestan cambio de estado o de lugar, movimiento, emisión, etc.: *-ear* (*humear*), *-ecer* (*florecer*), *-(i)ficar* (*electrificar*), *-izar* (*amenizar*), etc.

Se denomina **neologismo** a aquella palabra, giro o expresión de reciente incorporación a un idioma.

Las nuevas tecnologías generan constantemente neologismos: *tuitear*, *bloguero*, *chatear*...

Cabe destacar los **sufijos apreciativos**, aquellos que expresan valoraciones afectivas de aprecio, menosprecio, tamaño, cercanía al hablante, etc. Tradicionalmente se han clasificado de este modo:

AUMENTATIVOS	Manifiestan incremento o exceso de lo designado. Ejemplos son *-azo/a* (*manaza*), *-ón* (*barracón*) u *-ote/a* (*grandote*).
DESPECTIVOS	Indican desprecio en relación con lo que se expresa, como en *-aco* (*libraco*), *-ejo* (*tipejo*), *-ucho* (*periodicucho*), etc.
DIMINUTIVOS	Expresan atenuación o disminución de lo expresado. Es habitual que incorporen otros valores afectivos. Los diminutivos más usuales son *-ito/a* (*sillita*), *-illo/a* (*perrillo*) e *-ico/a* (*vasico*).

Es posible que en una misma palabra se produzcan procesos de prefijación y sufijación por separado (*pre-histór-ico*, *pos-trau-mát-ico*) o al mismo tiempo (*em-pequeñ-ecer*, *des-alm-ado*). Se denomina **parasíntesis** a este último caso, es decir, al proceso de formación de palabras que se generan por la unión de prefijos y sufijos a una base en un mismo momento. Tradicionalmente, con este nombre se designa también al proceso de formación de palabras creadas por composición y derivación a la vez (*sietemesino*, *mileurista*, *pordiosero*, etc.). En la actualidad algunos proponen para este caso la denominación **parasíntesis en composición**.

El segmento *-mente* es considerado por algunos sufijo adverbializador y, en cambio, por otros, elemento compositivo culto. En cualquier caso, conviene recordar que se puede elidir en las coordinaciones: *Comunicó su decisión tranquila y claramente.*

» ACTIVIDADES

48. Escribe los verbos generados a partir de las palabras que se indican. Después, completa la oración con el verbo correctamente conjugado:

a) (matiz) El abogado se sentó delante de su cliente y le ■ todos los detalles de la situación.
b) (noche) Ya ■ hacía horas cuando, por fin, llegamos a la cabaña.
c) (ningún) Cuando le dábamos nuestra opinión, nos miraba con desprecio y nos ■.
d) (paz) Su mensaje era claro: «■ el clima político si pudiese».
e) (señal) Las luces ■ con claridad el desvío.

49. Escribe sustantivos a partir de los siguientes verbos. Observa que estás utilizando sufijos nominalizadores:

fabricar • ignorar • matar • anular • recoger
comprender • aterrizar • sonar • elegir
vengar • llegar • salvar • esperar • votar
frenar • padecer

50. Escribe palabras derivadas por sufijación con las condiciones indicadas:

sustantivo > adjetivo	adjetivo > sustantivo
sol > solar	*central > centralidad*
esponja	largo
calamidad	espontáneo
gris	puntual
centro	inepto
águila	crédulo
campo	rígido

51. ¿Qué diferencia existe entre *alimenticio* y *alimentario*? Busca la definición de los dos términos en el diccionario y escribe sendas oraciones en las que se aprecie con claridad su significado.

52. Escribe sustantivos abstractos a partir de los siguientes adjetivos:

pobre • justo • vital • amargo • duro
honrado • diverso • rudo • recto • fresco
loco • serio

53. Los gentilicios son adjetivos o sustantivos que indican relación con un lugar geográfico ('procedente, originario de, relativo a'). Se generan mediante los sufijos *-aco*, *-ano*, *-ego*, *-enco*, *-ense*, *-eño*, *-és*, *-í*, *-ita*, *-in*, *-ino*, *-ota*. Anota a continuación los gentilicios de los siguientes lugares:

Ceuta	Portugal
La Mancha	Suecia
Albacete	Austria
Ibiza	Chipre
Murcia	Canadá
Lugo	Malta
Córdoba	Vietnam
Santander	EE. UU.
Almería	Italia
Burgos	Honduras

54. Distingue si las siguientes palabras se han formado mediante parasíntesis o no. Observa que en todas ellas se ha producido prefijación y sufijación.

despersonalizar • entristecer • ilegal • aterrizar
submarino • transpirenaico • enviudar
desigualdad • enrojecer • reseñalizar

55. Utilizamos habitualmente la parasíntesis para generar verbos. Compruébalo escribiendo los verbos correspondientes a estas expresiones.

hacer algo más largo
hacer más pobre a alguien
poner grasa en algún lugar
hacer algo más ligero
mostrarse más valiente ante una situación
poner en un rincón
guardar líquido en una botella
poner sucio algo

» ORTOGRAFÍA

1. La *g* y la *j*

SE ESCRIBEN CON *G*	EJEMPLOS
Las palabras que contienen *gen*. Excepciones: *berenjena* y *ajeno*.	*generoso, ingenio, margen*
Los verbos que terminan en *-ger* (excepto *tejer*) y los acabados en *-gir* (salvo *crujir*) se escriben con *g* delante de *e*, *i*. Sin embargo, se escriben con *j* ante *a*, *o*, *u*.	*proteger, elegir* *protejo, elija*
Todas las palabras acabadas en *-logía*, *-lógico* y *-algia*.	*mitología, patológico, neuralgia*
Las palabras que terminan en *-gio*, *-gia* y *-gión*.	*refugio, alergia, región*

SE ESCRIBEN CON *J*	EJEMPLOS
Las palabras que terminan en *-aje*. Excepción: *ambages*.	*garaje, mensaje*
Las palabras terminadas en *-jero*, *-jera*, *-jería*.	*extranjera, cerrajero*
Los verbos que terminan en *-jear.*	*hojear*
Los verbos irregulares que tienen esa letra en alguno de sus tiempos pero no en el infinitivo.	*decir* > *dije*; *conducir* > *conduje*

2. El acento diacrítico

En los **monosílabos**, el acento diacrítico se usa para diferenciar dos palabras que se escriben igual pero que tienen diferente significado o distinta categoría gramatical.

tú	pronombre personal: *Tú dirás qué quieres.*	**tu**	determinante posesivo: *Este sobre es para tu padre.*
él	pronombre personal: *Él lo vio.*	**el**	artículo: *El árbitro lo vio.*
té	sustantivo: *Tomaré un té con limón.*	**te**	pronombre: *Ya te lo he dicho.*
mí	pronombre personal: *Me lo regaló a mí.*	**mi**	determinante posesivo / sustantivo: *Mi casa está a tu disposición.* *La canción comenzaba con un mi.*
dé	verbo *dar*: *Quiere que le dé el papel.*	**de**	preposición: *Vimos una película de terror.*
sí	adverbio de afirmación / pronombre personal: *Sí, eso es lo que he dicho. / Lo guarda para sí, es muy reservado.*	**si**	conjunción condicional / sustantivo: *Si quieres, acompáñanos. / Sonó como un si bemol.*
sé	Verbo: *Sé lo que estás pensando.*	**se**	pronombre personal: *Se ha cortado el pelo.*

2.1. El acento diacrítico en los interrogativos y los exclamativos

Todos los **interrogativos y exclamativos** llevan tilde.

qué	*¿Qué quieres? Dime qué quieres. ¡Qué horror!*
quién, quiénes	*¿Quién te lo ha preguntado? Dime quién te lo ha preguntado. ¡Quién sabe!*
cuál, cuáles	*¿Con cuál te quedas? Explícame con cuál te quedas.*
cómo	*¿Cómo es la habitación? Me preguntó cómo era la habitación. ¡Cómo eres!*
cuándo	*¿Cuándo volveréis a casa? Dime cuándo volveréis a casa.*
cuánto, cuánta, cuántos, cuántas	*¿Cuánto te ha costado? ¡Cuánto tiempo sin verte!*
dónde, adónde	*¿De dónde sales? No sé adónde vas.*

3. Las formas *por qué*, *porque*, *porqué* y *por que*

Fíjate, finalmente, en el uso de la tilde en las formas **por qué**, **porque**, **porqué** y **por que**.

por qué (interrogativo o exclamativo): *¿Por qué te ríes? Dime por qué te ríes.*	**por que (preposición + relativo = el/la cual)** *El asunto por que discuten es irrelevante.* **por que (preposición + conjunción *que*)** *Mostró interés por que todo saliera bien.*
porqué (sustantivo = motivo): *Nadie sabía el porqué de su enfado.*	**porque (conjunción causal)** *He venido porque me lo habéis pedido.*

» ACTIVIDADES

56. Completa en orden alfabético una lista de palabras acabadas en *-aje*: *arbitraje*, *bagaje*, *camuflaje*...

57. Inventa oraciones con sentido que contengan estas palabras. Puedes variar el género o el número y conjugar los verbos en el tiempo que prefieras.

a) jirafa, perejil, exigir
b) genio, generoso, inteligente
c) jeroglífico, jefe, exigente
d) mensaje, garaje, tarjeta
e) oxígeno, contagioso, emergencia

58. Completa las siguientes oraciones con la palabra adecuada:

a) (mí / mi) El café solo es para ■ compañera, y el cortado para ■.
b) (tú / tu) Propón ■ solución y ■ mismo verás qué opinan todos.
c) (él / el) ■ sabe que ■ jueves es la reunión de vecinos.
d) (té / te) ■ pedí que compraras ■ verde.
e) (tú / tu) Comprendo ■ situación, pero ■ misma te la has buscado.
f) (sé / se) ■ que ■ va pasado mañana a Alemania.
g) (sí / si) ■ me lo pide educadamente, le diré que ■.

DICTADO

Premisa: Antes de empezar, copia las cinco palabras que presenten dificultad ortográfica.

Dio la vuelta a la plaza y enfiló la ancha avenida que picaba hacia arriba. Solo entonces se sentó, acoplado a la bicicleta, redondeó el pedaleo potente y armonioso y bajó al piñón de doce dientes. Le gustaba la contrarreloj precisamente porque se disputaba en soledad: un corredor solo contra el tiempo, sin ayuda de nadie que le apartara el aire o le diera un relevo. Él era diferente a muchos ciclistas que, acostumbrados a correr siempre en compañía, en las cronos se hundían desconcertados, desamparados como náufragos, incapaces de superar el miedo a correr solos.

EUGENIO FUENTES: *Contrarreloj*.

59. Compón un poema de cuatro versos utilizando solamente monosílabos. No es necesario que rime, pero ten en cuenta la acentuación diacrítica.

A ti yo mi fe te di
y tú vas y no la ves,
ve y di que yo ya sé
que te vas a ir de mí...

60. Completa las oraciones con la forma adecuada: *por que*, *porque*, *por qué*, *porqué*.

a) Ha venido a ayudarnos ■ se lo hemos pedido.
b) Explícame ■ no has ido hoy a clase de inglés.
c) Este es el camino ■ solíamos pasear en verano.
d) ¿■ no les has contado toda la verdad?
e) Todas las cosas tienen su ■.
f) No lo ha hecho ■ no ha querido.

LUDOLENGUA

61. Averigua tu nivel de conocimiento ortográfico.

a) En cada una de las siguientes oraciones hay un error ortográfico.
b) Por cada error detectado y bien corregido, sumas un punto. El nivel máximo corresponde a 10 puntos.
c) Si corriges una palabra que está bien escrita, restas un punto.

1. En ese bar no aceptavan el pago con tarjeta.
2. Fué a verlo al hospital cuando lo operaron.
3. Aunque no lo recuerdes, te lo dije a tí.
4. Se buena persona, no seas rencoroso y olvida lo que ha pasado.
5. Había madrugado por que tenía mucho trabajo.
6. Las llaves del cajón están en consergería.
7. Haber si vienes a vernos más a menudo.
8. Le dijo que si, que si lo necesitaba le prestaría el dinero.
9. Hemos correjido todos los errores.
10. El suelo de madera crugía horriblemente.

10 Perfecto	**9-8** Muy bien	**7-6** Bien
5-4 Regular	**3 o menos** ¡Cuidado!	

» DILO POR ESCRITO

Cartas de amor

¿Qué tienes que hacer?

Numerosos escritores y personajes históricos en general han escrito apasionadas cartas de amor. Prepárate para completar una de las dos que te ofrecemos a continuación.

De Emilia Pardo Bazán a Benito Pérez Galdós

[¿28 de septiembre de 1889?]
París, hoy, sábado

«Triste, muy triste»... me quedé al separarme de ti, amado compañero, dulce vidiña. Soy de tal condición que me adhiero y me incrusto en el alma de los que me manifiestan cariño, y el trato va apretando de tal manera los nuditos del querer que cuando menos lo pienso me encuentro con que estoy atada y no me puedo soltar. Siendo tú quien eres, y tan amable visto de cerca, este afecto tenía que ser doble o triple de lo que sería en cualquier otro caso análogo, pero con distinta persona. Me quedé –aunque alegrándome de que hubieras cogido el tren– con un velo de sombra negrísima sobre el espíritu; me retiré a mi cuarto como quien se mete en una tumba; me eché en la cama como si me echase al «turbio Sena» en momentos de desesperación; y desahogué con llanto y traté de olvidar con un sueño oscuro, cargado de pesadillas.

ÁNGELES CASO, *Quiero escribirte esta noche una carta de amor.*

Del príncipe Alberto a su futura esposa, la reina Victoria

15 de noviembre de 1839

Mi queridísima y profundamente amada Victoria:
Siguiendo tu deseo, y ante la urgencia de mi corazón por hablar contigo y abrirte mi alma, te envío estas líneas. Llegamos sanos y salvos a Calais (...) No hace falta que te diga que desde que nos separamos, todos mis pensamientos han estado contigo en Windsor, y que tu imagen llena toda mi alma. Ni siquiera en mis sueños imaginé poder encontrar tanto amor en la Tierra. ¡Cómo brilla dentro de mí el momento en que te tuve a mi lado con tu mano sobre la mía! Aquellos días transcurrieron tan rápido, pero nuestra separación pasará igualmente. Con la promesa de mi amor inalterable y mi devoción, siempre tuyo, Alberto.

ELIZABETE AGOSTINHO, *Grandes cartas de amor.*

¿Cómo puedes hacerlo?

a) Lee atentamente las cartas anteriores: fíjate en quiénes son el destinatario y el remitente, y en la fecha en que fueron escritas y, si quieres, documéntate sobre la historia de amor que ambas parejas protagonizaron.
b) Escoge una de ellas e inventa una continuación y un final de una extensión igual o superior al texto original. Adopta el papel del remitente y mantén la coherencia en el contenido y en la forma del escrito.
c) Escribe primero un borrador. Revísalo y realiza luego las correcciones que creas conveniente.
d) Redacta el texto en su versión definitiva y, si puedes, dale el formato que tendría una carta escrita en esas fechas. Puedes exponerla en un mural junto a las cartas de tus compañeros

» PONTE A PRUEBA

Lee y comprueba si lo has comprendido

Consejos inuit para mejorar tu vida

Pequeñas lecciones de los pueblos del norte que ayudan a superar las adversidades diarias.

Los 70.000 inuits —en idioma aborigen, 'la gente'— extienden su territorio natural entre Canadá, Alaska, Siberia y Groenlandia. Los pobladores del Ártico tienen una mitología y espiritualidad propias. Una de las creencias más bellas de estos pueblos del norte es que las estrellas son agujeros en el cielo que dejan pasar la luz de los seres queridos que ya han fallecido para que desde abajo sepamos que son felices. Tal vez por las duras condiciones de vida de estos pobladores del frío, su sabiduría popular expresa el arte cotidiano de superar las circunstancias más difíciles. Veamos algunas pinceladas que pueden ser útiles también para nuestro día a día.

Ayurnamat. Este término inuit no tiene una palabra equivalente en nuestro idioma, pero comprende una filosofía vital que podemos englobar en esta frase: «No merece la pena preocuparse por las cosas que no podemos cambiar». [...] La supervivencia exige centrarse solo en lo que depende de uno mismo, dejando fuera todo aquello sobre lo que no tenemos control.

«**No hagas en tu hogar ventanas tan pequeñas que impidan que la claridad entre en las habitaciones**». Tomado de forma literal, es comprensible que en los asentamientos en los que durante buena parte del año la luz es escasa haya que facilitar la entrada del sol. Sin embargo, este dicho inuit tiene una segunda lectura en clave personal. Si tu mirada sobre la realidad es estrecha, siempre lo verás todo oscuro o directamente negro, ya que tu visión está teñida por tu mirada. El mejor remedio contra el pesimismo y la negatividad es ampliar horizontes y entender que hay un mundo muy amplio más allá de nuestros problemas.

«**Nunca sabrás de verdad quiénes son tus amigos hasta que el hielo se rompa bajo tus pies**». [...] Ciertamente, en situaciones de celebración y de tranquilidad podemos albergar la ilusión de que tenemos

muchas amistades, pero la piedra de toque son los momentos difíciles. Ante una ruina económica, una separación o una larga enfermedad —equivalentes al hielo que se rompe—, muchas personas desaparecen y solo una minoría sigue presente, dando lo mejor de sí mismos. Este filtro revelador es una de las cosas que podemos agradecer a la adversidad.

«**Los regalos hacen esclavos, así como el látigo hace al perro**». [...] Según la sabiduría esquimal, aceptar un obsequio demasiado costoso nos coloca en una posición de debilidad hacia el otro, ya que inconscientemente nos sentiremos obligados a devolver el favor.

«**Si tienes miedo, cambia de camino**». Esta inspiración esquimal [...] tiene también otra interpretación: para hacer algo desde la duda y la desconfianza, mejor no hacerlo. Un ejemplo de ello sería iniciar una relación sentimental bajo el temor de ser engañados o de que las cosas no salgan bien por cualquier otro motivo. Hay que domar primero el miedo para vivir y amar con libertad.

«**El ayer son cenizas y el mañana es madera. Solo hoy arde el fuego con todo su esplendor**». [...] La existencia se compone de momentos, y quien no sabe disfrutarlos se condena a vivir siempre en la melancolía del pasado o en el anhelo del futuro.

FRANCESC MIRALLES, en *El País*, 8/3/2020 (texto adaptado).

1. El texto que acabas de leer es, principalmente...

a) expositivo y argumentativo.
b) descriptivo y narrativo.
c) expositivo e instructivo.
d) instructivo y predictivo.

2. ¿Qué son las estrellas para estos pueblos nórdicos? Copia la frase del texto donde se expone.

3. El término inuit *ayurnamat* significa que...

a) debemos centrarnos en lo que no depende de nosotros.
b) debemos preocuparnos por aquello sobre lo que no tenemos control.
c) podemos cambiar absolutamente todo.
d) no debemos preocuparnos por lo que no podemos cambiar.

4. Según la filosofía inuit, ¿cuál es el mejor remedio contra el pesimismo y la negatividad?

5. A los verdaderos amigos se los conoce...

a) cuando somos felices y no tenemos problemas.
b) cuando vienen a vernos a menudo.
c) en los momentos difíciles para nosotros.
d) cuando te hacen regalos.

6. ¿Qué debemos hacer cuando dudamos o desconfiamos a la hora de emprender algo?

7. ¿Con cuál de las siguientes afirmaciones asociarías el contenido del último párrafo del texto?

a) El tiempo pasado es mejor que el presente.
b) Hay que hacer que el futuro sea mejor.
c) Son igual de importantes el pasado, el presente y el futuro.
d) Hay que vivir el presente sin añorar el pasado ni anhelar el futuro.

8. ¿Cómo son las palabras *término*, *palabra* y *vocablo* desde el punto de vista léxico?

9. Las palabras *interpretación*, *sentimental*, *negatividad*, *existencia* son...

a) compuestas.
b) derivadas.
c) parasintéticas.
d) simples.

10. En una de las obras del poeta latino Ovidio se lee: «*Donec eris felix, multos numerabis amicos; tempora si fuerint nubila solus erit*». Su traducción es: «Mientras seas afortunado (feliz, rico, etc.) tendrás muchos amigos; si los tiempos te son adversos (si las cosas te van mal), te encontrarás solo». ¿En qué parte del texto se expresa la misma idea? Copia los fragmentos que se identifican con los versos de Ovidio.

Infórmate

Busca información en internet sobre los inuit y después elabora una ficha con los datos que consideres más relevantes: lugar donde viven, número de personas, origen de estos pueblos, costumbres, lengua, mitología, etc. Dibuja un mapa y localiza en él los lugares donde están asentados.

Mira

En el espacio personal de la página web *www.barcanova.cat* podrás acceder a interesantes documentales sobre el pueblo inuit.

UNIDAD 5

Preparamos la lectura

1. ¿Vives cerca de tus abuelos? ¿Sabes cómo es su vida cotidiana? ¿Te han contado alguna anécdota de su juventud?

2. ¿Crees que las personas mayores reciben la consideración social y el respeto que se les debe? ¿Por qué?

¿QUÉ PROBLEMA TIENES?

Un miembro de la clase piensa en un problema y lo escribe en un papel. Por ejemplo: «He perdido las llaves de casa», «Se me ha roto la pantalla del móvil», «Me duele una muela», etc. A continuación, se sitúa frente al resto con la intención de contestar con un «Sí» o con un «No» a las preguntas que se le hagan. Por ejemplo: ¿Deberías acudir a la policía? ¿Tienes que ir al hospital? La persona que adivina de qué problema se trata gana el juego y ocupa el lugar de quien lo inició.

» CLUB DE LECTURA

Genio y figura

Lavarle, entre protestas e **improperios**, no fue fácil. Que si el agua estaba muy fría, que si el agua estaba muy caliente, que si no frotara tan fuerte, que si... Toda la vergüenza que sentía la convirtió en **sarcasmo** a base de frases más o menos hirientes y punzantes, con algunas **perlas** como:

—¡Si llego a saber que tenían que lavarme, me pido una mujer! ¡Por lo menos...!

Claudio resistió todos los ataques, todas las contundentes oleadas de agria ironía y las quejas. A la hora de secarlo estaba más mojado él que su oponente. Y agotado. Se lo quedó mirando **como Drew Barrymore miraba a E.T.** por primera vez.

—Un combate de **sumo** debe de ser algo parecido —**arguyó**.

—¿No querías lavarme? —lo desafió Ricardo Pedraza.

—A que le echo encima un frasco de colonia y lo dejo en el parque.

—Anda, ve a mi habitación a por una **muda**, que me voy a helar —cortó la nueva disputa el hombre—. Ya sabes dónde está la ropa interior, ¿no? Primer cajón de la derecha.

—No se mueva —lo amenazó.

—¿Y adónde quieres que vaya? ¡Las discotecas abren de noche!

Salió ocultando su sonrisa. Todos los ancianos a los que había cuidado se morían. Es decir, no dejaban de lamentarse de que se morían, algunos con razón y otros por **inercia** de la edad y la necesidad de cariño, comprensión y afecto, como si por el hecho de estar mal se les tuviera que querer más. Muchos también tenían mal carácter, la **acritud** de los años, lo duro que para ellos era convertirse en inútiles cuando toda su vida había estado dominada por la actividad. Y sin olvidar que la obligada presencia de un extraño en sus casas era el punto final a su independencia y su libertad.

Un extraño del que dependían.

Pero Ricardo Pedraza era todo un elemento, la nota discordante. Los ingleses lo llamaban *peck in the neck*, un grano en el cogote.

Abrió las dos puertas del armario y luego el cajón de la ropa interior.

Cogió una camiseta y unos calzoncillos, después unos calcetines. Lo cerró y cuando se disponía a regresar al cuarto de baño se dio cuenta de algo más.

El cajón inferior estaba mal cerrado.

Y su contenido asomaba por entre ese espacio abierto.

Fotografías.

Vaciló un instante. Miró a su espalda, como si el dueño de la casa pudiera estar allí, y luego volvió a centrar su atención en aquel descubrimiento. Era evidente que la tarde o la noche anteriores Ricardo Pedraza había estado inspeccionando todo aquello, y después lo había cerrado mal, con el pie, tal vez impedido por la dificultad de su estado.

Claudio se agachó, tiró del cajón un poco más.

Todas las fotografías de una vida estaban allí, amontonadas, sin orden, confusas, mezclándose las más antiguas, **decrépitas** por el paso del tiempo, con las

VOCABULARIO

improperio *m.* Injuria de palabra que se emplea para echar a alguien en cara algo.

sarcasmo *m.* Burla, ironía cruel.

perla *f.* Irónicamente, frase llamativa por desafortunada.

como Drew Barrymore miraba a E.T. Se refiere a la mirada de sorpresa de la actriz Drew Barrymore en la película *E. T., el extraterrestre* (Steven Spielberg, 1982).

sumo *m.* Arte marcial de origen japonés en que los adversarios, cuyo peso excede los 100 kg, luchan cuerpo a cuerpo.

argüir *v.* Decir, argumentar, aducir.

muda *f.* Conjunto de ropa, especialmente la interior, que se muda de una vez.

inercia *f.* Rutina.

acritud *f.* Aspereza, brusquedad.

decrépito, ta *adj.* Viejo, deteriorado.

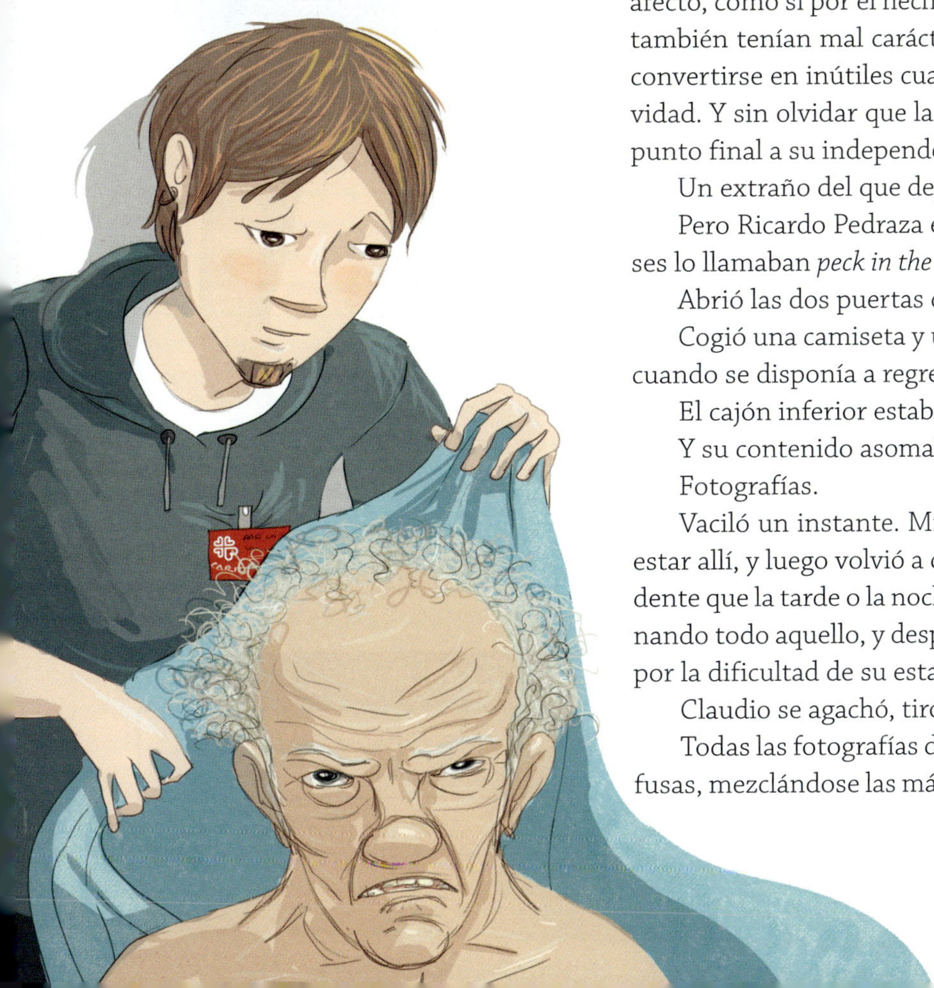

más recientes, a color. Las había de cartón, gruesas, con rostros de personas muy solemnes ante el retrato, posando, con sus tonos ocres, y las había con los bordes dentados, típicas de mitad de siglo, en blanco y negro, porque en su casa también tenía un buen número de ellas. La mayoría de las recientes, de los últimos treinta o cuarenta años, mostraban a Ricardo Pedraza de joven, con una mujer risueña, más agradable que hermosa, vital y alegre, siempre sonriente, y también a dos pequeños, niño y niña.

Unos y otros crecían a lo largo de las distintas imágenes hasta detenerse en el tiempo.

—¿Qué, te has perdido en mi palacio? —le oyó gritar impaciente.

—¡Voy!

Cerró el cajón. No supo si dejarlo como estaba o no, por si Ricardo Pedraza le ponía a prueba. Se encogió de hombros. Después de todo, debían volver a la habitación para que él se vistiera. Por lo tanto, dejó las puertas del armario abiertas.

Los siguientes minutos fueron de tregua.

Le ayudó a ponerse la ropa interior y los calcetines. Ningún comentario.

Regresaron a la habitación y escogieron una camisa y unos pantalones.

El cajón de las fotografías no mereció más atención. Estuvo a punto de preguntarle directamente, decirle que estaba entreabierto y que se había fijado en ellas.

Prefirió no hacerlo.

De nuevo en la sala, sí rompió el prolongado silencio, tal vez el más largo desde que llegó por primera vez al piso.

—Antes no me ha respondido.

—¿A qué?

—Le he preguntado por qué estaba solo.

—¿Qué quieres que haga? ¿Pongo un anuncio en una sección de contactos? —cambió el tono de la voz para decir—: «Hombre maduro busca compañera para sincera amistad y lo que sea» —recuperó su propia voz tras ello y agregó despectivo—: ¡Menuda pregunta, chico!

—Tiene familia.

—Eso no significa nada, y no me da la gana de irme a un asilo.

—En primer lugar, ya no se llaman asilos, sino residencias. Y en segundo lugar, tarde o temprano tendrá que planteárselo si no puede valerse por sí mismo.

—Oye, que solo me rompí la maldita cadera.

—Dentro de cinco o diez años…

—No me hagas de madre, ¿quieres?

Iba a hablarle de sus hijos, preguntarle por qué no estaban con él o no mostraban señales de vida, pero prefirió no hacerlo. Intuyó que ese era terreno peligroso, arenas movedizas. Llevaba poco cuidándole, y con aquel carácter tan agresivo era capaz de echarle por la ventana. La confianza se ganaba con el roce. Por lo general los ancianos a los que había cuidado **se abrían** de buenas a primeras, se lo contaban todo de entrada, el primer o segundo día. Ricardo Pedraza era distinto.

VOCABULARIO

abrirse *v*. Dicho de una persona, confiarse a otra.

En Cáritas decían que hablar, establecer un lazo de confianza, era esencial. No conocían a Ricardo Pedraza.

Así que sacó a relucir el tema recién descubierto.

—¿Por qué no tiene fotos en ninguna parte?

—¿Qué te ha dado hoy?

—Curiosidad.

—Pues te la guardas.

—Acaba de decir que tener familia no significa nada y eso siempre es duro.

—¿Qué pasa, que en Cáritas tienen mi currículum o qué?

Claudio se apoyó en la mesa y lo cubrió con una mirada y una sonrisa de excepcionalidad.

—¿Ha ensayado mucho o le sale natural? —preguntó.

—¿El qué? —su mueca era feroz.

—Ser desagradable.

—Tengo ochenta años.

—¿Y qué? Es la mejor edad para sentirse feliz, sobre todo cuando se ha llegado, digo yo.

—No sabes de qué estás hablando —chasqueó la lengua invadido por una súbita insatisfacción—. No hay viejos agradables, chico. Todos están rabiosos o desesperados. El abuelito simpático no existe, es un anuncio.

—Eso no es verdad.

—¿Que no lo es? —bufó—. Mira, después de cierta edad, o estás muriendo y te jode o te duele todo y no vives. A ver, ¿qué tiene de agradable eso? ¿Sabes quiénes son los únicos viejos agradables? Yo te lo diré: los que tienen **Alzheimer**.

—Mire que es bruto, por Dios —se echó para atrás Claudio.

—Es la verdad. Ellos no se enteran de nada, son felices. El resto... ¡Y soy lo que soy!, ¿qué pasa?

—Yo tengo un vecino que siempre está contento —era mentira, porque en realidad en quien estaba pensando era en sus abuelos, Salvador y Rocío.

—¿Qué edad tiene?

—Setenta.

—¡Anda ese! —hizo un gesto agitando la mano derecha arriba y abajo—. ¡Quién los pillara! ¡Setenta! ¡Yo a los setenta, como una rosa!

—Sigue siendo una rosa, pero sin pétalos. Solo le quedan las espinas.

—¡Eh, eh! —frunció el ceño, pero no por haberse enfadado, sino por pura prevención y defensa, desbordado ahora por la rapidez verbal de su cuidador—. ¡Y parecías tímido!

—Lo soy.

—Pues será que te pongo a cien.

—Será —le tendió una mano para ayudarle a ponerse en pie—. Y ahora toca paseo, andando.

JORDI SIERRA I FABRA: *Mendigo en la playa de Oro* (texto adaptado).

VOCABULARIO

enfermedad de Alzheimer
Trastorno neurológico caracterizado por la pérdida de memoria y del sentido de la orientación que se produce en la edad senil.

¿SABÍAS QUE...?

La enfermedad de Alzheimer debe su nombre al psiquiatra y neurólogo alemán Alois Alzheimer (1864-1915), que identificó por primera vez sus síntomas. Se trata de una enfermedad neurodegenerativa que se caracteriza por la pérdida de la memoria y otras facultades mentales. Es incurable y afecta generalmente a personas mayores de 65 años. Los enfermos de Alzheimer sufren un deterioro paulatino que los incapacita para la vida y los convierte en personas dependientes. El Día Internacional del Alzheimer se conmemora el 21 de septiembre: en esa fecha se celebran actividades en todo el mundo para ayudar a tomar conciencia de la enfermedad.

BuScA eN eL tExTo...

¿Cuáles de las siguientes palabras o expresiones no figuran en la lectura?
abuelito, vejestorio, ancianos, viejos, hombre maduro, octogenario

» ACTIVIDADES

Comprensión de la lectura

1. Quiénes son los dos personajes protagonistas de la lectura? Descríbelos brevemente.

2. ¿Qué ocurre al comienzo de la lectura? ¿En qué situación se encuentran ambos? ¿Qué están haciendo?

3. A pesar del comportamiento desagradable del anciano, Claudio se muestra comprensivo con él. ¿Por qué?

4. El joven descubre una serie de fotografías en el armario de Ricardo. ¿Cómo son esas fotografías? ¿Quiénes aparecen?

5. Finalmente, el chico se decide a preguntar a Ricardo por su vida privada, ¿cómo reacciona el anciano? ¿Te parece una reacción extraña? En tu opinión, ¿qué pudo haber ocurrido en el pasado del anciano para que ahora esté tan solo?

6. ¿Qué opina Ricardo de la vejez? Por el contrario, ¿qué visión tiene el joven?

Expresión personal

7. En la lectura se tratan temas como la vejez, el paso del tiempo, la dependencia, etc. ¿Qué conclusiones extraerías del relato sobre estos aspectos de la vida? Selecciona las que te parezcan más adecuadas de entre las siguientes y coméntalas con el resto de la clase.

a) La vejez suele ir acompañada de la decadencia física y de la soledad.
b) La plenitud de la vida se alcanza con la vejez.
c) La falta de autonomía para desarrollar las actividades básicas de la vida condiciona el bienestar de las personas.
d) La sociedad está obligada a cuidar de las personas mayores.
e) Las personas mayores son también una nueva fuerza para el desarrollo social.

8. Teniendo en cuenta lo que ocurre en la lectura, explica qué relación puede tener el siguiente poema con el relato.

> Fueron jóvenes los viejos
> pero la vida se ha ido
> desgranando en el espejo
>
> y serán viejos los jóvenes
> pero no lo divulguemos,
> que hasta las paredes oyen.
>
> MARIO BENEDETTI: *Confidencial.*

9. Señala cuál de los adjetivos siguientes atribuirías a cada uno de los personajes según su modo de actuar. A continuación, copia algunas frases de la lectura que demuestren la actitud burlona y algo despectiva del anciano Ricardo.

agresivo • tranquilo • ofensivo • curioso
irónico • pesimista • paciente • amargado
responsable • exigente • optimista • enérgico
discreto • impaciente

10. Escribe un sinónimo y un antónimo de cada una de las siguientes palabras destacadas del texto.

frases hirientes: frases ofensivas, frases amables
a) la necesidad de **cariño**
b) la **acritud** de los años
c) la **obligada** presencia
d) una mujer **risueña**
e) el **prolongado** silencio
f) su mueca era **feroz**
g) la **rapidez** verbal

11. Las siguientes frases de la lectura contienen expresiones coloquiales. Explica su significado y sustitúyelas por otra expresión equivalente del registro estándar de la lengua.

a) A base de frases con algunas perlas como...
b) Pero Ricardo Pedraza era todo un elemento.
c) Por si Ricardo Pedraza le ponía a prueba.
d) La confianza se ganaba con el roce.
e) No me hagas de madre, ¿quieres?
f) Pues será que te pongo a cien.

12. El joven corrige al anciano y le dice que ya no se llaman asilos, sino residencias, en donde el término *residencia* (eufemismo) sustituye a *asilo* (tabú) por las connotaciones negativas de este. Averigua a qué realidades se refieren los siguientes eufemismos:

a) actualización de precios
b) apropiación indebida
c) daños colaterales
d) persona con sobrepeso
e) residuos sólidos urbanos
f) desfavorecidos
g) inodoro
h) prisión permanente revisable
i) centro penitenciario
j) poco agraciado
k) ajuste de plantilla
l) asesor comercial
m) conflicto bélico
n) tercera edad

13. En la lectura se usa el verbo *hacer* con significados diversos: «¿Qué quieres que haga?», «No me hagas de madre», etc. Sustituye la forma del verbo *hacer* destacada en las frases siguientes por otro verbo cuyo significado sea más preciso:

a) Mi hermano pequeño *hace* hoy doce años.
b) Con la venta de la casa familiar *hizo* mucho dinero.
c) Mi abuela materna me ha dicho que me *haría* una bufanda.
d) La solución es tan simple como que dos y dos *hacen* cuatro.
e) Mi vecina *hacía* 4.° de ESO cuando fue escogida delegada.
f) Todos opinan que *hizo* bien al rechazar el premio por su comportamiento.
g) Mi mejor amiga *hace* acuarelas sobre papeles diminutos.
h) Antes de la crisis *habían hecho* cientos de casas que ahora estaban deshabitadas.
i) No había día en que Luis dejase de pensar en *hacer* una estatua para la entrada de su casa.
j) La boda se *hizo* en la iglesia en la que se habían casado los padres de la novia.
k) Alicia *hizo* una novela de aventuras muy entretenida que trataba sobre los caballeros de la Edad Media.

14. Relaciona las expresiones de la columna de la izquierda con su significado, que encontrarás en la columna de la derecha.

hacer de menos •	• servir para todo
hacer suyo •	• ¿qué ocurrió con?
hacer una de las suyas •	• actuar sin finalidad
hacer a todo •	• cometer una fechoría
hacer por hacer •	• resignarse
hacer y deshacer •	• no tener ninguna posibilidad
no haber nada que hacer •	• actuar con libertad absoluta
no tener nada que hacer •	• menospreciar
¿qué se hizo de...? •	• poseer

15. En la lectura, Claudio colabora con Cáritas atendiendo a personas con dificultades para valerse por sí mismas. Elabora un informe de una página de extensión sobre la labor que lleva a cabo esta organización (u otra ONG que tú prefieras) en temas relacionados con las personas mayores: sus necesidades, sus problemas, pero también su potencial social. Incluye información sobre el Día Internacional de las Personas Mayores que se celebra el 1 de octubre. Puedes encontrar información en *www.barcanova.cat*.

16. Consigue una fotografía familiar que haya sido tomada por lo menos veinte o treinta años atrás. Prepara una breve descripción de la imagen (¿quién aparece?, ¿cuándo y en qué circunstancias fue tomada?, etc.) y preséntala oralmente ante toda la clase.

» LENGUA Y SOCIEDAD

1. Los textos administrativos

Los textos administrativos son aquellos con los que la ciudadanía establece relaciones escritas con la Administración u otras entidades.

1.1. La instancia

La **instancia** sirve para solicitar algo a una autoridad, a una entidad o a un organismo público. Fíjate en su estructura:

D./D.ª ...., con DNI .... y con domicilio en ....,
calle ...., n.º ...., piso ...., puerta ....

EXPONE
Que el acceso a su vivienda se ve dificultado por los contenedores de recogida de basuras.

Por lo cual
SOLICITA
Procedan a desplazar dichos contenedores para facilitar el acceso a la vivienda.

En ...., a .... de ...., de ....
(Firma)

ILMO. SR. ALCALDE DE ....

Datos de la persona solicitante

Exposición de los hechos

Solicitud

Lugar, fecha y firma

Persona o institución a la que se dirige

1.2. El certificado

El **certificado** es un escrito de la Administración, expedido por un funcionario público a petición de un ciudadano, para reconocer un hecho o para proporcionar información.

Encabezamiento: nombre, apellidos y cargo de la persona que certifica.

D.ª ...., Jefa de Personal del Excmo. Ayuntamiento de ....

CERTIFICO
Que D. ...., con domicilio en la localidad, y con
DNI ...., ha sido contratado como arquitecto por un periodo de un año.

Y para que así conste y a petición del interesado, firmo el presente certificado.
(Firma)
En ...., a ...., de ...., de ....

Cuerpo: exposición de lo que certifica, precedida de la palabra «CERTIFICO».

Final: fórmula final, lugar, fecha y firma.

1.3. El acta

El **acta** es una relación escrita de lo sucedido, tratado o acordado en una junta (reunión, asamblea, comunidad de vecinos, etc.). Una de las más habituales es el **acta de reunión**. Suele ajustarse al siguiente modelo:

Encabezamiento: lugar, fecha y hora de la reunión; los asistentes (indicando los cargos: presidente, secretario, etc.) y, si fuera el caso, los ausentes; orden del día (asuntos que se van a tratar).

REUNIÓN DE LA COMUNIDAD DE PROPIETARIOS
DE LA C/ MAESTRO SOLER, 18
ACTA NÚM. ....

Fecha: 29 de octubre de 2021
Lugar: Salón social de la comunidad
Hora: 19:30 h

Asistentes

José Julián (1.º 2.ª), presidente	Raúl Siles (3.º 1.ª)
Sara Moya (1.º 1.ª), secretaria	Teresa Muros (2.º 1.ª)
Estela Rubio (2.º 2.ª), tesorera	Ana Latorre (3.º 2.ª)

Orden del día

1. Lectura y aprobación, si procede, del acta de la sesión anterior.
2. Presentación del estado de cuentas a día de hoy.
3. Propuesta de construcción de una rampa en el vestíbulo para salvar los escalones hasta el rellano del ascensor.

Cuerpo: desarrollo de la reunión (anotación de temas tratados, resumen de las intervenciones, acuerdos adoptados, etc.).

Desarrollo del orden del día

1. Tras la lectura del acta de la reunión anterior, se aprueba por unanimidad.
2. La tesorera informa del estado de cuentas de la comunidad, cuyo saldo actual es de 2.567,98 euros.
3. El presidente propone construir una rampa en el vestíbulo de la finca para que puedan acceder al ascensor personas con discapacidad en silla de ruedas. Todos los asistentes se muestran de acuerdo y se aprueba la propuesta por unanimidad.

Final: en él aparece la fórmula de cierre y las firmas correspondientes.

Sin más asuntos que tratar, se levanta la sesión.

La secretaria
(Firma)

El orden del día debe ser conocido con anterioridad por los asistentes a la reunión. Por ello, en la convocatoria de esta se debe informar a los futuros asistentes de los temas que se tratarán.

» ACTIVIDADES

17. Redacta una instancia solicitando al ayuntamiento de tu ciudad la construcción de un polideportivo. El objetivo es que los jóvenes de este puedan practicar deporte sin tener que desplazarse a la población vecina. Recuerda que deben figurar en la instancia las cinco partes vistas anteriormente.

18. Di si son verdaderos o falsos los siguientes enunciados:

a) En una instancia debe figurar el orden del día.
b) En un acta debe figurar el DNI de los asistentes a la reunión.
c) Cualquier persona puede certificar algo.
d) Las instancias presentan una estructura más o menos fija.
e) El secretario de un ayuntamiento puede firmar un certificado.
f) El certificado es un documento que la Administración solicita a un ciudadano.

19. Has recibido la siguiente convocatoria de reunión del Club de Pádel al que perteneces. Después de leerla, imagina el desarrollo de la reunión y redacta el acta correspondiente:

> Estimado socio:
> Por la presente te convoco a la reunión semestral del Club de Pádel «Raqueta Roja», al que perteneces.
> Se celebrará en el local social del club (calle Torcaz, n.º 5), el próximo 30 de junio de 2021, con el siguiente orden del día:
> 1. Lectura y aprobación, si procede, del acta de la reunión anterior.
> 2. Estado actual de cuentas.
> 3. Cuotas de socios impagadas.
> 4. Presentación de presupuestos para el año 2022 y su aprobación, si procede.
> 5. Propuesta de subida de la cuota de 5 euros al mes.
> 6. Ruegos y preguntas.
>
> Javier Maestro Vives
> Presidente del Club de Pádel «Raqueta Roja»

20. Indica el tipo de documento necesario (instancia, certificado o acta) en cada una de las siguientes situaciones:

a) Un grupo de comerciantes se reúne para solicitar ayudas por las pérdidas que han sufrido debido a unas inundaciones.
b) Un trabajador de una empresa pública necesita acreditar que lleva cinco años trabajando en ella.
c) Un graduado canadiense tiene que pedir al Ministerio de Educación, Cultura y Deportes la convalidación de su título de Derecho para poder ejercer su profesión en España.
d) Los presidentes de clubes de fútbol españoles se reúnen para tratar asuntos de interés para el fútbol nacional.
e) Una persona que ha cambiado de ciudad de residencia quiere inscribirse en el censo electoral y tiene que demostrar cuál es su nuevo domicilio.
f) Una familia decide reformar el cuarto de baño de casa. Un vecino les informa de que no pueden hacerlo sin un permiso de obras, que tienen que pedir en el Ayuntamiento.

21. Ayuda al secretario de esta comunidad de vecinos e incorpora al acta de reunión las siguientes intervenciones de los vecinos. Debes transformarlas de estilo directo a indirecto. Para ello, y con el fin de no repetir el verbo *decir*, te proponemos otros verbos declarativos: *preguntar*, *exigir*, *exclamar*, *proponer*, *asegurar*, *comentar*, *afirmar*, *negar*...

> León Torrado: ¿Cuánto costará arreglar la antena? Hace dos días que no puedo ver mi programa favorito.
> Remedios Sola: ¡No estoy de acuerdo con que se pinte mi rellano! Ya está bien como está.
> Nuria Tibor: No es cierto que haya superávit. Lo habría si todo el mundo pagara sus cuotas.
> Juan Díez: Todavía no tenemos el presupuesto del ascensor. Lo he vuelto a reclamar a la empresa.
> Malú Almería: ¡Quiero ver el estado de las cuentas ahora mismo! No me creo que tengamos que pagar más el año que viene.
> Luis de los Hoyos: ¿Por qué no buscamos al albañil que hizo las obras de la casa de mi madre? Le tengo total confianza porque lo conozco desde la infancia.

» TOMA LA PALABRA

Debate por equipos

Vais a participar en una competición que consiste en debatir contra un oponente para convencer a un auditorio. El reto o desafío se produce entre dos equipos de cuatro personas. El público actúa como jurado y decide cuál es el equipo vencedor. A su vez, un moderador dirige el desarrollo del debate.

Procedimiento

1. Escoged un **tema de debate**. Os sugerimos algunos:
   - Selección genética: bebés a la carta.
   - Redes sociales y fin de la vida privada.
   - Videojuegos y violencia en los niños y jóvenes.

2. Los dos equipos preparan una argumentación «a favor» y otra argumentación «en contra» sobre el tema elegido. Antes de comenzar el debate, se decidirá por sorteo cuál será la postura que defenderá cada uno.

3. Cada integrante del equipo tiene una función en el debate:

a) **Introducción.** El primer orador explica cuáles son las razones por las que el tema del debate es controvertido y expone la postura de su equipo. Además, fija los aspectos principales en los que se apoya su tesis y desarrolla un argumento. Responde a una pregunta formulada por el equipo contrario.
b) **Refutación 1.** El segundo orador pone en duda las razones presentadas por el equipo contrario y desarrolla los restantes argumentos. Contesta a dos preguntas del otro equipo.
c) **Refutación 2.** El tercer orador formula de nuevo los argumentos para contrarrestar las refutaciones del oponente y trata de demostrar que lo que dice es acertado y concluyente. Contesta a 2 preguntas del otro equipo.
d) **Conclusión.** El último orador resume las ideas principales e insiste en la solidez de su argumentación.

4. Inicia y concluye el debate el equipo «a favor». El orden es el siguiente:

SORTEO POSTURAS	INTRODUCCIÓN A FAVOR 2 MIN	INTRODUCCIÓN EN CONTRA 2 MIN	REFUTACIÓN 1 A FAVOR 2 MIN	REFUTACIÓN 1 EN CONTRA 2 MIN
	REFUTACIÓN 2 A FAVOR 2 MIN	REFUTACIÓN 2 EN CONTRA 2 MIN	CONCLUSIÓN EN CONTRA 3 MIN	CONCLUSIÓN A FAVOR 3 MIN

5. El jurado puntúa y determina el equipo vencedor en función de los siguientes criterios:

a) Lengua: elocuencia, adecuación al registro y fluidez.
b) Argumentación: organización, variedad y solidez de los argumentos.
c) Actuación: capacidad para escuchar y responder al oponente.

» LITERATURA

1. El Modernismo

El Modernismo surgió en Hispanoamérica gracias al poeta nicaragüense **Rubén Darío**, que fue su máximo representante. En la base del Modernismo estaban la **rebeldía** y la **renovación**, que se manifestaron, sobre todo, en poesía. Los escritores modernistas, cansados del Realismo, se interesaron por la belleza formal.

El Modernismo estuvo influido por dos corrientes literarias francesas, el **Parnasianismo**, que persigue la belleza y la perfección formales, y el **Simbolismo**, que afirma que la realidad que percibimos es una imagen de algo que se oculta tras ella y que el poeta debe descubrir. Por ejemplo, la ceniza puede simbolizar la muerte; el otoño, la decadencia, etc.

En el Modernismo español sobresalen, en poesía, **Manuel** y **Antonio Machado**; en prosa, **Juan Ramón Jiménez** y **Ramón María del Valle-Inclán**, en su primera época.

Del desastre del 98 a la guerra civil

La derrota contra Estados Unidos, en 1898, supuso la pérdida de las últimas colonias españolas y provocó una profunda crisis social. España era un país empobrecido, con un alto nivel de analfabetismo y enfrentamientos entre tradicionalistas y progresistas. Las tensiones se mantuvieron durante el reinado de Alfonso XIII (1902-1931), que finalizó con la proclamación de la Segunda República (1931-1939). Los enfrentamientos políticos y sociales no cesaron y desembocaron en la guerra civil, tras la sublevación de gran parte del ejército contra el gobierno republicano. Las consecuencias fueron trágicas y dolorosas.

PRINCIPALES TEMAS DEL MODERNISMO	
BELLEZA SENSORIAL	Se crean mundos bellos o se evocan otros: el mundo clásico, el medieval, el renacentista, países exóticos, etc. Pueblan esos mundos hadas, princesas, cisnes, personajes mitológicos, héroes (El Cid, don Quijote, Moctezuma, etc.).
MUNDO INTERIOR	Los escritores muestran sus sentimientos: tristeza, melancolía, dolor, nostalgia, etc. El **paisaje** es de gran importancia y refleja el estado de ánimo del escritor.

Los principales **recursos estilísticos** del Modernismo son: aliteraciones, onomatopeyas, anáforas, paralelismos, palabras cultas, sonoras, exóticas, etc.; la adjetivación ornamental; el uso de metáforas, símbolos, sinestesias, etc.

En cuanto a la **métrica**, utilizan versos largos inusuales (alejandrino, dodecasílabo) y versos consolidados (endecasílabo, octosílabo); recuperan estrofas en desuso (cuaderna vía) y modifican y crean otras; recurren a ritmos muy marcados, etc.

Los modernistas se centran de manera especial en el **léxico**: seleccionan las palabras y las usan en función de su capacidad para sugerir o para conseguir efectos sensoriales especiales: música, color, etc.

El Modernismo, conocido en otros países como *Art Nouveau*, concedió gran importancia a las artes gráficas y decorativas. En la fotografía, detalle de una obra de Alphonse Mucha.

1.1. Rubén Darío

En tu sitio personal de la web *www.barcanova.cat* encontrarás una versión completa de la *Sonatina*.

Sonatina

La princesa está triste... ¿qué tendrá la princesa?
Los suspiros se escapan de su boca de fresa,
que ha perdido la risa, que ha perdido el color.
La princesa está pálida en su silla de oro,
está mudo el teclado de su clave sonoro,
y en un vaso, olvidada, se desmaya una flor.

El nicaragüense **Rubén Darío** (1867-1916) es la figura capital del Modernismo. Como periodista y diplomático, viajó por Europa y conoció el Parnasianismo y el Simbolismo. Destaca por la calidad de su obra poética:

- *Azul* (1888), libro de prosa y poesía, y *Prosas profanas* (1896) contienen todos los elementos propios del Modernismo: musicalidad, sensualidad, cromatismo, vitalismo, abundante adjetivación, lenguaje selecto, innovación métrica, etc.
- *Cantos de vida y esperanza* (1905) es su gran obra poética. Trata temas humanos y elevados (la angustia vital, la fugacidad de la vida, etc.), temas hispánicos y temas políticos.

El desastre de 1898 hizo que muchos intelectuales intentaran regenerar España mediante medidas políticas, sociales, económicas, educativas, etc. A estos intelectuales se les llamó **regeneracionistas**. Destacan Joaquín Costa y Ángel Ganivet.

2. La Generación del 98

La **Generación del 98** engloba a un grupo de escritores que deseaban **cambiar la sociedad** para sacarla de la precaria situación en que se encontraba: crisis económica, diferencias sociales, elevado analfabetismo, etc. Pero también se propusieron **renovar la estética literaria**. Conforman este grupo **Miguel de Unamuno**, **Pío Baroja** y **José Martínez Ruiz**, ***Azorín***, entre otros autores destacados.

PRINCIPALES TEMAS NOVENTAYOCHISTAS	
EL AMOR POR ESPAÑA	Reclaman medidas políticas para construir una España más culta y moderna. En un intento por encontrar los rasgos que definen el alma española, se interesan por las tierras de España, su paisaje, sus gentes, su literatura, su austeridad, etc. Y encuentran esos rasgos en **Castilla**, que se convertirá en símbolo de todo lo español.
LA EUROPEIZACIÓN DE ESPAÑA	Para superar el atraso en que vive España, pretenden acercarla a Europa, europeizarla.
LAS CUESTIONES EXISTENCIALES	Se interesan por el sentido de la vida, la insatisfacción, la angustia vital, la muerte, etc.
LA RELIGIÓN	Se trata desde diferentes posturas: ateísmo, agnosticismo, catolicismo.

CARACTERÍSTICAS ESTILÍSTICAS	
SENCILLEZ	Rechazan la ampulosidad del Modernismo y defienden la expresión sencilla.
SUBJETIVISMO	Lo personal de cada autor está presente en sus escritos.
USO DE PALABRAS CASTIZAS	Su interés por lo español los lleva a recuperar palabras tradicionales.
RENOVACIÓN DE GÉNEROS LITERARIOS	Se renuevan la novela y el teatro y se consolida definitivamente el ensayo.

2.1. Miguel de Unamuno

Unamuno, el mayor de la generación, fue un gran intelectual, siempre en continua lucha consigo mismo, debatiéndose entre la fuerza de la razón y la del corazón. Su obra abarca diferentes géneros literarios.

	OBRAS	TEMAS
ENSAYO	*Por tierras de Portugal y España*; *Andanzas y visiones españolas*; *Vida de Don Quijote y Sancho*	España, su historia y, sobre todo, su intrahistoria (la historia de todos aquellos que hacen posible la historia y de los que nunca se habla).
	Del sentimiento trágico de la vida; *La agonía del cristianismo*	El sentido de la vida humana, sus obsesiones, sus angustias, su lucha interna en la búsqueda de Dios, etc.
NOVELAS	*Niebla*	El sentido de la vida. Ensaya nuevas técnicas narrativas.
	La tía Tula	Relaciones personales y familiares.
	San Manuel Bueno, mártir	Historia de un sacerdote que pierde la fe y guarda silencio para que a sus feligreses no les suceda lo mismo.
POESÍA	*Poesías*; *El Cristo de Velázquez*; *Romancero del destierro.*	La religión, la soledad, el amor, la búsqueda de Dios, la inconsistencia de la vida, España, etc.

Miguel de Unamuno nació en Bilbao en 1864. Estudió en Madrid y luego fue catedrático de Griego en la Universidad de Salamanca. Su opuso a la dictadura de primo de Rivera, por lo que sufrió destierro. Murió el 31 de diciembre de 1936.

2.2. José Martínez Ruiz, *Azorín*

El alicantino José Martínez Ruiz (1873-1967), *Azorín*, defendió en su juventud ideas revolucionarias, pero evolucionó hacia un catolicismo conservador. Escribió **ensayos** (*Los pueblos*, *Castilla*); **novelas** (*La voluntad*), y **teatro** (*Lo invisible*). La prosa de Azorín es sencilla y precisa, pero pulcra y elegante; utiliza preferentemente la frase corta.

2.3. Pío Baroja

Pío Baroja destacó como novelista, con un estilo sobrio, claro y preciso, y una visión pesimista de la vida. Escribió numerosas novelas, agrupadas en trilogías.

- ***La raza*** (*La dama errante*, *La ciudad de la niebla* y *El árbol de la ciencia*).
- ***Tierra vasca*** (*La casa de Aizgorri*, *El mayorazgo de Labraz* y *Zalacaín el aventurero*).
- ***La lucha por la vida*** (*La busca*, *Mala hierba* y *Aurora roja*).

Pío Baroja (San Sebastián, 1872-Madrid, 1956) estudió Medicina, pero se dedicó desde muy joven a la literatura y al periodismo. Fue un espíritu rebelde, inconformista y ateo que sentía una especial inclinación hacia los más desfavorecidos.

Ramón María del Valle-Inclán nació en Villagarcía de Arosa (Pontevedra) en 1866. En Madrid, se caracterizó por su vida bohemia y su aspecto extravagante: grandes melenas y barbas, quevedos (grandes gafas redondas), sombrero ancho. Murió en Santiago de Compostela, en 1936.

2.4. Ramón María del Valle-Inclán

Valle-Inclán experimentó una gran evolución ideológica (pasó del tradicionalismo a posturas revolucionarias) y literaria: su etapa inicial **modernista** pasó a ser más crítica e innovadora con **los esperpentos**.

ETAPA	CARACTERÍSTICAS	OBRAS
MODERNISTA	Elementos sensoriales (cromatismo, musicalidad, ritmo), abundante adjetivación, ambientes decadentes, etc.	***Sonatas*** (*Sonata de otoño*, *Sonata de invierno*, *Sonata de primavera* y *Sonata de estío*). ***Comedias bárbaras*** (*Águila de blasón*, *Romance de lobos* y *Cara de plata*).
ESPERPENTOS	Presenta deformados los aspectos sociales que considera criticables. Para ello utiliza exageraciones, animalización o cosificación de personas, humanización de cosas o animales, juegos de palabras, contrastes, humor negro, ironía, etc. El resultado de todo es absurdo, degradante y risible.	*Luces de bohemia*. *Martes de carnaval* (*Los cuernos de don Friolera*, *Las galas del difunto* y *La hija del capitán*). *Divinas palabras*. *Tirano Banderas*.

Machado nació en Sevilla, en 1875. Estudió en Madrid, en la Institución Libre de Enseñanza. En 1907 se trasladó a Soria, donde ejerció de catedrático de Francés. En 1909 se casó con Leonor Izquierdo que murió tres años después. Fue partidario de la República. En 1939 se exilió a Francia, donde murió ese mismo año en la localidad de Collioure.

2.5. Antonio Machado

Machado parte del Modernismo, pero evoluciona hacia posturas noventayochistas y filosóficas. En verso escribió:

- ***Soledades*** (1903), ampliado en 1907 con el título de ***Soledades, Galerías y otros poemas***. Es una obra intimista con elementos modernistas. Trata sobre el amor, la muerte, el paso del tiempo, la búsqueda de Dios, etc.
- ***Campos de Castilla*** (1912). Los protagonistas son las gentes de Castilla y el paisaje castellano, que se identifica con el alma y el sentir del poeta. También hay meditaciones sobre la realidad española: pobreza, atraso, injusticia, desigualdades... En la versión final del libro (1917) se incorporan poemas de crítica social junto a otros inspirados en la muerte de Leonor y los que llama *Proverbios y cantares*, breves poemas que son aforismos meditaciones, reflexiones personales, etc.
- ***Nuevas canciones*** (1924). Es un poemario de contenido variado: poemas sueltos, de amor, filosóficos, etc.

» ACTIVIDADES

22. Lee el siguiente poema de Rubén Darío y responde a las preguntas que se plantean:

La nube de verano

Una tarde serena de verano,
el **céfiro montano**
sopla **tenue**, y el sol hundiéndose arde;
resuena la campana en la abadía,
y en la azul lejanía
ni una nube se ve. ¡Qué linda tarde!

Entre naranjo y cedro y roble y sauce,
camina por su cauce
un riachuelo tan límpido y sonoro,
que retrata en sus **linfas** transparentes
los cogollos nacientes,
la blanca flor y las naranjas de oro.

VOCABULARIO

céfiro montano *m.* Viento suave que proviene del monte.

tenue *adj.* Delicado.

linfa *f.* En lenguaje poético, agua.

a) Mide la primera estrofa, indica la rima y escribe su esquema métrico. ¿De qué estrofa se trata?

b) Anota todos los rasgos modernistas que aprecies en el poema: adjetivación, notas de luz y de color, léxico culto, etc.

c) Señala un polisíndeton y una personificación en el poema.

23. Lee el siguiente texto y contesta a las preguntas que se formulan:

El caserío donde habitaban los Zalacaín pertenecía a la familia de los Ohando, familia la más antigua, aristocrática y rica de Urbía.

Vivía la madre de Martín casi de la misericordia de los Ohandos.

En tales condiciones de pobreza y de miseria, parecía lógico que, por herencia y por la acción del ambiente, Martín fuese como su padre y su madre: oscuro, tímido y apocado; pero el muchacho resultó decidido, temerario y audaz. [...]

Un día, al salir de la escuela, Carlos Ohando, el hijo de la familia rica que dejaba por limosna el caserío a la madre de Martín, señalándole con el dedo, gritó:

—¡Ese! Ese es un ladrón.

—¡Yo! —exclamó Martín.

—Tú, sí. El otro día te vi que estabas robando peras en mi casa. Toda tu familia es de ladrones.

Martín, aunque respecto a él no podía negar la exactitud del cargo, creyó que no debía permitir este ultraje dirigido a los Zalacaín, y, abalanzándose sobre el joven Ohando, le dio una bofetada morrocotuda. Ohando contestó con un puñetazo; se agarraron los dos y cayeron al suelo; se dieron de trompicones; pero Martín, más fuerte, tumbaba siempre al contrario. [...] Martín se separó triunfante, y el joven Ohando, magullado y maltrecho, se fue a su casa.

La madre de Martín, al saber el suceso, quiso obligar a su hijo a presentarse en casa de Ohando y a pedir perdón a Carlos; pero Martín afirmó que antes lo matarían. Ella tuvo que encargarse de dar toda clase de excusas y explicaciones a la poderosa familia.

Pío Baroja: *Zalacaín el aventurero.*

a) ¿A qué clase social pertenece Martín Zalacaín? ¿Y los Ohando?

b) ¿En qué rasgos de carácter se diferencia Martín de sus padres?

c) ¿Es verdad la acusación de que Martín robó peras en casa de Carlos Ohando? Anota el fragmento del texto que te ha servido para responder la pregunta.

d) ¿Cómo reacciona Martín cuando su madre le dice que pida perdón a Carlos?

24. En la escena XII de *Luces de bohemia*, de Valle-Inclán, encontramos la definición de **esperpento** en boca de Max Estrella. Lee el siguiente fragmento y contesta a las preguntas:

MAX. Los **ultraístas** son unos farsantes. El esperpentismo lo ha inventado Goya. Los héroes clásicos han ido a pasearse en el **callejón del Gato**.

DON LATINO. ¡Estás completamente **curda**!

MAX. Los héroes clásicos reflejados en los espejos cóncavos dan el Esperpento. El sentido trágico de la vida española solo puede darse con una estética sistemáticamente deformada.

DON LATINO. ¡Miau! ¡Te estás contagiando!

MAX. España es una deformación grotesca de la civilización europea.

DON LATINO. ¡Pudiera! Yo **me inhibo**.

MAX. Las imágenes más bellas en un espejo cóncavo son absurdas.

DON LATINO. Conforme. Pero a mí me divierte mirarme en los espejos de la calle del Gato.

MAX. Y a mí. La deformación deja de serlo cuando está sujeta a una matemática perfecta. Mi estética actual es transformar con matemática de espejo cóncavo las normas clásicas.

DON LATINO. ¿Y dónde está el espejo?

MAX. En el fondo del vaso.

DON LATINO. ¡Eres genial! ¡Me quito el cráneo!

MAX. Latino, deformemos la expresión en el mismo espejo que nos deforma las caras y toda la vida miserable de España.

DON LATINO. Nos mudaremos al callejón del Gato.

VOCABULARIO

ultraístas Poetas de principios del siglo XIX que buscaban la renovación radical del espíritu y la técnica.

callejón del Gato Callejón de Madrid en donde había unos espejos cóncavos y convexos en los que Valle-Inclán se inspiró para su esperpentismo.

curda *adj.* Borracho.

inhibirse *v.* Abstenerse.

a) ¿Cómo se puede definir el esperpento, según las palabras de Max Estrella?
b) Localiza un caso de animalización y anótalo.
c) Anota un ejemplo de registro coloquial.
d) ¿Qué visión de España tiene el autor?

25. Lee el siguiente poema de Machado y responde a las cuestiones que se plantean a continuación:

Es una tarde cenicienta y mustia,
destartalada, como el alma mía;
y es esta vieja angustia
que habita mi habitual **hipocondría**.
La causa de esta angustia no consigo
ni vagamente comprender siquiera;
pero recuerdo y, recordando, digo:
Sí, yo era niño, y tú, mi compañera.

Y no es verdad, dolor, yo te conozco,
tú eres nostalgia de la vida buena
y soledad de corazón sombrío,
de barco sin naufragio y sin estrella.
Como perro olvidado que no tiene
huella ni olfato y **yerra**
por los caminos, sin camino, como
el niño que en la noche de una fiesta
se pierde entre el gentío
y el aire polvoriento y las **candelas**
chispeantes, atónito, y **asombra**
su corazón de música y de pena,
así voy yo, borracho, melancólico,
guitarrista **lunático**, poeta,
y pobre hombre en sueños,
siempre buscando a Dios entre la niebla.

VOCABULARIO

hipocondría *f.* Preocupación constante por la salud.

yerra Del verbo *errar*, vagar por un lugar.

candela *f.* Vela, luz.

asombra *v.* Ensombrecer, asustar.

lunático, ca *adj.* Loco.

a) Analiza métricamente el poema: medida, tipo de rima, esquema métrico, estrofa utilizada.
b) En la primera parte, el alma del poeta se identifica con la tarde. ¿Qué significan, por tanto, los adjetivos *cenicienta*, *mustia* y *destartalada*?
c) Resume las dos partes del poema.
d) El tema del poema está expresado en el verso final. ¿Cuál es?
e) En la segunda parte hay varias comparaciones. Explícalas relacionándolas con el tema.

26. El siguiente poema representa la lucha interna de Unamuno: quiere creer en Dios y no puede. Léelo y responde a las preguntas:

Salmo I

Señor, Señor, ¿por qué consientes
que te nieguen ateos?
¿Por qué, Señor, no te nos muestras
sin velos, sin engaños?
¿Por qué, Señor, nos dejas en la duda,
duda de muerte?
¿Por qué te escondes? [...]
¿Dónde estás, mi Señor; acaso existes?
¿Eres Tú creación de mi congoja,
o lo soy tuya? [...]
Señor, ¿por qué no existes?,
¿dónde te escondes?
Te buscamos y **te hurtas**,
te llamamos y callas,
te queremos y Tú, Señor, no quieres
decir: ¡vedme, mis hijos! [...]
Una señal, Señor, una tan solo,
una que acabe
con todos los ateos de la tierra;
una que dé sentido
a esta sombría vida que arrastramos.
¿Qué hay más allá, Señor, de nuestra vida? [...]

VOCABULARIO

hurtarse *v.* Ocultarse.

a) Analiza métricamente los siete primeros versos: medida, rima, esquema métrico, estrofa. ¿Qué nombre reciben estos versos?
b) ¿A quién se dirige el poeta? ¿Cómo podemos saberlo? ¿Qué le pide?
c) ¿En qué versos el poeta reprocha a Dios su silencio?
d) ¿Qué figuras literarias se dan en estos tres versos?

Te buscamos y te hurtas,
te llamamos y callas,
te queremos y Tú, Señor, no quieres

- Metáfora y antítesis
- Anáfora y personificación
- Anáfora y antítesis

e) Explica el significado del último verso.
f) ¿Por qué el poema es una paradoja continua?

27. Lee el siguiente fragmento y contesta a las preguntas que se plantean a continuación:

La casa está animada. Viven en ella. La habitan un señor pálido, delgado, con una barba gris, una señora y una niña. Tiene el pelo flotante y de oro la niña. [...]

A la noche, todos salen al jardín. Mirad qué **diafanidad** tiene el cielo. En el cielo **diáfano** se perfilan las dos copas agudas de los cipreses. Entre las dos copas **fulge** —verde y rojo— un lucero. Los rosales envían su fragancia suave a la noche. Prestad atentos el oído; a esta hora se va a escuchar el ronco rumor del paso del tren —allá lejos, muy lejos— por el puente de hierro. Luego brillará la lucecita roja del furgón y desaparecerá en la noche oscura y silenciosa.

En el jardín. De noche. Se percibe el aroma suave de las rosas. Los dos cipreses destacan sus copas alargadas en el cielo diáfano. Brilla un lucero entre las dos alongadas manchas negras.

AZORÍN: «Una lucecita roja», en *Castilla. La ruta de don Quijote.*

VOCABULARIO

diafanidad *f.* Claridad.
diáfano, na *adj.* Claro, despejado.
fulgir *v.* Resplandecer.

a) ¿Qué tipo de léxico utiliza Azorín? ¿Aparecen cultismos? Destaca alguno.
b) ¿Predominan las oraciones simples y breves o las compuestas y extensas?
c) ¿Qué figura literaria aparece en «Los rosales envían su fragancia suave a la noche»?

comparación • sinestesia • personificación
metáfora

d) ¿A qué se refiere la expresión «las dos alongadas manchas negras»? ¿Qué figura literaria ha empleado Azorín en ella?
e) Anota las palabras del texto que hacen referencia al mundo sensorial (colores, olores, sonidos). ¿Cuál es la nota predominante?
f) ¿De qué tipo son las descripciones del señor y de la niña?

etopeya • retrato • prosopografía

» GRAMÁTICA

1. Los complementos verbales

Los **complementos verbales** son grupos de palabras (sintagmas) que dependen del núcleo de la oración, el verbo, y desempeñan una determinada función sintáctica.

Los conceptos de argumento y adjunto

Desde la perspectiva del significado se emplean en la actualidad los términos *argumento* (elemento que aporta información exigida por una palabra) y *adjunto* (elemento que acompaña o modifica a una palabra, pero no viene exigido por ella). Así, en «Lorenzo escribió su último libro el año pasado», «Lorenzo» (sujeto) y «su último libro» (CD) son argumentos (¿quién escribe? y ¿qué escribe?), mientras que «el año pasado» es un adjunto (un CC).

1.1. El atributo

La función de atributo aparece en predicados nominales (con verbos copulativos —*La flor está marchita*— o semicopulativos —*Ana sigue enferma*—). Puede desempeñarla un SAdj (*El cuarto está **limpio***), un SN (*Toni es **tu tío***), un SPrep (*El éxito es **del equipo***) o un SAdv (*La solución me parece **bien***). En los predicados con verbo copulativo, el atributo es conmutable por el pronombre personal *lo*. En general, el atributo nominal o adjetival concuerda en género y número con el sujeto.

1.2. El complemento predicativo

En algunos aspectos, el complemento predicativo es parecido al atributo, pero no debe confundirse con él, pues el atributo aparece en predicados nominales, mientras que el complemento predicativo, no. Ejemplo: *Los muchachos escucharon **atentos** a su entrenador.*

El complemento predicativo (CPred) es un sintagma que, en un predicado no copulativo, muestra una característica o propiedad del sujeto o del complemento directo. Siempre que es posible, el predicativo concuerda en género y número con uno de estos elementos Existen dos tipos de CPred, según el elemento al que complementen:

a) **Complemento predicativo del sujeto:** *Lucía dio a luz **tranquila** en su casa. Corrían **desesperados** de un lado para otro.*
b) **Complemento predicativo del CD:** *Toni dejó **limpio** el piso de estudiantes. Pagaron la casa **demasiado cara**.*

ELEMENTOS QUE PUEDEN DESEMPEÑAR LA FUNCIÓN DE CPRED
Un sintagma adjetival: *Llegó **exhausta** a casa. Vimos a su primo **lloroso**.*
Un sintagma nominal: *Nombraron a Ramírez **presidente** de la asociación.*

1.3. El complemento directo

El complemento directo (CD) es habitualmente un sintagma nominal que necesitan los verbos transitivos para que el predicado tenga sentido completo: *Ofrecieron a Luis* ***un trabajo*** (**Ofrecieron a Luis*).

Cuando el CD se refiere a personas o seres animados, va antecedido por la preposición *a*: *El gobernador recibió* ***al cónsul*** *en el jardín*.

¿CÓMO RECONOCEMOS EL COMPLEMENTO DIRECTO?
Sustituyéndolo por *lo*, *la*, *los* o *las* en una oración no copulativa: *Anunciaron* ***la boda*** (***la*** *anunciaron*); *Compramos* ***un coche eléctrico*** (***lo*** *compramos*).
Pasando la oración a pasiva: en este caso, el CD será el sujeto paciente del verbo: *Laura recibió* ***un obsequio***. → ***Un obsequio*** *fue recibido por Laura*.

ELEMENTOS QUE PUEDEN DESEMPEÑAR LA FUNCIÓN DE CD
Un sintagma nominal: *Manchó* ***el pantalón nuevo*** *durante la cena*.
Un pronombre: ***La*** *contemplé en todo su esplendor. No* ***te*** *vi en la fiesta*.
Un sintagma preposicional: *Expulsó* ***a los gatos callejeros*** *de su jardín*.
Una oración subordinada sustantiva o de relativo sin antecedente expreso: *Le suplicó* ***que se quedara esa noche junto a él****. No observó* ***al que se movía a su espalda***.

El CD puede aparecer duplicado en una misma oración: *Al librero lo buscaron por todo el barrio. Esa opción no pienso aceptarla*.

1.4. El complemento indirecto

El complemento indirecto (CI) es un sintagma preposicional introducido por la preposición *a* que, en general, designa el destinatario de una acción: *El cartero entregó el certificado* ***al presidente de la comunidad***.

Como ocurre con el CD, el CI también puede aparecer duplicado: ***A los dos les*** *encantan los reportajes de pesca*.

¿CÓMO RECONOCEMOS EL COMPLEMENTO INDIRECTO?
Sustituyéndolo por los pronombres personales átonos *le*, *les* o *se*: *El cartero entregó el certificado* ***al presidente de la comunidad***. → *El cartero* ***le*** *entregó el certificado*. *La Administración reconoció* ***a Manuel*** *su pensión de invalidez*. → *La Administración* ***le*** *reconoció su pensión de invalidez*.

ELEMENTOS QUE PUEDEN DESEMPEÑAR LA FUNCIÓN DE CI
Un sintagma preposicional precedido por la preposición *a*: *Da un abrazo* ***a tus hermanos*** *de mi parte*.
Una oración subordinada sustantiva o de relativo sin antecedente expreso: *No dieron importancia* ***a que se comportara de un modo extraño****. La explicación resultó una sorpresa* ***a los que no esperaban la resolución del caso***.

Cuando en una oración se pronominaliza el CD y el CI a la vez, los pronombres *le*, *les* adoptan la forma *se*: *La costurera* ***se*** *lo arregló*.

Aunque no es lo más habitual, el CR puede aparecer en construcciones junto a un CD (*Confundí mi coche* ***con el tuyo***), e incluso es posible la presencia de dos CRV (*Coincidió* ***en la opinión con su hermano***).
Algunos verbos pueden aceptar construcciones con CR o con CD. En estos casos puede ocurrir que su significado sea distinto: *Creo todo lo que me dicen*; *Creo en las personas*.

1.5. El complemento de régimen preposicional

El complemento de régimen preposicional (CR) es un sintagma preposicional exigido semánticamente por un verbo para que el predicado tenga sentido completo. Ejemplos: *Se olvidó* ***de la toalla y de las chancletas*** *en la playa. Confía* ***en sus posibilidades***.

El CR puede sustituirse por un pronombre tónico (*él*, *ella*, *ellos*, *ellas*, *ello*, *eso*, *mí*, *ti*, etc.) precedido de la preposición: *Se olvidó* ***de eso***. *Confía* ***en él***.

Los verbos que necesitan CR requieren una preposición determinada, aunque, en ocasiones, pueden presentar varias: *atreverse a*, *pensar en*, *acordarse de*, *arrepentirse de*, *negarse a*, *avergonzarse de*, *hablar de/sobre*, *obligar a*, *preguntar por*, *soñar con*, *inclinarse a/por*, *reflexionar en/sobre*, etc.

ELEMENTOS QUE PUEDEN DESEMPEÑAR LA FUNCIÓN DE CC
Adverbios: *Lo encontramos* ***allí***.
Sintagmas preposicionales: *Buscaban tesoros* ***en el río***.
Sintagmas nominales: *Estudiaremos* ***esta tarde***.
Oraciones subordinadas: ***Mientras tú lees***, *yo duermo*.

1.6. El complemento circunstancial

El complemento circunstancial informa de las circunstancias en que se produce la acción verbal: lugar, tiempo, cantidad, instrumento, compañía... Su movilidad dentro de la oración es muy amplia, ya que puede aparecer en múltiples posiciones.

El fin de semana *fue apartado del equipo* ***por su comportamiento***.

CC Tiempo — CC Causa

TIPOS DE CC	
Lugar: ***Desde mi ventana*** *no veo el río*.	Medio: *Viaja* ***en tren***. *Se conectan* ***por ordenador***.
Tiempo: *El autobús sale* ***el miércoles***.	Materia: *Lo construyó* ***con hojalata***.
Modo: *Iban* ***a ciegas*** *hacia su objetivo*.	Finalidad: *Solo voy a la capital* ***para las visitas médicas***.
Cantidad: *El salmón me gusta* ***mucho***.	Beneficio: *Tocó el violín* ***para él***.
Compañía: *Irene pasea* ***con su hermana***.	Causa: *Se cayó de la escalera* ***a causa de su torpeza***.
Instrumento: *Hoy pintará* ***con sus nuevos pinceles***.	

1.7. El complemento agente

El complemento agente es un sintagma preposicional introducido por la preposición *por* (y ocasionalmente *de*) en oraciones pasivas perifrásticas. Ejemplo: *El gol del Valencia fue anulado* ***por el árbitro***; *Es conocida* ***de todos*** *su afición por los barcos*.

El escritor creó una nueva novela.

S — V — CD

Una nueva novela fue creada por el escritor.

S paciente — V — CAg

» ACTIVIDADES

28. Distingue si en las siguientes oraciones los elementos destacados son atributos o complementos predicativos:

a) Los nuevos veleros navegarán **ligeros** por el mar.
b) La impresora de la oficina estaba **vieja y anticuada**.
c) Su padre cocinaba **alegre** entre cebollas, ajos tiernos y patatas.
d) Este año vemos a Antonio **muy responsable**.
e) Tu última proposición fue **un error**.
f) A Cari la llamaban «**La magnífica**».
g) ¿Lo recordáis alguna vez **despistado**?
h) Los artistas parecían **cansados** después del concierto.
i) Nuestros clientes holandeses quedaron **gratamente sorprendidos**.
j) Es **interesante** tu nueva situación laboral.

29. Identifica los complementos predicativos en las siguientes oraciones y di si se refieren al sujeto o al CD:

a) Los estudiantes salieron cansados del último examen.
b) El aspirante llegó animado ante el tribunal.
c) He encontrado desmejorado a David.
d) La gata amamantaba tranquila a sus crías.
e) Designaron a Amador vencedor del premio al mejor artículo sobre cine.
f) El reo contestaba nervioso a las preguntas del inquisidor.
g) Nombraron concejal de cultura a aquel famoso escultor.

30. Identifica el complemento directo de las oraciones siguientes y sustitúyelo por el pronombre personal átono correspondiente.

a) Por Sant Jordi la florista vendió todas las rosas.
b) Nunca habíamos vivido una situación parecida.
c) Ya había pasado demasiado tiempo desde la última vez.
d) El general llamó a sus oficiales a la tienda de mando.
e) Admirábamos la puesta de sol desde el borde del precipicio.
f) El jefe siempre tiene la razón.

31. Identifica el complemento indirecto de las oraciones y sustitúyelo por el pronombre personal átono correspondiente.

a) Alquiló la barca a su tío para todo el día.
b) Dijo la verdad a sus compañeros.
c) Recité con emoción unos breves versos a mis abuelos.
d) El banco prestó el dinero necesario a los jóvenes inversores.
e) El jurado concedió el premio a un joven pintor asturiano.
f) Algún día agradecerás a la familia este regalo.

32. Identifica los complementos directos y los complementos indirectos de estas oraciones:

a) Desde el mes pasado lleva siempre la comida al trabajo a su hija.
b) El director comunicó el cierre de la empresa a sus trabajadores.
c) Transmitieron un sencillo mensaje de felicitación a los recién casados.
d) Envié por correo ordinario el nuevo libro de Lorenzo Silva a mi padre.
e) Los indígenas del Amazonas pidieron un tratado medioambiental a las autoridades brasileñas.
f) El acusado encargó su defensa al mejor abogado del bufete.
g) El propietario de la discoteca nos proporcionó una entrada para el espectáculo.

33. Sustituye ahora los CD y los CI de las oraciones de la actividad anterior por los pronombres correspondiente (*lo, la, los, las, le, les, se*). Fíjate en el ejemplo:

He regalado una rosa (CD) a mi esposa (CI) por su aniversario.

Se (CI) la (CD) he regalado por su aniversario.

34. Justifica que el sintagma preposicional introducido por una *a* sea CD o CI:

a) *A los empleados* no les gustan las excusas.
b) Ellos rescataron *a tres niños perdidos.*
c) Prefieren *al veterano buceador* para la misión.
d) Siempre acuestan *a sus hijos* antes de las diez.
e) Ernesto dio las gracias *a su ayudante*.

35. Di si los pronombres destacados en las siguientes oraciones son CD o CI:

a) *Te* vi en la estación anoche.
b) Durante la última misión *te* espiaron desde la habitación contigua.
c) ¿*Te* gusta mi nuevo vestido?
d) *Nos* agradeció nuestra dedicación.
e) Dí*nos*lo ya, por favor.
f) *Me* interesa mucho tu última investigación.
g) *Me* observaba desde la azotea.
h) Siempre *me* ha llamado la atención tu pelo.
i) *Se* enviaron mensajes de agradecimiento.
j) *Se* miró durante largo rato en el espejo.

36. Escribe un término de la preposición para completar los complementos de régimen:

a) El profesor insistió en ▮.
b) De joven soñaba con/en ▮.
c) Nos atrevimos a ▮.
d) Se olvidó de ▮ en la oficina.
e) El informe consta de ▮.
f) El agricultor presume de ▮.
g) Gustavo aspira a ▮.
h) Se preocupaba de ▮.

37. Indica si los sintagmas preposicionales destacados son complementos circunstanciales o de régimen. En el caso de que sean complementos circunstanciales, di de qué tipo son.

a) Confiamos totalmente <u>*en vuestro buen criterio*</u>.
b) Nos hablaron <u>*de numerosas historias terroríficas*</u>.
c) Siempre hablaban <u>*de noche*</u> <u>*de sus problemas*</u>.
d) El joyero depositó su dinero <u>*en el banco*</u>.
e) Viajaremos <u>*en tren*</u> <u>*por toda Europa*</u>.
f) Fina insistía <u>*en cambiar la estructura organizativa*</u>.
g) El chico se arrepintió <u>*de sus últimos comportamientos*</u>.
h) Lo construyeron <u>*con hierro de primera calidad*</u>.
i) El comerciante me convenció <u>*de las virtudes del producto*</u>.
j) Hablaron <u>*por teléfono*</u> <u>*a mediodía*</u>.

38. Escribe una oración con cada una de las siguientes combinaciones de complementos circunstanciales en el orden y posición que creas conveniente. Incorpora además el elemento que se indica entre paréntesis:

a) Lugar + Finalidad (determinante demostrativo)
b) Modo + Causa (pronombre personal)
c) Instrumento + Tiempo (locución verbal)
d) Medio + Finalidad (adjetivo calificativo)
e) Materia + Lugar (determinante indefinido)

39. En estas agrupaciones de oraciones, los elementos destacados desempeñan funciones sintácticas diferentes. Indica de qué funciones se trata y justifícalo:

a) Por la mañana siempre estaba *cansado*.
Por la mañana siempre se levantaba de la cama *cansado*.
b) Escucharon *atentos* las explicaciones del ornitólogo.
Escucharon *con atención* las explicaciones del ornitólogo.
c) Las trincheras fueron intensamente bombardeadas *por el enemigo*.
Las trincheras fueron intensamente bombardeadas *por la noche*.
Las trincheras fueron intensamente bombardeadas *por tu culpa*.
d) Sentía *una honda pena* en el corazón.
Se sentía *apenado*.
e) Ramiro escondió *a su hermano*.
Ramiro se escondió *de su hermano*.

40. Indica qué diferencia gramatical y de significado existe entre estas oraciones: *Bebí agua con gas*; *Bebí agua con Gemma*; *Bebí agua con una copa de bronce*.

41. Haz lo mismo con este otro par de oraciones: *Le di un regalo a mi novia*; *Le di un regalo para mi novia*.

42. Las siguientes oraciones son pasivas. Distingue las pasivas perifrásticas de las pasivas reflejas. Añade un complemento agente en los casos que puedas.

a) Se ofrecen paseos a caballo de una hora de duración.
b) Jorge fue investigado durante diez años.
c) Durante la puesta en marcha del motor, se cometió un terrible error.
d) Todas las acciones serán ensalzadas.

» LÉXICO

1. La formación de las palabras: composición

La composición es un proceso de formación léxica en castellano que consiste en la combinación de dos palabras (*sacacorchos*), de dos elementos compositivos cultos (*geología*) o de una palabra y un elemento compositivo culto (*aeropuerto*).

Las palabras compuestas se forman combinando distintas clases de palabras:

Nombre + Nombre: *bocacalle*	Adjetivo + Adjetivo: *verdinegro*
Nombre + Adjetivo: *caradura*	Verbo + Nombre: *aparcacoches*
Adjetivo + Nombre: *bajorrelieve*	Otras: *hazmerreír*, *sabelotodo*, *traspiés*...

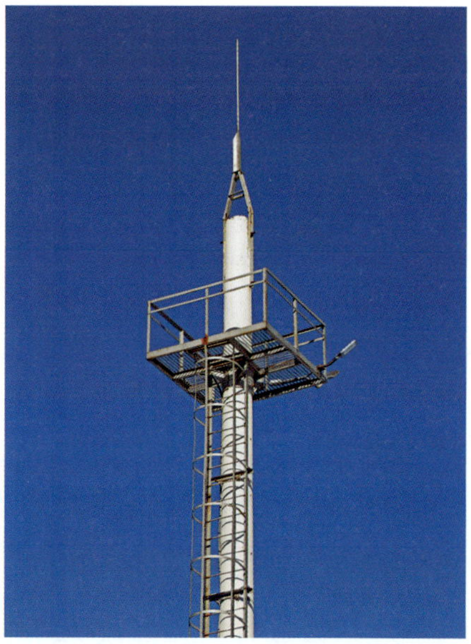

Según su grado de integración, los compuestos se clasifican en dos tipos:

- **Compuestos léxicos o propios**: forman una sola palabra (*rompeolas*, *abrecartas*, *pararrayos*...).
- **Compuestos sintagmáticos**: contienen dos o más palabras que se escriben separadas y mantienen la acentuación que tenían como formas simples (*pueblo fantasma*, *hombre lobo*). Algunos de ellos se escriben con guion intermedio (*físico-químico*, *cántabro-astur*).

1.1. Elementos compositivos cultos

Los elementos compositivos cultos son bases léxicas procedentes del latín y del griego que mantienen su significado en la actualidad. Suelen aparecer combinados entre sí (*cardiopatía*, *gastronomía*), con otros elementos léxicos (*helio**terapia***, *macro**concierto***), o con prefijos o sufijos (***á**crata*, *hepat**itis***).

antropo-	hombre	antropología	*hetero-*	otro, diferente	heterodoxo	*semi-*	medio	semiesfera
bio-	vida	biología	*iso-*	igual	isomorfo	*seudo-*	falso	seudoprofeta
crono-	tiempo	cronómetro	*mono-*	único/uno solo	monomanía	*tele-*	lejos	teléfono
demo-	pueblo	democracia	*omni-*	todo	omnipotente	*termo-*	calor	termómetro
fono-	sonido	fonología	*pluri-*	varios	pluriempleo	*topo-*	lugar	topografía
foto-	luz	fotografía	*poli-*	muchos	polideportivo	*xeno-*	extranjero	xenofobia

» ACTIVIDADES

43. Escribe en dos minutos todas las palabras compuestas que se te ocurran. Verás que son más de las que te imaginabas al principio.

44. Clasifica los siguientes términos según cuáles sean las clases de palabras que las componen:

hojalata • bajorrelieve • francoprusiano
bajamar • vaivén • coliflor • portamaletas
altibajo • pelirrojo • manirroto • metomentodo
altiplanicie • portafolios • lanzallamas
telaraña • tentempié • agridulce • puntiagudo
hierbabuena • malcriado • guardabarros

Nom. + Nom.	Nom. + Adj.	Adj. + Nom.	Adj. + Adj.	V. + Nom.	Otras

45. Deduce y anota el significado de las siguientes palabras con la ayuda de la lista de elementos compositivos cultos:

omnívoro, xenofobia, isotérmico, topógrafo

46. El sufijo *-cracia* significa 'gobierno', 'dominio' o 'poder'. Busca qué significan los otros elementos compositivos cultos de las siguientes palabras y, a continuación, escribe una oración con cada una de ellas en la que se aprecie con claridad su significado:

teocracia, democracia, gerontocracia, burocracia, aristocracia

47. El nombre de algunas especialidades médicas o enfermedades se forman a partir de elementos compositivos cultos. Busca el significado de los siguientes y escribe dos palabras pertenecientes a cada familia léxica: *gastr-*, *hepato-*, *cefalo-*, *cardio-*, *oftalmo-*, *oto-* y *neuro-*.

48. Busca el significado de las siguientes palabras, fíjate en sus elementos compositivos cultos y completa las oraciones con el término adecuado: *ácrata, cleptomanía, bibliófilo, homicida, monolito, isotérmicas.*

a) El ilustre ■ poseía la primera edición de todas las obras de Feijoo.
b) Durante toda su vida no obedeció a nadie debido a su ideología ■.
c) Cuando veía un objeto encima de la mesa, debía esforzarse por vencer su ■.
d) Tras una larga búsqueda, la policía encontró junto al río el arma del ■.
e) En el helicóptero disponían de bolsas ■ para el traslado de órganos.
f) Aquel monumento de una sola piedra era el ■ que había visto en la revista.

49. Localiza las seis palabras compuestas que corresponden a las siguientes definiciones:

1. Atar las manos.
2. Planta procedente de Perú, de pétalos amarillos, de la que se extrae aceite.
3. Persona sorda de nacimiento y, en consecuencia, con muchas dificultades para hablar.
4. Líquido producido por la fermentación ácida del vino.
5. Día que precede inmediatamente al de ayer.
6. Miriápodo con un par de patas en los 21 anillos en que se divide su cuerpo.

M	V	F	E	G	Y	S	R	P	O
A	G	I	R	A	S	O	L	I	O
N	O	P	N	R	N	T	I	O	D
I	T	J	A	A	C	E	O	Ñ	U
A	H	I	B	C	G	E	F	Y	M
T	I	E	C	A	B	R	I	U	O
A	D	G	A	L	I	O	E	V	D
R	U	A	N	T	E	A	Y	E	R
S	T	S	E	I	S	O	S	R	O
E	N	C	I	E	M	P	I	E	S

» ORTOGRAFÍA

1. La *ll* y la *y*

SE ESCRIBE *LL*	EJEMPLOS
En las palabras terminadas en *-illo, -illa, -ullo.*	*palillo, mejilla, barullo*
En los verbos cuyo infinitivo acaba en *-illar, -ellar, -ullar* y *-ullir.*	*atornillar, aullar, mellar, engullir*

SE ESCRIBE *Y*	EJEMPLOS
Al principio de palabra y cuando va delante de vocal.	*yegua, yoga*
Al final de palabra, cuando va detrás de vocal y forma parte de un diptongo. Excepciones: *bonsái, saharaui.*	*ley, voy*
En medio de palabra, si va entre vocales y forma sílaba con la vocal siguiente.	*proyección, rayo*
En los verbos que no llevan la letra *y* ni *ll* en su infinitivo pero la tienen en alguno de sus tiempos.	*creyó, sustituyeron*

2. Casos especiales de la acentuación

	EJEMPLOS
Las palabras compuestas se consideran como una sola palabra y siguen las reglas generales de la acentuación ortográfica.	*vigesimoséptimo*
Las palabras compuestas con guion conservan la tilde si la llevaban como palabras independientes.	*teórico-práctico*
Los adverbios acabados en *-mente* conservan la tilde en el lugar en que la llevara el adjetivo del que provienen.	*comúnmente, débilmente*
Las formas verbales a las que se añaden pronombres enclíticos llevan tilde siguiendo las reglas generales de la acentuación.	*díselo, cómpranoslo, pídeselo*

BARCANOVA EDITORIAL

» ACTIVIDADES

50. Identifica la palabra que está mal escrita en cada fila y escríbela correctamente:

a) caballo, escallolar, vasallo, entallar
b) caballuno, desencallar, detalle, alluda
c) arroyo, desarroyar, pararrayos, mayo
d) hoyo, ensayo, ladriyo, suyo
e) subrallar, ametrallar, detallar, callar
f) calle, muelle, ollente, amarillento

51. Completa las siguientes oraciones con el gerundio del verbo que está entre paréntesis.

Ejemplo: *Los copos de nieve iban cayendo* (caer) *lentamente a través de la ventana.*

a) Ha ido ▮ (*traer*) sus pertenencias poco a poco.
b) ▮ (*ir*) a correr tres veces por semana, conservarás tu forma física.
c) Todavía estoy ▮ (*oír*) cómo gritaba y protestaba.
d) Llevaba años esperando y ▮ (*creer*) que el negocio sería un éxito.
e) No arreglarás nada ▮ (*huir*) del problema.

52. Coloca las palabras siguientes en el lugar adecuado de forma que quepan todas: *calle, yate, mejilla, raya, mayoría, ayuda, inyección, ayer, llave, arroyo, yacer*.

53. Indica la categoría gramatical y la familia léxica a la que pertenecen las palabras destacadas en las siguientes oraciones. Por ejemplo:

*Se **cayó** de la bicicleta pero no se hizo daño. Cayó:* verbo *caer*, como *caían, cayeron*... Familia léxica: *recaer, decaer, decaimiento*...

***Calló** porque no quería seguir discutiendo. Calló*: verbo *callar*, como *callaban, callaron*... Familia léxica: *acallar, callado*...

a) Me ha pedido que **vaya** a verla porque se encuentra muy sola.
El caballo ha saltado la **valla** y se ha escapado del recinto.
Una **baya** es un tipo de fruto carnoso con semillas rodeadas de pulpa, como el tomate o la uva.
b) Ojalá **haya** venido con ganas de colaborar porque hay trabajo para todos.
En este caso de corrupción también se **halla** implicado el alcalde.
De los niños siempre se ocupó el **aya**.
c) El juez no le ha puesto vigilancia policial porque no teme que **huya** del país.
En esta instalación se transforma la **hulla** en combustible para alimentar el horno.
d) Jugaron al tres en **raya** para entretenerse un rato.
Ralla un poco de cebolla para el sofrito, por favor.
e) La civilización **maya** se desarrolló al sureste de México.
Una **malla** es una prenda de vestir muy ajustada al cuerpo.

54. Acentúa las siguientes palabras según convenga.

traspie, veintitres, cortauñas, videojuego, portalamparas, pasapures, espantapajaros, cuentakilometros, baloncesto, decimoseptimo, dieciseis.

55. Acentúa los siguientes adverbios acabados en *-mente* cuando sea necesario.

fuertemente, sutilmente, dificilmente, increiblemente, cortesmente, normalmente, agilmente, elegantemente, friamente, docilmente, economicamente, antiguamente, estupidamente, individualmente, cronologicamente

56. Acentúa las palabras siguientes según convenga y escríbelas en los espacios en blanco de las oraciones que figuran a continuación:

politico-militar • franco-alemana
castellano-leonés • etnico-religioso
quimico-farmaceutica

a) La frontera ▮ ha variado a lo largo de la historia.
b) Es esta región se ha establecido gran parte de la industria ▮.
c) La alianza entre estos dos países es de carácter ▮.
d) El principal conflicto del país es el enfrentamiento ▮ que tiene lugar entre las diversas comunidades.
e) Las migas son un delicioso plato ▮ típico de estas tierras.

57. Escribe las formas verbales que resulten de unir los verbos y los pronombres siguientes, y pon acento cuando sea necesario.

a) devuelve-nos-lo
b) lleven-se-lo
c) da-se-lo
d) acaba-te-la
e) entrega-se-lo
f) mira-me
g) comparando-la
h) escribe-me

58. Escribe los acentos que faltan en el siguiente texto:

Un oraculo era para los griegos el santuario donde se practicaba la adivinacion. Pero los griegos tambien llamaban oraculo a la respuesta que daba el dios cuando era preguntado por algun visitante del santuario.

De todos los oraculos griegos, el de Delfos fue el que mas prestigio llego a alcanzar. A el acudian quienes querian pedir consejo a los dioses o conocer algun dato del futuro. Cuando Querefonte, amigo personal de Socrates, pregunto al oraculo de Delfos quien era el hombre mas sabio, la pitonisa respondio que Socrates.

Al ser informado Socrates de las palabras del oraculo, comento la sentencia diciendo que su sabiduria consistia en reconocer que nada sabia, mientras que sus conciudadanos creian saber lo que en realidad no sabian.

PEDRO GONZÁLEZ CALERO: *Filosofía para bufones.*

LUDOLENGUA

59. Enlaza la primera palabra de la columna con la última utilizando todas las palabras del recuadro. Ten en cuenta que la segunda sílaba de cada palabra es idéntica a la primera sílaba de la siguiente:

lloro • yayo • bollo • llover • rojo • yodo
joya • gallo • verbo

DICTADO

Premisa: Se divide la clase en grupos de 4 personas. Cada grupo dejará fuera del aula un libro de texto abierto por la página en que se encuentra el dictado. Los restantes manuales se guardan. Por turnos, sale una persona de cada grupo para leer el texto y entra rápidamente para dictárselo a los compañeros. Consigue un punto positivo el primer grupo que tiene el dictado completo y sin faltas de ortografía.

Al igual que la literatura, la música puede determinar un cambio radical, una conmoción emocional, una tristeza o un asombro, una nueva mirada ante el mundo. Pero solo la literatura puede proporcionar esa sensación de contacto con otra mente humana, con la integralidad de esa mente, con sus debilidades y con sus grandezas, sus limitaciones, sus miserias, sus obsesiones, sus creencias: con todo cuanto la emociona, interesa, excita o repugna.

MICHEL HOUELLEBECQ: *Sumisión.*

» DILO POR ESCRITO

Mi propuesta es la siguiente...

Qué tienes que hacer

Vas a redactar un escrito con una propuesta para un proyecto futuro. Puede tratarse de responder a una petición o de analizar un problema y formular sugerencias que contribuyan a solventarlo.

Cómo puedes hacerlo

1. Escoge **una** de las siguientes opciones:

En la página web del ayuntamiento has leído que el alcalde proyecta homenajear a alguna persona que haya contribuido con su labor al progreso de la ciudad o a la mejora de la vida de la ciudadanía. Puede ser alguien famoso o un ciudadano común. Se puede proponer a alguien en activo o bien a alguien ya fallecido. Se ha iniciado un proceso de participación para recabar propuestas entre la vecindad acerca de quién debería recibir ese honor y cómo se le podría honrar.

El Consejo Escolar quiere celebrar el 25 aniversario de la fundación del centro donde estudias. Con este fin, ha abierto una convocatoria para recoger sugerencias sobre qué tipo de actividades se podrían realizar para conmemorar la fecha. Redacta una propuesta con ideas acerca de la organización del evento.

La Asociación de Vecinos ha recibido un millón de euros procedentes de una herencia. Sin embargo, el testador ha puesto como condición que la totalidad del dinero debe invertirse en un programa para paliar la soledad de las personas mayores del barrio. Redacta una propuesta explicando cómo invertirías ese dinero.

El nuevo plan urbanístico contempla la demolición del antiguo edificio, ahora abandonado, donde estudiaste. En tu opinión este edificio podría conservarse y destinarse a otros usos. Redacta una propuesta dirigida al concejal de urbanismo explicando cómo tus sugerencias podrían beneficiar a toda la población.

2. Redacta un texto (de entre 250-280 palabras) con tus sugerencias atendiendo al esquema que verás a continuación. Además, tienes que poner título a tu escrito y también a cada uno de los apartados. Recuerda que cada párrafo desarrolla una sola idea.
   - **Introducción:** contiene el objetivo de la propuesta.
   - **Situación actual:** expón la situación.
   - **Sugerencias:** aporta ideas y concreta las sugerencias.
   - **Recomendaciones finales:** resume lo expuesto y añade, para acabar, una valoración general que contribuya a reafirmar tu propuesta.

3. Planifica el escrito, ten en cuenta a quién va dirigido y redacta un borrador. Revísalo, trata de mejorarlo y corrígelo antes de escribirlo en su versión definitiva.

» PONTE A PRUEBA

Lee y comprueba si lo has comprendido

Una imagen inadecuada

Las personas mayores aparecen frecuentemente en prensa, radio y televisión con unos marcados estereotipos negativos:

- Como protagonistas de páginas de sucesos, siempre cargadas de negatividad. La noticia es el abandono, la muerte dramática en soledad, el accidente.
- Como personas con la salud muy deteriorada, que no pueden valerse por sí mismas, que necesitan vivir en residencias o ser continuamente atendidas en centros hospitalarios y que, en todo caso, consumen muchos recursos económicos, sanitarios y sociales.

Es cierto que todo ello forma parte de la realidad, pero también existen «otras realidades», que no suelen mostrarse en los medios con igual frecuencia e insistencia, como el alto grado de satisfacción con su situación, el alto nivel de ocupación y/o su solidaridad.

Lo habitual en la vida cotidiana es encontrarnos a personas mayores en el cine, en el teatro, en un concierto, haciendo la compra, nadando en una piscina, recogiendo a los nietos en el colegio, viajando, en una biblioteca, en una conferencia, en un museo, en la farmacia, paseando, asistiendo a clase, aprendiendo un idioma, tomando un café, echando una partida, colaborando voluntariamente en múltiples actividades, participando en una asociación y un largo etcétera.

Sin embargo, para los medios de comunicación, esta realidad plural, a veces, parece no existir. Es como si los miembros de este colectivo vivieran al margen de los intereses cotidianos del resto de la población.

Los medios de comunicación se refieren con frecuencia a las personas mayores como si se tratara de un grupo social homogéneo, cuando es tan heterogéneo como cualquier otro. Como si todos sus miembros

fueran iguales. No se valoran su experiencia, ni sus conocimientos, ni su sabiduría, ni lo que han aportado a lo largo de su vida, ni lo que siguen sumando a sus familias y a la sociedad, como trabajo remunerado o no.

Mostrar esa imagen única, sesgada de la persona mayor y del envejecimiento tiene serias consecuencias. Tal vez la peor sea que muchas personas mayores la han interiorizado, han asumido ese sentimiento de inutilidad o se preguntan si, realmente, sirven para algo. Pregunta en absoluto baladí, pues el sentimiento de utilidad o inutilidad está íntimamente unido a la propia dignidad, a la autoestima. Cualquier persona adulta se siente útil cuando lo es. Se siente ciudadana como las demás cuando puede ejercer como tal; cuando tiene la oportunidad de aportar sus conocimientos, su tiempo y su experiencia.

Un informe de la UE puso de manifiesto que dos de cada tres europeos mayores de 55 años se sentían infravalorados por la sociedad y descubrieron que «lo que más les gustaría es que cambiara el trato condescendiente que les da la sociedad y, sobre todo, dejar de ser vistos como una carga».

IMSERSO, *Libro blanco sobre el envejecimiento activo* (texto adaptado).

1. Según el texto, ¿qué imagen transmiten de las personas mayores los medios de comunicación?

2. La finalidad del texto es... (Selecciona las respuestas correctas).

a) Presentar los efectos negativos del envejecimiento de la población.
b) Rectificar la imagen que los medios de comunicación proyectan de las personas mayores.
c) Mostrar cómo es la vida cotidiana de muchas personas mayores.
d) Reivindicar el papel de los mayores en la sociedad.
e) Señalar qué tipo de recursos se necesitan para atender debidamente a los ancianos.

3. ¿Qué significa el término *estereotipo* en el texto?

a) Imagen, modelo o idea aceptada comúnmente por un grupo o sociedad.
b) Exigencia, necesidad, obligación o condición imprescindible para algo.

4. En el texto predomina...

a) el diálogo.
b) la narración.
c) la exposición.
d) la descripción.

5. Una imagen sesgada es...

a) tendenciosa, parcial, injusta.
b) distinta, especial, particular.

6. Una pregunta baladí es...

a) una pregunta absurda.
b) una pregunta de escasa importancia.
c) una pregunta inadecuada.

7. En la oración siguiente, sustituye el CD y el CI por sus pronombres correspondientes, haciendo todas las conmutaciones posibles.

Las personas mayores reclaman a la sociedad un trato respetuoso.

8. Busca en el texto dos palabras que contengan elementos compositivos cultos y cópialas.

9. Fíjate en los adverbios acabados en *-mente* que aparecen en el texto: *continuamente*, *frecuentemente*, *íntimamente*, *voluntariamente*, *realmente*, ¿por qué uno de ellos lleva acento y los otros no lo llevan?

Averigua y escribe

Escoge uno de los títulos siguientes y redacta un texto de unas 150 palabras de extensión en el que expliques los principales datos biográficos de uno de tus abuelos y cuentes cuál es la relación que tienes con él o con ella.

Abuelo, háblame de ti; *Abuelo, cuéntame tu vida*; *Abuela, ¿me cuentas tu historia?*, etc.

Aprende

En tu espacio personal de la página web *www.barcanova.cat* encontrarás enlaces y recursos interesantes sobre las personas mayores. Os proponemos que veáis alguna de las películas que se mencionan y luego la comentéis en clase.

UNIDAD 6

CLUB DE LECTURA » *El juego del ángel*
LENGUA Y SOCIEDAD » Los textos de uso profesional y académico
TOMA LA PALABRA » Una entrevista de trabajo
LITERATURA » El Novecentismo. Las vanguardias. La Generación del 27
GRAMÁTICA » La oración compuesta. Coordinación, subordinación, yuxtaposición. Las oraciones coordinadas
LÉXICO » Tipos de abreviación
ORTOGRAFÍA » La *m* y la *n*. Punto, dos puntos y puntos suspensivos
DILO POR ESCRITO » Tu currículo

Preparamos la lectura

1. ¿Has decidido ya a qué te vas a dedicar profesionalmente en el futuro? ¿Eres de quienes lo tienen muy claro o navegas en un mar de dudas?

2. Fíjate en el título de la lectura. ¿Podrías anticipar de qué trata? Apunta algunas ideas por escrito. Después de la lectura, podrás comprobar si has acertado.

★ COMO EN UN ESPEJO

Oh, juventud: ¿sabes que la tuya no es la primera generación que ansía una vida llena de belleza y libertad? ¿Sabes que todos tus antepasados han sentido lo mismo que tú y se han sentido víctimas del odio y la incomprensión? ¿Sabes también que tus deseos más fervientes solo se pueden cumplir si retienes el amor y la comprensión de las personas, los animales, las plantas y las estrellas, de manera que cada alegría se convierta en tu alegría y cada dolor en tu dolor?

ALBERT EINSTEIN

» CLUB DE LECTURA

El juego del ángel

VOCABULARIO

cierre *m.* Aquí se refiere a la hora en que se debe terminar de escribir una información para poder enviarla a la rotativa para su impresión.

exabrupto *m.* Algo que se dice con brusquedad y enfado.

Un escritor nunca olvida la primera vez que acepta unas monedas o un elogio a cambio de una historia. Nunca olvida la primera vez que siente el dulce veneno de la vanidad en la sangre y cree que, si consigue que nadie descubra su falta de talento, el sueño de la literatura será capaz de poner techo sobre su cabeza, un plato caliente al final del día y lo que más anhela: su nombre impreso en un miserable pedazo de papel que seguramente vivirá más que él. Un escritor está condenado a recordar ese momento, porque para entonces ya está perdido y su alma tiene precio.

Mi primera vez llegó un lejano día de diciembre de 1917. Tenía por entonces diecisiete años y trabajaba en *La Voz de la Industria*, un periódico venido a menos que languidecía en un cavernoso edificio que antaño había albergado una fábrica de ácido sulfúrico y cuyos muros aún rezumaban aquel vapor corrosivo que carcomía el mobiliario, la ropa, el ánimo y hasta la suela de los zapatos. La sede del diario se alzaba tras el bosque de ángeles y cruces del cementerio del Pueblo Nuevo, y de lejos su silueta se confundía con la de los panteones recortados sobre un horizonte apuñalado por centenares de chimeneas y fábricas que tejían un perpetuo crepúsculo de escarlata y negro sobre Barcelona.

La noche en que iba a cambiar el rumbo de mi vida, el subdirector del periódico, don Basilio Moragas, tuvo a bien convocarme poco antes del **cierre** en el oscuro cubículo enclavado al fondo de la redacción que hacía las veces de despacho y de fumadero de habanos. [...] Todos le teníamos pavor, y él lo sabía.

—Don Basilio, ¿me ha hecho usted llamar? —ofrecí tímidamente.

El subdirector me miró de reojo. Me adentré en el despacho que olía a sudor y a tabaco, por este orden. Don Basilio ignoró mi presencia y siguió repasando uno de los artículos que tenía sobre el escritorio, lápiz rojo en mano. Durante un par de minutos, el subdirector ametralló a correcciones, cuando no amputaciones, el texto, mascullando **exabruptos** como si yo no estuviese allí. Sin saber qué hacer, advertí que había una silla apostada contra la pared e hice ademán de tomar asiento.

—¿Quién le ha dicho que se siente? —murmuró don Basilio sin levantar la vista del texto.

Me incorporé a toda prisa y contuve la respiración. El subdirector suspiró, dejó caer su lápiz rojo y se reclinó en su butaca para examinarme como si fuese un trasto inservible.

—Me han dicho que usted escribe, Martín.

—Tragué saliva, y cuando abrí la boca emergió un ridículo hilo de voz.

—Un poco, bueno, no sé, quiero decir que, bueno, sí, escribo...

—Confío en que lo haga mejor de lo que habla. ¿Y qué escribe usted?, si no es mucho preguntar.

—Historias policíacas. Me refiero a...

—Ya pillo la idea.

La mirada que me dedicó don Basilio fue impagable. Si le hubiese dicho que me dedicaba a hacer figurillas de pesebre con estiércol fresco le hubiera arrancado el triple de entusiasmo. Suspiró de nuevo y se encogió de hombros.

—Vidal dice que no es usted del todo malo. Que destaca. Claro que, con la competencia que hay por estos lares, tampoco hace falta correr mucho. Pero si Vidal lo dice.

Pedro Vidal era la **pluma estrella** en *La Voz de la Industria*. Escribía una **columna** semanal de sucesos que constituía la única pieza que merecía leerse en todo el periódico, y era el autor de una docena de novelas de intriga sobre gánsters del Raval en **contubernio** de alcoba con damas de la alta sociedad que habían alcanzado una modesta popularidad. [...] Pedro Vidal fue el primero a quien mostré los esbozos que escribía cuando apenas era un crío y trabajaba llevando cafés y cigarrillos por la redacción. Siempre tuvo tiempo para mí, para leer mis escritos y darme buenos consejos. Con el tiempo me convirtió en su ayudante y me permitió mecanografiar sus textos. Fue él quien me dijo que si deseaba apostarme el destino en la ruleta rusa de la literatura, estaba dispuesto a ayudarme y a guiar mis primeros pasos. Fiel a su palabra, me lanzaba ahora a las garras de don Basilio, el **cancerbero** del periódico.

—Vidal es un sentimental que todavía cree en esas leyendas profundamente antiespañolas como la meritocracia o el dar oportunidades al que las merece y no al enchufado de turno. [...]

—El señor Vidal es un gran hombre —protesté yo.

—Es más que eso. Es un santo porque, pese a la pinta de muerto de hambre que tiene usted, lleva semanas mareándome con lo talentoso y trabajador que es el benjamín de la redacción. Él sabe que en el fondo soy un blando, y además me ha asegurado que si le doy a usted esa oportunidad, me regalará una caja de habanos. [...] Así que, concluyendo, porque es Navidad, y para que su amigo se calle de una puñetera vez, le ofrezco debutar como los héroes: contra viento y marea.

VOCABULARIO

pluma estrella El mejor escritor.

columna *f.* Cada una de las partes en que se divide verticalmente una página impresa de un periódico.

contubernio *m.* Convivencia con otra persona.

cancerbero *m.* y *f.* Portero o guarda severo o de bruscos modales.

—Muchísimas gracias, don Basilio. Le aseguro que no se arrepentirá... [...]

El plan era el siguiente. Por motivos en los que don Basilio estimó oportuno no profundizar, la contraportada de la edición dominical, que tradicionalmente se reservaba a un relato literario o de viajes, se había caído a última hora. [...] Lamentablemente, el [nuevo] texto no había llegado a tiempo o, sospechaba yo, a don Basilio no le daba la real gana de publicarlo. Ello nos dejaba a seis horas del cierre, y sin ningún otro candidato para sustituir el relato. [...]

—Amigo Martín, las circunstancias han conspirado para que ni uno solo de los **paladines** que tenemos en nómina figure de cuerpo presente o resulte localizable en un margen de tiempo prudencial. Frente al desastre inminente, he decidido **darle a usted la alternativa**.

—Cuente conmigo.

—Cuento con cinco folios a doble espacio antes de seis horas, don Edgar Allan Poe. Tráigame una historia, no un discurso. Si quiero sermones, iré a la misa del gallo. Tráigame una historia que no haya leído antes y, si ya la he leído, tráigamela tan bien escrita y contada que no me dé ni cuenta.

Me disponía a salir al vuelo cuando don Basilio se levantó, rodeó el escritorio y me colocó una manaza del tamaño y peso de un yunque sobre el hombro. Solo entonces, al verle de cerca, me di cuenta de que le sonreían los ojos.

—Si la historia es decente le pagaré diez pesetas. Y si es más que decente y gusta a nuestros lectores, le publicaré más.

—¿Alguna indicación específica, don Basilio? —pregunté.

—Sí: no me defraude.

Carlos Ruiz Zafón: *El juego del ángel.*

VOCABULARIO

paladín *m.* Héroe.

darle a usted la alternativa Concederle la oportunidad de escribir alternando con los demás redactores del periódico.

¿SABÍAS QUE...?

Edgar Allan Poe (Boston, 1809 - Baltimore, 1849) fue un poeta, narrador y crítico literario estadounidense. Se le conoce especialmente por su faceta como cuentista. Muchos de sus relatos, que transcurren en ambientes lúgubres y siniestros, se consideran obras maestras de la literatura de terror. Son famosos «El gato negro», «La caída de la casa Usher», «El barril de amontillado», «El corazón delator», etc. También cultivó el género policíaco en obras como *Los crímenes de la calle Morgue*.

BUSCA EN EL TEXTO...

El elemento compositivo *grafía* significa 'descripción', 'tratado', 'escritura' o 'representación gráfica'. Busca una palabra del texto compuesta con esta base léxica y di qué significa. A continuación, escribe todas las palabras formadas así que recuerdes.

» ACTIVIDADES

Comprensión de la lectura

1. ¿Dónde sucede la historia? ¿En qué época?

2. ¿Por qué el joven Martín considera inolvidable para él todo lo que va a contarnos?

3. Según el narrador, ¿cuál es la máxima aspiración de un escritor?

a) Ganarse la vida con sus escritos.
b) Publicar sus obras.
c) Que nadie descubra su falta de talento.
d) Pasar a la posteridad.

4. ¿En qué aspectos se manifiesta la posición de desigualdad que se da entre el joven y don Basilio Moragas?

5. ¿Quién intercede ante el subdirector del periódico a favor de Martín? Finalmente, ¿por qué motivo don Basilio da una oportunidad al joven?

6. ¿Qué otras circunstancias favorecen que el joven aprendiz reciba el encargo?

7. Concretamente, ¿qué le pide don Basilio que escriba? ¿Qué particularidades ha de tener el texto? ¿Qué indicaciones le da?

8. ¿Con qué célebre escritor de cuentos lo ha identificado irónicamente?

Expresión personal

9. ¿En cuántas partes puede dividirse el texto? Resume en unas pocas líneas el contenido de cada una.

10. Indica cuál es la categoría gramatical de la palabra *alma*:

a) sustantivo masculino singular
b) sustantivo femenino singular
c) adjetivo masculino singular
d) sustantivo invariable

11. Señala qué recursos expresivos se usan en los siguientes enunciados:

a) Pedro Vidal era la pluma estrella en *La Voz de la Industria*.
(comparación, metáfora, metonimia)
b) Me colocó una manaza del tamaño y peso de un yunque.
(metáfora, hipérbaton, hipérbole)
c) El bosque de cruces y ángeles del cementerio del Pueblo Nuevo.
(metáfora, personificación, hipérbole)

12. Escribe un sinónimo adecuado para las palabras y expresiones destacadas en las siguientes oraciones del texto:

a) [...] cuyos muros **rezumaban** aquel vapor corrosivo que **carcomía** el mobiliario.
b) Tuvo a bien convocarme en **el oscuro cubículo** enclavado al fondo de la redacción que hacía las veces de despacho...
c) Le ofrezco debutar como los héroes: **contra viento y marea**...

13. Documéntate y averigua el origen y el significado de las siguientes expresiones destacadas, extraídas del texto:

a) Me lanzaba ahora a las garras de don Basilio, **el cancerbero del periódico**.
b) Si deseaba apostarme el destino **en la ruleta rusa de la literatura**.
c) Lleva semanas mareándome con lo talentoso y trabajador que es **el benjamín de la redacción**.
d) Frente al desastre inminente, he decidido **darle a usted la alternativa**.
e) Si quiero sermones, iré a **la misa del gallo**.

14. Explica cuáles son diferencias entre el lugar donde transcurre la narración y la redacción de un periódico en la actualidad. ¿El oficio de periodista y escritor es también distinto actualmente? Explica por qué.

15. Muchos escritores han compaginado su faceta literaria con la de periodistas; cita a uno y amplía la información con sus datos biográficos y sus obras principales. Pon en común tu trabajo con el resto de la clase.

» LENGUA Y SOCIEDAD

1. Los textos de uso profesional y académico

Los textos de uso profesional y académico son aquellos que se utilizan en el ejercicio de cualquier trabajo o profesión y los que se desarrollan en el ámbito de la enseñanza.

Algunos de los más habituales son la carta, el currículo, el trabajo monográfico, etc.

1.1. La carta y el currículo

En la actualidad, el **correo electrónico** cumple más o menos las mismas funciones que la carta.

La **carta** es un escrito de carácter privado que dirige una persona (remitente) a otra (destinataria). Un tipo de **carta formal es la carta de presentación o de solicitud de empleo**, que suele acompañar al *curriculum vitae*.

Un ***curriculum vitae*** es un documento que contiene los datos biográficos, académicos y profesionales de una persona. (Consulta la página 185 de esta misma unidad.)

1.2. El trabajo monográfico

El **trabajo monográfico** es un texto expositivo de cierta extensión que trata un tema determinado. Suele tener como finalidad mostrar los conocimientos que se poseen acerca de algo tras haber hecho un trabajo de consulta de distintas fuentes. Cuando se propone demostrar una tesis a partir de datos contrastados o de la experimentación, hablamos de *trabajo de investigación*.

La estructura del trabajo

- **Portada:** título del trabajo, nombre de quien lo ha realizado, curso, materia y nombre del profesor.
- **Índice:** esquema de los apartados con los números de las páginas en que se encuentran.
- **Introducción:** presentación del contenido del trabajo: objetivo, metodología, etc.
- **Cuerpo del trabajo:** trabajo propiamente dicho.
- **Conclusión:** resumen de las ideas expuestas y de los resultados obtenidos.
- **Bibliografía y webgrafía:** relación de los documentos utilizados como fuentes de información.

La elaboración del trabajo

- **Definición del tema.** ¿Cuál es el objetivo del trabajo? ¿Qué se nos pide? ¿Qué queremos averiguar?
- **Documentación.** Las fuentes de información son los libros, las enciclopedias, otras publicaciones e internet.
- **Análisis y selección de la información.**
- **Guion.** Esquema con la información obtenida, con apartados y subapartados.
- **Redacción.** Redactar, corregir y pasar a limpio el texto. Comprobar el **formato**.
- **Confección del índice** (tras la portada) **y la bibliografía** (al final del trabajo).

» ACTIVIDADES

16. Escribe una carta de solicitud de empleo para la siguiente oferta laboral:

ARBETOT, empresa dedicada desde hace más de 10 años al deporte de aventura en Huesca, precisa de monitor para seis meses (octubre-marzo).

Perfil:
Preferible titulación oficial y experiencia previa (Técnico Superior de Deporte en Escalada, Técnico Deportivo Superior en Esquí Alpino o similar).
Imprescindible dominio del inglés y del francés.
Edad máxima: 30 años.
Disponibilidad horaria.
Capacidad de trabajo en equipo.

Ofrecemos:
Contrato fijo discontinuo durante 6 meses y alta en la Seguridad Social Remuneración según convenio. Horas extra. Alojamiento a cargo de la empresa.

Interesados enviar currículo a: ARBETOT, C/ Pirineos, Ansó, Huesca. **Referencia: AR-HU-76.**

17. Los temas que se enuncian a continuación son muy amplios. Por cada uno de ellos, formula otros tres mucho más concretos. Fíjate en el ejemplo:

La seguridad en internet: *Virus informáticos / Fraudes y estafas en internet / Ciberacoso...*

a) La crisis climática
b) La imagen corporal
c) El deporte
d) El maltrato animal
e) El feminismo
f) Las desigualdades sociales

18. Escoge uno de los temas enunciados por ti en la actividad anterior y explica cómo crees que debería desarrollarse y a qué cuestiones debería dar respuesta.

19. Ordena los siguientes datos sobre la vida y la obra del poeta Federico García Lorca en apartados y subapartados, de modo que obtengas un guion de trabajo.

- Biografía de Federico García Lorca
- Buenos Aires y Montevideo en 1933
- El estreno y el éxito de *Bodas de sangre* (1933)
- El viaje a Nueva York en 1929
- La amistad con Salvador Dalí
- *La casa de Bernarda Alba* (1936): una obra maestra
- La desolación en *Poeta en Nueva York* (1930)
- La infancia en Granada
- La influencia de Federico García Lorca en la poesía posterior
- La muerte de Federico García Lorca
- La obra de Federico García Lorca
- La poesía
- Las obras de teatro
- Los elementos populares en el *Romancero gitano* (1928)

20. Fíjate en el siguiente modelo y escribe la referencia bibliográfica del libro *El juego del ángel* de Carlos Ruiz Zafón.

APELLIDOS, NOMBRE: *Título de la obra*. Ciudad de publicación, editorial, año.

Busca en internet los títulos de otras obras del mismo autor y anótalos. A continuación, cita aquí la página web que has consultado para obtener esa información. Fíjate en el modelo:

AUTOR (si se conoce). *Nombre de la página*. Disponible en: <https://www.url.eu> [consultado: fecha]

» TOMA LA PALABRA

Una entrevista de trabajo

Una entrevista de trabajo es una conversación que tiene como objetivo valorar la idoneidad de la persona candidata a un puesto de trabajo. Por parejas, vais a preparar y escenificar una entrevista de trabajo simulando una situación real. Uno de vosotros interpretará el papel de director de Recursos Humanos de una empresa y el otro será el solicitante de empleo.

Procedimiento

1. Inventad la empresa, el puesto ofrecido, los requisitos del candidato y su currículo, y determinad qué papel jugará cada uno de vosotros. (Estos mismos datos os servirán para presentar la actividad a la clase.)

2. Ordenad la entrevista en estas partes:
   - **Saludo o presentación:** son importantes la cordialidad y la corrección. El tratamiento ha de ser siempre de usted, a no ser que se os pida lo contrario.
   - **Charla informal o de introducción:** el entrevistador se presenta (nombre y cargo en la empresa) y explica en qué va a consistir la entrevista o el proceso de selección.
   - **Conversación acerca del puesto:** es la parte central de la entrevista. Suelen abordarse cuestiones relacionadas con el currículo del candidato.
   - **Cierre de la entrevista:** el entrevistador resume las condiciones del trabajo y ofrece al entrevistado la posibilidad de plantear dudas u otras cuestiones.
   - **Despedida:** son importantes la cortesía y la voluntad de causar buena impresión.

3. Preparad las preguntas que formulará al candidato. Podéis agruparlas en torno a tres aspectos básicos:
   - Preguntas sobre la formación. Por ejemplo: *¿Dónde aprendiste los idiomas?*
   - Preguntas sobre la experiencia laboral. Por ejemplo: *¿Por qué dejaste tu último trabajo?*
   - Preguntas acerca de la vida privada. Por ejemplo: *¿Practicas algún deporte?*

4. Preparad las respuestas teniendo en cuenta que se trata de convencer al interlocutor de que tiene delante al mejor candidato posible.

5. ✔ Ensayad varias veces la entrevista y luego representadla ante la clase. Podéis grabarla y analizar los aciertos y aquello que se podría mejorar.

» LITERATURA

1. El Novecentismo. Las vanguardias. La Generación del 27

1.1. La Generación del 14 o el Novecentismo

Hacia 1914 surgió un grupo de intelectuales y escritores que afrontaron la realidad española de manera diferente. Se trataba de jóvenes con formación universitaria que pretendían modernizar España acercándola a Europa, pues consideraban que la precaria situación del país era una consecuencia de haber vivido de espaldas a ella. Además, afirmaban que la modernización de España debía estar dirigida por una minoría intelectual, culta, preparada.

En el ámbito literario, los escritores propusieron una nueva estética, alejada de la pomposidad del Modernismo y más serena que la de la generación del 98. Consideraban que la creación literaria debía ser menos recargada, más sobria, más conceptual e íntima. Este grupo de escritores constituye la llamada **Generación de 1914** o **Novecentismo**.

Los miembros de la Generación de 1914 pertenecieron a diferentes ámbitos literarios y culturales.

ÁMBITO	AUTORES
FILOSOFÍA Y ENSAYO	José Ortega y Gasset Eugenio D'Ors Américo Castro Gregorio Marañón
NOVELA	Gabriel Miró Ramón Pérez de Ayala Wenceslao Fernández Flórez
POESÍA	Juan Ramón Jiménez Tomás Morales Enrique Díez-Canedo León Felipe
TEATRO	Carlos Arniches los hermanos Serafín y Joaquín Álvarez Quintero.

El bosque animado, de Wenceslao Fernández Flórez.

A ellos hay que añadir la excepcional figura del polifacético e inclasificable **Ramón Gómez de la Serna**.

Juan Ramón Jiménez

Juan Ramón Jiménez nació en Moguer (Huelva), en 1881. Desde muy joven mostró gran interés por la literatura. En 1900 se instaló en Madrid, donde conoció a Rubén Darío y descubrió el Modernismo. Tras varios episodios depresivos, volvió a Moguer, donde escribió *Platero y yo*. Unos años después regresó a Madrid y en 1916 se casó con Zenobia Camprubí, que fue su colaboradora. Manifestó su apoyo a la República y, al estallar la guerra civil, el matrimonio se exilió a América. En 1956 se le concedió el Premio Nobel de Literatura. Murió en Puerto Rico, en 1958.

Su poética

Tres conceptos definen la poesía de Juan Ramón Jiménez: **belleza**, **conocimiento** y **eternidad**. En efecto, la poesía nos permite adentrarnos en lo más profundo de la realidad y así captar la belleza y conocer la verdad que hay dentro de esa realidad. La aprehensión de la belleza y el conocimiento de la verdad son el camino a la eternidad.

La poesía de Juan Ramón Jiménez experimentó cambios:

- Su **primera etapa** es **modernista**. Escribe una poesía sensitiva y melancólica, muy musical. Trata del amor y de la muerte.
  De esta época son sus poemarios *Rimas*, *Arias tristes*, *Jardines lejanos*, *La soledad sonora*, *Sonetos espirituales* y *Poemas májicos y dolientes*.
  Escribió también *Platero y yo*, en excelente prosa poética.
- Su **segunda etapa** experimenta una tendencia hacia lo **conceptual** y **espiritual**. Trata temas metafísicos, muy próximos a la mística.
  Obras destacadas de esta época son *Diario de un poeta recién casado*, *Eternidades*, *Piedra y cielo*, *Belleza*, *Animal de fondo*, *Dios deseado y deseante*.

En el siguiente poema se pueden apreciar los rasgos de esa poesía primera de Juan Ramón, inocente, sencilla:

Yo estaba junto a mi mesa
y entre mis flores, leyendo
el libro triste y amargo
del poeta de mis sueños.
Ella se acercó callada
y me dijo: –Si los versos
te gustan más que mis labios,
ya nunca te daré un beso. [...]

JUAN RAMÓN JIMÉNEZ:
Arias tristes.

Zenobia Camprubí (1887-1956) fue escritora y traductora. Gran conocedora de la lengua y de la literatura en lengua inglesa, tradujo al castellano al famoso poeta y filósofo Rabindranath Tagore. Mantuvo una intensa actividad social y cultural a lo largo de su vida.

¿SABÍAS QUE...?

Juan Ramón siempre escribía con *j* el fonema /j/ ante *-e*, *-i*.

Resulta difícil adscribir a Juan Ramón a uno u otro movimiento literario. En sus inicios, estuvo muy próximo al Romanticismo tardío de Bécquer; fue un poeta destacado del Modernismo y el más importante de la Generación de 1914, y poetas de la Generación del 27 lo tomaron como modelo. Por todo ello, se le considera una de las figuras más importantes de la poesía del siglo XX.

1.2. Las vanguardias

A principios del siglo XX surgieron varios movimientos artísticos que se propusieron renovar radicalmente todas las artes (pintura, escultura, música, literatura, etc.). Estos movimientos, opuestos a todas las corrientes de su tiempo, se conocen con el nombre de **vanguardias**.

MOVIMIENTOS	CARACTERÍSTICAS
FUTURISMO	Exalta la civilización mecánica y técnica.
CUBISMO	Distorsiona la realidad. Si en la pintura descompone y fragmenta geométricamente las imágenes, en la literatura la representa mediante caligramas.
DADAÍSMO	Se opone a la lógica, a los convencionalismos y al sentido común. Pretende crear un lenguaje incoherente, ingenuo.
CREACIONISMO	Pretende crear realidades nuevas. Recurre a disposiciones tipográficas especiales.
ULTRAÍSMO	Combina elementos futuristas y dadaístas: exalta la técnica, el deporte; dispone los versos de forma especial en busca de efectos visuales.
SURREALISMO	Considera que la creación se origina en el subconsciente, donde se guardan los impulsos reprimidos. Esos impulsos afloran en los sueños, por lo que hay que estudiar el mundo onírico. Defiende la libertad en la creación, en el lenguaje (expresión, sintaxis, etc.); propugna el uso de figuras insólitas y la escritura automática. Por ello, las obras son difíciles, incluso incomprensibles.

Ramón Gómez de la Serna

El polifacético Ramón Gómez de la Serna (1888-1963) fue el gran impulsor y promotor de los movimientos vanguardistas en España. Cultivó varios géneros literarios: el relato breve, la novela, el teatro, la biografía, las memorias, etc.

Fue el inventor de las **greguerías**: textos breves que expresan, de forma originalísima, aforismos, sentencias, pensamientos filosóficos, humorísticos, poéticos, etc. Según él mismo estableció, la fórmula de la greguería es la siguiente:

humorismo + metáfora = greguería

- Aquel tipo tenía un tic, pero le faltaba un tac; por eso no era reloj.
- Las espigas hacen cosquillas al viento.
- Los perros nos enseñan la lengua como si nos hubiesen tomado por el doctor.
- El reloj que atrasa es un reloj ahorrativo.
- Las serpientes son las corbatas de los árboles.
- En la guía de teléfonos todos somos seres microscópicos.
- El agua se suelta el pelo en las cascadas.

Paisaje

A Pablo Picasso

AL ATARDECER NOS PASEAREMOS POR RUTAS PARALELAS

La luna
donde
te miras

EL ÁRBOL
ERA
MÁS
ALTO
QUE LA
MONTAÑA

EL
RÍO
QUE
CORRE
NO
LLEVA
PECES

PERO LA
MONTAÑA
ERA TAN ANCHA
QUE EXCEDÍA
LOS EXTREMOS
DE LA TIERRA

NO JUGAR
EN LA HIERBA
RECIÉN PINTADA

UNA CANCIÓN CONDUCE LAS OVEJAS AL APRISCO

Paisaje. Caligrama de Vicente Huidobro. Los caligramas son la representación literaria de la literatura cubista.

1.3. La Generación del 27

La denominada **Generación del 27** tomó su nombre del año en que se llevó a cabo una serie de actos para conmemorar el tercer centenario de la muerte del poeta Luis de Góngora: **1927**. Entre los asistentes a esos actos figuraba una extensa nómina de poetas a los que unía su profunda admiración por el poeta cordobés, cuya obra culterana quisieron reivindicar. Son miembros destacados de la Generación del 27 **Federico García Lorca**, **Rafael Alberti**, **Jorge Guillén**, **Dámaso Alonso**, **Gerardo Diego**, **Pedro Salinas**, **Vicente Aleixandre**, **Luis Cernuda**, **Manuel Altolaguirre**, **Emilio Prados**. Suele considerarse también miembro de esta generación a **Miguel Hernández**.

Todos ellos escribieron obras de una calidad excepcional, hasta tal punto que hay quien piensa que se produce una nueva Edad de Oro de la poesía lírica española.

Ideal estético

Los poetas de la **Generación del 27** armonizaron la tradición literaria anterior a ellos y las nuevas tendencias artísticas de su tiempo. En efecto, les sedujo la lírica tradicional y el romancero; admiraron a los poetas clásicos como Garcilaso, Fray Luis, San Juan, Lope de Vega, Quevedo, Góngora, etc.; recibieron influencias de Bécquer y de autores contemporáneos suyos (Rubén Darío, Juan Ramón Jiménez, Machado, Unamuno, etc.). Pero también fueron sensibles a las nuevas corrientes vanguardistas, sobre todo al surrealismo. Así pues, integraron lo culto y lo popular, lo clásico y lo moderno. Por ello, su ideal estético puede resumirse en dos palabras: **tradición** e **innovación**.

Es tan extensa la nómina de poetas de la Generación del 27 que en este apartado solo trataremos algunos autores. De otros, como **Pedro Salinas**, **Vicente Aleixandre** y **Gerardo Diego**, encontrarás enlaces de interés en tu espacio personal en la web *www.barcanova.cat*.

En la versificación, utilizan versos y estrofas tradicionales (clásicas o populares): octosílabos, endecasílabos, sonetos, etc. Y, por supuesto, versos libres. En cuanto a las figuras retóricas, tienen preferencia por la metáfora.

Federico García Lorca

Nació en Fuentevaqueros (Granada), en 1898. En 1919 se instaló en Madrid, en la Residencia de Estudiantes, donde conoció a poetas de la Generación del 27 y a jóvenes artistas como Buñuel y Dalí. Entre 1929 y 1930 vivió en Nueva York y en Cuba. La experiencia de su estancia en Nueva York lo marcó profundamente y ello quedó reflejado en su obra poética.

En 1932 fundó una compañía de teatro, La Barraca, con la que representó obras clásicas y modernas por las tierras de España. En agosto de 1936 fue asesinado en Granada por miembros del «bando nacional».

Federico García Lorca tuvo una personalidad enormemente compleja: por un lado, era un joven vital, simpático, alegre, siempre animado; pero por otro, fue una persona insatisfecha, con profundos sentimientos de frustración y de malestar, causados, en parte, por la represiva sociedad en que vivió.

Obra

Su **obra poética** puede dividirse en dos etapas:

- **1.ª etapa (hasta 1928)**
  Los temas que trata son Andalucía, sus gentes, su paisaje, sus costumbres; los gitanos, su marginación; el amor, el dolor, el destino trágico, la muerte, etc. Destacan *Libro de poemas*, *Poema del cante jondo*, *Canciones*, *Romancero gitano*.
- **2.ª etapa (desde 1929)**
  Contiene más elementos surrealistas. Trata temas como la injusticia, la pobreza, la miseria, el poder del dinero. En sus últimas obras trata el amor, el dolor, la muerte, etc.
  De esta época son *Poeta en Nueva York*, *Diván del Tamarit*, *Sonetos del amor oscuro*, *Llanto por Ignacio Sánchez Mejías*.

De su **obra dramática** destacan *La casa de Bernarda Alba*, *Mariana Pineda*, *Bodas de sangre* y *Yerma*.

Canción del jinete

Córdoba.
Lejana y sola.
Jaca negra, luna grande
y aceitunas en mi alforja.
Aunque sepa los caminos
yo nunca llegaré a Córdoba.
Por el llano, por el viento,
jaca negra, luna roja.
La muerte me está mirando
desde las torres de Córdoba.
¡Ay qué camino tan largo!
¡Ay mi jaca valerosa!
¡Ay que la muerte me espera,
antes de llegar a Córdoba!
Córdoba.
Lejana y sola.

FEDERICO GARCÍA LORCA:
Primeras canciones.

En el «Canción del jinete» se puede apreciar el dramatismo que Lorca imprime a algunos de sus poemas. En él, un jinete siente la inminencia de su muerte, sin que pueda evitarla.

Rafael Alberti

Rafael Alberti (El Puerto de Santa María, Cádiz, 1902-1999) se dedicó desde muy joven a la **poesía**. Se afilió al Partido Comunista y, al acabar la guerra, marchó al exilio y vivió en Argentina e Italia. Con la restauración de la democracia, tras la muerte de Franco, regresó a España. En 1983 obtuvo el Premio Cervantes.

Entre sus obras, destacan *Marinero en tierra*, *La amante* y *El alba del alhelí* (de aire popular, tratan sobre la nostalgia de su tierra natal); *Cal y canto* (obra vanguardista que combina versos clásicos y libres); *Sobre los ángeles* (surrealista: los ángeles simbolizan la tristeza, la muerte, el olvido, etc.); *El poeta en la calle* (de contenido social y político); *Retornos de lo vivo lejano*, *Baladas y canciones del Paraná* (expresan la nostalgia de su tierra y de su infancia.

También escribió obras de **teatro** como *El hombre deshabitado* (surrealista), *El adefesio* y *Noche de guerra en el Museo del Prado*.

Y recogió sus **memorias** vitales y poéticas en *La arboleda perdida*.

En el poemilla de *Marinero en tierra* que te ofrecemos en el lateral se aprecia el amor del poeta por su tierra gaditana y la añoranza del mar.

Pregón submarino

¡Tan bien como yo estaría
en una huerta del mar,
contigo, hortelana mía!
En un carrito, tirado
por un salmón, ¡qué alegría
vender bajo el mar salado,
amor, tu mercadería!
—¡Algas frescas de la mar,
algas, algas!

Miguel Hernández

El alicantino Miguel Hernández (1910-1942) no perteneció plenamente a la Generación del 27, pero mantuvo contacto y amistad con alguno de sus miembros, lo que le convirtió en un excepcional epígono, es decir, seguidor del estilo de dicha generación.

De origen humilde (su padre fue pastor) se dedicó desde muy joven a la poesía. A los 21 años fue a Madrid en busca de reconocimiento como poeta. Durante la guerra civil militó en el bando republicano.

Los últimos años de su vida fueron años de dolor, privaciones y sufrimiento: en 1939 fue encarcelado y falleció su primer hijo; en 1942 él murió tuberculoso en la cárcel.

OBRA	CARACTERÍSTICAS
Perito en lunas	Son 42 octavas reales a imitación de Góngora, en las que destaca el uso de la metáfora.
El rayo que no cesa	Trata el amor, la vida y la muerte desde una perspectiva trágica.
Viento del pueblo *El hombre acecha*	Son dos libros de contenido social.
Cancionero y romancero de ausencias	Escrito en la cárcel, es un libro estremecedor sobre las consecuencias de la guerra, su durísima estancia en la cárcel, el amor por su esposa y su hijo, etc.

En la cárcel compuso las «Nanas de la cebolla», después de recibir una carta de su mujer en la que le decía que muchos días no encontraba más que cebollas para comer. Las dedicó a su segundo hijo, amamantado con *sangre de cebolla*.

Nanas de la cebolla

La cebolla es escarcha
cerrada y pobre:
escarcha de tus días
y de mis noches.
Hambre y cebolla:
hielo negro y escarcha
grande y redonda.

En la cuna del hambre
mi niño estaba.
Con sangre de cebolla
se amamantaba.
Pero tu sangre
escarchada de azúcar,
cebolla y hambre.

Una mujer morena,
resuelta en luna,
se derrama hilo a hilo
sobre la cuna.
Ríete, niño,
que te tragas la luna
cuando es preciso. [...]

Tu risa me hace libre,
me pone alas.
Soledades me quita,
cárcel me arranca.
Boca que vuela,
corazón que en tus labios
relampaguea. [...]

Desperté de ser niño.
Nunca despiertes.
Triste llevo la boca.
Ríete siempre.
Siempre en la cuna,
defendiendo la risa
pluma por pluma. [...]

Vuela niño en la doble
luna del pecho.
Él, triste de cebolla.
Tú, satisfecho.
No te derrumbes.
No sepas lo que pasa
ni lo que ocurre.

» ACTIVIDADES

21. José Ortega y Gasset, uno de los más importantes pensadores del siglo XX, expone en *La deshumanización del arte* algunas ideas sobre las nuevas corrientes estéticas de principios de siglo: las vanguardias. Lee el siguiente fragmento y responde a las preguntas:

> A mi juicio, lo característico del arte nuevo, «desde el punto de vista sociológico», es que divide al público en estas dos clases de hombres: los que lo entienden y los que no lo entienden. Esto implica que los unos poseen un órgano de comprensión negado, por tanto, a los otros; que son dos variedades distintas de la especie humana. El arte nuevo, por lo visto, no es para todo el mundo, como el romántico, sino que va desde luego dirigido a una minoría especialmente dotada. De aquí la irritación que despierta en la masa. Cuando a uno no le gusta una obra de arte, pero la ha comprendido, se siente superior a ella y no ha lugar a la irritación. Mas cuando el disgusto que la obra causa nace de que no se ha entendido, queda el hombre como humillado, con una oscura conciencia de su inferioridad, que necesita compensar mediante la indignada afirmación de sí mismo frente a la obra.
>
> JOSÉ ORTEGA Y GASSET: *La deshumanización del arte*.

a) ¿En qué dos tipos de personas divide el arte nuevo al público?
b) Explica el significado de la siguiente afirmación de Ortega y Gasset: «Esto implica que los unos poseen un órgano de comprensión negado, por tanto, a los otros».
c) ¿A quién va dirigido, pues, el nuevo arte?
d) ¿Qué le ocurre a una persona cuando ha entendido una obra de arte? ¿Y cuando no la ha entendido?
e) Ortega afirma que hay un arte que «es para todo el mundo». ¿De qué arte se trata? ¿Qué caracteriza, pues, a ese arte?
f) ¿Estás de acuerdo con las ideas que expone el autor del texto? ¿Por qué?

22. Lee el siguiente poema de Juan Ramón Jiménez y contesta a las preguntas que se formulan.

> ¿Cómo, muerte, tenerte
> miedo? ¿No estás aquí conmigo, trabajando?
> ¿No te toco en mis ojos; no me dices
> que no sabes nada, que eres hueca,
> inconsciente y pacífica? ¿No gozas,
> conmigo, todo: gloria, soledad,
> amor, hasta tus tuétanos?
> ¿No me estás aguantando,
> muerte, de pie, la vida?
> ¿No te traigo y te llevo, ciega,
> como tu lazarillo? ¿No repites
> con tu boca pasiva
> lo que quiero que digas? ¿No soportas,
> esclava, la bondad con que te obligo?
> ¿Qué verás, qué dirás, adónde irás
> sin mí? ¿No seré yo,
> muerte, tu muerte, a quien tú, muerte,
> debes temer, mimar, amar?
>
> JUAN RAMÓN JIMÉNEZ: *Antología poética*.

a) Métrica: Mide los versos del poema y di de qué tipo son. ¿Presentan rima? ¿Qué nombre reciben estos versos?
b) Figuras retóricas: ¿Hay alguna anáfora en el poema? Señálala. ¿Qué figura literaria aparece a lo largo de todo el poema? ¿Cómo se consigue el ritmo en la composición?
c) Determina el tema de la composición. ¿Por qué la muerte debe temer, mimar y amar al poeta?

23. Lee el siguiente poema de Federico García Lorca y responde a las preguntas que hay a continuación:

> **Adivinanza de la guitarra**
>
> En la redonda
> encrucijada
> seis doncellas
> bailan.
> Tres de carne
> y tres de plata.
> Los sueños de ayer las buscan,
> pero las tiene abrazadas
> un **Polifemo** de oro.
> ¡La guitarra!
>
> FEDERICO GARCÍA LORCA: *Poema del cante jondo*.

VOCABULARIO

Polifemo *m.* Famoso cíclope, gigante mitológico de un solo ojo en mitad de la frente.

a) Mide los versos del poema y di de qué tipo son. ¿Qué tipo de rima presenta? Escribe su esquema métrico.
b) Tomando como pista el título del poema, explica qué es la «redonda encrucijada», quiénes son las «seis doncellas» y por qué «tres son de carne y tres de plata».
c) ¿Quién es el *Polifemo de oro* que las tiene abrazadas? ¿En qué se basa esta imagen?

24. Lee el siguiente poema de Rafael Alberti y contesta a las preguntas:

¡Qué altos
los balcones de mi casa!
Pero no se ve la mar.
¡Qué bajos!

Sube, sube, balcón mío,
trepa el aire, sin parar:
sé terraza de la mar,
sé torreón de navío.

¿De quién será la bandera
de esa torre vigía?
¡Marineros, es la mía!

a) ¿Qué elementos populares aparecen en el poema? (Tipos de versos, rima, repeticiones, etc.)
b) Señala una personificación, una antítesis y un paralelismo.
c) Explica el tema de la composición.

25. Lee este poema de Vicente Aleixandre y responde a las preguntas:

Adolescencia

Vinieras y te fueras dulcemente,
de otro camino
a otro camino. Verte,
y ya otra vez no verte.
Pasar por un puente a otro puente.
—El pie breve,
la luz vencida alegre—.

Muchacho que sería yo mirando
aguas abajo la corriente,
y en el espejo tu pasaje
fluir, desvanecerse.

a) ¿A qué etapa de la vida se refiere el poeta? ¿Qué tiene esta de particular?
b) El poeta habla de la fugacidad y brevedad de este momento de la vida. ¿Cómo lo hace?

26. He aquí un poema de *El rayo que no cesa*, de Miguel Hernández. Léelo y responde a las preguntas que se plantean a continuación:

Tengo estos huesos **hechos** a las penas
y a las **cavilaciones** estas sienes:
pena que vas, cavilación que vienes
como el mar de la playa a las arenas.

Como el mar de la playa a las arenas,
voy en este naufragio de vaivenes,
por una **noche oscura de sartenes**
redondas, pobres, tristes y morenas.

Nadie me salvará de este naufragio
si no es tu amor, la tabla que procuro,
si no tu voz, el norte que pretendo.

Eludiendo por eso el mal presagio
de que ni en ti siquiera **habré seguro**,
voy entre pena y pena sonriendo.

VOCABULARIO

hecho, cha Acostumbrado.
cavilación *f.* Pensamiento profundo.
noche oscura de sartenes Una pena negra, una gran pena.
habré seguro Aquí significa 'encontraré la salvación'.

a) Analiza el poema: medida de los versos, tipo de rima, esquema métrico. ¿De qué estrofa se trata?
b) El poema es una queja amorosa; ¿qué provoca esa queja?
c) Miguel Hernández utiliza imágenes marinas para expresar su dolor: *mar*, *naufragio*, *seguro*. Explica su significado.
d) ¿Qué es lo único que puede salvarlo del *naufragio*? ¿A qué se refiere, por tanto, con las palabras *tabla*, *norte* y *seguro*?
e) ¿Qué sensación produce el contenido de estos versos: *pena que vas, cavilación que vienes/ como el mar de la playa a las arenas?*
f) Resume brevemente el contenido del poema.

» GRAMÁTICA

1. La oración compuesta. Coordinación, subordinación, yuxtaposición. Las oraciones coordinadas

1.1. Oración simple y oración compuesta

Según el número de verbos (predicados) que presenten las oraciones, estas se clasifican del siguiente modo:

- **Oración**
  - Simple
  - Compuesta
    - Por coordinación — *Antonio fregaba los platos y Ramón veía la televisión.*
    - Por subordinación — *Le pidieron que se apartase.*
    - Por yuxtaposición — *Nevaba; irían a esquiar.*

- La **oración simple** es aquella que consta de un solo verbo en forma personal y, por tanto, de un solo predicado. Ejemplos:

  El capitán ***abandona*** *el barco el último en un naufragio.*
  Romero ***ha estropeado*** *el mecanismo de la puerta principal.*

- La **oración compuesta** está formada por dos o más segmentos oracionales, llamados también *oraciones*. Como consecuencia de lo anterior, en las oraciones compuestas hay dos o más verbos.
  Los elementos que permiten relacionar las estructuras oracionales de una oración compuesta son diversos: conjunciones, locuciones conjuntivas, relativos simples o compuestos...
  - **Conjunción**: *Nos había dicho* ***que*** *llegaríamos a tiempo; Vieron numerosas setas,* ***pero*** *recogieron muy pocas.*
  - **Locución conjuntiva**: *Nos descubrieron* ***a pesar de que*** *habíamos tomado todo tipo de precauciones.*
  - **Pronombres**, **determinantes** o **adverbios relativos**: *El chico* ***que*** *trajo el reparto era muy joven; Se cayó en la plaza* ***donde*** *vivía el alcalde.*
  - **Pronombres**, **determinantes** o **adverbios interrogativos**: *Dinos* ***quién*** *es él; ¿Sabemos* ***cuántos*** *atletas participarán en la carrera?; Nos dijo* ***dónde*** *había nacido.*

1.2. Coordinación, subordinación y yuxtaposición

La coordinación

La **coordinación** consiste en relacionar elementos lingüísticos de forma que no haya una superioridad jerárquica entre ellos. Lo más habitual es que se produzca entre palabras de la misma clase (***Raúl** y **Esther** hacían muy buena pareja*; los dos son nombres) o que desempeñen la misma función sintáctica (*La camisa era **azul** y **a rayas***; los dos son atributos).

Cuando se produce una relación de coordinación entre oraciones se habla de **oraciones coordinadas**. Ejemplo: *Rosa está triste o se hace la despistada*.

Como veremos más adelante, las relaciones de coordinación entre oraciones son copulativas, disyuntivas o adversativas.

La subordinación

La **subordinación** es una relación por la que una unidad lingüística depende de otra a la que modifica o complementa. Existen numerosas relaciones de subordinación en la lengua: de un complemento verbal respecto a un verbo (*Vieron **a sus padres***), de un determinante respecto a un nombre (***estas** calabazas*), de un modificador respecto a su núcleo (***muy** bonito*), etc.

Cuando hay una relación de subordinación entre oraciones hablamos de oraciones subordinadas. Ejemplo: *Le contó **que su madre conocía todos sus secretos***.

Las oraciones subordinadas se clasifican en sustantivas, de relativo y adverbiales. Las analizaremos en las unidades siguientes.

- **Sustantivas**: actúan como un sintagma nominal y desempeñan sus mismas funciones. Ejemplo: *El emperador no quiere **que su ejercito pierda el combate***. [= *El emperador no quiere **la derrota*** (CD)].

- **De relativo:** introducidas por un relativo (pronombre, adverbio o determinante), suelen tener un antecedente explícito al que se refieren. Ejemplo: *El pediatra **que nos visitaba de niños** ya no ejerce de médico.* Como se puede apreciar, *que* se refiere a *el pediatra*. En ocasiones, este antecedente puede no aparecer: *Busco a **quien** vino ayer.*
- **Adverbiales:** aportan valores semánticos variados (condición, consecuencia, finalidad, causa...), algunos de ellos parecidos a los adverbios (tiempo o modo). ***Si trabajas con ahínco**, puedes conseguir tus metas; Se vistió **según indicaba su papel en la ópera**.* Su clasificación es controvertida, como veremos más adelante.

La yuxtaposición

La **yuxtaposición** es la unión de unidades lingüísticas en la que se omite la partícula de relación. Son numerosos los elementos que pueden aparecer yuxtapuestos: sintagmas nominales, sintagmas adjetivales, etc. Ejemplo: *Mis abuelos, mis hermanos, mis padres, mis tíos, todos vendrán a mi graduación.*

En la lengua oral, la yuxtaposición se marca con pausas, mientras que la lengua escrita usa signos de puntuación (coma, punto y coma, dos puntos).

A las oraciones que se relacionan por yuxtaposición se las denomina **yuxtapuestas**:

Miguel es enfermero; su mujer regenta una peluquería.
[Yuxtapuesta 1] + [Yuxtapuesta 2]

Se vivían días felices en el zoológico: había nacido un nuevo delfín.
[Yuxtapuesta 1] + [Yuxtapuesta 2]

El contexto comunicativo permite conocer cuál es el significado que se transmite. Así, en el primer ejemplo se aprecia un valor copulativo (*Miguel es enfermero y su mujer regenta una peluquería*), mientras que en el segundo se observa un valor causal (*Se vivían días felices en el zoológico porque había nacido un nuevo delfín*).

Las oraciones coordinadas

Desde un punto de vista semántico, las oraciones coordinadas se clasifican en **copulativas**, **disyuntivas** y **adversativas**.

Coordinadas
- Copulativas — *Los jardineros municipales cortaron las ramas y recogieron las hojas del suelo.*
- Disyuntivas — *¿Vienes a mi casa o voy yo a la tuya?*
- Adversativas — *Lavó todos los platos, pero rompió uno.*

Coordinadas copulativas

Las **oraciones coordinadas copulativas** son aquellas cuyos significados se suman (*Saltan y bailan*). Las conjunciones copulativas por excelencia son *y* (*e* ante palabra que empiece por *i* o *hi*) y *ni* (a veces, duplicada *ni... ni...*).
Ejemplo:

No logramos el éxito total *ni* *nos derrotaron.*
[O. coord. copulativa 1] + conj. cop. + [O. coord. copulativa 2]

Cuando la palabra que sigue a una *y* empieza por el diptongo *hie*, no se modifica la conjunción copulativa. Ejemplo: *El coche atraviesa la valla y hiere de gravedad a un hombre.*

También establecen relaciones de coordinación copulativa otras conjunciones discontinuas: *tanto... como*, *tanto... cuanto*, *igual... que*, etc. Ejemplo:

Tanto los americanos investigan el origen de la enfermedad como los europeos estudian sus efectos.

En una enumeración se utiliza la conjunción *y* solo para unir el penúltimo y el último elemento de esta. Estilísticamente puede forzarse su aparición entre otros elementos de la enumeración. Este recurso estético se conoce como **polisíndeton**.
Ejemplo:
¿Debía poner por escrito la historia del símbolo de todos los errores y las responsabilidades y la culpa y la vergüenza y la miseria y la muerte y las derrotas y el espanto y la suciedad y las lágrimas y el sacrificio y la pasión y el deshonor de mis predecesores?

JAVIER CERCAS: *El monarca de las sombras.*

Coordinadas disyuntivas

Las **oraciones coordinadas** disyuntivas expresan la existencia de dos o más opciones, ya sean excluyentes (*¿jugamos a las cartas o repasamos para el examen?*) o no (*A mi coche o le falla la batería o el alternador no funciona, o las dos cosas a la vez*). La conjunción disyuntiva más destacada es *o* (*u*, ante palabra que empiece por *o*, *ho*). Ejemplos:

Viajaré a Londres	*o*	*me quedaré en Madrid.*
[O. coord. disyuntiva 1]	+ conj. disy. +	[O. coord. disyuntiva 2]
Rectifica tu actitud	*u*	*olvídate de mí.*
[O. coord. disyuntiva 1]	+ conj. disy. +	[O. coord. disyuntiva 2]

La relación disyuntiva puede presentarse también con conjunciones discontinuas: *ya... ya...*, *bien... bien...*, *ora... ora*, etc. Ejemplo:

La cantante flamenca, ***ya*** *cantaba por bulerías,* ***ya*** *entonaba piezas líricas modernas.*

Coordinadas adversativas

Las oraciones **coordinadas adversativas** manifiestan total o parcialmente contraposición u oposición entre las ideas que se presentan. Las conjunciones adversativas son *pero*, *mas* y *sino* (*que*). También lo es *aunque* en aquellos contextos en que sea intercambiable por *pero*. Ejemplos:

Estudié mucho,	*pero*	*no aprobé.*
[O. coord. adversativa 1]	+ conj. advers. +	[O. coord. adversativa 2]
Entraré en la fábrica,	*aunque*	*ya no trabajo allí.*
[O. coord. adversativa 1]	+ conj. advers. +	[O. coord. adversativa 2]
No vendimos el piso,	*sino que*	*lo rehabilitamos.*
[O. coord. adversativa 1]	+ conj. advers. +	[O. coord. adversativa 2]

» ACTIVIDADES

27. Clasifica los siguientes titulares periodísticos atendiendo a si la oración que presentan es simple o compuesta:

a) El Banco de España alerta de falta de caja en las empresas (*elEconomista.es*, 4 de agosto de 2020)
b) Los desplazamientos de miles de animales muestran cómo ha cambiado la vida en el Ártico (*El País*, 5 de noviembre de 2020)
c) Cuatro conductores circulan en sentido contrario en Oleiros y culpan al GPS (*La voz de Galicia*, 4 de agosto de 2020)
d) Ecuador logra un alivio de su deuda externa de 1.540 millones de dólares y cinco años de gracia (*El País*, 4 de agosto de 2020)
e) La gota fría descarga lluvias torrenciales en Zaragoza (*Heraldo de Aragón*, 7 de noviembre de 2020)
f) El Gobierno aprueba un plan para lograr la neutralidad climática en 2050 (*El Mundo*, 3 de noviembre de 2020)
g) El plástico que acumula el Mediterráneo triplica el peso de las capturas de sardinas, bogas y boquerones (*La Vanguardia*, 27 de octubre de 2020)

28. Lee el siguiente texto y delimita las oraciones subrayando las simples en azul y las compuestas en rojo:

> Comieron platos extraordinarios en aquellos días. Eduardo no daba crédito a sus ojos. El propio Daniel, con su suficiencia, con su desprecio, parecía impresionado. Huevos fritos con patatas, bistec, pan blanco, licores y vino en abundancia. Eduardo comía con voracidad y miraba a sus compañeros. Un instante algo le encogió levemente el ánimo. Daniel, quieto, con el tenedor en la mano, miraba el mantel. Sus ojos negros, desviados, se teñían de una angustia infinita. [...] Eduardo intentó alejar de sí esta idea, fastidiosa en aquel momento, y apartó sus ojos de Daniel. Las chicas charlaban y reían en voz alta y comían a dos carrillos.
>
> ANA MARÍA MATUTE: *Luciérnagas*.

a) ¿De qué tipo son las oraciones compuestas que aparecen?
b) Localiza un polisíndeton.

29. Indica si las oraciones compuestas son coordinadas o subordinadas:

a) Bailo muy bien, mas he aprendido solo.
b) Mientras me saludaba por la ventana, se le quemó la comida.
c) Deseo que esta noche nos veamos.
d) Habla bajo, que está durmiendo el niño.
e) La profesora de Matemáticas se puso enferma y contrataron a un sustituto.
f) Es una persona insolente, pero todos la quieren en su equipo.
g) No completó el cuaderno de verano que le habían comprado.

30. Convierte las siguientes oraciones coordinadas o subordinadas en yuxtapuestas, como en el ejemplo: *¿Trabajarás en la empresa de tu tío o seguirás en la fábrica de electrodomésticos? / ¿Trabajarás en la empresa de tu tío?, ¿seguirás en la fábrica de electrodomésticos?*

a) Eulalia reía y Emilio recitaba poemas de Lorca.
b) Los análisis de sangre son normales, así que les daremos el alta pronto.
c) Mis hermanos visitarán Extremadura, pero nosotros conoceremos Galicia.
d) Como el examen es muy difícil, estudiaremos todo el fin de semana.
e) Se estropeó el lavavajillas y la nevera no enfría. Además, el microondas no funciona.

31. Di qué tipo de oraciones coordinadas son las siguientes:

a) La reunión es ilegal, pero participaré de todos modos.
b) Vendí la bicicleta y compré una moto.
c) Estudié mucho, mas no aprobé.
d) Igual vivían los ingleses en Menorca que los rusos, en Marbella.
e) Francia promociona el cine nacional e Italia importa películas americanas.
f) ¿Vienen en coche o se acercarán a pie?
g) Se lo juré, aunque no me creyó.
h) Los veraneantes, bien iban a la piscina, bien se bañaban en el río.

32. Completa las oraciones con nexos coordinantes adecuados:

a) Asistieron al concierto de PIK, ■ no les gustó la puesta en escena.
b) Puedo hacer la cena ■ comprar pizzas en el supermercado.
c) No comprará la casa ■ la alquilará.
d) La sociedad ateniense se regía por un sistema democrático ■ Sócrates era un fiel defensor de esas ideas.
e) ■ criticáis la acción del Gobierno, ■ rechazáis la actuación de la oposición.
f) La situación financiera de la empresa se estabilizó; ■, la cotización en Bolsa no mejoraba.
g) Estás muy sucio ■ hiedes por todos los poros de tu piel.
h) ■ los andaluces aman su flamenco ■ los aragoneses quieren la jota.

33. Explica el diferente significado de estas oraciones en las que hay coordinación. Justifica gramaticalmente tu decisión.

a) Tonet, el sargento y ella caminan por la vega vallisoletana.
b) Tonet, el sargento, y ella caminan por la vega vallisoletana.

34. Explica la diferencia entre *mas* y *más*. Escribe una oración con cada una de estas palabras de modo que se aprecie con claridad el contraste.

35. Indica si las siguientes oraciones subordinadas son sustantivas, de relativo o adverbiales:

a) Asunción me regaló una vieja sortija que había encontrado entre los abalorios de su madre.
b) Me alegra que tu gira sudamericana haya sido un éxito.
c) Apenas despertaba, Juan tomaba su café descafeinado sin azúcar.
d) Rosario regaba las flores que había plantado en su terraza.
e) Pregúntale a la tarotista si puede tirarme las cartas mañana.
f) Lo hizo según le indicó su intuición de estudiante avanzado.
g) El dinero que guardábamos en el banco ha desaparecido por culpa de la crisis.

36. Todas las siguientes oraciones son agramaticales debido al mal uso de las conjunciones y locuciones conjuntivas coordinantes o de los signos de puntuación. Reescribe las oraciones de modo que no haya ningún error.

a) Compraron muchos refrescos y invitaron a todos los compañeros de clase.
b) ¿Miraron con atención en la bodega o ojearon desde la puerta?
c) Mara era abogada, però trabajaba de azafata.
d) Su padre era sevillano, su madre, gallega.
e) El poeta recitó sus versos con calma ante el atento auditorio sin embargo la acogida no fue muy entusiasta.
f) Fuimos a la sierra para ver la nieve más ya se había derretido.
g) De repente, el espadachín desenvaina el sable e hiere en la cara al adversario.
h) No nos habíamos visto desde hacía años sin embargo nuestro cariño permanecía intacto.

37. Di si los siguientes enunciados son verdaderos o falsos:

a) Todos los enunciados son oraciones.
b) Todas las oraciones tienen sujeto.
c) Las oraciones compuestas presentan más de un verbo.
d) Las oraciones coordinadas relacionan elementos de un mismo nivel jerárquico o funcional.
e) Las oraciones yuxtapuestas pueden relacionarse por signos de puntuación o por conjunciones.
f) Las coordinadas copulativas suman significados.
g) Las coordinadas disyuntivas se relacionan por conjunciones como *pero*, *mas*, etc.
h) Las coordinadas adversativas manifiestan una oposición total o parcial entre las ideas que presentan.
i) La repetición innecesaria de conjunciones copulativas o disyuntivas con intención literaria se denomina polisíndeton.
j) Siempre que hay una coordinación copulativa hablamos de oraciones coordinadas copulativas.
k) Las oraciones de relativo y las sustantivas son oraciones subordinadas.

» LÉXICO

1. Tipos de abreviación

1.1. Siglas

Las **siglas** se forman mediante la unión de iniciales de una expresión compleja (*ESO* > *Educación Secundaria Obligatoria*). Pueden ser deletreadas (*UGT*, *BCE*), silabeadas o legibles como palabras (*ONU*, *pyme*, *radar*) o bien mixtas (*MNAC*). Las siglas se escriben en mayúsculas y sin puntos. Su plural no se marca gráficamente: la *ONG* > las *ONG*.

La palabra *sigla* se utiliza también para designar cada una de las iniciales que integran una sigla.

Siempre que en un escrito se utilice por primera vez una sigla, esta debe ir acompañada de su desarrollo o explicación. Ejemplo: *La AEMET (Agencia Estatal de Meteorología) ha pronosticado un verano muy caluroso.* No es necesario hacerlo con aquellas siglas sobradamente conocidas por los hablantes, como ADN o UE.

1.2. Acrónimos

Se denominan **acrónimos** aquellas voces formadas mediante la unión de segmentos de más de una palabra, en especial del principio de una y el final de otra (*docudrama*, *informática*). También se llama así a las siglas que se pronuncian silabeadas: *ONU*, *pyme*, *radar*... Cuando el acrónimo se ha incorporado a la lengua común, se escribe en minúscula y se acentúa siguiendo las normas generales de acentuación.

1.3. Acortamientos

En ocasiones, se originan palabras por eliminación de algunas de sus partes. Este fenómeno se conoce como **acortamiento**. A veces se suprimen elementos finales (*cole*, *presi*...), pero también se pueden eliminar otros iniciales (*chacho*, *mano*...) o intermedios (*Barna*). Son comunes en el registro coloquial y familiar.

1.4. Abreviaturas

La **abreviatura** es la representación de una palabra mediante una o varias de sus letras seguidas de un punto (en pocas ocasiones una barra /): *pág.* (*página*), *Arq.* (*arquitecto*). Su plural se forma añadiendo *-s* o *-es*: *apdos.* (*apartados*), *cént.* (*céntimo*). En algunos casos, pueden duplicarse las letras para representar el plural: *S. M.* > *SS. MM.*

1.5. Símbolos

Los **símbolos** son representaciones gráficas de carácter universal de un concepto técnico o científico: *SE* (*sureste*), *Na* (*sodio*), *km* (*kilómetro*), etc. Son invariables en número y no se escribe punto tras ellos.

» ACTIVIDADES

38. Reescribe las siguientes oraciones indicando en el paréntesis el significado de las siglas:

a) El Decreto Ley será publicado en el BOE (■).
b) La OMS (■) vela por la salud de todos los habitantes del planeta.
c) Jugadores y entrenadores abandonaron la reunión, que se celebró en la sede de la FEF (■).
d) Todos los productos están gravados con el IVA (■).
e) La RAE (■) ha publicado un Glosario de Términos Gramaticales.
f) CCOO (■) y UGT (■) firman un nuevo pacto laboral con el Gobierno y la patronal de empresarios.
g) Algunos personajes famosos son embajadores de UNICEF (■).
h) La UE (■) es una asociación económica y política compuesta por 27 países del continente europeo
i) Tengo que pasar la ITV (■) el mes de octubre.

39. Averigua a qué corresponden las siguientes abreviaturas:

a) AA. VV.
b) RR. HH.
c) JJ. OO.
d) CC. AA.
e) RR. PP.
f) FF. AA.

40. Explica el significado de las siguientes siglas relacionadas con el mundo económico: BM, pyme, FMI, SEPE, IPC, IRPF, NIF, IBI, OPA.

41. Internet ha popularizado el uso de siglas en inglés como OMG o LOL para expresar estados de ánimo. Si no las conoces, busca su significado. A continuación, inventa tú algunas siglas que sirvan para expresar emociones.

42. En el poema «La invasión de las siglas», Dámaso Alonso plantea su desasosiego por la invasión de las siglas en nuestro idioma. En un momento de la composición dice: «Vosotros erais suaves formas, / INRI, de procedencia venerable, / SPQR, de nuestra nobleza heredada.», y más adelante «¡Oh dulce tumba: / una cruz y un RIP!». Explica el significado de las siglas que aparecen en esos versos.

43. Las siglas son habituales en la formación de nombres de numerosas empresas e instituciones (ALSA, Renfe, SEAT, UNESCO...). Vamos a proceder a jugar con el proceso contrario: interpretaremos unas palabras, que no son acrónimos, como si lo fueran, y tendrás que inventar la expresión compleja a la que corresponden sus siglas. Fíjate en el ejemplo: *MELÓN: Mutua Económica Libre Ovetenses Naturales.*

a) FRESA
b) LOBO
c) CAMPO
d) COPA
e) ASMA
f) SOPA

44. Escribe la abreviatura de las palabras destacadas de las siguientes oraciones:

a) Tu problema con las nóminas lo tienes que resolver en la **administración** de la empresa.
b) Es un **artículo** bajo registro.
c) El libro pertenece a la **colección** que está en la **biblioteca**.
d) El **ilustrísimo** alcalde y el **Gobernador** desayunaron juntos.
e) Entre el **máximo** que tú propones y el **mínimo** que yo ofrezco deberíamos encontrar un punto medio.
f) El **sargento**, el **teniente** y el **capitán** fueron condecorados por sus acciones humanitarias.

45. Sustituye las palabras destacadas por sus símbolos correspondientes:

a) ¿Tienes clara la diferencia entre un **metro cuadrado** y un **metro cúbico**?
b) **Helio**, **neón** y **argón** son tres gases nobles.
c) Para llegar a vuestro destino debéis caminar hacia el **noroeste**.
d) Se esparció una **tonelada** de sal por la pequeña carretera comarcal de apenas 10 **kilómetros**.
e) El concierto duró exactamente 2 **horas**, 15 **minutos** y 10 **segundos**.
f) No es bueno el consumo excesivo de **calorías**.
g) Ese motor tiene una potencia de 300 **caballos** y, sin embargo, su nivel de ruido solo es de 50 **decibelios**.

» ORTOGRAFÍA

1. La *m* y la *n*

Se escribe ***m*** delante de ***b*** y ***p***.	*ca**mb**io, ra**mp**a, ca**mp**o*
Se escribe ***n*** delante de ***v*** y ***f***.	*co**nv**ersión, e**nv**idia, i**nf**ormación*
Se escribe ***mn*** en las palabras simples en las que estas letras no forman parte de un prefijo.	*alu**mn**a, sole**mn**e*
Delante de ***n*** o ***m*** se escribe ***n*** si las palabras llevan los prefijos ***in-***, ***en-***, ***con-***, ***circun-***.	*i**nn**oble, e**nn**oblecer, co**nm**emoración, circu**nn**avegar*
Al **final de palabra** se escribe siempre ***n***, excepto en palabras procedentes del latín o de otras lenguas.	*móde**m**, referéndu**m**, ultimátu**m***

La palabra *etcétera* (o su abreviatura: *etc.*) no va seguida de puntos suspensivos.
No se escribe punto detrás de los signos de interrogación o exclamación.

2. Punto, dos puntos y puntos suspensivos

• El **punto** indica el final de una oración. Después de punto se escribe siempre mayúscula. • El **punto y seguido** separa oraciones dentro de un mismo párrafo. • El **punto y aparte** indica el final de un párrafo. Se escribe a continuación en otra línea. • El **punto final** se usa para cerrar un texto.	*El girasol es una planta herbácea originaria de América que se cultiva en todo el mundo.* *Esta planta anual puede alcanzar más de tres metros de altura. Sus hojas son ovaladas y ligeramente dentadas. Las flores son de color amarillo oro.* *Su nombre común se refiere a su capacidad de orientarse hacia el sol.*
• Los **dos puntos** indican que lo que sigue a continuación **completa** el sentido de la oración. • Se escriben delante de una **enumeración**. • Se colocan **detrás del saludo** de las cartas, los discursos u otros documentos. • Se utilizan para **citar palabras textuales**.	*En nuestra casa del pueblo hacía muchísimo frío: estábamos a dos grados.* *Los ingredientes son los siguientes: tomate, champiñones y atún.* *Queridos vecinos: Aunque París es una ciudad preciosa, os echamos de menos...* *Dijo: «Buscando el bien de nuestros semejantes, encontramos el nuestro».*
• Los **puntos suspensivos** indican que se deja **incompleta** una oración. • Se escriben al final de una **enumeración** incompleta. • Se colocan al final de una **oración** que no se quiere terminar porque **se sobreentiende**. • Se emplean para expresar **temor**, **duda**, **sorpresa**, **enfado**, etc.	*«Había una vez, en un país muy lejano...»* *Había de todo: bizcochos, galletas, roscas...* *Como dice el refrán: «A buen entendedor...».* *No sé..., no me atrevo a decírtelo.*

» ACTIVIDADES

46. Agrupa las siguientes palabras de tres en tres según pertenezcan a la misma familia léxica.

> ampliación • información • ambición • cambiar recambio • envío • amplitud • informar • enviar compañía • inflamación • enviado • amplio conveniente • ambicioso • acompañar cambio • informe • inflamable • convenio compañero • ambicionar • convenir • inflamar

47. Con la ayuda del prefijo *en-* (y su variante *em-*), forma verbos a partir de los siguientes sustantivos:

Ejemplo: barco → *embarcar*.

a) veneno	e) vejez	i) botella
b) frente	f) frío	j) fango
c) betún	g) barranco	k) pareja
d) bolsa	h) papel	l) baldosa

48. Indica cuál es el sentido correcto de cada una de las siguientes palabras:

a) indemne
1. Que defiende sus propias opiniones. / **2.** Que no se puede borrar. / **3.** Que no ha sufrido daño.

b) connivencia
1. Confabulación, complicidad. / **2.** Acuerdo, coexistencia. / **3.** Entendimiento entre dos o más personas.

c) inmune
1. No atacable por ciertas enfermedades. / **2.** Que introduce novedades. / **3.** Que queda sin castigo.

d) inmiscuirse
1. Tomar parte en un asunto o negocio. / **2.** Entrar en un lugar. / **3.** Retirarse, esconderse.

e) perenne
1. Urgente. / **2.** Que dura mucho tiempo. / **3.** Que está de paso.

f) inescrutable
1. Que no se puede averiguar. / **2.** Que no se puede mirar. / **3.** Que no se puede percibir.

49. Completa las siguientes oraciones con las palabras de la actividad anterior:

a) El pino y el abeto son árboles de hoja ▮.
b) Fue muy afortunado porque salió ▮ del accidente.
c) Será juzgado y acusado de ▮ con la red de blanqueo de dinero.
d) Este suero les hace ▮ a ciertas enfermedades.
e) El entrenador tiene prohibido ▮ en determinados asuntos del club.
f) Su expresión era distante, fría, hermética e ▮.

50. Traduce al castellano las siguientes palabras del catalán:

> simfonia • immens • descomptar • amfitrió comte • xamfrà • bienni • immoral • assumpte pamflet • circumstància • innocent • connectar impremta

51. Averigua a qué palabras corresponden las siguientes definiciones:

a) Tarima sobre la que se coloca a alguien para celebrar un triunfo deportivo: P▮
b) En un gimnasio, lugar reservado para tomar el sol: S▮
c) Procedimiento por el que se somete al voto popular una decisión política: R▮
d) Número necesario de individuos para que se puedan tomar ciertos acuerdos: Q▮
e) Composición que se canta con el texto litúrgico de la misa de difuntos: R▮

52. Coloca el punto y seguido que falta entre las siguientes oraciones y cópialas a continuación:

a) Al día siguiente volvieron a la cueva llevaban consigo una linterna y un rollo de cuerda.
b) Se metió en la cama nada más llegar a casa tuvo un sueño extraño, misterioso.
c) Atravesé a pie el parque me aseguré de que nadie me seguía los pasos.
d) Volvió la esquina confiado y tranquilo entonces unos dedos brutales le atenazaron el brazo.
e) Vivían en la misma casa, aunque muy alejados emocionalmente Pedro era huraño mientras que su hermano era dulce y agradable.

53. En estas oraciones, los dos puntos están mal colocados; corrígelos:

a) En la reunión había representantes de: padres, profesores y alumnos había trabajo para todos.
b) Practica: regularmente deporte corre, monta en bicicleta, nada, camina.
c) Se veían: muchos paraguas en el paseo negros, rojos, azules.
d) Se confirma: el rumor el Barça ficha al jugador brasileño.
e) Tiene fiesta: el viernes podrá comenzar el fin de semana el jueves por la tarde.

54. Copia las siguientes oraciones y escribe puntos suspensivos donde sea necesario:

a) No sé si acudir o rechazar la invitación. Es un compromiso para mí.
b) Abrió el libro y comenzó a leer en voz alta: «En un lugar de la Mancha».
c) Sírvete lo que quieras: café, leche, té, limonada, agua.
d) Ya lo sabes: «A palabras necias».
e) Me da vergüenza. No quiero seguir hablando de ello.
f) Quería preguntarte No sé, que si podrías dejarme utilizar tu portátil.

DICTADO

Premisa: Cuando corrijas el dictado, tacha la palabra mal escrita y escribe debajo la palabra correcta. A continuación, copia cada palabra que has escrito mal, junto con la que le precede y la que le sigue.

El Dragón posee la capacidad de asumir muchas formas, pero estas son inescrutables. En general lo imaginan con cabeza de caballo, cola de serpiente, grandes alas laterales y cuatro garras, cada una provista de cuatro uñas. Se habla asimismo de sus nueve semblanzas: sus cuernos se asemejan a los de un ciervo, su cabeza a la del camello, sus ojos a los de un demonio, su cuello al de la serpiente, su vientre al de un molusco, sus escamas a las de un pez, sus garras a las del águila, las plantas de sus pies a las del tigre, y sus orejas a las del buey.

JORGE LUIS BORGES: *El libro de los seres imaginarios.*

55. Copia el siguiente texto con los signos de puntuación que faltan. No olvides poner mayúsculas.

Ayuda: coma = 5; dos puntos = 1; punto = 2; puntos suspensivos = 1.

Las cifras son muy altas pero la casa sí la casa que antes era casi campo y ahora queda en el corazón mismo del barrio comercial más caro de Santiago está rodeada de altos edificios un islote verde en medio del cemento una propiedad muy buena ofrecen tanto por ella que se podría pagar todo lo que se debe con holgura

JOSÉ DONOSO: *El jardín de al lado.*

LUDOLENGUA

56. Averigua tu nivel ortográfico.

a) En cada una de las siguientes oraciones hay un error ortográfico.
b) Por cada error detectado y bien corregido, sumas un punto. El nivel máximo corresponde a 10 puntos.
c) Si corriges una palabra que está bien escrita, restas un punto.

1. ¿A tí no te ha llegado aún el mensaje de la escuela?
2. ¿La has oído llegar?. Estoy preocupada.
3. El nacimiento de su nieto le produjo una immensa alegría.
4. En el almacén había mesas, sillas, butacas, lámparas, etc...
5. Guardaba todos los disfraces de sus hijos en un baul.
6. Ha ido al médico por que se encontraba mal.
7. La connexión por medio de cable es mucho más rápida.
8. La impresora funciona perfectamente, puedes comprobar-lo ahora mismo.
9. No a llegado a tiempo y ha perdido el avión.
10. Probó todos los postres: frutas, sorbetes, pasteles, helados.....

10 Perfecto	**9-8** Muy bien	**7-6** Bien
5-4 Regular	**3 o menos** ¡Cuidado!	

» DILO POR ESCRITO

Tu currículo

Vas a redactar tu currículo a diez años vista, es decir, teniendo en cuenta que han transcurridos diez años de tu vida y has tenido ese tiempo para formarte y acumular experiencias. La única condición es que todos los datos que inventes tienen que ser verosímiles.

Procedimiento

A continuación, te ofrecemos un modelo estándar de currículo. En tu espacio personal de la página web *www.barcanova.cat*, encontrarás enlaces con otros modelos.

DATOS PERSONALES

NOMBRE Y APELLIDOS	Enrique Soldevila Cáceres
LUGAR DE NACIMIENTO	Gandesa (Tarragona)
FECHA DE NACIMIENTO	25 de septiembre de 1989
DOMICILIO	c/ Rivelles, 2, 5.º 1.ª. Barcelona 08028
TELÉFONO	753876943
CORREO ELECTRÓNICO	ricsolvilla@gmail.eu
DNI	38265748V

DATOS ACADÉMICOS

2016 Máster Universitario en Enfermería de Práctica Clínica Avanzada por la Universidad de Barcelona.
2014 Máster Universitario en Bases para la Atención y Educación de las Personas con Diabetes por la Universidad de Barcelona.
2012 Grado en Enfermería. Universidad de Tarragona.

EXPERIENCIA PROFESIONAL

2020-2021 Supervisor general de enfermería. Hospital General de Tarragona.
2015-2018 Enfermero. Hospital Comarcal de Móra d'Ebre. Unidad de Atención Integral para las personas con diabetes.
2012-2013 Enfermero. Centro de Atención Primaria Gandesa.

IDIOMAS

Inglés: *Cambridge English: Advanced (CAE)*, 2016.
Francés: *Diplôme Approfondi de Langue Française DALF C1*, 2020.

OTROS DATOS SIGNIFICATIVOS

Voluntario en el *Programa de Cuidado de Niños con Necesidades Especiales*. Médicos Sin Fronteras. Phnom Penh (Camboya), 2018 y 2019.

En la actualidad, lo habitual es tener un perfil profesional digital con el currículo, la carta de solicitud de empleo, un vídeo de presentación, un porfolio con muestras de los trabajos realizados, algún proyecto compartido, etc.

» PONTE A PRUEBA

Lee y comprueba si lo has comprendido

Edward Jenner

A mediados de mayo de 1749 nacía, en la localidad inglesa de Berkeley, Edward Jenner, conocido como el «sabio-poeta» debido a la pasión que sentía por la escritura y por manifestar sus sentimientos a través de la poesía, aunque saltaría a la fama por hacer un descubrimiento que revolucionaría la ciencia para siempre: la vacuna de la viruela.

En 1761, el joven Edward se trasladó a Sodbury, donde empezaría su formación como cirujano y farmacéutico bajo las órdenes del médico del pueblo, Abraham Ludlow. Allí Jenner oiría por primera vez, en boca de Sarah Nelmes, una ordeñadora de vacas, la siguiente afirmación: «Yo nunca tendré la viruela porque he tenido la viruela bovina. Nunca tendré la cara marcada por la viruela». Y gracias a esta creencia popular, Edward Jenner descubriría la vacuna contra esta enfermedad. En 1770, con 21 años, Edward inició sus estudios en el Hospital de San Jorge de Londres, donde fue discípulo del famoso cirujano y anatomista John Hunter, convirtiéndose primero en su alumno preferido y con el tiempo en uno de sus mejores amigos, una amistad que perduraría hasta el fallecimiento de su mentor.

En la época en que Jenner regresó a Berkeley, la epidemia de viruela que afectaba a la población ya había provocado numerosas muertes. Para tratar de ponerle freno, y pese a la cerrada oposición de otros médicos, Jenner intentó implantar un método que había estudiado en el Hospital de San Jorge y que se conocía con el nombre de «variolización». Este proceso consistía en inocular material infectado a una persona sana. El 14 de mayo de 1796, Jenner decidió inocular a un niño de ocho años llamado James Phillips un poco de materia infectada que obtuvo de una persona que padecía la viruela bovina. El pequeño desarrolló una fiebre leve que desapareció a los pocos días. Unos meses más tarde, volvió a inocular a James Phillips, pero esta vez con viruela humana, para comprobar si el niño desarrollaba la enfermedad. Los resultados le dieron la razón y el niño ni contrajo la enfermedad ni murió.

Edward Jenner explicó este procedimiento en un escrito llamado *Investigación sobre las causas y los efectos de la viruela vacuna*. A pesar de que el experimento se realizó con 23 personas más obteniendo el mismo resultado exitoso, la Asociación Médica de Londres se opuso al tratamiento con el singular argumento de que con este método los pacientes podrían convertirse poco a poco en ganado vacuno. Confiado en que su descubrimiento y el tratamiento administrado era el correcto, Jenner llegó a inocular la vacuna a su propio hijo logrando los mismos buenos resultados. [...]

Jenner llegó a alcanzar tal prestigio que podría haberse instalado en Londres, donde su fama le hubiese convertido en un hombre rico, pero prefirió regresar a Berkeley y llevar allí una vida tranquila. Pese a todo, Jenner recibió numerosas distinciones que le permitieron vivir holgadamente en su localidad natal, e incluso fue nombrado médico del rey Jorge IV en 1821.

Edward Jenner falleció el 26 de enero de 1823.

El éxito del descubrimiento de Jenner fue tan importante que en 1840 el Gobierno inglés prohibió cualquier otro método de vacunación contra la viruela que no fuera el suyo. La generalización de dicho método en todo el mundo lograría con el tiempo acabar con esta fatídica enfermedad (se calcula que solo en el siglo XX causó unos 300 millones de muertes), que fue declarada erradicada por la Organización Mundial de la Salud (OMS) en 1980.

JOSEP GAVALDÀ, en *historia.nationalgeographic.com*, 12 de diciembre de 2017 (texto adaptado).

1. El texto que has leído es...

a) descriptivo.
b) argumentativo.
c) expositivo.
d) instructivo.

2. Elige la opción correcta. Edward Jenner vivió en los siglos...

a) XVI y XVII.
b) XVII y XVIII.
c) XVIII y XIX.
d) XIX y XX.

3. Se le llamó el «sabio-poeta» porque...

a) escribía sus obras en verso.
b) leía poesías a todas horas.
c) escribió varios libros de poesía.
d) expresaba sus sentimientos en verso.

4. ¿Qué palabras pronunciadas por una ordeñadora de vacas llevaron a Jenner a investigar sobre la viruela?

5. El método de la «variolización» que puso en práctica Jenner consistía en inocular...

a) penicilina a una persona enferma de viruela.
b) material infectado de viruela a una persona sana.
c) material infectado de viruela a una persona enferma.
d) penicilina a una persona sana.

6. ¿Dónde expuso el procedimiento de la «variolización»?

a) En un escrito sobre la vacuna de la viruela.
b) En una conferencia ante especialistas en la enfermedad.
c) En una clase ante jóvenes universitarios.
d) Nunca expuso el procedimiento de la variolización.

7. ¿Con qué curioso argumento se opuso la Asociación Médica de Londres al tratamiento de la viruela?

8. ¿En qué año declaró la Organización Mundial de la Salud erradicada la viruela? ¿Cuáles son las siglas de la Organización Mundial de la Salud?

9. Observa la siguiente serie de palabras extraídas del texto: 1. *localidad*, 2. *popular*, 3. *regresó*, 4. *el*, 5. *allí*, 6. de, 7. *porque*. Indica la secuencia de clase de palabras a la que corresponden.

a) 1. adjetivo, 2. verbo, 3. nombre, 4. adverbio, 5. conjunción, 6. preposición, 7. artículo.
b) 1. nombre, 2. adjetivo, 3. artículo, 4. conjunción, 5. preposición, 6. adverbio, 7. verbo.
c) 1. nombre, 2. adjetivo, 3. verbo, 4. artículo, 5. adverbio, 6. preposición, 7. conjunción.
d) 1. nombre, 2. adjetivo, 3. verbo, 4. artículo, 5. preposición, 6. adverbio, 7. conjunción.

10. Escribe las abreviaturas de las clases de palabras propuestas en la actividad anterior.

Averigua

Busca información sobre las principales vacunas que existen hoy en día y escribe una breve relación de ellas, indicando las enfermedades que combaten o previenen.

Resuelve las siguientes cuestiones relacionadas con el campo semántico de las enfermedades:

- ¿Qué diferencia hay entre *eliminar una enfermedad* y *erradicar una enfermedad*? ¿Y entre *epidemia* y *pandemia*?
- ¿La palabra *cuarentena* se refiere necesariamente a un período de 40 días? Justifica la respuesta.
- ¿Es correcta la expresión *la dio de alta* en el contexto médico? ¿Y *la dio el alta*? ¿Por qué?
- ¿Es adecuado el término *virucida* para referirnos a todo aquello que acaba con un virus?

¿Sabías que...?

En 1805 Napoleón Bonaparte ordenó vacunar a todos sus soldados con el método de Jenner. Posteriormente, dos damas importantes, la condesa de Berkeley y lady Duce pidieron al científico que vacunase a sus hijos.

» VAMOS A ESCRIBIR UN LIBRO

En 1995, la UNESCO proclamó el 23 de abril «Día Mundial del Libro y del Derecho de Autor» como homenaje universal a los libros y sus autores. Esta conmemoración se celebra en todo el mundo. Además, cada año se elige una ciudad que mantiene, a través de sus propias iniciativas, el impulso de las celebraciones hasta el año siguiente.

En este proyecto vais a contribuir a la celebración del Día Mundial del Libro con la **creación de un libro falso**, es decir, inventado por vosotros mismos. Puede tratarse del libro que os gustaría leer o del libro que algún día escribiréis.

¿Qué tenéis que hacer en este proyecto?

- **Obtener información.** Debéis averiguar de qué partes externas e internas se compone un libro y analizar distintos modelos. Elaborad una lista con los términos relacionados y sus definiciones.
- **Definir y concretar las características** del libro falso que vais a crear. Puede tratarse de una novela de terror, un libro de recetas, una colección de cuentos, una guía de viaje, etc. Escoged el nombre del autor (si no queréis poner el vuestro) y el título.
- **Hacer un libro** de cartón (una caja pequeña rectangular puede servir).
- **Diseñar** la cubierta o tapa, la tapa posterior y el lomo. Si queréis, también podéis añadir otros elementos como el índice o la dedicatoria, etc.
- **Redactar** una breve **biografía del autor** (entre 50 y 100 palabras), que irá en la solapa izquierda y, opcionalmente, información sobre la colección para colocarla en la solapa derecha.
- **Redactar el texto que irá en la faja** del libro (si la ponéis). Allí suelen figurar los premios, la tirada, el número de ediciones, frases elogiosas tomadas de la crítica, etc.
- **Redactar** el texto de la tapa posterior, que suele ser una **breve reseña** del libro (150 palabras) para atraer al lector.
- **Realizar** una grabación con la **presentación del libro** y crear un canal de YouTube con las grabaciones de toda la clase o compartirlas en el blog del aula.
- **Realizar** una **exposición** de los libros falsos en el vestíbulo del centro.

¿Cómo tenéis que hacerlo?

1. Formad grupos de tres o cuatro alumnos como máximo. Todos colaboraréis en la búsqueda de información, aportación de ideas, grabación del vídeo y exposición final de la tarea. Sin embargo, cada uno tiene que elaborar su propio libro. Si queréis, las obras de los integrantes del grupo pueden estar relacionadas: podéis atribuirlas a un único autor, confeccionarlas de manera que pertenezcan a una misma colección, etc.

2. Buscad información. Documentaos para conocer las partes de que se compone un libro. Podéis consultar también los sitios web de bibliotecas, editoriales y librerías, así como tutoriales acerca de cómo se hacen los libros.

3. Cread un vídeo para presentar los libros: contad de qué tratan, quién es el autor, por qué lo recomendaríais, etc. También podéis mostrar el proceso de elaboración de la obra.

4. Diseñad el espacio para la exposición de manera que se integre en las celebraciones del Día Mundial del Libro y resulte atractiva para vuestros compañeros.

Material complementario

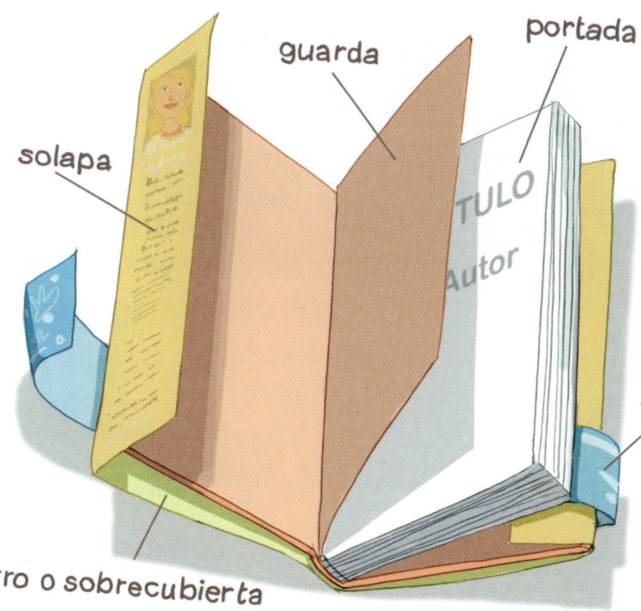

- En vuestro espacio personal de la web www.barcanova.cat, encontraréis diferentes recursos que os ayudarán en este proyecto.

¿SABÍAS QUE...?

El célebre escritor Charles Dickens (1812-1870) tenía intercalados entre los libros de su biblioteca algunos ejemplares falsos con títulos graciosos que él mismo había inventado.

UNIDAD 7

Preparamos la lectura

1. ¿Has hecho algún viaje largo en tren? ¿De dónde partiste y cuál fue el destino? ¿Por qué motivo viajabas?

2. ¿Conoces a alguien que haya dejado el pueblo para ir a vivir a la ciudad? ¿Por qué motivos?

3. Piensa en una escena en la que una pareja se despide. ¿Cómo te la imaginas? Toma nota y luego verás si habías acertado.

★ EN TREN

¿Serás capaz de encontrar el error que hay en cada una de estas cinco rutas en tren? ¿A qué dos famosísimos y literarios trenes corresponden los dos últimos itinerarios de la lista?

1	Barcelona →	Tarragona →	Lleida →	Zaragoza →	Teruel →	Calatayud →	Madrid
2	Manresa →	Monistrol →	Viladecavalls →	Cadaqués →	Sabadell →	Montcada →	Barcelona
3	Castellón →	Sagunto →	Valencia →	Játiva →	Alicante →	Cartagena →	Cuenca
4	Londres →	París →	Roma →	Viena →	Budapest →	Bucarest →	Estambul
5	Moscú →	Kirov →	Ekaterimburgo →	Omsk →	Novosibirsk →	Vladivostok →	Reikiavik

» CLUB DE LECTURA

La despedida

VOCABULARIO

bota *f.* Recipiente de cuero para contener vino, en forma de pera y con un tapón en la parte más estrecha por el que sale el líquido en chorro muy fino.

revenirse *v.* Ponerse blando.

hollín *m.* Sustancia oscura que el humo deposita en la superficie de los cuerpos. Aquí se refiere a los restos que pueden haber quedado en la garganta.

alero *m.* Parte inferior de un tejado, que sobresale de la pared y sirve para desviar de ella el agua de lluvia.

tingladillo *m.* Cobertizo.

Se disponían los hombres a beber con respeto y ceremonia, cuando el traqueteo del tren se hizo más violento y los compases de las melodías de la marcha más amplios. El dueño de la **bota** la sostuvo cuidadosamente, como si en ella hubiera vida animal, y la apretó con delicadeza, acariciándola.

—Ya estamos —dijo.

—¿Cuánto para aquí? —preguntó la mujer mayor.

—Bajarán mercancía y no se sabe. La parada es de tres minutos.

—¡Qué calor! —se quejó la mujer mayor, dándose aire con una revista cinematográfica—. ¡Qué calor y qué asientos! Del tren a la cama...

—Antes era peor —explicó el hombre sentado junto a la puerta—. Antes, los asientos eran de madera y **se revenía** el pintado. Antes echaba uno hasta la capital cuatro horas largas, si no traía retraso. Antes, igual no encontraba usted asiento y tenía que ir en el pasillo con los cestos. Ya han cambiado las cosas, gracias a Dios. Y en la guerra... En la guerra tenía que haber visto usted este tren. A cada legua le daban el parón y todo el mundo abajo. En la guerra...

Se quedó un instante suspenso. Sonaron los frenos del tren y fue como un encontronazo.

—¡Vaya calor! —dijo la mujer mayor.

—Ahora se puede beber —afirmó el hombre de la bota.

—Traiga usted —dijo, suave y rogativamente, el que había hablado de la guerra—. Hay que quitarse el **hollín**. ¿No quiere usted, señora? —ofreció a la mujer mayor.

—No, gracias. No estoy acostumbrada.

—A esto se acostumbra uno pronto.

La mujer mayor frunció el entrecejo y se dirigió en un susurro a la joven; el susurro coloquial tenía un punto de menosprecio para los hombres del departamento al establecer aquella marginal intimidad. Los hombres se habían pasado la bota, habían bebido juntos y se habían vinculado momentáneamente. Hablaban de cómo venía el campo y en sus palabras se traslucía la esperanza. La mujer mayor volvió a darse aire con la revista cinematográfica.

—Ya te lo dije que deberíamos haber traído un poco de fruta —dijo a la joven—. Mira que insistió la Encarna; pero tú, con tus manías...

—En la próxima hay cantina, tía.

—Ya lo he oído. [...]

El edificio de la estación era viejo y tenía un abandono triste y cuartelero. En su sucia fachada nacía, como un borbotón de colores, una ventana florida de macetas y de botes con plantas. De los **aleros** del pardo tejado colgaba un encaje de madera ceniciento, roto y con flecos. A un lado estaban los retretes, y al otro un **tingladillo**, que servía para almacenar las mercancías. [...]

El pueblo estaba retirado de la estación a cuatrocientos o quinientos metros. El pueblo era un **sarro** que manchaba la tierra y se extendía destartalado hasta el leve henchimiento de una colina. La torre de la iglesia —una ruina **erguida**, una desesperada permanencia— amenazaba al cielo con su muñón. El camino **calcinado**, vacío y como inútil [...], atrapaba las soledades de los campos.

Los ocupantes del departamento volvieron las cabezas. Forcejeaba, **jadeante**, un hombre en la puerta. El jadeo se intensificó. Dos de los hombres del departamento le ayudaron a pasar la cesta y la maleta de cartón atada con una cuerda. El hombre se apoyó en el marco y contempló a los viajeros. Tenía una mirada lenta, reflexiva, observadora. Sus ojos, húmedos y negros como **limacos**, llegaron hasta su cesta y su maleta, colocadas en la redecilla del portamaletas, y descendieron a los rostros y a la espera, antes de que hablara. Luego se quitó la gorrilla y sacudió con la mano desocupada su blusa.

—Salud les dé Dios —dijo, e hizo una pausa—. Ya no está uno con la edad para andar en viajes.

Pidió permiso para acercarse a la ventanilla y todos encogieron las piernas. La mujer mayor suspiró molesta y al acomodarse estiró el **buche**.

—Perdone la señora.

Bajo la ventanilla, en el andén, estaba una anciana acurrucada, en desazonada atención. Su rostro era apenas un confuso grabado de arrugas que emborronaban las facciones, unos ojos punzantes y unas manos descarnadas.

—¡María! —gritó el hombre—. Ya está todo en su lugar.

—Siéntate, Juan, siéntate —la mujer voló una mano hasta la frente para arreglarse el pañuelo, para palpar el sudor del sofoco, para domesticar un pensamiento—. Siéntate, hombre.

—No va a salir todavía.

—No te conviene estar de pie.

—Aún puedo. Tú eres la que debías...

—Cuando se vaya...

—En cuanto llegue iré a ver a don Cándido. Si mañana me dan plaza, mejor.

—Que haga lo posible. Dile todo, no dejes de decírselo.

—Bueno, mujer.

—Siéntate, Juan.

—Falta que descarguen. Cuando veas al hijo de Manuel le dices que le diga a su padre que estoy en la ciudad. No le cuentes por qué.

—Ya se enterará.

—Cuídate mucho, María. Come.

—No te preocupes. Ahora, siéntate. Escríbeme con lo que te digan. Ya me leerán la carta.

—Lo haré, lo haré. Ya verás como todo saldrá bien.

El hombre y la mujer se miraron en silencio. La mujer se cubrió el rostro con las manos. Pitó la locomotora. Sonó la campana de la estación. El ruido de los frenos al aflojarse pareció extender el tren, desperezarlo antes de emprender la marcha.

—¡No llores, María! —gritó el hombre—. Todo saldrá bien.

—Siéntate, Juan, —dijo la mujer confundida por sus lágrimas—. Siéntate, Juan —y en su voz había ternura, amor, miedo y soledad.

El tren se puso en marcha. Las manos de la mujer revolotearon en la despedida. Las arrugas y el llanto habían terminado de borrar las facciones.

VOCABULARIO

sarro *m.* Aquí se refiere a que el pueblo era como una mancha blanquecina y amarillenta del color del sarro.

erguido, da *adj.* Levantado.

calcinado, da *adj.* Quemado, abrasado.

jadeante Respirando con dificultad, agitadamente.

limaco *m.* Babosa.

buche *m. despect.* Estómago.

VOCABULARIO

petaca *f.* Botella de bolsillo, ancha y plana, que se usa para llevar bebidas alcohólicas.

ubre *f.* Teta de la hembra de un animal mamífero.

¿SABÍAS QUE...?

En los orígenes del ferrocarril, las compañías hacían públicos los horarios de los trenes mediante avisos en periódicos locales. Sin embargo, en seguida aparecieron publicaciones periódicas con información de los viajes que incluían los horarios y su recorrido. En 1867, el tren tardaba aproximadamente 25 horas en recorrer los 676 kilómetros que separaban Madrid de Barcelona. La velocidad media era de unos 24 km por hora. En 1950, se invertían casi 15 horas en el mismo trayecto. En la actualidad, el viaje dura poco más de dos horas y media, y el tren puede alcanzar una velocidad máxima de 310 km por hora.

—Adiós, María.

Las manos de la mujer respondían al adiós y todo lo demás era reconcentrado silencio. El hombre se volvió. El tren rebasó el tingladillo del almacén y entró en los campos.

—Siéntese aquí, abuelo —dijo el hombre de la bota, levantándose.

La mujer mayor estiró las piernas. La joven bajó la cortina de hule [de la ventanilla]. El hombre que había hablado de la guerra sacó una **petaca** oscura, grande, hinchada y suave como una **ubre**.

—Tome usted, abuelo.

La mujer mayor se abanicó de nuevo con la revista cinematográfica y preguntó con inseguridad:

—¿Las cosechas son buenas este año?

El hombre que no había hablado a las mujeres, que solamente había participado de la invitación al vino y de las hablas del campo, miró fijamente al anciano, y su mirada era solidaria y amiga. La joven decidió los prólogos de la intimidad compartida.

—¿Va usted a que le operen?

Entonces el anciano bebió de la bota, aceptó el tabaco y comenzó a contar. Sus palabras acompañaban a los campos.

—La enfermedad..., la labor..., la tierra..., la falta de dinero...; la enfermedad..., la labor, la tierra...; la enfermedad..., la labor...; la enfermedad... La primera vez, la primera vez que María y yo nos separamos...

Sus años se sucedían monótonos como un traqueteo.

IGNACIO ALDECOA: *Cuentos completos* (texto adaptado).

BuScA eN eL tExTo...

Una palabra que significa 'unidad de longitud variable según los países o regiones, definida por el camino que regularmente se anda en una hora, y que en el antiguo sistema español equivale a 5.572,7 m'.

» ACTIVIDADES

Comprensión de la lectura

1. ¿Dónde transcurre la acción?

2. ¿Por qué se queja la mujer mayor?

a) Por la incomodidad y el calor.
b) Por la lentitud del tren.
c) Por la duración de la parada.
d) Porque tiene sed.

3. Al parecer, años antes de los hechos narrados el viaje era más penoso. ¿En qué aspectos era peor? ¿A qué épocas se hace referencia?

4. ¿Quién viaja en el departamento antes de que el tren pare? ¿Qué sabemos de cada personaje?

5. ¿Cómo es la estación donde el tren se detiene?

6. ¿Qué equipaje lleva Juan? ¿Qué es lo primero que hace cuando entra en el departamento?

7. ¿Por qué crees que María insiste en que Juan se siente? ¿Por qué le dice «Ya me leerán la carta»?

8. ¿Qué otros detalles, gestos o acciones de María y Juan permiten ver el amor que se profesan?

9. ¿De qué manera los otros viajeros se muestran considerados con el anciano? ¿Por qué crees que lo hacen?

10. En las últimas líneas se repiten las palabras «La enfermedad..., la labor..., la tierra..., la falta de dinero...». ¿Cómo lo interpretas? ¿Qué quieren transmitir?

Expresión personal

11. Divide el cuento en dos partes y resume el contenido de cada una.

12. Haz una relación de los momentos, acciones o detalles del relato que representen mejor la precariedad y la miseria de la España de posguerra.

13. Salvo el de Juan y María, desconocemos el nombre de los demás personajes. ¿Cómo interpretas esa diferencia? ¿Por qué crees que el autor lo ha decidido así?

14. De entre los pares de enunciados siguientes, elige aquellos que describan con mayor acierto el relato. Justifica tu respuesta.

a) El cuento tiene un desenlace abierto que permite al lector a adivinar cuál puede ser el final de la historia. / El cuento tiene un desenlace cerrado: el lector sabe cómo termina la historia.
b) La historia es producto de la observación realista de la vida por parte del autor. / La historia es únicamente producto de la fantasía del autor.
c) El tema principal del relato es la indefensión los campesinos ante la dureza de unas condiciones de vida asociadas a su origen humilde y a su oficio. / El tema principal del relato es la incomodidad y el rigor de las condiciones de vida propias de la época: los viajes en tren, la sanidad, el trabajo del campo, etc.
d) El estilo es sobrio en los diálogos, detallista en las descripciones y muy elaborado en cuanto a la selección del léxico. / El estilo es sencillo y vulgar como corresponde a la clase social de los personajes.

15. El título del cuento es «La despedida». Inventa al menos otros dos posibles títulos.

16. Las siguientes oraciones pertenecen a algunos de los fragmentos descriptivos de la lectura. Escríbelas con otras palabras, pero respetando su significado original.

a) *El edificio de la estación tenía un abandono triste y cuartelero.*
b) *El pueblo se extendía destartalado hasta el leve henchimiento de una colina.*
c) *La torre de la iglesia era una ruina erguida, una desesperada permanencia.*
d) *Su rostro era apenas un confuso grabado de arrugas que emborronaban las facciones.*

17. Te recomendamos que veas el documental «Aldecoa, la huida al paraíso» de la serie *Imprescindibles* de RTVE, cuyo enlace encontrarás en tu espacio personal de la web *www.barcanova.cat*.

» LENGUA Y SOCIEDAD

1. Los textos digitales

La red ha comportado la aparición de nuevos tipos de textos que se desarrollan en distintas situaciones comunicativas y que tienen características específicas. Algunos de los más habituales son el **correo electrónico**, los textos propios de la **mensajería instantánea** y el **blog**.

Otros tipos de textos usados en internet son los llamados *cibertextos*: el chat, el sitio web, el SMS, la wiki, la videoconferencia, el foro, el tuit, etc.

1.1. El correo electrónico (*e-mail*)

El **correo electrónico** se utiliza para enviar y recibir mensajes entre usuarios mediante el uso de sistemas informáticos. Consta de los siguientes elementos:

- *Cabecera*: se encuentra en la parte superior del mensaje y contiene la dirección de correo del destinatario, el asunto del mensaje y el correo del remitente.
- *Cuerpo*: contiene el mensaje propiamente dicho, junto con la apertura (el saludo) y el cierre (la despedida).

El correo electrónico, junto con el mensaje de texto por teléfono móvil (SMS), son los textos digitales más antiguos.

Nuevo mensaje

Para: Bertha Müller (bmüller@cmail.de)

Cc:

Cco:

Asunto: Viaje y estancia

De: Carmen Soler

Estimada Bertha:

Muchas gracias por tu correo. Estaremos muy contentos de tenerte con nosotros este verano y creo que la estancia será feliz y provechosa para ti. Estoy segura de que volverás a tu país hablando español con fluidez.

¿A qué hora llegas al aeropuerto? Si me dices el número de vuelo y los horarios, podríamos ir a recogerte.

¿Necesitas alguna información más? ¿Hay algún tipo de comida o de bebida que no puedas tomar? ¿Hay algo especial que te gustaría hacer o visitar en España?

Un abrazo.

Carmen Soler

PD: Te adjunto una fotografía de la familia para que podamos reconocernos en el aeropuerto.

Recomendaciones

- Observa el **principio de cortesía**: el mensaje comienza con el saludo al destinatario y termina con la despedida y el nombre del remitente.
- Define el **asunto** con claridad para orientar adecuadamente al receptor sobre el contenido del correo.
- Procura redactar el mensaje de forma **breve y concreta**.
- Si el mensaje ocupa más de tres párrafos, es preferible enviar la información en un **documento adjunto**.
- **Evita el lenguaje familiar** o coloquial en los correos formales.
- **Revisa y corrige** siempre lo que has escrito antes de enviarlo.

1.2. La mensajería instantánea

Las **aplicaciones de mensajería instantánea** (WhatsApp, Telegram...) facilitan el intercambio de mensajes y permiten establecer una conversación en tiempo real entre dos o más personas.

Estas **conversaciones virtuales** son formas de comunicación escrita espontánea entre interlocutores que, por lo general, se conocen y utilizan un registro coloquial. Emplean un lenguaje simplificado que incorpora elementos gráficos e icónicos y contiene (aunque no debería) numerosas incorrecciones, como repeticiones de letras y signos (*vaaaale*, *jajajajaja*, *¡!!!!!*), omisiones (*tngo*, *toy*), grafías no normativas (*kien*, *wapo*), etc.

El sustantivo *wasap* ('mensaje enviado por la aplicación de mensajería instantánea WhatsApp'), así como su verbo derivado *wasapear* ('intercambiar mensajes por WhatsApp'), son adaptaciones aceptadas en español.

Recomendaciones

- Abstenerse de enviar o compartir imágenes comprometidas.
- Evitar usar la mensajería instantánea como sustituto del correo electrónico.
- No utilizar expresiones que puedan dar lugar a malentendidos.

1.3. El blog

Un **blog** es un sitio web que contiene una serie de entradas hechas por un autor o bloguero, actualizadas con frecuencia y, a menudo, comentadas por los lectores. Se trata de una especie de diario digital con entradas (*posts*) que se ordenan cronológicamente de manera inversa, es decir, de la más reciente a la más antigua.

Los blogs pueden ser personales, profesionales, comerciales, etc., y tratar todo tipo de asuntos (cultura, política, tecnología, viajes...). El bloguero decide acerca del contenido y del diseño y establece las normas de comunicación con sus lectores, que, por ejemplo, pueden comentar, suscribirse o colaborar, si el autor lo permite.

La estructura del blog suele ser la siguiente:

- Título del blog.
- Subtítulo que indica el tema de que trata.
- Perfil del autor.
- Entradas (*posts*), es decir, los artículos que se incorporan en orden cronológico.
- Comentarios de los lectores.
- Lista de enlaces a otros blogs.
- Categorías y etiquetas que facilitan la búsqueda de información en el blog.

El término *blog* (tomado del inglés) es un acrónimo que procede de *web log*, es decir, 'diario de navegación por la red'. La palabra *blog* y su derivado *bloguero* ya figuran en el Diccionario de la Real Academia. En castellano también puede usarse la palabra *bitácora* o *cuaderno de bitácora* con el mismo sentido que *blog*. (Estudiarás el blog en la pág. 215 de esta misma unidad.)

Recomendaciones

- Se prefieren las entradas breves (de unas 30 o 40 líneas) con la opción «seguir leyendo» para acceder al artículo completo.
- Se aconseja usar un lenguaje directo, claro y sencillo.
- Hay que respetar los derechos de autor de los textos, imágenes, vídeos... utilizados.

» ACTIVIDADES

18. Has leído en internet el siguiente anuncio. Escribe un correo electrónico con las pautas indicadas que se citan más abajo:

EURÓPOLIS
Centro deportivo

¿Quieres estar en forma? ¿Te gustaría conocer a otros jóvenes que hacen deporte?
Ven a conocer nuestras instalaciones y las actividades que te ofrecemos.
Comparte con nosotros la pasión por la vida sana.

¿Te atreves?
Solicita más información en europolis@gim.eu

*Matrícula gratis y reducción de un 70% en la cuota durante el primer año para los veinte primeros correos.

No olvides lo siguiente:
- Saludar y despedirte.
- Expresar interés por la oferta.
- Preguntar por las actividades y horarios.
- Explicar tus intereses particulares.
- Informarte del precio.

19. Lee el texto siguiente y contesta a las preguntas que se formulan a continuación:

Renfe, los abes y la honradez

No debe de ser fácil gestionar las redes sociales de una empresa como Renfe. Se trata de un servicio que utilizan miles de personas cada día y en el que es habitual que puedan producirse problemas, desde retrasos y cancelaciones hasta fallos en la página web. Esto supone que el *community manager* de la compañía tiene que enfrentarse a centenares de quejas y comentarios negativos en plataformas como Twitter y Facebok. Una de las situaciones más comentadas se dio como respuesta a un tuit de un usuario que se quejaba del servicio con el siguiente mensaje: «Oie tetes kuando bais a konstruir el abe mirin-desenvrago del rei¿ es xra 1 hamijo xd». El *community manager* de la compañía decidió responder así: «@calisixd los abes los konstrulle el hestado, renfe solo pone trenes en la bia, rekuer2 a tu hamijo;-))».

MANUEL MORENO: *Yo también la lie parda en internet.*

a) ¿Por qué «no debe de ser fácil gestionar las redes sociales de una empresa como Renfe»?
b) Averigua en qué consiste la labor de un *community manager* (gestor de comunidades virtuales).
c) ¿Te parece acertada la respuesta de la empresa al usuario? ¿Por qué?
d) Escribe correctamente los dos mensajes.

20. Escribe la palabra equivalente en castellano de los siguientes extranjerismos:

link • *login* • *streaming* • *webinar* • *online* • *back-up* • *e-mail* • *ciberbullying* • *password* • *nick* • *spam*

21. Lee el texto siguiente y contesta a las preguntas que figuran a continuación:

A veces, el uso del *smartphone* nos acerca a quienes están lejos, pero nos aleja de quienes tenemos cerca. Estamos conectados de forma permanente a internet, y esto ha llegado a convertirse en una necesidad social y laboral llegando, en algunos casos, a provocar ansiedad, insomnio, adicciones tecnológicas u otras disfunciones sociales. Muestra de ello es la emergencia de la expresión *phubbing*, formado a partir de las palabras *phone* (teléfono) y *snubbing* (despreciar), para referirse a las interrupciones en interacciones cara a cara sufridas en reuniones de amigos o de trabajo, como consecuencia de la conectividad permanente de algunas personas.

MARÍA TERESA GÓMEZ DEL CASTILLO: «Utilización de Whatsapp para la Comunicación en Titulados Superiores».

a) Resume el contenido del texto en no más de tres líneas y propón un nuevo título.
b) Redacta con otras palabras la primera frase del texto.
c) ¿Qué es el *phubbing*?
d) Escribe un sinónimo para la palabra *emergencia* en este contexto.
e) ¿Qué opinas tú acerca del uso del teléfono móvil? ¿Crees que puede resultar perjudicial? Comentad el tema entre todos.

» TOMA LA PALABRA

Un *podcast*

Un *podcast* es un archivo de audio concebido para ser descargado de internet y escuchado en un reproductor portátil (o en un ordenador).

El *podcast* es una forma de comunicación a través de la red que permite a quien lo desee crear contenidos sonoros y distribuirlos. Por otra parte, los *podcasts* se consumen «a la carta», es decir, el receptor puede elegir qué quiere oír y en qué momento. En esta actividad vais a grabar un *podcast* (individualmente o en grupo) sobre un tema de vuestra elección.

Al parecer, el término *podcast* procede de la unión de las palabras *iPod*, el reproductor de audio de Apple, y la voz inglesa *broadcast*, que significa 'emitir'.

Procedimiento

1. Determinad el tipo del *podcast* que queréis hacer en función de vuestros intereses y de vuestros conocimientos y experiencias.

   - Según su **contenido**, pueden ser de entretenimiento (humor, ficción, radioteatro, deporte, música...), formativos (idiomas, historia, tecnología, desarrollo personal...) o informativos (noticias, reportajes...).
   - Según el **formato**, pueden ser individuales o colectivos. El *podcast* individual (monólogo) suele ser más elaborado y personal. Los *podcasts* en los que intervienen diversas voces permiten incluir géneros de tipo periodístico, como la entrevista, el debate, la tertulia, etc.

2. Buscad información, documentaos, redactad el guion y conseguid los recursos sonoros que necesitéis. Contactad con las personas que vayan a intervenir y preparad el momento y el lugar de la grabación. Podéis utilizar un esquema como el siguiente:

Título del *podcast*			
Texto	Tiempo	Música y efectos de sonido	Observaciones

3. Grabad el *podcast*. El material que se necesita para grabar un *podcast* es un micrófono, un ordenador y un programa de grabación y edición. La mayoría de los teléfonos móviles disponen de estos medios técnicos.
   En el espacio personal de la web *www.barcanova.cat* encontraréis un enlace que os puede ser útil.

4. Cuando hayáis acabado vuestro *podcast*, podéis escucharlo en clase y evaluarlo conjuntamente (en función de su interés, originalidad, calidad del audio, efectos sonoros, etc.). También podéis subirlo al blog del aula.

» LITERATURA

1. La literatura durante el franquismo

1.1. Historia, cultura y sociedad en el siglo XX. La época franquista

Rafael Alberti vivió en Buenos Aires durante parte de su exilio.

El fin de la guerra civil española inaugura una larga **dictadura** (1939-1975) que se inicia, en los **años cuarenta**, con una fuerte **represión** política. El régimen franquista persigue y destruye cualquier manifestación cultural contraria a sus valores. Para ello, instaura la **censura** y prohíbe la publicación de cualquier obra literaria (española o extranjera) sospechosa.

Muchos escritores y artistas **se exiliaron** a otros países: **Rafael Alberti**, **Ramón J. Sender**, **Max Aub**, **Alejandro Casona**... Otros murieron por causas naturales o directamente relacionadas con la guerra civil: **Miguel de Unamuno**, **Federico García Lorca**, **Antonio Machado**... En ese desolador panorama de los años cuarenta, los escritores adoptan distintas actitudes: desde el conformismo hasta la manifestación de su malestar y desorientación existencial.

Los **años cincuenta** se caracterizan por una tímida apertura política (ingreso en la ONU) y una leve mejoría económica, aunque predominen todavía el aislamiento y los desequilibrios económicos. En lo literario destaca el **realismo social**, que denuncia el atraso del país.

Ya en los **años sesenta**, los escritores abandonan la sencillez artística del realismo y se adentran en la búsqueda de nuevas fórmulas literarias: es la etapa de la **experimentación**. A partir de ese momento, en España las manifestaciones literarias (lírica, narrativa y teatro) son muy variadas.

En los **años setenta**, se aprecia cierto aperturismo del régimen, pero todavía es evidente la falta de libertades (represión de manifestaciones, enjuiciamientos y encarcelamientos políticos, etc.).

El régimen franquista acabó en 1975 con la muerte del general Franco. Ese año se restauró la monarquía y Juan Carlos I fue proclamado rey de España. Se inicia así el período de la Transición que desemboca en el actual Estado, ordenado jurídicamente por la Constitución aprobada por los españoles en 1978.

- Años 40: Dictadura; represión y censura.
- Años 50: tímido aperturismo (ingreso en la ONU); aislamiento y desequilibrio económico.
- Años 60 y 70: cierta apertura política, aunque persiste la falta de libertad y la represión.

1.2. La poesía desde 1939 a 1975

La poesía española de los primeros años de la posguerra

Tras la guerra civil surgieron dos tipos de poesía:

- La **poesía arraigada**, conformista con la realidad que la rodea, destaca por su temática patriótica y religiosa. En lo formal, usa las estrofas clásicas, sobre todo el soneto, y busca la serenidad, el orden y la perfección. **Dionisio Ridruejo** y **Luis Rosales** son algunos de sus poetas más destacados.
- La **poesía desarraigada**, disconforme con una realidad que siente incoherente y dolorosa, muestra, con tono desgarrado, la desorientación del ser humano ante el mundo. Denominada también **poesía existencial**, refleja la angustia del artista, quien no encuentra sentido a la vida y se desespera ante el paso del tiempo, la presencia de la muerte, el caos del mundo y el abandono por parte de Dios. El estilo de estos autores tiene gran fuerza expresiva: es intenso y directo, áspero y, en ocasiones, incluso coloquial. Sobresale **Blas de Otero**, en su primera etapa. *Hijos de la ira* (1944), de **Dámaso Alonso**, es justamente reconocida como una de las obras más representativas de esta poesía.

Dámaso Alonso (1898-1990) forma parte de la Generación del 27. Tras la guerra civil, alterna su labor docente con la de poeta. Su mirada lúcida no puede dejar de hablar de la terrible situación vivida en la España de la inmediata posguerra, como se refleja en *Hijos de la ira*.

Blas de Otero nace en Bilbao en 1916. Su obra literaria resume las etapas de la poesía española de varias décadas. En sus primeras obras poéticas, *Ángel fieramente humano* (1950) y *Redoble de conciencia* (1951), se distingue el tono existencial y desesperanzado de la poesía desarraigada. Muere en 1979.

La poesía social

En los **años cincuenta** aparece un nuevo concepto de poesía: la **poesía social**. Poetas como **Blas de Otero**, **Gabriel Celaya** y **José Hierro** entienden que su obra debe emplearse para transformar el mundo. Por tanto, la poesía no puede ser neutral ante las injusticias del entorno y el escritor debe comprometer su obra en el empeño de cambiar la sociedad.

Blas de Otero escribe *Pido la paz y la palabra*, obra en la que expone su **poesía más social**. En su poema «Fidelidad» se muestra la confianza del autor en el ser humano, en la paz y en la patria, pese al dolor y la destrucción que lo rodean. Encontrarás un enlace para leer y escuchar el poema en tu espacio personal de la web *www.barcanova.cat*.

Gabriel Celaya (1911-1991) es uno de los poetas más representativos de la poesía social o «comprometida». Según él, «la poesía es un arma cargada de futuro». El estilo de sus poemas es sencillo y claro porque quiere llegar a todo el mundo.

Gabriel Celaya

Ángel González

Encontrarás información de los poetas más importantes de la generación de los cincuenta en tu espacio personal de la web *www.barcanova.cat*.

La generación de los años cincuenta

A **finales de la década de los cincuenta**, una nueva generación de poetas empieza a dejar oír su voz. Comparten todos ellos la voluntad de encontrar nuevos caminos poéticos y la necesidad de superar la poesía social de la década anterior. Sin abandonar la preocupación por la humanidad, se muestran escépticos ante las posibilidades de la poesía como motor de cambio de la sociedad.

En mayor o menor grado, su poética se caracteriza por un retorno al intimismo mediante la evocación de la infancia, de la amistad, etc. Su estilo es antirretórico, aunque aprecian la obra bien hecha y, al mismo tiempo, sus maneras son rigurosas y cuidadas.

Los autores más destacados de la generación de los cincuenta son **Claudio Rodríguez**, **Jaime Gil de Biedma**, **José Agustín Goytisolo**, **José Ángel Valente**, **Ángel González**, **Francisco Brines**, **José M. Valverde**, **José Manuel Caballero Bonald**, **Carlos Barral**, etc.

Jaime Gil de Biedma (1929-1990) publica *Poemas póstumos* en 1968, magnífico reflejo de la llamada poesía «de la experiencia», basada en sus recuerdos de infancia y juventud.

Ángel González (1925-2008) propone en el siguiente poema una lección vital: olvidar el pasado sin resentimiento y buscar nuevos y alegres caminos en la vida antes de que esta se acabe. Está incluido en su libro *El orden de las cosas* (1962).

Nada es lo mismo

La lágrima fue dicha.
Olvidemos
el llanto
y empecemos de nuevo,
con paciencia,
observando a las cosas
hasta hallar la menuda diferencia
que las separa
de su entidad de ayer
y que define
el transcurso del tiempo y su eficacia.
¿A qué llorar por el caído
fruto,
por el fracaso
de ese deseo hondo,
compacto como un grano de simiente?
No es bueno repetir lo que está dicho.
Después de haber hablado,
de haber vertido lágrimas,
silencio y sonreíd:
nada es lo mismo.
Habrá palabras nuevas para la nueva historia
y es preciso encontrarlas antes de que sea tarde.

ÁNGEL GONZÁLEZ: *El orden de las cosas.*

Los Novísimos

En la **década de los setenta**, una serie de poetas jóvenes se muestran impacientes por experimentar nuevas formas y nuevos temas. Se les conoce con el nombre de los «**Novísimos**», pues representan en aquel momento la vanguardia poética. Su bagaje cultural es amplio y variado (cine, cómics, música, viajes, literatura extranjera, civilización clásica...), y no dejan de reflejarlo en su obra. En sus poemas es habitual la experimentación formal: enumeraciones caóticas, imágenes surrealistas, *collages* con textos, etc.

1.3. La narrativa desde 1939 hasta 1975

La novela de los años cuarenta y cincuenta

En los **años cuarenta**, la narrativa española empieza su proceso de recuperación tras la contienda civil. Este se produce sobre todo a través de novelas de talante realista, entre las que predominan aquellas que tratan el tema de la guerra, ya sea este su eje central o bien el marco histórico que condiciona la actuación de sus personajes. Destacan obras como *La familia de Pascual Duarte* (1942), de **Camilo José Cela**, y *Nada* (1944), de **Carmen Laforet**. *La familia de Pascual Duarte*, que inaugura el tremendismo, refleja una realidad dura y violenta, llegando incluso a la repulsión y a la truculencia, con un lenguaje adaptado a la situación narrativa. *Nada* tiene como protagonista a una joven estudiante en Barcelona y nos muestra la triste realidad de la España en tiempos de la posguerra.

En los **años cincuenta**, los autores mantienen la orientación realista en sus novelas. **Camilo José Cela**, con *La colmena* (1951), y **Miguel Delibes**, con *El camino* (1950), reflejan la sociedad española de aquella época: el Madrid de la posguerra, en el primer caso, y un pequeño pueblo castellano, en el segundo.

Hacia mediados de la década, surgirán autores como **Ana M.ª Matute** (*Los hijos muertos*, 1958), **Carmen Martín Gaite** (*Entre visillos*, 1958), **Jesús Fernández Santos** (*Los bravos*, 1954), **Rafael Sánchez Ferlosio** (*El Jarama*, 1956) y **Jesús López Pacheco** (*Central eléctrica*, 1958), que defenderán el carácter social y comprometido de la novela a través de las corrientes del neorrealismo y el realismo social. Según ellos, el novelista debía presentar fielmente la realidad, sin tapujos, y ser testigo denunciador del atraso del país y de las injusticias que en él se cometen.

Ana María Matute

La construcción de la obra *La colmena* rememora el efecto de una colmena en la que entran y salen los múltiples personajes, igual que las abejas en el panal.

Camilo José Cela

Camilo José Cela nació en Iria Flavia, Padrón (La Coruña), en 1916. Su presencia ha sido constante en el panorama narrativo de la posguerra desde *La familia de Pascual Duarte*. Una de sus novelas más reconocidas es *La colmena* (1951). Otras obras suyas son *Mazurca para dos muertos* (1983), *Cristo versus Arizona* (1988) y *Madera de boj* (1999). Recibió el Premio Nobel de Literatura en 1989. Murió en 2002.

Miguel Delibes

Miguel Delibes, nacido en Valladolid en 1920, compaginó sus tareas periodísticas (fue director del periódico *El Norte de Castilla*) con su actividad literaria. Desde su primera novela, *La sombra del ciprés es alargada* (1947), le ha acompañado el reconocimiento de la crítica. Tras *El camino*, su novelística siguió centrándose en unos personajes principales de gran altura moral, como en *Las ratas* (1962) y *Cinco horas con Mario* (1966). Sus obras mantienen un tono realista con cierto grado de compromiso social, como puede apreciarse en *Los santos inocentes* (1981). La defensa del mundo rural y de la naturaleza son dos de los grandes temas de su narrativa. Murió en 2010.

Miguel Delibes

La novela experimental de los años sesenta

A partir de 1960, cansados de los tintes realistas de la época anterior, los novelistas comienzan una amplia renovación formal bajo la influencia de la literatura europea y norteamericana (Faulkner, Joyce...) e hispanoamericana (García Márquez, Vargas Llosa y un largo etcétera). Sin romper con la temática social y de compromiso, los autores renuevan las técnicas narrativas con recursos hasta entonces poco habituales: estilo indirecto libre, monólogo interior, desorden estructural, cambio de voces narrativas, etc. **Luis Martín Santos**, con *Tiempo de silencio* (1962), abre este período literario en que destacarán también otros narradores como **Juan Goytisolo** (*Señas de identidad*, 1966), **Juan Marsé** (*Últimas tardes con Teresa*, 1967) y **Juan Benet** (*Volverás a Región*, 1967), además de escritores de generaciones anteriores como **Gonzalo Torrente Ballester** (*La saga/fuga de J. B.*, 1972), **Camilo José Cela** (*San Camilo 1936*, 1969) y **Miguel Delibes** (*Cinco horas con Mario*, 1966).

1.4. El teatro desde 1939 hasta 1975

En las décadas posteriores a la guerra civil predomina un teatro que se puede denominar «comercial». En conjunto, son obras poco comprometidas, con una crítica amable de las costumbres de la época y bien construidas formalmente. Destaca la comedia burguesa de **Jacinto Benavente**, caracterizada por la agudeza verbal y el ingenio. Son justamente reconocidas obras suyas como *Los intereses creados* o *La malquerida*, escritas ambas antes de la guerra civil.

El teatro cómico se cultivó con gran éxito por parte de autores como **Miguel Mihura** (*Tres sombreros de copa*, *Maribel y la extraña familia*, *Ninette y un señor de Murcia*...) y **Enrique Jardiel Poncela** (*Usted tiene ojos de mujer fatal*, *Cuatro corazones con freno y marcha atrás*, *Eloísa está debajo de un almendro*...). En sus obras destaca el absurdo y el desquiciamiento de las situaciones reales que, aceptados con gran naturalidad por parte de los personajes, sorprenden al público.

También existe un teatro más comprometido, iniciado a finales de los cuarenta, que se desarrollará con fuerza en décadas posteriores. A esta línea pertenecen **Antonio Buero Vallejo** (*Historia de una escalera*), **Alfonso Sastre** (*La mordaza*), **Lauro Olmo** (*La camisa*), etc.

Ya cercana la **década de los setenta**, se aprecia una significativa intención experimental y vanguardista en el teatro español, inspirada en autores extranjeros como **Bertolt Brecht** o **Antonin Artaud**. Con un contenido crítico, la novedad de sus obras reside en la forma: se incorporan nuevos recursos escenográficos (luces, sonidos...); se apuesta por el valor simbólico de la escena, el personaje o la misma historia, etc. Estos autores quedaron alejados de los circuitos comerciales y, en algunos casos, como el de **Fernando Arrabal** (*Los hombres del triciclo*, *El cementerio de automóviles*...), tuvieron su reconocimiento fuera del país.

De los autores más importantes de esta etapa encontrarás información en tu espacio personal de la web *www.barcanova.cat*.

» ACTIVIDADES

22. Con *Hijos de la ira*, Dámaso Alonso nos da una visión del ser humano acosado por el dolor, la injusticia y la muerte. Lee el siguiente poema y contesta a las preguntas:

Madrid es una ciudad de más de un millón de cadáveres (según las últimas estadísticas).
A veces en la noche yo me revuelvo y me incorporo en este nicho en el que hace 45 años que me pudro,
y paso largas horas oyendo gemir al huracán, o ladrar los perros, o fluir blandamente la luz de la luna.
Y paso largas horas gimiendo como el huracán, ladrando como un perro enfurecido, fluyendo como la leche de la ubre caliente de una gran vaca amarilla.
Y paso largas horas preguntándole a Dios, preguntándole por qué se pudre lentamente mi alma,
por qué se pudren más de un millón de cadáveres en esta ciudad de Madrid,
por qué mil millones de cadáveres se pudren lentamente en el mundo.
Dime, ¿qué huerto quieres abonar con nuestra podredumbre?
¿Temes que se te sequen los grandes rosales del día, las tristes azucenas letales de tus noches?

DÁMASO ALONSO: *Hijos de la ira.*

a) Lee el poema en voz alta. ¿El ritmo de recitación es pausado o rápido? ¿Por qué?
b) Busca en el diccionario el significado de las siguientes palabras: *nicho*, *ubre*, *podredumbre* y *letales*.
c) Anota todas las palabras y expresiones que puedas asociar semánticamente al dolor y a la muerte y explica el tema del poema.
d) En el poema hay anáforas y paralelismos. Identifícalos y explica en qué consisten.
e) Localiza en la poesía una hipérbole, una comparación y una personificación.
f) Visita tu espacio personal de la página web *www.barcanova.cat* y escucha el poema recitado por el propio autor.
g) ¿A quién se dirige el poeta en los dos últimos versos del poema (*Dime... / ¿Temes...?*) ¿Cómo lo has deducido?

23. Lee el siguiente poema de José Hierro y responde a las preguntas:

Segundo amor

No quiero que desgranes tu pasado en mis manos,
porque solo el presente ofrece carne viva.
Sería, recordar, sentir dolores de otros
doliendo en nuestras vidas.

Serenidad. Se siente el otoño en el alma
caer, con la tristeza de su razón cumplida.
A qué mirar adentro, a la espalda, pensar
en la luz que declina.

Quisiera preguntarte; pero yo me someto.
Contengo la pregunta con la mano en la herida.
No quiero que desgranes tu pasado, que tornes
a lo que no se olvida.

JOSÉ HIERRO: *Libro de las alucinaciones.*

a) ¿Qué versos riman en el poema? ¿La rima es asonante o consonante? ¿Por qué?
b) El poema consta de tres estrofas de cuatro versos. Fíjate solo en la primera y explícala desde el punto de vista métrico.
c) ¿Qué está pidiendo el autor cuando dice *no quiero que desgranes tu pasado en mis manos*? ¿Qué matiz incorpora al final del poema cuando dice *que tornes a lo que no se olvida*?

24. Lee el fragmento de *La colmena* y contesta a las preguntas que encontrarás más abajo:

En La colmena, *Cela refleja la vida del Madrid de la posguerra (el hambre, la pobreza, el abuso de poder, la servitud obligada, etc.).*

Seoane sale de su casa. Todas las tardes, a las seis y media, empieza a tocar el violín en el Café de doña Rosa. Su mujer se queda zurciendo calcetines y camisetas en la cocina. El matrimonio vive en un sótano de la calle de Ruiz, húmedo y malsano, por el que pagan quince duros; menos mal que está a un paso del Café y Seoane no tiene que gastarse jamás ni un real en tranvías.

–Adiós, Sonsoles, hasta luego.

La mujer ni levanta la vista de la costura.

–Adiós, Alfonso, dame un beso.

Sonsoles tiene debilidad en la vista, tiene los párpados rojos; parece siempre que acaba de estar llorando. A la pobre, Madrid no le prueba. De recién casada estaba hermosa, gorda, reluciente, daba gusto verla, pero ahora, a pesar de no ser vieja aún, está ya hecha una ruina. A la mujer le salieron mal sus cálculos, creyó que en Madrid se ataban los perros con longanizas, se casó con un madrileño y ahora que ya las cosas no tenían arreglo, se dio cuenta de que se había equivocado. En su pueblo, en Navarredondilla, provincia de Ávila, era una señorita y comía hasta hartarse; en Madrid era una desdichada que se iba a la cama sin cenar la mayor parte de los días.

CAMILO JOSÉ CELA: *La colmena.*

a) ¿Cómo calificarías la vida de Sonsoles desde la perspectiva actual?
b) ¿Cómo fue su vida anterior? ¿A partir de qué momento cambia?
c) ¿A qué actividad se dedica Seoane?

25. Lee el siguiente texto de *Cinco horas con Mario*, de Miguel Delibes, y contesta a las preguntas:

En Cinco horas con Mario, *Carmen, que vela el cuerpo de su marido muerto, expone su visión tradicional y católica del mundo y critica la de su marido, progresista y abierta.*

Los extranjerotes esos, con todos sus adelantos, nada tienen que enseñarnos, que si vienen aquí, como dice papá, es a comer caliente y nada más que a eso, que es una vergüenza las playas, y el Perret, si pudiera, ya daría marcha atrás en su país, y resucitaría el señorío, que a la legua se ve que viene de gente bien, pero como no puede, que se fastidien todos que es el camino más fácil. Recuerda el artículo de papá, que lo tengo recortado, una maravilla, cada vez que lo leo se me pone la carne de gallina, fíjate, y ese final, «máquinas, quizás no; pero valores espirituales y decencia, para exportar», que es la pura verdad, y tocante a valores religiosos, no digamos, Mario, cariño, lo que pasa es que ahora os ha dado la monomanía de la cultura y andáis revolviendo cielo y tierra para que los pobres estudien, otra equivocación, que a los pobres les sacas de su centro y no te sirven ni para finos ni para bastos, les echáis a perder, convéncete, en seguida quieren ser señores y eso no puede ser, cada uno debe arreglárselas dentro de su clase como se hizo siempre, que me hacéis gracia con esa campaña de «El Correo», que yo no sé como no lo cierran de una vez, la verdad, para que todos los chicos, ricos y pobres, puedan ir a la Universidad, menudo lío, que eso es una sandez, y perdona mi franqueza, algún día me darás la razón.

a) Según Carmen, ¿a qué vienen los extranjeros a España?
b) ¿Qué decía el artículo escrito por su padre?
c) ¿Por qué Carmen quiere que cierren *El Correo*?
d) ¿Qué opina sobre la educación de los jóvenes con menos recursos?

26. Lee el poema de Gabriel Celaya que figura a continuación y responde a las preguntas:

No cojas la cuchara con la mano izquierda.
No pongas los codos en la mesa.
Dobla bien la servilleta.
Eso, para empezar.

Extraiga la raíz cuadrada de tres mil trescientos trece.
¿Dónde está Tanganika? ¿Qué año nació Cervantes?
Le pondré un cero en conducta si habla con su
[compañero.
Eso, para seguir.

¿Le parece a usted correcto que un ingeniero haga
[versos?
La cultura es un adorno y el negocio es el negocio.
Si sigues con esa chica, te cerraremos las puertas.
Eso, para vivir.

No seas tan loco. Sé educado. Sé correcto.
No bebas. No fumes. No tosas. No respires.
¡Ay sí, no respirar! Dar el no a todos los nos.
Y descansar: Morir.

GABRIEL CELAYA: *Itinerario poético.*

a) Explica el contenido del poema.
b) ¿Quién le habla al poeta en cada estrofa? Fíjate en el tratamiento de respeto o de confianza que tiene con él.
c) ¿Cuántos consejos se le dan al poeta?
d) ¿Qué quiere decir el autor con «dar el no a todos los nos»?
e) ¿Cuándo podrá dejar de recibir consejos? ¿Con qué lo identifica el autor?

» GRAMÁTICA

1. Las oraciones subordinadas sustantivas

Las **oraciones subordinadas sustantivas** son aquellas que se comportan como un **sustantivo** o un sintagma nominal. Por ejemplo:

Lin quería que ganase el ciclista húngaro la carrera (= *Lin quería una victoria húngara*).

Las oraciones subordinadas sustantivas tienen las siguientes características:

- Realizan las funciones de los nombres (sustantivos) o de los sintagmas nominales: sujeto, complemento directo…
  Es fundamental que acudáis al ensayo. (sujeto).
  La directora del banco anunció que subirán los intereses. (CD)
- Pueden sustituirse por un sintagma nominal o por otros pronombres (*eso*, *esto*, *aquello*, *lo*, entre otros):
  Todos deseamos que regreses (= *Todos deseamos tu regreso*).
  —Quiero que me cuentes la verdad (= *Lo quiero; Quiero eso*).
- Pueden coordinarse con otros sintagmas nominales:
  Nos exigían que les devolviéramos el dinero y una compensación económica.

Las oraciones subordinadas sustantivas suelen venir encabezadas por las **conjunciones** *que* o *si* o por **elementos interrogativos** *qué, cuál, quién, cómo, dónde, adónde, cuándo, cuánto*. También pueden introducirse sin enlace en las construcciones con infinitivo.

Las oraciones sustantivas aparecen insertas en la oración principal (*Nos preocupa que llueva mañana*) o en un sintagma preposicional que, a su vez, depende de un nombre, un adjetivo o un adverbio (*Tengo dudas de que lo haga bien*).

Con conjunciones completivas: *que* y *si*.	*Se quejó de que el camarero no lo trató con la consideración necesaria.* *Desconocían si sería elegido en el concurso.*
Con adverbios interrogativos: *cómo*, *dónde* y *cuándo*.	*Explícale cómo iremos mañana al trabajo.* *Le dijo dónde se encontraba el escondite.* *Desconocemos cuándo acabará todo.*
Con determinantes interrogativos: *qué*, *cuál* (*-es*) y el cuantificador *cuánto* (*-a*, *-os*, *-as*) usado como determinante.	*Dinos qué moto prefieres.* *Dime por cuál camino irás.* *El ojeador identificó cuántos enemigos se acercaban.*
Con pronombres interrogativos: *qué*, *quién* (*-es*), *cuál* (*-es*) y el cuantificador *cuánto* (*-a*, *-os*, *-as*) usado como pronombre.	*Cuéntame qué quieres.* *No sé quién era.* *Indícale cuál prefieres.* *Averigua cuántos vendrán a la celebración.*
Sin enlace, gracias a estructuras con infinitivo.	*Le agrada sentir el aire fresco de la mañana en la cara.* *Pidieron en el restaurante cenar en la terraza exterior.* *Estaba segura de acertar con su decisión.*

1.1. Funciones de las subordinadas sustantivas

Las subordinadas sustantivas desempeñan distintas funciones:

- **Oraciones sustantivas en función de sujeto:** *Es importante que respondas a la pregunta*; *Me parece bien que paseéis por el río una hora cada día.* Observa que, si sustituimos las subordinadas sustantivas por *esto*, el pronombre concuerda con el verbo, de tal modo que, si modificamos su número (por ejemplo, *estas cosas*), los verbos cambian (*son, parecen*). Eso ocurre porque sujeto y verbo deben concordar en número y persona.
- **Oraciones sustantivas en función de complemento directo:** *El editor explicó que la nueva novela era todo un éxito*; *Cuéntame qué quieres*. Aparece en estructuras predicativas transitivas, en las que se sustituye por *lo*: *El editor lo explicó*; *Cuéntamelo*.
- **Oraciones sustantivas en función de término de preposición:** Cuando una oración sustantiva aparece antecedida de una preposición, la subordinada es el término de la preposición y el sintagma preposicional resultante funciona de complemento de un nombre, de un adjetivo, de un adverbio o de un verbo. Puede sustituirse por un pronombre personal tónico precedido de preposición.
  - **Complemento de un nombre:** *Raimundo tuvo la certeza de que conseguiría el empleo* → *Raimundo tuvo la certeza de esto*; *Tenía confianza en que regresara* → *Tenía confianza en eso.*
  - **Complemento de un adjetivo:** *Rommel estaba convencido de que iba a vencer en el desierto* → *Rommel estaba convencido de eso*; *Estábamos seguros de que construirían el nuevo gimnasio al lado de casa* → *Estábamos seguros de aquello.*
  - **Complemento de un adverbio:** *Vino después de que María y tú os marcharais* → *Vino después de aquello*; *Nos avisó antes de que cerraran* → *Nos avisó antes de eso.*
  - **Complemento de régimen:** *Nunca se acuerda de que su aniversario de boda es en octubre* → *Nunca se acuerda de eso*; *Noa se informó de dónde debía firmar su nuevo contrato* → *Noa se informó de aquello.*
  - **Complemento circunstancial:** *Lo encarcelaron por haber cometido un atraco* (por eso; CC Causa). *Tiró la mercancía al mar para que pudiera salvarse su barca* (*para eso*; CC Finalidad).

Las oraciones tradicionalmente clasificadas como subordinadas adverbiales finales, y algunas subordinadas adverbiales causales, se clasifican mejor como subordinadas sustantivas que forman parte de un sintagma preposicional, ya sea como término de una preposición (*para* o *por*) o de una locución prepositiva (*a causa de*, *por motivo de*, *con el fin de*, *con el objetivo de*...).

1.2. Clasificación de las subordinadas sustantivas según el modo oracional

Las oraciones sustantivas se pueden clasificar del siguiente modo:

- **Oraciones declarativas:** son aquellas en las que se enuncia información de una manera afirmativa o negativa: *El candidato dijo que sabía la respuesta*; *Le agrada sentir el aire fresco de la mañana en la cara*.
- **Oraciones interrogativas indirectas:** son aquellas que, careciendo de entonación interrogativa, plantean algún tipo de elección entre distintas opciones. Pueden ser totales (introducidas por la conjunción *si*) o parciales (presentadas por determinantes, pronombres y adverbios interrogativos):
  Le preguntó una vez más si lo quería o no.
  Nos preguntó quiénes trabajaríamos ese viernes por la tarde.
  Se preguntaban qué camino tomar.
- **Oraciones exclamativas indirectas:** son aquellas que expresan una valoración ponderativa: *Fíjate en quién está ahí*; *Date cuenta de qué magnífica persona es*.

1.3. La subordinada sustantiva en el discurso directo y el discurso indirecto

Se habla de discurso directo cuando se reproduce literalmente lo dicho o pensado por alguien. Lo citado se comporta como una oración subordinada sustantiva aunque no esté introducido por una conjunción:

El escritor canario dijo: «Nunca me sentiré tan cómodo como después de mi muerte».
Entonces pensé: «¿Cuándo me equivoqué?».
El director de la oficina nos preguntó: «¿Quiénes podéis trabajar este viernes por la tarde?».
Se lo preguntó una vez más: «¿Me quieres o no?».

En el discurso indirecto se adaptan las palabras del otro sin reproducirlas con exactitud, sino desde el punto de vista del hablante. Al hacerlo así, se producen algunos cambios que afectan a los tiempos verbales y a determinantes, pronombres y adverbios.

Pueden encabezar la subordinada sustantiva: conjunciones y adverbios, pronombres o determinantes interrogativos.

El escritor canario dijo que nunca se sentiría tan cómodo como después de su muerte.
Entonces pensé en cuándo me había equivocado.
El director de la oficina nos planteó quiénes podríamos trabajar ese viernes por la tarde.
Le preguntó una vez más si la quería o no.

Errores en el uso de las subordinadas sustantivas

Dequeísmo: anteposición incorrecta de la preposición *de* en subordinadas sustantivas en función de complemento directo o sujeto: **Pienso de que el vecino trabaja en un restaurante*; **Es necesario de que se solucione el problema* en vez de *Pienso que el vecino trabaja en un restaurante*; *Es necesario que se solucione el problema*

Queísmo: supresión inadecuada de la preposición *de* ante la conjunción *que*. Ejemplo: **Confiamos que regrese con salud* en lugar de *Confiamos en que regrese con salud*.

Uso del infinitivo en oración principal: **En primer lugar, agradecerles su presencia en esta asamblea*, por *En primer lugar, quiero agradecerles su presencia en esta asamblea*.

Escritura sin tilde en interrogativas y exclamativas: ** Le preguntaré quienes son sus amigos*, por *Le preguntaré quiénes son sus amigos*.

» ACTIVIDADES

27. Sustituye las oraciones destacadas por un sintagma nominal y por un pronombre demostrativo:

a) Rocío me dijo *que se había disgustado mucho*.
b) ¡Es muy raro *que no llegara a tiempo*!
c) El ciclista necesitaba *que el médico le atendiera*.
d) Avisará tarde de *que no puede llegar a la cita*.

28. Distingue las oraciones sustantivas y diferencia si funcionan como sujeto o como CD:

a) Les dijiste que te habías arrepentido.
b) Cuéntame cómo saltaste la reja del Rocío.
c) Le disgusta que leas esos libros de aventuras.
d) Nos parece magnífico que viajes a África.

29. Distingue las oraciones sustantivas y anota qué función desempeñan como término de la preposición.

a) Tengo intención de veranear en Cuba.
b) Estaba convencido de que resultaría ganador.
c) Lo castigaron por no obedecer las órdenes.
d) El maestro se alegraba de que sus alumnos aprobaran sin problemas.
e) Jan estuvo cerca de que su sueño se cumpliera.
f) Los políticos confiaban en que los ciudadanos cumplieran con sus obligaciones.

30. Identifica las oraciones sustantivas y di qué función tienen.

a) El nieto quería que su abuelo le cantase de nuevo su canción.
b) Es necesario que comprendas su postura.
c) Descubrieron que Luis gastaba demasiado.
d) Acuérdate de cómo llegaste ayer a casa.
e) Encuadernó sus apuntes para conservarlos.

31. Explica las diferencias gramaticales y semánticas que tienen los siguientes pares de oraciones:

a) **1.** Le dijo que quería.
2. Le dijo qué quería.
b) **1.** Observa que es posible.
2. Observa qué es posible.

32. ¿Qué clase de palabras encabezan las oraciones sustantivas?

a) Pregúntale *cómo* se llamaba su hermano.
b) Averiguaremos *si* has estado en Viena.
c) El enfermero desconocía *cuántas* personas había en la consulta.
d) Se marchó y no nos dijo *qué* pensaba.
e) El bandolero les contó *dónde* había tenido lugar la emboscada.
f) No sabemos *quiénes* serán nuestros padrinos.
g) El arquitecto les dijo *qué* materiales quería.

33. ¿Qué diferencia semántica y gramatical se aprecia entre estas oraciones?

1. Se dio cuenta de que era posible.
2. Se dio cuenta de qué era posible.
3. Se dio cuenta de qué solución era posible.

34. Transforma el discurso directo del siguiente texto en un discurso indirecto:

> —¿Tú sabes cocinar? —le preguntó, sorprendida, Alina a su nieto.
> —Claro que sí — respondió, orgulloso, Marc.

35. Transforma las siguientes oraciones reescribiéndolas en discurso directo:

a) El joven Arnau finalmente gritó a pleno pulmón que estaba harto de vivir allí, en esa casa.
b) Emilia le preguntó a Rosario si esa era su decisión definitiva.
c) El doctor les recordaba a sus pacientes cuándo debían acudir a su consulta.

36. Corrige las oraciones agramaticales:

a) Los trabajadores no sabían cuando les pagarían su jornal.
b) El joven universitario pensaba erróneamente de que ya había pasado lo peor.
c) Estoy convencido que la vi anoche.
d) Por último, agradecer la oportunidad que me han dado esta noche.
e) ¡Todavía insiste en cuantas cajas se perdieron en el último traslado!
f) Informaron al alférez que lo destinaban inmediatamente a Canarias.

» LÉXICO

1. El significado de las palabras

1.1. Significado denotativo y connotativo

El significado **denotativo** es el significado **literal**, **objetivo** y **universal** de una palabra. Este significado aparece en los diccionarios.

El significado **connotativo** es el significado **figurado**, **afectivo** o **subjetivo** que se añade a una palabra en un determinado contexto o situación. El valor connotativo puede ser diferente en los individuos según el grupo social al que pertenecen, su formación cultural, etc.

RECUERDA

El signo lingüístico, es decir, la palabra, está constituido por el **significante** o parte física del signo (las grafías o letras, en la lengua escrita, y el sonido, en la lengua hablada) y el **significado** o imagen mental que sugiere el significante.

PALABRA	SIGNIFICADO DENOTATIVO	SIGNIFICADO CONNOTATIVO
ocaso	Puesta del sol, o de otro astro, al trasponer el horizonte.	tristeza, dolor, pérdida.

1.2. Palabras monosémicas y polisémicas

Las palabras **monosémicas** tienen un único significado, con independencia del contexto en que aparezcan.
Ejemplo: **taichí** Del chino *tàijí*, de *tài* 'extremo' y *jí* 'límite'. *m.*
Tipo de gimnasia china, de movimientos lentos y coordinados, que se hace para conseguir el equilibrio interior y la liberación de la energía.

Las palabras **polisémicas** tienen un significado distinto según cuál sea el contexto en que se hallen.
Ejemplo: **puente**
1 *m.* Construcción sobre un río para poder pasarlo por encima.
2 *m.* Día laborable entre dos festivos, que se toma como vacaciones.
3 *m.* Pieza de las gafas, que une los dos cristales y se apoya sobre la nariz.

1.3. Palabras homónimas

Las palabras **homónimas** son aquellas de origen distinto que, con el paso del tiempo, presentan un mismo significante. Tienen entradas distintas en el diccionario. Ejemplo:

avión[1] Del lat. *gavia*.
1. *m.* Pájaro, especie de vencejo.
avión[2] Del fr. *avion*, y este der. del lat. *avis* 'ave[1]'.
1. *m.* Aeronave provista de alas que se sustenta en el aire gracias a uno o varios motores.

Las palabras homónimas pueden ser **homógrafas** si se escriben igual (*para-para*) u homófonas (*hecho-echo*).

» ACTIVIDADES

37. Escribe dos oraciones con cada una de estas palabras polisémicas. En ellas deben apreciarse con claridad dos acepciones diferentes de cada término: *cabo, estrella, pasta, mariposa, descanso, cuenta*.

38. Lee el siguiente par de oraciones y averigua si las palabras destacadas son homónimas o polisémicas. Recuerda que, si las palabras pertenecen a categorías gramaticales distintas, por fuerza han de ser homónimas. En el caso de que pertenezcan a la misma clase de palabra, tendrás que averiguarlo consultando el diccionario.

a) Quien esté de acuerdo conmigo, que *alce* la mano.
En la estepa siberiana el *alce* mantenía su cabeza alzada, imponente.
b) A la gimnasta se le cayó el *aro* en su ejercicio.
Aro el campo cuantas veces sea necesario.
c) He escrito un nuevo *borrador* de mi trabajo.
El *borrador* y las tizas han desaparecido de la clase.
d) El *carácter* italiano es alegre.
Te has equivocado al escribir este *carácter*.
e) En Teruel se baila la *jota* con especial gracia.
Me equivoco al escribir algunas palabras con *jota*.
f) Escribe sobre la *línea* de puntos.
Hace ya muchos años que guarda la *línea* como nadie.
g) Me gusta toda clase de frutas, en especial, la *granada*.
Acudió a la fiesta la representación más *granada* del pueblo.
h) Te entrego este *don* como manifestación de mi respeto.
Carlos era tan perfeccionista y detallista que le llamaban *don* perfecto.
i) El gato se pilló la *cola* con la puerta.
Compra *cola* para pegar el cartel en la pared.

39. Consulta el diccionario y analiza si los distintos significados de *cara* en las oraciones siguientes son acepciones de una palabra polisémica o pertenecen a palabras homónimas diferentes.

a) Daba la cara en todas las circunstancias.
b) Se presentó a cenar con la cara sucia.
c) La camisa me costó muy cara.
d) En Ecuador quieren mantener esa tradición cara, que forma parte de su patrimonio cultural.

40. Di si los siguientes homónimos son homógrafos u homófonos. Explica el significado de ambas palabras.

a) Era dueño de un *vasto* terreno en Argentina.
Tiró un *basto* sobre el tapete.
b) *Como* todos los días hacia las dos.
Se rasca la cabeza *como* lo hacía su padre.
c) La compañía se *rebeló* y no quiso acatar las órdenes.
Antonio *reveló* las fotos de su último viaje.
d) Deja la ropa *sobre* el mueble.
Tomás encontró un *sobre* vacío en el buzón de casa.
e) He arreglado la *pesa* del reloj de la pared.
¿*Pesa* mucho ese mueble?
f) La furgoneta llevaba maletas hasta en la *baca*.
A lo lejos se veía una *vaca* paciendo con tranquilidad.
g) Ante sus comentarios, *callo* siempre.
He ido al podólogo a curarme el *callo*.

41. Escoge la palabra adecuada:

a) Salía un humo denso por el ■ de escape. *(tuvo / tubo)*
b) El ■ cultural que muestra es impresionante. *(acerbo / acervo)*
c) No entiendo cómo ■ podido peinarte así. *(as / has)*
d) Antes del verano habrá elecciones y podremos ir a ■. *(botar / votar)*
e) El ■ pretendía mantener sus privilegios nobiliarios. *(barón / varón)*
f) La enfermedad ■ no se transmitía a las personas. *(bobina / bovina)*
g) Se debe ■ a las caballerías para que caminen bien. *(errar / herrar)*
h) En el cauce del río se acumula mucha ■. *(graba / grava)*
i) No se deben ■ alimentos muy fríos ni muy calientes. *(ingerir / injerir)*
j) La ■ se transporta desde las raíces de la planta hasta las hojas. *(sabia / savia)*

» ORTOGRAFÍA

1. La *r* y la *rr*

LA *R* SUAVE	EJEMPLOS
Se escribe siempre con ***r*** y aparece entre vocales, a final de sílaba o a final de palabra.	*pa**r**o, to**r**ta, calo**r***
También se encuentra en las combinaciones ***br***, ***dr***, ***fr***, ***gr***, ***cr***, ***pr***, ***tr***.	***br**ama, cua**tr**o, **gr**ave, **tr**ino*

LA *R* FUERTE	EJEMPLOS
Se escribe con una sola ***r*** al principio de palabra.	***r**oca, **r**isa, **r**osa*
Se escribe con ***-rr-*** cuando va entre vocales.	*bo**rr**o, co**rr**er, te**rr**or*
Detrás de ***l***, ***n***, ***s*** se escribe ***r***.	*al**r**ededor, son**r**isa, Is**r**ael*
En las palabras compuestas y derivadas cuyo primer elemento acaba en vocal y el segundo empieza por ***r*** se escribe ***rr***.	*anti**rr**eumático, puerto**rr**iqueño*
En las palabras que empiezan por ***r***, si se añade el prefijo ***in-***, se escribe ***rr*** y la ***n*** desaparece.	***in** + **r**espirable = **irr**espirable*

2. La coma y el punto y coma

LA COMA	EJEMPLOS
Se usa para separar los elementos de una **enumeración**, menos los dos últimos, que se unen por una conjunción (*y*, *o*).	*Compró una vajilla de diario**,** una docena de vasos**,** algunas bandejas y un juego de sartenes.*
Se escriben entre comas las **aclaraciones que se intercalan** en una oración.	*El oso**,** según dicen en el pueblo**,** merodea por los alrededores en busca de comida.*
El **nombre de la persona a la que nos dirigimos** (vocativo) va separado por comas del resto de la oración.	*Les anunciamos**,** damas y caballeros**,** que el espectáculo está a punto de comenzar.*
Cuando una oración **subordinada va delante de la principal**, se escribe coma entre ellas.	*Cuando estuvo enferma**,** sus compañeros fueron a visitarla al hospital.*
Para **sustituir a un verbo que se sobreentiende**.	*Tú has caminado cinco kilómetros; yo**,** diez.*
Se escriben entre comas expresiones como las siguientes: ***es decir***, ***o sea***, ***por consiguiente***, ***sin embargo***, ***por lo tanto***, etc.	*El agua no era potable**,** es decir**,** no se podía beber.*

PUNTO Y COMA	EJEMPLOS
Se escribe punto y coma en **enumeraciones** que no llevan otros elementos de enlace.	*Los jueves visito a mi abuela**;** los viernes salgo con mis amigos.*
Delante de conectores como ***sin embargo***, ***no obstante***, ***así pues***, ***aunque*** cuando encabezan el segundo período.	*Yo iba convencida de que haría mucho frío**;** sin embargo, estaba completamente equivocada.*

BARCANOVA EDITORIAL

» ACTIVIDADES

42. Relaciona las expresiones de los dos cuadros para formar palabras.

anti • termo • nano • para • auto • contra

rayos • reglamentario • robot • reloj • retrato regulador

43. Completa las siguientes oraciones con las palabras adecuadas de la actividad anterior.

a) Una maniobra ■ del coche provocó el accidente.
b) Han subastado un ■ de Picasso.
c) El suelo de madera acumula el calor y actúa como ■.
d) Se ha proclamado vencedor en la etapa ■.
e) Los vecinos han aprobado la colocación de un nuevo ■.
f) En la película que vimos ayer, un ■ viajaba por el cuerpo humano.

44. Indica cuál es la definición correcta de las siguientes palabras y, a continuación, escribe una oración con cada una de ellas.

1. enrolarse
a) Girar la cabeza, el torso o todo el cuerpo.
b) Inscribirse en el Ejército o en una organización.
c) Dejarse absorber por una actividad.
2. enrevesado
a) Muy cansado.
b) Difícil de entender.
c) Situado de través.
3. irresoluble
a) Que no se puede disolver.
b) Que no se puede fundir.
c) Que no se puede resolver.
4. errar
a) No acertar.
b) Marcar con hierro candente el ganado.
c) Divertirse.
5. extrarradio
a) Radio de extraordinaria calidad.
b) Radio de la circunferencia.
c) Zona de una población alejada del centro.

45. Coloca punto y coma donde sea necesario.

a) Han concluido con éxito las negociaciones en definitiva, todos han cedido un poco.
b) Los objetos son importantes pero prescindibles sin embargo, los amigos se echan muchísimo de menos.
c) Aparcó en una callejuela, detrás de un contenedor cogió el abrigo y salió del coche cinco minutos después tocaba el timbre de la puerta.
d) Casi nunca se queda más de tres días normalmente, el fin de semana, cuatro días a lo sumo.
e) Sí, —dijo— unas veces tomo café otras, té con limón.
f) Los lobos estaban cerca y el ganado estuvo especialmente inquieto la noche anterior por tanto, Jeremías decidió encerrar sus ovejas y vacas en el corral.

46. Indica qué error, de entre los que figuran más abajo, se ha cometido al puntuar cada una de las siguientes oraciones:

a) Querido amigo, te adjunto en esta carta la participación de mi boda.
b) La propuesta de rehabilitación del edificio, será presentada en la reunión de vecinos.
c) Estas rocas, y este tipo de vegetación son propias de un paisaje volcánico.
d) No nos gusta la comida rápida, sin embargo; estas hamburguesas están deliciosas.
1. Es incorrecto escribir coma entre el sujeto y el predicado.
2. No se usa coma con las conjunciones *y*, *e*, *ni*, *o*, *u* en una enumeración.
3. Después de las fórmulas de saludo se escriben dos puntos.
4. Se pone punto y coma delante del conector y se coloca coma detrás.

47. Copia las siguientes oraciones y pon coma donde corresponda.

a) En el bolso llevaba el monedero el móvil las llaves de casa y unos guantes de piel.
b) Me despertó un jaleo tremendo que no parecía acabarse nunca.
c) Me encontraba muy lejos del pueblo pero llegué a casa antes de anochecer.
d) Cuando lleguéis a casa enviadnos un mensaje.

48. Puntúa correctamente el siguiente texto. Te indicamos el número de signos que faltan (coma: 21 / punto y coma: 3.

> Solo sé decir respondiendo a lo que con tanta cortesía se me pide que su nombre es Dulcinea su patria el Toboso un pueblo de la Mancha su calidad por lo menos ha de ser de princesa pues es reina y señora mía su hermosura sobrehumana pues en ella se vienen a hacer verdaderos todos los imposibles y quiméricos atributos de la belleza que los poetas dan a sus damas: que sus cabellos son de oro su frente campos elíseos sus cejas arcos del cielo sus ojos soles sus mejillas rosas sus labios corales perlas sus dientes alabastro su cuello mármol su pecho marfil sus manos su blancura nieve y las partes que la honestidad encubrió a la vista humana son tales según yo pienso y entiendo que solo la discreta consideración puede encarecerlas y no compararlas.
>
> MIGUEL DE CERVANTES: *Don Quijote de la Mancha.*

49. En cada par de oraciones, señala la única que está correctamente puntuada.

a) Estaba preocupado por sus hijos, por su empleo, por su salud...
Estaba preocupado, por sus hijos, por su empleo, por su salud...

b) ¿Quieres té, café o solo agua?
¿Quieres té, café, o solo agua?

DICTADO

Premisa: Lee el dictado y escoge tres palabras que para ti puedan suponer una dificultad ortográfica. Cópialas tres veces cada una y luego haz el dictado con tu compañero.

«Tú estudia mucho», me decía, lee todos los libros que puedas, aprende idiomas, hazte ingeniero o médico o maestro, pero si subes gracias a tu esfuerzo y al sacrificio de tus padres no les vuelvas la espalda a los que no han tenido las mismas oportunidades que tú. Tu padre es un poco raro, y parece muy serio, pero aunque no te lo diga se muere de orgullo cuando le llevas notas altas.

ANTONIO MUÑOZ MOLINA: *El jinete polaco.*

LUDOLENGUA

50. Averigua tu nivel de conocimiento ortográfico.

a) Señala al lado de cada frase si está escrita correctamente (✓) o si contiene alguna incorrección (✗) y, en ese caso, corrígela.
b) Por cada oración bien corregida, sumas un punto. El «nivel máximo» corresponde a 20 puntos.
c) Por cada equivocación, restas un punto.

1. ¡Ah! ¿A qué no sabes quién ha venido a verte esta mañana?
2. ¡Hay! ¡Qué desilusión! No es lo que yo esperaba.
3. Un conflicto comercial en esta situación, sería negativo para todos.
4. A pocos metros de aquí ha encontrado a sus compañeros.
5. El agua arrastra productos de deshecho procedentes de las viviendas.
6. Has hecho lo que tenías que hacer para ayudar a tu amigo.
7. Esa jugada que acabamos de ver es antireglamentaria.
8. He desecho la bufanda porque estaba mal tejida.
9. Lo echo porque molesta a todo el mundo.
10. Me conformo con a ver llegado hasta aquí.
11. Las vibraciones se propagan formando ondas sonoras.
12. No los voy a ver hasta el verano que viene.
13. La embarcación dispone de un minirradar en la proa.
14. ¡Hola! ¿Qué tal? ¿Cómo estáis?
15. Ahí no ay nada que te interese.
16. El bebé no abría los ojos porque le molestaba el sol.
17. Las raíces de esta planta están muy ondas.
18. El nuevo tejido era termorregulador y transpirable.
19. El verano pasado sufrimos una ola de calor extremo.
20. Si tarda, es porque abrá mucha cola.

20 Perfecto **19-17** Muy bien **16-15** Bien
14-12 Regular **Menos de 12** ¡Cuidado!

» DILO POR ESCRITO

Crear un blog

Un **blog** es un sitio web en el que regularmente uno o varios autores publican textos o entradas (*posts*) sobre un tema. En esta actividad vais a crear un blog y a redactar algunas entradas y sus comentarios.

Procedimiento

1. Por grupos, haced una relación de vuestros blogs favoritos, comentadlos fijándoos en los contenidos, en la manera de ordenarlos y en su diseño.

- ¿Cuáles son el título y el subtítulo?
- ¿De qué trata?
- ¿Qué apartados figuran en la cabecera?
- ¿Cómo están dispuestas las entradas? ¿Y las etiquetas?
- ¿El autor del blog se presenta?
- ¿Contiene otros enlaces?
- ¿Indica su presencia en las redes?

2. Elegid el tema y el título del blog. Puede tratarse de un tema que os interese y que conozcáis bien o de algo que pueda resultar útil para los demás. Podéis trabajar temas como la igualdad de género, la conservación de la naturaleza, la sostenibilidad... Por lo general, se recomienda especializarse en un solo asunto y poner en él todo el empeño.

3. Redactad cada cual una entrada con el título, la fecha de publicación y las etiquetas que permitirán indexarla. Podéis incluir imágenes, audios y enlaces a otros contenidos, etc. No olvidéis revisar el texto antes de publicarlo.

4. Cread el blog con alguna de las aplicaciones disponibles en internet e incorporad los textos que tenéis preparados. A continuación, ya podréis entrar en el blog para comentar las entradas de vuestros compañeros. En vuestro espacio personal de la web *www.barcanova.cat* encontraréis varios ejemplos.

5. Presentad vuestro blog a la clase y exponed los objetivos que os proponías y las dificultades con las que os habéis encontrado. También podéis habilitar un espacio en el blog con el fin de recoger opiniones, críticas y sugerencias.

» PONTE A PRUEBA

Lee y comprueba si lo has comprendido

Las tonterías infestan internet

La Red está plagada de citas y textos falsificados atribuidos a poetas, filósofos o escritores. Es una peligrosa epidemia para estudiantes y políticos y también para el futuro de la cultura y la democracia

Durante las numerosas conferencias que he pronunciado en los últimos años en colegios y universidades (en España, Italia y Latinoamérica), muchos estudiantes me han hecho con frecuencia la misma pregunta: ¿por qué comprar libros en una librería cuando disponemos en la Red, gratis, de todo lo que necesitamos? No es fácil responder de manera persuasiva.

Con todo, suelo tratar de dialogar con los jóvenes a partir de un caso concreto. Les sugiero que se imaginen a un compañero que quiera estudiar en internet a Giordano Bruno (por hablar de un filósofo que me es muy querido [...]): ¿cómo conseguirá distinguir las docenas de páginas web donde abundan las tonterías (demenciales en ocasiones) de las que, por el contrario, contienen información correcta?

La navegación segura requeriría una suerte de certificado de fiabilidad que hoy, en Europa, solo portales como el italiano de la Enciclopedia Treccani u otras instituciones del mismo tenor pueden proporcionar. Lo mejor, para aquellos que quieren aprender, es recurrir siempre a un buen libro (también hay algunos malos, pero el filtro científico de una editorial seria sigue siendo una garantía).

Basta con reflexionar, por un momento, sobre las falsas citas que circulan con impunidad por internet. Atribuidas a poetas, filósofos y escritores, las citas y textos falsificados infestan páginas web y perfiles personales. Se trata de una peligrosa epidemia no solo para los estudiantes, sino también para aquellos que tienen responsabilidades públicas. Pienso, en particular, en el uso frecuente que hacen de ellas los políticos. [...] En España, por ejemplo, circulan varias citas atribuidas al *Quijote* que no aparecen en ninguna de las obras de Cervantes. [...]

Como es natural, supercherías y errores como esos existían ya en buena medida antes de internet. Son bien conocidos algunos dichos que se han convertido en lugar común, como «el fin justifica los medios», una expresión que Maquiavelo nunca utilizó. Pero el nacimiento de internet y la difusión de las redes sociales han favorecido la multiplicación de errores e inexactitudes, entre otras cosas a través de la circulación rápida, sin control alguno, de una página a otra. Y, sobre todo, han contribuido a trivializar el aforismo, transformándolo en un ilusorio y vacío instrumento de «autoridad».

Desde la literatura hasta la ciencia (como lo demuestra el muy discutido caso de la utilidad de las vacunas), en definitiva, internet está repleto de tonterías y falsas atribuciones que, en algunos casos, pueden revelarse como peligrosas para el futuro de la cultura y la democracia. ¡La Red es una mina de oro para aquel que sabe, no para aquel que no sabe!

NUCCIO ORDINE, en *www.elpais.com*,
1 de junio de 2019 (texto adaptado).

1. Este texto periodístico es...

a) una noticia.
b) un reportaje.
c) un artículo de opinión.
d) una carta al director.

2. ¿Por qué dice el autor que *lo mejor, para aquellos que quieren aprender, es recurrir siempre a un buen libro*?

a) Porque en internet es muy difícil distinguir las páginas que contienen información suficientemente correcta.
b) Porque la información que se obtiene en internet es falsa.
c) Porque los libros no son caros.
d) Porque en internet la información auténtica es de pago.

3. El término *infestan* que figura en el título...

a) equivale a *infectan*.
b) debería sustituirse por *infectan*.
c) es correcto y significa *invaden*.

4. Escoge el sentido correcto de las oraciones:

a) *No es fácil responder de manera persuasiva.*
1. No es fácil responder de manera convincente.
2. No es fácil responder de manera contundente.

b) *Requeriría una suerte de certificado de fiabilidad.*
1. Se necesitaría una especie documento que confirmara la veracidad.
2. Se necesitaría tener suerte para confirmar la veracidad.

5. El autor denuncia que...

a) en internet se atribuyen textos de origen desconocido a autores célebres.
b) en internet circulan textos manipulados o inexactos.
c) en internet circulan textos tergiversados o malinterpretados.
d) Todas las respuestas anteriores son correctas.

6. Un aforismo es...

a) un dicho tradicional que expresa una afirmación, una advertencia o un consejo.
b) una sentencia breve que se propone como regla, especialmente en una ciencia o arte.

7. Explica en dos o tres líneas el significado de la siguiente oración: *¡La Red es una mina de oro para aquel que sabe, no para aquel que no sabe!*

8. Las palabras *revelarse* y *rebelarse* son...

a) monosémicas.
b) homónimas.
c) parónimas.
d) antónimas.

9. Identifica la oración subordinada sustantiva y di qué función tiene.

Lo mejor es recurrir siempre a un buen libro.

10. En este fragmento del texto: «En España, por ejemplo, circulan varias citas atribuidas al *Quijote*»...

a) sobran las comas.
b) la segunda coma debe ser un punto y coma.
c) no hay ningún error de puntuación.

Escribe

Reduce el texto de Nuccio Ordine a la mitad, pero conservando su sentido global.

Averigua

¿Quién fue Giordano Bruno? Busca información en internet sobre este filósofo y analiza las páginas que has consultado:

1. ¿Aparece el nombre del responsable del sitio web o del autor del artículo? ¿Se trata de un organismo oficial o una entidad reconocida?
2. ¿La información que proporciona está bien redactada? ¿Se puede contrastar con otros sitios web? ¿Contiene faltas de ortografía?
3. ¿Figura la fecha de actualización? ¿Hay un mapa del sitio? ¿Contiene otros enlaces?

UNIDAD 8

Preparamos la lectura

1. ¿A qué edad aprendiste a leer? ¿Y a escribir? ¿Te enseñó algún familiar o aprendiste en el colegio? ¿Recuerdas cuál fue la primera palabra que escribiste?

2. Cuando eras niño, ¿te leían cuentos tus padres al acostarte? ¿Cuál era tu preferido?

MENSAJES ESCRITOS EN CLAVE

quidArri el bitohá de al recluta es insurrectos un figureo freten a cais dotas sal rimaseis de al diva.

Adquirir el hábito de la lectura es construirse un refugio frente a casi todas las miserias de la vida.

WILLIAM SOMERSET MAUGHAM

reLe sunobe birlos se moco ablentar nua conservación con sal nestem más hasonest de sol golssi aspados.

Leer buenos libros es como entablar una conversación con las mentes más honestas de los siglos pasados.

RENÉ DESCARTES

semoLa y embolias: setas dos morfas de eintoinentretem majás han hoche mal angulo la domun.

Leamos y bailemos: estas dos formas de entretenimiento jamás han hecho mal alguno al mundo.

VOLTAIRE

BARCANOVA EDITORIAL

» CLUB DE LECTURA

VOCABULARIO

pasmoso, sa *adj.* Que causa admiración y asombro.

quebrantar *v.* Romper, incumplir.

tajador *m.* Sacapuntas.

embrollo *m.* Enredo, confusión.

¡He aprendido a leer!

Mi madre quiso enseñarme a leer y yo me negué. Tenía miedo. En mi colegio había un niño llamado Alvarito, hijo de maestros, que había aprendido en casa. Cuando los demás todavía tartamudeábamos con los tarjetones de las sílabas, él leía de corrido con distraída perfección. Una facilidad **pasmosa**, difícil de soportar. La venganza se desencadenó en el patio de recreo. Lo perseguían. Gritaban: cuatro ojos, gordinflas. Le pisotearon la cartera. Le colgaron el anorak de las ramas de la higuera, donde no podía alcanzarlo porque no era ágil trepando. Alvarito había **quebrantado** el código de la escuela; se había pasado de listo. Sus padres tuvieron que cambiarlo de colegio.

A mí no me pasará, pensé con orgullo. Además, no me hacía ninguna falta tomarles la delantera a los demás. Mi madre me leía cuentos por la noche. Nuestro pequeño teatro nocturno no correría peligro mientras yo no supiera leer. Lo que de verdad quería era aprender a escribir. Ignoraba que ambas cosas van juntas y se necesitan.

Un día por fin tengo un lápiz entre los dedos. No se deja sujetar fácilmente, hay que domesticarlo. Lo aprieto con fuerza contra el papel para que no se escape, pero a veces se planta en rebelión, partiéndose las narices contra el cuaderno. Entonces necesito el **tajador** para afilar otra vez la punta. Puedo verme; estoy sentada con otros niños en una mesa redonda de color vainilla. Inclinada hacia delante, dibujo palotes, redondeles, curvas. La lengua me asoma entre los labios, siguiendo el desplazamiento de la mano. Filas de emes enganchadas con sus vecinas. Filas de bes con su barriguita. No me gusta la barra transversal de la t (complica el asunto).

Tiempo después, asciendo: ya puedo juntar letras. La eme extiende un rabito hacia la a. Al principio todo parece un **embrollo**, un lío de rayujos. Sigo adelante. Como soy zurda, restriego el puño por encima de los renglones al avanzar y los voy esfumando. Dejo una estela gris. Con la mano ennegrecida, continúo. Hasta que una mañana, sin darme cuenta, por sorpresa le arranco el secreto a la escritura. Hago magia. Mamá. Los palitos y los redondeles cantan en silencio. He atrapado la realidad con una red de letras. Ya no hay solo líneas; es ella la que aparece de pronto en el papel: su voz tan bonita, las ondas de su pelo castaño,

la mirada cálida, la sonrisa que enseña unos **incisivos** prominentes y, por eso, porque le dan vergüenza sus dientes desordenados, acaba siempre en un gesto tímido. La he llamado con mi lápiz, está ahí. ¡Mamá! Acabo de escribir y comprender mi primera palabra.

En todas las sociedades que utilizan la escritura, aprender a leer tiene algo de rito iniciático. Los niños saben que están más cerca de los mayores cuando son capaces de entender las letras. Es un paso siempre emocionante hacia la edad adulta. **Sella** una alianza, desgaja una parte superada de la infancia. Se vive con felicidad y **euforia**. Todo pone a prueba el nuevo poder. ¿Quién iba a sospechar que el mundo entero estaba **engalanado** con cadenetas de letras, como una gran verbena? Ahora hay que descifrar la calle: far-ma-cia, pa-na-d... e-ro, se alquiiii-la. Las sílabas estallan en la boca como fuegos artificiales, lanzando chispas. En casa, en la mesa, por todas partes te asaltan mensajes. Empiezan las ráfagas de preguntas: ¿qué significa bajoencalorías?, ¿y aguamineralnatural?, ¿consumirpreferentemente?

En la sociedad judía medieval se celebraba con una ceremonia solemne el momento del aprendizaje, cuando los libros hacían partícipes a los chiquillos de la memoria comunitaria y del pasado compartido. Durante la **fiesta de Pentecostés**, el maestro sentaba en su regazo al niño al que iba a iniciar. Le enseñaba una pizarra en la que estaban escritos los signos del alfabeto hebreo y a continuación un pasaje de las escrituras. El maestro leía en voz alta, y el alumno repetía. Luego se untaba con miel la pizarra y el iniciado la lamía, para que las palabras penetrasen simbólicamente en su cuerpo. También se escribían letras en huevos duros ya pelados o en pasteles. El alfabeto se volvía dulce y salado, se masticaba y se asimilaba. Entraba a formar parte de uno mismo.

¿Cómo no va a ser mágico el alfabeto, que descifra el mundo y revela los pensamientos? Los griegos antiguos también sentían su hechizo. En aquel tiempo, las letras se utilizaban para representar, además de palabras, números y notas musicales. Cada una de sus siete vocales simbolizaba uno de los siete planetas y de los siete ángeles que los presiden. Se utilizaban para **embrujos** y amuletos.

En aquellas remotas escuelas griegas —tardes pardas, llovizna, monotonía tras las ventanas—, los niños cantaban a coro las letras: «Hay alfa, beta, gamma y delta, y épsilon, y también zeta...». Después, las sílabas: beta con alfa, ba. El maestro las dibujaba y luego, tomando la mano de su alumno con la suya, le hacía repasar el trazo, por encima. Los niños repetían mil veces los modelos. Copiaban o escribían al dictado breves máximas de una línea. Como nosotros, aprendían poemas de memoria —sus «diez cañones por banda» y «asombrose un portugués»— y **retahílas** de palabras raras. Recuerdo una de esas cantilenas de infancia: brujir, grujir y desquijerar; nunca más he vuelto a tropezar con esos verbos chirriantes.

La didáctica era obsesiva y cansina. El maestro-domador recitaba, y los alumnos repetían. El aprendizaje

VOCABULARIO

incisivo *m.* Diente que se halla en la parte más saliente de las mandíbulas. A los incisivos superiores se les llama también palas.

sellar *v.* Cerrar, acordar, firmar.

euforia *f.* Entusiasmo y alegría inmensos, optimismo.

engalanar *v.* Adornar.

fiesta de Pentecostés Fiesta que celebra la Iglesia el domingo, quincuagésimo día que sigue al de Pascua de Resurrección, contando ambos, y fluctúa entre el 10 de mayo y el 13 de junio.

embrujo *m.* Hechizo; práctica de los hechiceros para conseguir algo.

retahíla *f.* Serie de cosas que se suceden o se mencionan por su orden.

avanzaba a ritmo lento (no era raro que los niños de diez o doce años todavía estuvieran aprendiendo a escribir). En cuanto eran capaces, empezaban a leer, repetir, resumir, comentar y copiar una selección de textos esenciales, casi siempre los mismos. Sobre todo de Homero, también de Hesíodo. Y de otros indispensables. Los antiguos, que veían a los niños como una especie de adultos en miniatura sin gustos ni talentos propios, les ofrecían los mismos libros que leían los adultos. No había nada parecido a la actual literatura infantil o juvenil, ninguna facilidad. Todavía no se había inventado la infancia, aún no había llegado Freud para atribuir una importancia crucial a los primeros años. Entonces, lo mejor que podías hacer por un niño era zambullirlo de cabeza en el mundo adulto y quitarle la niñez a restregones, como si fuera **mugre**.

El alfabeto podía ser mágico, pero el método de enseñanza era con frecuencia **sádico**. Los castigos corporales eran inseparables de la rutina escolar de los niños griegos, igual que lo habían sido para los escribas egipcios o judíos. En una obra humorística de Herodas, el maestro brama: «—¿Dónde está el cuero duro, la cola de buey con la que azoto a los rebeldes? Dádmelo antes de que estalle mi cólera».

IRENE VALLEJO: *El infinito en un junco.* © Irene Vallejo Moreu, 2019.

VOCABULARIO

mugre *f.* Suciedad grasienta.

sádico, ca *adj.* Que ejerce una crueldad que produce placer a quien la ejecuta.

¿SABÍAS QUE...?

El método de la lectura silenciosa no fue algo habitual en Occidente hasta el siglo X. En el siglo IV, san Agustín se sorprende al ver a san Ambrosio leer sin mover los labios y así lo recoge en sus *Confesiones*. Allí dice que cuando Ambrosio leía, ni su lengua se movía, ni su voz se oía; que siempre le vio leer en silencio y no de otra manera.

BuScA eN eL tExTo...

¿Cuál es la primera palabra que aprendió a escribir la autora del texto?

» ACTIVIDADES

Comprensión de la lectura

1. ¿Por qué la protagonista del texto no quiso que su madre le enseñara a leer?

2. ¿Qué le pasó a Alvarito, compañero de la protagonista, en el colegio, porque aprendió a leer antes que los demás? Sus compañeros...

a) lo admiraron.
b) lo imitaron.
c) lo felicitaron.
d) lo maltrataron.

3. ¿Qué método utilizaba el maestro para enseñar a leer a los niños en la sociedad judía medieval? ¿Por qué el niño iniciado en la lectura tenía que lamer la pizarra untada con miel?

4. ¿Para qué se utilizaban las letras en la Grecia antigua? Di si los enunciados son verdaderos o falsos.

a) Para representar el tiempo.
b) Para hacer embrujos.
c) Para representar palabras.
d) Para hacer amuletos.
e) Para representar números y notas musicales.

5. ¿Hasta qué edad se alargaba el aprendizaje de la escritura, en la Grecia antigua?

6. ✓ ¿Cómo se enseñaba a leer en las escuelas griegas?

7. ¿Qué libros les daban a leer a los niños?

8. ¿Qué quiere decir la autora cuando afirma que el método de enseñanza entre los egipcios, los judíos y los griegos era sádico?

Expresión personal

9. La serie ordenada de las letras de un idioma se denomina *alfabeto*. ¿Por qué se denomina así? Tienes una pista en el párrafo 8.

• ¿Y de dónde procede la palabra *abecedario*?

10. Los dos primeros párrafos están escritos en pasado, mientras que los dos siguientes lo están en presente. ¿Cómo puedes explicar esto?

11. Los cuatro primeros párrafos están escritos en primera persona. Anota los elementos lingüísticos que lo prueban.

• ¿Por qué los restantes párrafos están escritos en tercera persona?

12. Indica el referente de los pronombres destacados en el siguiente fragmento del primer párrafo:

Lo perseguían. Le pisotearon la cartera. Le colgaron el anorak de las ramas de la higuera, donde no podía alcanzarlo porque no era ágil trepando.

13. Escribe un sinónimo de las palabras destacadas en las siguientes secuencias del texto:

a) *En mi colegio había un niño llamado Alvarito.*
b) *A mí no me pasará.*
c) *Tiempo después, asciendo.*
d) *El maestro leía en voz alta.*
e) *El aprendizaje avanzaba a ritmo lento.*
f) *Todavía no se había inventado la infancia.*

14. Escribe un antónimo de las palabras destacadas en las siguientes secuencias:

a) *Yo me negué.*
b) *Los niños saben que están más cerca de los mayores.*
c) *Todo pone a prueba el nuevo poder.*
d) *Le hacía repasar el trazo, por encima.*
e) *Como soy zurda, restriego el puño por encima de los renglones al avanzar.*

15. Di qué figura literaria se da en las tres primeras líneas del tercer párrafo. Elige la opción correcta y explica en qué consiste.

16. En las expresiones «Una facilidad pasmosa, difícil de soportar» y en «una mirada cálida» aparecen, respectivamente,...

a) una metáfora y una sinestesia.
b) una personificación y una comparación.
c) una antítesis y una metáfora.
d) una antítesis y una sinestesia.

17. ¿Qué elementos nos han permitido saber que el narrador es una mujer? Escríbelos en tu cuaderno.

18. Vuelve a escribir el tercer párrafo de manera que el narrador sea externo omnisciente. Puedes empezar así: *Un día por fin tiene un lápiz entre los dedos...*

19. ¿Qué quiere decir la autora cuando afirma que leer y escribir son cosas que van juntas y que se necesitan?

20. Lee los siguientes versos de Antonio Machado y responde a las preguntas:

> Una tarde parda y fría
> de invierno. Los colegiales
> estudian. Monotonía
> de lluvia tras los cristales. [...]
>
> Y todo un coro infantil
> va cantando la lección:
> «mil veces ciento, cien mil;
> mil veces mil, un millón».

a) ¿En qué párrafo del texto de Irene Vallejo se hace referencia a estos versos?

b) Anota todos los elementos comunes con los versos de Machado.

21. La autora también se refiere a dos poemas que le hacían leer en clase: sus «diez cañones por banda» y «asombrose un portugués». Infórmate sobre los autores de ambos poemas y elabora sendas fichas con los datos más relevantes sobre su vida y su obra. El primero es de José de Espronceda, del que encontrarás información en la unidad 3 de tu libro de texto. El segundo es de Nicolás Fernández de Moratín, escritor del siglo XVIII que destacó por querer modernizar las costumbres de la sociedad contemporánea. Busca el poema completo de este último y recítalo de memoria.

22. A continuación, te presentamos el alfabeto griego y sus correspondencias con el abecedario latino. Como puedes comprobar, alguna letra griega tiene más de una representación gráfica en castellano.

α → a	β → b, v	γ → g, gu	δ → d
ε → e	ζ → ds	η → e	θ → z
ι → i	κ → k, c, qu	λ → l	μ → m
ν → n	ξ → x	ο → o	π → p
ρ → r	σ, ς → s	τ → t	υ → u
φ → f	χ → j	ψ → ps	ω → o

a) Tras consultarlo, intenta «traducir» el texto que sigue, escrito con grafías griegas, de *El infinito en un junco*, al castellano actual.

> Δυραντε (Durante) λος σιγλος δε λεντα εξπανσιόν δελ αλφα-βετο, λος γριεγος σιγιερον καντανδο ποημας, περο ια νο δε λα μισμα μανερα.
> Ιρηνη Βαλλεχο: Ελ ινφινιτο εν υν χυνκο.

b) Ahora procede de manera inversa: escribe el siguiente fragmento de la misma obra con caracteres griegos:

> Ciertas voces se atrevieron a decir lo que ningún texto antiguo había osado antes. Por desgracia, nos quedan solo los añicos de aquellos versos.

c) Infórmate sobre el nombre de las letras del alfabeto griego y escríbelos junto a cada una de ellas. Te decimos las primeras: *alfa*, *beta*, *gamma*, *delta*, *épsilon*, *dseta*...

23. Al niño Alvarito lo maltratan sus compañeros por haber aprendido a leer antes que ellos. El acoso escolar recibe también el nombre de *bullying*. ¿Conoces algún caso de acoso escolar en tu centro o en algún otro? En caso afirmativo, redacta en unas 20 líneas un texto en el que se responda a las siguientes cuestiones:

a) La persona acosada ¿era chico o chica?

b) ¿Quiénes eran los acosadores? ¿Chicos? ¿Chicas? ¿Chicos y chicas?

c) ¿Por qué la acosaban?

d) ¿Se tenía constancia del acoso?

e) ¿Cómo reaccionó la comunidad escolar (profesores, compañeros del acosado, dirección del centro, etc.)?

f) ¿Qué medidas crees que podrían tomarse para acabar con el acoso escolar?

g) Reflexiona sobre tu actitud ante este caso.

» LENGUA Y SOCIEDAD

1. Lenguas en contacto

1.1. Las lenguas de España en la actualidad

España es un estado **plurilingüe**. En la actualidad se hablan cuatro lenguas oficiales: el **castellano**, el **catalán**, el **gallego** y el **vasco** o **euskera**.

Este hecho hace que se produzcan influencias e interferencias entre ellas, más perceptibles en el ámbito **fonético** y **léxico**, aunque también se dan en la **morfología** y en la **sintaxis**.

Las influencias se dan entre todas las lenguas en contacto: castellano-gallego, castellano-catalán, castellano-euskera. En este apartado nos centraremos exclusivamente en las características del castellano en los territorios en los que este es cooficial con las otras lenguas españolas.

Uno de los rasgos que sirve para identificar el origen o la procedencia de un hablante es la entonación, el deje con que articula su lengua. Así, todos distinguimos a un gallego, a un catalán o a un vasco por su entonación.

1.2. El castellano en Cataluña

El **castellano** es la lengua oficial en toda España, la peninsular y la insular (islas Baleares e islas Canarias), así como en las ciudades autónomas de Ceuta y Melilla, al norte de Marruecos.

Las características más visibles del castellano en Cataluña se dan en el plano **fonético**:

- palatalización de la consonante *-l*;
- distinción de vocales abiertas y cerradas;
- pronunciación de *z* como *s*: *serrado* por *cerrado*;
- alternancia de *s* sorda y *s* sonora: la *s* de *rosa* puede pronunciarse sorda o sonora.

En los ámbitos **léxico-semántico** y **morfológico** también se aprecian peculiaridades:

- confusión entre los verbos *venir* e *ir*: *Ya vengo* por *Ya voy*;
- uso de *hacer* con diferentes significados: *¿Hacemos un café?* por *¿Tomamos un café?*;
- empleo de posesivos por pronombres personales: *delante suyo* por *delante de él* (o *de ella*); *detrás mío* por *detrás de mí*;
- combinación del **partitivo** con la preposición ***de***: *Tengo muchos, de amigos* por *Tengo muchos amigos*;
- uso del verbo *haber* impersonal en plural: *Habían muchos niños* por *Había muchos niños*;

El **catalán** es la lengua oficial de Cataluña, junto con el castellano, y en Andorra. Se habla también en la Comunidad Valenciana, donde adopta el nombre de valenciano, en las islas Baleares, en la franja oriental de la comunidad de Aragón y en la ciudad de Alguer, en Cerdeña. Lo hablan más de nueve millones de personas.

Un rasgo característico del castellano en Cataluña es la **confusión *b*/*v*** en la escritura de las formas del pretérito imperfecto de indicativo de los verbos de la primera conjugación y del verbo *haber*: *cantava,*havia...

- uso del artículo con nombres propios de personas: *la María*;
- empleo de la construcción «*¿Quieres decir?*» (*Vols dir*?) para indicar exclamación de sorpresa;
- uso de *explicar* por *contar*. *Explícame algo* por *Cuéntame algo*;
- ausencia de preposición en el CD de persona: *He visto la directora* por *He visto a la directora*;
- en hablantes de bajo nivel cultural, se castellanizan palabras como *barrechar* por *mezclar*, *enchegar* (*engegar*) por *poner en marcha*, *rachola* por *baldosa*; *colla* por *pandilla*; *data* por *fecha*, etc.

1.3. El castellano en Galicia

El rasgo más característico del castellano de Galicia es la **entonación**. Otros rasgos perceptibles son los siguientes:

El **gallego** es lengua oficial en Galicia, junto con el castellano. Se habla también en zonas limítrofes de León, Zamora y Asturias. Cuenta con unos tres millones de hablantes.

La conjugación gallega carece de tiempos compuestos.

- cierre de las **vocales finales**, de forma que la *-e* final suena casi como *i* y la *-o* final como *u*;
- pronunciación **velar** de la *-n* final;
- pronunciación **aspirada** del fonema *g*, que suena casi como una *j*; este fenómeno se denomina **geada**;
- presencia del **seseo** en algunos hablantes: *haser* por *hacer*;
- reducción de los grupos cultos *-ct-* y *-gn-*: *produto* por *producto*; *inorante* por *ignorante*;
- uso del diminutivo *-iño*, *-iña*: *queridiño*;
- uso de **pronombres proclíticos** y **enclíticos**: *para se lo poner*; *dijéronme*;
- empleo del **pretérito perfecto simple** de indicativo frente al pretérito perfecto compuesto: *Lo recibí hoy* por *Lo he recibido hoy*;
- uso de calcos: ***De aquella*** (*daquela*) *yo vivía en León* (*Entonces, yo vivía en León*);
- uso **pospuesto de determinantes indefinidos**: *No había persona ninguna* por *No había ninguna persona*.

1.4. El castellano en Euskadi

El **euskera**, o **vasco**, es lengua oficial, con el castellano, en Euskadi. También se habla en áreas de la comunidad de Navarra y en el departamento francés de los Pirineos Atlánticos. Lo hablan alrededor de un millón de personas.

Además de la entonación, algunos rasgos identificables de los vascohablantes son los siguientes:

- alteración del **orden de palabras** de una oración: *Ordenador tengo para trabajar*;
- duplicación de **pronombres átonos**: *Le estoy esperando a Juan*;
- supresión de **pronombres átonos**: *—¿Viste el eclipse de luna? —Sí, vi;*
- presencia ocasional de **leísmo femenino**: *Le vi a Laura*;
- uso del **condicional** en lugar del pretérito imperfecto de subjuntivo: *Si sería rico, viajaría sin parar* por *Si fuera rico, viajaría sin parar.*

» ACTIVIDADES

24. Di si son verdaderos o falsos los siguientes enunciados:

a) En España hay cuatro lenguas oficiales.
b) El catalán es lengua oficial en Cataluña y en Aragón.
c) El catalán es la lengua oficial de Cataluña exclusivamente.
d) El gallego es lengua oficial en Galicia.
e) El castellano es oficial en toda España, salvo en Galicia, Euskadi y Cataluña.

25. Agrupa las siguientes palabras según sean galicismos, vasquismos o catalanismos: *meiga*, *chapela*, *plegar*, *bufar*, *rapaz*, *zulo*, *queimada*, *pancha*, *chistorra*.

26. Localiza los rasgos del catalán, del gallego y del euskera que hay en las siguientes oraciones.

a) Hay que enganchar el sello en la parte superior derecha del sobre.
b) Si llovería un poco, se regarían los rosales.
c) No tengo problema ninguno en hacerlo.
d) —¿Compraste naranjas? / —Sí, compré.
e) Mi madre ha hecho monchetas para comer.
f) Entregáronme el certificado esta mañana.

27. Anota las características propias del gallego que observes en el siguiente texto de Emilia Pardo Bazán y explica en qué consisten.

Esteban y Margarida regresan a casa después de haber vendido sus animales en la feria y dialogan entre ellos:
—¿Vendiste? —dijo la moza.
—Vendí.
—¿Pagáronte a gusto?
—Pagáronme lo que pedí, alabado Dios.
—¡Qué mano de cuartos, mi madre! ¿Y los **bueis**? ¿Van para el barco?
—Para se los comer allá en Inglaterra. [...]
—¡Qué a gusto se va cuesta abajo, Margaridiña!
—Se anda solo el camino, Esteban —respondió ella, quedito.
—¡Todos los santos ayudan! —insistió él.
—**Los pies van de suyo** —confirmó ella.

EMILIA PARDO BAZÁN: *Un destripador de antaño y otros cuentos.*

VOCABULARIO

bueis *m.* Bueyes. En gallego normativo *buey* es *boi*.
los pies van de suyo Los pies van por sí solos.

28. A continuación te ofrecemos una lista de frases que contienen catalanismos. Identifícalos y propón la opción castellana correcta.

a) ¿Que vendrás mañana conmigo?
b) Cuidado, no vayas a romper el jarrón.
c) Nos reunimos toda la colla en el parque.
d) —Creo que va a llover.
—¿Quieres decir?
e) Encuentro que eso que has hecho no está bien.
f) Me voy a comer que tengo mucha gana.
g) Mi abuelo hace la siesta todos los días.
h) Usa el tornavís para clavar el tornillo en la tapa.
i) Es tarde, mira de acabar pronto.
j) Para mañana, ¿os viene de gusto una paellita?
k) ¿Sabéis dónde están la Sandra y la Lorena?
l) No cal que vayamos todos a la reunión.
m) Esta semana ha habido un seguido de robos en el barrio.

29. Un **falso amigo** es una palabra de otro idioma que se parece a una palabra de nuestra lengua pero tiene un significado diferente. Di qué significan los falsos amigos del castellano de las palabras catalanas y gallegas siguientes. Fíjate en el ejemplo.

Falsos amigos			
Castellano	Catalán	Castellano	Gallego
cama	cama: 'pierna'	área	area: 'arena'
acostar	acostar	cuello	coello
bruto	brut	polvo	polbo
escoltar	escoltar	asignatura	sinatura
res	res	bello	vello
ampolla	ampolla	jornal	xornal

» TOMA LA PALABRA

Lectura solidaria

Vas a colaborar con una oenegé cuyo objetivo es acercar la lectura a personas que no pueden realizarla por sí mismas. Para ello, tendrás que seleccionar un texto, preparar tu voz y ensayar la interpretación. Podrás trabajar individualmente, por parejas o en grupo.

Procedimiento

1. Piensa en la persona o personas a quienes va destinada la lectura y selecciona el texto adecuado. Tendrás que valorar los siguientes aspectos:
   - El **género literario**: un relato corto, una novela, un cuento infantil (si lees para niños), una fábula, uno o varios poemas, una obra dramática, etc.
   - La **temática** general: misterio, intriga y terror; amor y relaciones personales; historia o hechos de actualidad; realismo y problemas cotidianos; humor; ciencia ficción, etc.
   - El **tiempo** disponible: ¿se trata de una sesión o varias?
   - Los **oyentes**: ¿son niños o personas adultas? ¿Lees para una persona o para un colectivo?

2. Recomendaciones para leer en voz alta:
   - **Practica la pronunciación.** Ensaya y lee el texto tantas veces como sea necesario. Dicen que «se aprende a leer leyendo». La constancia y la repetición pueden ser tus mejores aliados.
   - Es imprescindible que **comprendas y *sientas* lo que vas a leer** a los demás: no únicamente las palabras separadamente, sino el sentido global e, incluso, la intención del autor al escribir el texto.
   - Leer deprisa no es leer mejor. Es necesario **ralentizar el ritmo de lectura** para dar tiempo a que el oyente escuche y comprenda lo que oye.
   - **Vocaliza** (es decir, articula bien los sonidos), busca la **fluidez**, realiza la **entonación** adecuada y respeta los **silencios** y las pausas. Controla la respiración y adopta una postura cómoda durante la lectura. Bebe agua durante esta.
   - Las **expresiones faciales**, los **gestos** y el **lenguaje corporal** pueden contribuir a mantener la atención de quienes te escuchan.

3. Leer en voz alta te beneficia a ti. Si lo deseas, consulta tu espacio personal de la web *www.barcanova.cat*, donde encontrarás enlaces sobre el poder terapéutico de la lectura en voz alta.

4. Cuando tengas la tarea lista, lee el texto ante la clase. Tus compañeros podrán ayudarte a mejorar con sus observaciones. Puedes grabar tu intervención y colgarla en el blog del aula.

» LITERATURA

1. La literatura actual

1.1. Historia, cultura y sociedad. La democracia

A finales de 1975, tras la muerte de Franco, se inicia en España un período de libertad que llega hasta nuestros días. La aprobación de la **Constitución** española de 1978 establece el marco legal general que necesita España para pasar, de una manera ordenada y moderada, de un estado dictatorial a otro democrático. A partir de ese momento, el Estado se organiza en forma de monarquía constitucional (primero bajo el reinado de Juan Carlos I y, más tarde, de Felipe VI) y es dirigido por gobiernos de distintas tendencias políticas.

Numerosos obstáculos complicaron el proceso de **transición** desde los primeros años: la legalización de partidos políticos hasta entonces prohibidos, el encaje de las sensibilidades autonómicas, el terrorismo, las huelgas obreras y sindicales, las continuas crisis económicas... Algunos de ellos son todavía evidentes en nuestros tiempos.

1.2. La literatura actual. Tendencias

A partir de la restauración de la democracia se aprecia en la literatura española una reducción de las aventuras experimentales y un regreso a formas tradicionales. Al mismo tiempo, se puede afirmar que no existen orientaciones artísticas homogéneas para las nuevas generaciones y, por tanto, la literatura se caracteriza por su riqueza de contenidos y tendencias.

1.3. La poesía desde 1975 hasta nuestros días

Resulta muy difícil abarcar el panorama de la lírica actual. Los autores que empiezan a publicar en la década de los ochenta pretenden crear caminos propios sin renunciar a la herencia anterior, como, por ejemplo, la de los Novísimos. En general, se distinguen las siguientes características en sus obras:

- Alejamiento de la experimentación vanguardista.
- Rehumanización e intimismo.
- Rigor, elegancia y precisión expresiva.
- Temática variada y enfoques más abiertos.

Felipe Benítez Reyes

Algunas de las tendencias más destacadas son las siguientes:

- **Poesía de la «experiencia»:** esta poesía presenta un tono fuertemente intimista y neorromántico, en algunos casos, y un carácter autobiográfico, en otros. Los autores escriben con la mirada puesta en lo cotidiano y personal. Su lenguaje es, en general, claro y alejado de estridencias.
- **Poesía inspirada en el clasicismo grecorromano** y con influencias de los poetas de la Generación del 27: en esta tendencia destacan Luis Alberto de Cuenca y Luis Antonio de Villena. Sobresalen también **María Sanz** y **Ana Rosetti**, cuya poesía neoclásica muestra un vasto mundo cultural.
- **Poesía social:** esta poesía se vincula a los poetas sociales de los años cincuenta y a una visión solidaria y colectiva de la vida.

Felipe Benítez Reyes, **Jon Juaristi** y **Luis García Montero** son poetas representativos de algunas de estas tendencias.

No podemos olvidar tampoco la **poesía neosurrealista** de **Blanca Andreu** y la **poesía épica de Julio Llamazares**.

En 1996 aparece el recopilatorio de poemas escritos entre 1992 y 1996 de **Felipe Benítez Reyes**, *El equipaje abierto*, cuyos poemas reflexionan sobre el duro camino de la vida.

El actor

Los focos han dañado mi vista y mi memoria.
Yo era Hamlet, don Juan o un noble caballero
del siglo diecisiete, sensual y aventurero.
Me halagaba el aplauso, despojo de la gloria.
Las fotos en la prensa, los cocktails... Era hermoso
vivir, y era tan fácil. Por dentro, el decorado
se iba ya derrumbando. (El arte lo he pagado
más caro que la vida.) Fui rico y licencioso.
Tuve lo que los hombres aprecian: tuve amores,
viajé por el mundo, tuve esa cosa vil:
la fama. Y al final no sé quién soy. Adiós,
el telón va a caer por vez última. Las flores
que espero son amargas. ¿Quedará algo de mí?
En los palcos del mundo mi nombre fue el de un dios.

Felipe Benítez Reyes: *El equipaje abierto*.

En este poema de *Tiempo desapacible* (1996), Jon Juaristi habla, con una lengua poética coloquial, de una historia amorosa en primera persona: desde el principio hasta su desaparición total.

Rosario

Yo la quería mucho, pero entonces
amar y destruir sonaban parecido,
como en los más confusos poemas de Aleixandre.
Nos casamos con otros. Tal vez así perdimos
lo mejor de la vida. Quién sabe. Hubo una noche
en que ambos acordamos que pudo ser distinto
el rumbo de esta historia de culpa y cobardía.
Se quitó el pasador de su cabello oscuro
y me lo dio al marchar, y nunca volví a verla.
Murió. No lo he sabido hasta esta tarde misma,
varios años después, en su pequeño pueblo
y frente a la serena desolación del mar.
Ahora intento evocarla, pero se desvanece:
No he encontrado siquiera su pasador de rafia.

Jon Juaristi: *Tiempo desapacible*.

1.4. La narrativa desde 1975 hasta nuestros días

En tu espacio personal de la web *www.barcanova.cat* encontrarás enlaces sobre los autores más importantes que se tratan en este apartado de Literatura.

La novela española actual goza de gran esplendor, pues a los grandes narradores de épocas anteriores se han sumado nuevos autores de gran calidad. A modo de clasificación general, se pueden anotar las siguientes tendencias.

La novela histórica

Las novelas históricas persiguen, por un lado, la recreación del pasado histórico; por otro, la narración libre, ajena a la veracidad histórica, de tramas argumentales atractivas ambientadas en distintas épocas de la historia. Entre los autores cabe destacar novelistas como **Jesús Fernández Santos** (*Extramuros*, 1978), **Juan Eslava Galán** (*En busca del unicornio*, 1987), **Miguel Delibes** (*El hereje*, 1998) y **Eduardo Mendoza** (*La verdad sobre el caso Savolta*, 1975 y *La ciudad de los prodigios*, 1986).

La guerra civil es el marco de numerosas novelas: en los últimos años, por ejemplo, **Almudena Grandes**, con *El corazón helado* (2007) y la serie *Episodios de una guerra interminable*, ha sido especialmente reconocida por el público lector.

Carlos seguía en el hospital aunque ya estaba fuera de peligro. 1937 había empezado con la expectativa de su muerte, pero un mes y medio después, Paloma lloraba por él como si se le hubiera olvidado.

—Los médicos me han dicho que no va a recuperar el brazo derecho, que va a ser como si no lo tuviera, y se va a quedar cojo, tendrá dolores toda su vida...

—¿Y qué? —María la animaba, la sacudía, le sujetaba la cara con las manos para obligarla a levantar la vista—. ¿Y qué? Está vivo, Paloma, y va a seguir estando vivo. ¿Que se queda cojo?, pues bueno, el caso es que puede andar. ¿Que se queda manco?, muy bien, pero solo de un brazo. Le queda otro, ¿no?, y para dar clase no necesita los dos. ¿Que tiene veintiséis años? Claro, y eso no es lo mejor. Lo mejor es que el año que viene tendrá veintisiete, y luego veintiocho, y veintinueve, porque ya no le puede pasar nada más, ¿no lo entiendes? —María acariciaba las manos de su hermana, las apretaba para transmitirle su fe en un futuro alegre, tan risueño como su acento—. No lo han matado y ya no lo van a matar, no va a volver al frente. Ahora le darán un destino tranquilo en la retaguardia, una oficina, un despacho como el de papá, se quedará en Madrid, irá a trabajar todas las mañanas y volverá a dormir a casa todas las noches. Piénsalo bien, Paloma, piénsalo... Tú ya no vas a pasar miedo, ¿es que no lo entiendes? Ya no te vas a despertar de madrugada con un mal presentimiento, no vas a sufrir tanto como las demás. Ojalá dejaran manco a Esteban, ojalá...

Mientras la escuchaba, su madre comprendió hasta qué punto había estado equivocada, y cuando todavía no se había recuperado de la tristeza de ver a Ignacio con un fusil, sintió un arrebato de ternura semejante por aquella hija que también se había hecho mayor antes de tiempo [...].

ALMUDENA GRANDES: *El corazón helado.*

Otros autores destacados son **Arturo Pérez-Reverte** (*La tabla de Flandes*, 1990; *El francotirador paciente*, 2013), **Antonio Muñoz Molina** (*El invierno en Lisboa*, 1987), **Dolores Redondo** con su *Trilogía del Baztán*, y **Lorenzo Silva**, con su serie de novelas protagonizadas por los guardias civiles Bevilacqua y Chamorro (destacan, entre otras, *La marca del meridiano* —Premio Planeta 2012— y *El mar de Corcira*, 2020).

La novela policíaca o de intriga

La novela policíaca triunfa durante esta época a la par que el género se revaloriza en el cine y en televisión, y se traducen al castellano obras de reconocidos autores extranjeros: Andrea Camilleri, Stieg Larsson, Fred Vargas, Camilla Lackberg, etc. Figura indiscutible de este género en el panorama español es **Manuel Vázquez Montalbán** y su serie del detective Carvalho, con la que, además de marcar el camino de una generación de autores de novela negra, logra una crónica cultural y política de toda una época.

Eduardo Mendoza (1943) es uno de los escritores más significativos del panorama literario actual. Es autor de la serie ambientada en Barcelona y protagonizada por un extraño detective privado, de quien no conocemos el nombre, y por el comisario Flores: *El misterio de la cripta embrujada* (1978), *El laberinto de las aceitunas* (1982), *La aventura del tocador de señoras* (2001), *El secreto de la modelo extraviada* (2015), etc.

El último tren para la Pobla de l'Escorpí salía dentro de veinte minutos de la Estación de Cercanías. Paré un taxi y prometí al taxista una buena propina si llegábamos a la estación con tiempo para tomar el tren. Hicimos la mitad del trayecto por las aceras, pero llegamos frente a la estación cuando faltaban solo dos minutos para la hora de salida. Aprovechando un semáforo salté del taxi y me escurrí entre los coches apelotonados en la calzada. El taxista no podía abandonar el volante para perseguirme y se limitó a denostarme con toda su alma. Era la hora en punto cuando entré en el tiznado vestíbulo y perdí otro minuto en averiguar el andén correspondiente. Al alcanzar finalmente mi destino, el tren objeto de mis celeridades se estaba formando, término este muy usual en el habla ferroviaria cuyo significado no acabo de comprender bien. La proverbial impuntualidad de la Renfe me había salvado.

El andén y la estación entera eran un pandemónium. Había empezado el caudaloso y lucrativo flujo de turistas que año tras año persisten en acudir a este país en busca de las caricias de nuestro sol, el hacinamiento de nuestras playas y el devaluado costo de nuestras pitanzas, compuestas de gazpacho aguado, albóndigas sospechosas y una rodajita de melón.

EDUARDO MENDOZA: *El misterio de la cripta embrujada.*

Otras líneas narrativas destacadas

- **La metanovela.** Incluye, además de la trama narrativa, la explicación de su proceso creativo: *El cuarto de atrás* (1978), de Carmen Martín Gaite, y *Hombres buenos* (2015), de Arturo Pérez-Reverte.
- **La novela lírica.** Presenta un tratamiento poético del lenguaje y una tendencia al intimismo: *La lluvia amarilla* (1988), de Julio Llamazares; *La orilla oscura* (1985), de José M.ª Merino, *Mazurca para dos muertos* (1983), de Camilo José Cela, o *Corazón tan blanco* (1992), de Javier Marías.
- **La novela fantástica.** Destacan por el predominio de la fantasía *Olvidado rey Gudú* (1996) y *Paraíso inhabitado* (2008), de Ana María Matute.
- **La novela-reportaje o de viajes.** Cuenta vivencias personales o historias producto de investigaciones periodísticas: *El sueño de África* (1996), de Javier Reverte, o *Pasión india* (2005), de Javier Moro.

Muchos novelistas completan e ilustran el panorama novelístico de estas décadas: **José Luis Sampedro** (1917-2013) destaca por *La sonrisa etrusca*; **Juan José Millás** (1946) obtuvo el Premio Planeta con su novela *El mundo* (2007); **Luis Mateo Díaz** (1942) tiene una ingente obra narrativa entre la que destacamos *La fuente de la edad* o *El expediente del náufrago*; **Luis Landero** (1948) alterna distintos registros como puede apreciarse si se comparan dos de sus grandes novelas: *Juegos de la edad tardía* y *El balcón en invierno*; **Juan Goytisolo** (1931-2017) publicó diversas novelas además de *Coto vedado*, que es una particular biografía.

En nuestros días, la novela comparte espacio narrativo con el cuento literario y con los microrrelatos, géneros que gozan de un gran prestigio y reconocimiento. Son excelentes las narraciones breves de Medardo Fraile, Manuel Rivas, Javier Tomeo, José M.ª Merino, Juan José Millás, etc.

1.5. El teatro desde 1975 hasta nuestros días

El desarrollo del teatro desde la implantación de la democracia hasta nuestros días viene marcado por la **supresión definitiva de la censura**, que permite una mayor libertad creativa, y por el compromiso de las **instituciones para impulsar el teatro** mediante subvenciones, creación de escuelas dramáticas y compañías de teatro, festivales de distinta índole, etc.

José Luis Alonso de Santos escribe *Cuadros de amor y humor al fresco*, un conjunto de 30 piezas breves que son un magnífico retrato de nuestra sociedad.
Encontrarás una de las piezas en tu espacio personal de la web *www.barcanova.cat.*

Al igual que ocurre con la lírica y con la narrativa, el teatro se caracteriza por una gran dispersión de temas y motivos, lo que dificulta su agrupación. Sobresalen, en general, algunas tendencias:

- **Teatro de corte realista y tradicional.** Lo componen obras que siguen las fórmulas del teatro convencional y sitúan sus tramas en un pasado todavía presente para los autores. Buenos ejemplos son *Las bicicletas son para el verano* (1982), de Fernando Fernán Gómez, y *¡Ay, Carmela!* (1986), de José Sanchis Sinisterra.
- **Teatro testimonial.** Trata temas relacionados con comportamientos de grupos juveniles más o menos marginales: delincuencia, drogas... Tienen justa fama *La estanquera de Vallecas* (1981) y *Bajarse al moro* (1988), de José Luis Alonso de Santos.
- **Teatro de renovación estética o vanguardista.** Sus autores pretenden renovar la escena con nuevas propuestas dramáticas. Destaca Francisco Nieva, quien hace gala de un verbo agudo y brillante, además de una gran imaginación para la resolución de situaciones dramáticas. Su obra más reconocida es *La señora Tártara* (1981). Este teatro enlaza, de una u otra manera, con el de Fernando Arrabal (*El jardín de las delicias*, *El cementerio de automóviles*, *El cielo y la mierda*...), cuya obra dramática ha sido más reconocida en el extranjero que en España.

De entre los dramaturgos actuales, sobresale **Juan Mayorga**, Premio Nacional de Teatro en 2007, Premio Valle-Inclán en 2009 y Premio Max al mejor autor en 2006, 2008 y 2009. Entre sus obras figuran *El traductor de Blumemberg* y *El chico de la última fila*.

Compañías teatrales como Els Joglars, La Cuadra, La fura dels Baus, Los Goliardos, etc., proponen una creación teatral colectiva y, en especial, una representación escénica grupal. Este teatro se mueve entre la experimentación escenográfica, el juego y la voluntad de acercamiento al público.

» ACTIVIDADES

30. Lee el siguiente poema y contesta a las preguntas que se plantean a continuación:

Aunque tú no lo sepas

Como la luz de un sueño,
que no raya en el mundo pero existe,
así he vivido yo
iluminando
esa parte de ti que no conoces,
la vida que has llevado junto a mis pensamientos...

Y aunque tú no lo sepas, yo te he visto
cruzar la puerta sin decir que no,
pedirme un cenicero, curiosear los libros,
responder al deseo de mis labios
con tus labios de whisky,
seguir mis pasos hasta el dormitorio.

También hemos hablado
en la cama, sin prisa, muchas tardes
esta cama de amor que no conoces,
la misma que se queda
fría cuando te marchas.

Aunque tú no lo sepas te inventaba conmigo,
hicimos mil proyectos, paseamos
por todas las ciudades que te gustan,
recordamos canciones, elegimos renuncias,
aprendiendo los dos a convivir
entre la realidad y el pensamiento.

LUIS GARCÍA MONTERO: *Habitaciones separadas.*

a) ¿A quién se dirige el poeta? ¿Crees que se trata de una mujer real o más bien es una amada imaginaria?
b) ¿Qué le dice el poeta en cada una de las estrofas? ¿Cómo interpretas los dos últimos versos?
c) ¿Qué figura literaria aparece en los cinco primeros versos del poema? Elige la opción correcta de entre las que te proponemos:
anáfora antítesis comparación
d) *Aunque tú no lo sepas* es, además del título de este poema, una canción y forma parte de una película. Infórmate en tu espacio personal de la web *www.barcanova.cat*.

31. Lee la siguiente composición y responde a las preguntas que se plantean a continuación:

Andrés Trapiello (1953), periodista, novelista y ensayista, es, además, un poeta difícilmente clasificable. Su obra, alejada de la experimentación, presenta un tono tradicional en el que se aprecia la mirada nostálgica hacia el pasado. En este poema evoca la atmósfera de un casino de provincias.

Casinos

Casinos de esos pueblos en las tardes lluviosas
llenos de aburrimiento. Penumbrosos salones
donde se habla en hectáreas. Arañas. Polvorientos
jarrones. Soñolencia. Tableros de ajedrez.
Abecés atrasados con el papel ya flojo
de haber sido leídos por demasiadas manos.
Eternidades. Siempre la luz modesta. Grandes
sillones con **gutapercha** roja. Cortinones
espesos y testeros color café con leche.
Socios. Conversaciones de adulterio o de duros.
¡Casinos de esos pueblos donde se huele a establo,
a loción de barbero y a suelos con lejía!
Solo tenéis de intacto la mesa de billar;
su verde luminoso de pradera, las bolas
buscándose infinitas, sin repetirse nunca
como la vida humana, advierten al que llega
a vosotros, que solo lo transcendente pasa,
que solo lo fugitivo permanece y dura.

ANDRÉS TRAPIELLO: *La vida fácil y otros poemas.*

VOCABULARIO

abecés Diarios ABC.
gutapercha *f.* Sustancia usada para fabricar telas.

a) Cuenta las sílabas de los primeros cuatro versos. ¿Cómo se denomina este tipo de verso? ¿Cómo se llaman los versos que tienen un cómputo silábico regular pero no riman?
b) ¿Hasta qué verso llega la parte descriptiva?
c) ¿En qué elemento propio de los casinos se fija a partir de entonces el poeta?
d) Identifica y explica la gran paradoja final.
e) Busca el significado de la palabra *intrahistoria*. Justifica por qué el autor ha sido calificado de «poeta de la intrahistoria» a raíz de poemas como este.

32. Lee el siguiente fragmento de *La noche de los tiempos* (2009), novela de Antonio Muñoz Molina, y contesta a las preguntas que se plantean:

> Les traía de la oficina maquetas en desuso; les dibujaba él mismo recortables de edificios que había estudiado en las revistas internacionales. Cuando fueran mayores tal vez recapacitarían que de niños habían jugado con la maqueta de la Bauhaus en Dessau y con la torre de Einstein de Erich Mendelsohn, que les gustaba más que casi ninguna porque se parecía a un faro y al torreón de un castillo. Pero no era que Ignacio Abel condescendiera a entretener a sus hijos, o que tuviera con ellos una meritoria paciencia. Su propio amor por la arquitectura tenía una parte de ensimismado entretenimiento infantil. Le gustaba recortar y plegar; los ángulos flexibles de una caja vacía de medicinas le provocaban una inmediata felicidad táctil; formas puras tan perceptibles para las yemas de los dedos como para los ojos; ángulos, escaleras, esquinas. Qué rara la invención de la escalera, la idea de algo tan ajeno a cualquier inspiración en la naturaleza, el espacio plegándose en ángulos rectos, una sola línea quebrada sobre un papel en blanco, tan limitada en principio como una espiral, o como esas dos líneas paralelas cuya definición le había subyugado en la escuela: «...que por mucho que se prolonguen nunca se encuentran». Tan cerca, la una de la otra, condenadas a no encontrarse nunca [...].

a) ¿Qué oficio desempeña el personaje del texto?
b) Infórmate sobre la Bauhaus y busca imágenes de los edificios que se mencionan en el texto.
c) ¿Te parece que la última reflexión se refiere solo a un tipo de líneas? Indica alguna otra situación de la vida a la que se pueda aplicar ese pensamiento.

33. Lee el siguiente microrrelato de Ana María Matute y responde a las preguntas:

> **La niña fea**
>
> La niña tenía la cara oscura y los ojos como endrinas. La niña llevaba el cabello partido en dos mechones, trenzados a cada lado de la cara. Todos los días iba a la escuela, con su cuaderno lleno de letras y la manzana brillante de la merienda. Pero las niñas de la escuela le decían: «Niña fea»; y no le daban la mano ni se querían poner a su lado, ni en la rueda ni en la comba: «Tú vete, niña fea». La niña fea se comía su manzana, mirándolas desde lejos, desde las acacias, junto a los rosales silvestres, las abejas de oro, las hormigas malignas y la tierra caliente de sol. Allí nadie le decía: «Vete». Un día, la tierra le dijo: «Tú tienes mi color». **A la niña le pusieron flores de espino en la cabeza, flores de trapo y de papel rizado en la boca, cintas azules y moradas en las muñecas.**
>
> Era muy tarde, y todos dijeron: «Qué bonita es». Pero ella se fue a su color caliente, al aroma escondido, al dulce escondite donde se juega con las sombras alargadas de los árboles, flores no nacidas y semillas de girasol.
>
> ANA MARÍA MATUTE: *Los niños tontos.*

a) ¿Por qué rechazan a la niña protagonista sus compañeras de colegio? ¿Cómo es físicamente?
b) ¿Dónde se refugiaba la niña mientras sus compañeras jugaban a la rueda y a la comba?
c) ¿Cómo podemos interpretar lo que le dice la tierra «Tú tienes mi color»?
d) ¿Qué crees que significa el enunciado destacado en el texto?
e) ¿Cuándo se dan cuenta de que la niña es bella?
f) Explica el contenido del último párrafo del texto.
g) ¿Crees que en el texto se trata el problema del acoso escolar? Razona tu respuesta.

34. Lee el fragmento de *Berta Isla* de Javier Marías y responde a las preguntas que se plantean a continuación:

> *[Berta y Tom se emparejaron poco antes de cumplir los quince años. Una vez casados, Tom se ve envuelto en situaciones insospechadas de espionaje que le obligan a desaparecer durante largos periodos de tiempo. En el siguiente fragmento, Marías nos cuenta el efecto que causaba Berta entre los alumnos de su colegio y de otros centros, que acudían a verla, atraídos por su belleza.]*
>
> Fue en el tercer trimestre de **quinto de bachillerato** cuando Berta y Tom se emparejaron tan abiertamente como es posible a esas edades, y las demás pretendientes de él lo acataron con un suspiro de conformidad y renuncia: si Berta estaba de verdad interesada, no era extraño que Tomás Nevinson la prefiriera, al fin y al cabo la mitad masculina del colegio Estudio

volvía la cabeza para mirarla intensamente, desde hacía uno o dos cursos, cuando se cruzaba con ella en las enormes escaleras de mármol o en el patio, en los recreos. Atraía la vista de los de su clase, de los mayores y de los menores, y hubo varios niños de diez u once años cuyo primer amor distante y asombrado –el amor aún sin ese nombre– fue Berta Isla y por eso nunca la olvidaron, ni en la juventud ni en la madurez ni en la vejez, aunque jamás hubieran intercambiado con ella una frase y para ella no hubieran existido. Hasta chicos de otros centros merodeaban para verla a la salida y seguirla, y los de Estudio, con un sentido de la pertenencia exacerbado, se soliviantaban ante los intrusos para que no cayera en las redes de alguien ajeno a 'nosotros'.

JAVIER MARÍAS: *Berta Isla.*

VOCABULARIO

quinto de Bachillerato Equivalía al actual 4.º de ESO.

a) ¿A qué edad se emparejaron Berta y Tom?
b) ¿Cómo reaccionaron las demás pretendientes de Tom?
c) ¿Por qué Tom eligió a Berta entre todas sus pretendientes?
d) ¿Qué reacción producía Berta entre los chicos del colegio donde estudiaba?
e) ¿Cómo reaccionaban los chicos del colegio de Berta cuando acudían chicos de otro colegio para verla?
f) Anota todos los pronombres del texto referidos a Berta.
g) ¿Qué tipo de narrador presenta el texto? Elige la opción correcta y justifica tu respuesta.
- Narrador interno protagonista
- Narrador externo objetivo
- Narrador externo omnisciente

35. Lee el fragmento de *Las bicicletas son para el verano*, de Fernando Fernán Gómez, que encontrarás en tu espacio personal de la página web *www.barcanova.cat* y responde a las preguntas que se plantean a continuación:

a) ¿Cuántos personajes intervienen en el diálogo?
b) ¿Cómo se denominan los textos entre paréntesis que informan sobre los movimientos, actitudes, etc., de los personajes?
c) ¿Quién es el culpable de la falta de lentejas?
d) ¿Qué justificación da Manolita a su actuación?
e) ¿Cuál es el deseo final de la familia al que le pone voz doña Dolores?

36. Lee el siguiente texto de la obra *Coto vedado* (1985), de Juan Goytisolo, y contesta a las cuestiones que se plantean a continuación:

Encrucijada de caminos: como pocas veces en mi vida, había tenido el verano la impresión de internarme en un terreno movedizo a partir del cual mi existencia podría bifurcarse, tomar rumbos distintos. Pese a mi total incompetencia tocante a matemáticas y ciencias, acababa de pasar el temible examen de estado y, a lo largo de las que serían mis penúltimas vacaciones en Torrentbó, consideraba las opciones que se abrían ante mí como una mezcla febril de júbilo y aprensión. Sabía que abandonaba para siempre mi cómodo refugio anterior –el cascarón familiar y su prolongación natural, el colegio– y el miedo instintivo al salto en el vacío de mi futura independencia enturbiaba a menudo mi gozosa expectativa de esta. [...] Faltaban pocos días para la apertura de las matrículas y vacilaba aún en la elección de mi carrera. Mis preferencias iban a Filosofía y Letras, especialmente a sus ramas de historia y literatura, pero los métodos de enseñanza de las mismas que había tenido ocasión de catar en el colegio me aconsejaban obrar con cautela. Las presiones discretas de mi padre a favor de unos estudios rentables y el ejemplo de mi hermano mayor me inducían en cambio a escoger Derecho. Tras haber sopesado cuidadosamente los pros y los contras, tomé una decisión salomónica: inscribirme en las dos Facultades. El tiempo y circunstancias, pensaba, zanjarían oportunamente el problema.

a) Explica en dos o tres líneas el contenido del texto.
b) ¿Por qué aparece al principio la expresión *Encrucijada de caminos*?
c) ¿Qué asignaturas se le daban peor al autor en la escuela?
d) ¿Cuál es la decisión final que toma?
e) Explica el significado de *decisión salomónica*.
f) ¿Cuál es el punto de vista narrativo del texto?
g) ¿Podríamos considerar este fragmento parte de una autobiografía? ¿Por qué?

» GRAMÁTICA

1. Las oraciones subordinadas de relativo

Las **oraciones subordinadas de relativo** son aquellas que vienen encabezadas por un pronombre, un adverbio o un determinante relativo. Modifican a un elemento anterior, llamado **antecedente**, que, en algunas ocasiones, no se expresa.

- **Relativas con antecedente expreso**
  Si el antecedente está expreso, la subordinada relativa se comporta normalmente como **adjetivo** y modifica a su antecedente. Como en la mayoría de los casos el antecedente es un sustantivo, se dice que funciona como un **complemento del nombre**.

Aquel chico ***que*** *hace travesuras es mi sobrino.* (= *travieso*)
[Antecedente] o. sub. de relativo (CN)

La joven ***que*** *contraté es abogada* (= contratada)
[Antecedente] o. sub. de relativo (CN)

También puede puede complementar a adverbios (***Allí*** *donde vivo no se actúa así*), a pronombres (*Seleccionaron a* ***aquel*** *a quien recomendaste*) o a segmentos más amplios (***Por fin compraron el sofá cama****, lo que los llenó de satisfacción*).

- **Relativas sin antecedente expreso**
  Si el antecedente no está expreso, las subordinadas de relativo se clasifican en dos tipos:

  Relativas libres: van encabezadas por los pronombres relativos *quien* y *cuanto*, o por los adverbios relativos *donde*, *como* y *cuando*.

  [Ø] ***Quien*** *me acusó no tenía razón.*
  No estaba en su sitio [Ø] ***cuando*** *lo necesitamos.*
  El libro no estaba [Ø] ***donde*** *lo dejé.*

  Relativas semilibres: van introducidas por el pronombre *que* precedido del artículo determinado *el*, *la*, *los*, *las*.
  La [Ø] *que llevaba una cinta en el pelo era una gran jugadora de baloncesto.*

Según las consideraciones gramaticales de la RAE, las oraciones tradicionalmente denominadas «de relativo sustantivadas» y las subordinadas adverbiales introducidas por los adverbios relativos *donde*, *como* y *cuando* deben considerarse subordinadas de relativo libres o semilibres.

1.2. Subordinadas relativas especificativas y explicativas

Teniendo en cuenta cómo modifican al antecedente, hay dos tipos de **subordinadas relativas**:

- **Explicativas:** son incisos que añaden información referida al antecedente. Van siempre entre pausas (comas, paréntesis...). Por ejemplo:
  Los aspirantes, que han superado la prueba de acceso, firmarán su contrato mañana (todos los aspirantes firmarán el contrato, pues todos superaron la prueba).
  Siempre se forman con el verbo en modo indicativo: *Mis padres, a quienes admiro, nacieron en Aragón.*

- **Especificativas:** delimitan el significado del antecedente seleccionándolo de entre el grupo al que pertenece. Ejemplo:
  Los aspirantes que han superado la prueba de acceso firmarán su contrato mañana (solo firmarán el contrato quienes han superado la prueba de acceso).
  Admiten el verbo en indicativo (*El huerto en que Manuel **pasa** las horas es su mejor distracción*), subjuntivo (*No existe en el mundo pan que **iguale** el de mi pueblo*) e infinitivo (*No encontrará a nadie con quien **ir** al fútbol*).

1.3. Los relativos

PRONOMBRES RELATIVOS	***que***: se puede referir a cualquier tipo de antecedente. Puede ir acompañado de un artículo, formando así un **relativo complejo**: *el que, la que, lo que, las que, los que*. Ejemplos: *No entendí el mensaje que me enviaste; Los amigos a los que llama no le hacen caso.*
	quien (***quienes***): se refiere a personas, instituciones y personas o a entes personificados. Ejemplos: *Ayer me encontré con Julio, quien me contó lo sucedido; Quien baile bien debe acudir esta noche a la fiesta.*
	el*, *la*, *lo cual (***los*, *las cuales***): se refiere a cualquier antecedente. Ejemplos: *Hemos hablado con el médico, el cual nos ha tranquilizado bastante; Laura ha sido nombrado académica, lo cual nos ha alegrado mucho.*
ADVERBIOS RELATIVOS	***donde***: aporta significado de lugar. Ejemplos: *París fue el lugar donde nos encontramos; He vuelto a la ciudad en donde me enamoré; Al final llegamos a donde nos dijiste.*
	como: aporta un valor de modo. Ejemplos: *El detenido confesó la manera como cometió el robo; Lo hice como me dijiste.*
	cuando: aporta un valor temporal. Ejemplos: *El momento cuando me lo dijo fue muy triste para todos; No estábamos atentos cuando el ciclista llegó a la meta.*
DETERMINANTE RELATIVO	***cuyo*, *cuya*, *cuyos*, *cuyas***: indica un valor posesivo y concuerda con el sustantivo al que acompaña. Ejemplo: *Este escritor cuyo retrato figura en la portada del libro es Cervantes.*
CUANTIFICADOR RELATIVO	***cuanto*, *cuanta*, *cuantos*, *cuantas***: expresa cantidad y suele actuar como pronombre (*Le contó todo cuanto recordaba / Le contó cuanto recordaba*) y como determinante (*Inscribía a cuantos niños acudían al club*).

1.4. Función de los relativos

Además de **introducir la oración subordinada** y de establecer una **relación anafórica** con el antecedente, los **relativos desempeñan una función sintáctica** en la oración.

*He visto a María, **quien** me comunicó la noticia de tu boda.*

Para averiguar la función que desempeña el relativo dentro de la subordinada, tenemos que sustituir el relativo por su antecedente:

*He visto a María, (**María**) me comunicó la noticia de tu boda.*

María es CD de *he visto,* y (*María*) es sujeto de *comunicó.*

Los relativos pueden realizar las siguientes funciones sintácticas:

- **Sujeto:** *La persona **que** te ayudó en la investigación es policía.*
- **Complemento directo:** *El coche **que** conduces tiene todos los extras posibles.*
- **Término de preposición:** *¿Ha pensado en el asunto del **que** estuvimos hablando?* (CR)
- **Complemento circunstancial**: *Budapest fue el lugar **donde** nos encontramos.*
- **Determinante:** *Vimos al policía **cuya** hija era atleta.*

La función del relativo y la de su antecedente no es necesariamente la misma, aunque puede coincidir. En *La persona* (sujeto) ***que*** (sujeto) *te ayudó en la investigación* es *policía*, la función del relativo y del antecedente coinciden. No ocurre así en *El coche* (sujeto) ***que*** (CD) *conduces tiene todos los extras posibles.*

Errores en los usos de las subordinadas relativas

- **Los relativos no llevan nunca tilde, a diferencia de los interrogativos:** Relativos: *Rompió con su pareja, con **quien** había convivido doce años;* Interrogativos: *Explícale **quiénes** eran aquellos hombres.*
- **No debe repetirse el antecedente en la subordinada relativa.** **Siente un vacío que intenta llenarlo con amores fugaces.* La oración correcta sería *Siente un vacío que intenta llenar con amores fugaces.*
- **El relativo *donde* debe usarse preferentemente con antecedentes de lugar:** *Estudiaba en la universidad **donde** también lo hacía Marta.*
- **Quesuismo:** *que su* no debe sustituir a *cuyo*: **El chico que su padre es coronel no asistió a la reunión*, en vez de la correcta *El chico cuyo padre es coronel no asistió a la reunión.*

1.5. Oraciones de relativo libres y semilibres

Como ya se ha visto, cuando el antecedente no aparece en la oración, se distinguen dos tipos de oraciones de relativo:

- **Relativas libres:** equivalen a sintagmas nominales, por lo que pueden desempeñar sus mismas funciones: ***Quienes** llegaron tarde no pudieron entrar* (*los impuntuales*; Sujeto)*; Díselo a **quien** quieras* (*a ella*; CI); *Recuerda **cuanto** le han dicho* (*la historia*; CD).

  Se asimilan a adverbios o sintagmas preposicionales y funcionan como complementos circunstanciales. *Vive **donde** acaba el camino* (*allí*; CCL); ***Cuando** regresé, ya había cambiado todo* (*entonces, en ese momento*; CCT); *¡Canta **como** solo tú sabes hacer!* (*así*; CCM).

- **Relativas semilibres:** equivalen a sintagmas nominales y realizan sus mismas funciones: ***El que** compró las flores fue Luis* (*el comprador*; Sujeto); ***La que** ganó el concurso es mi hermana* (*la ganadora*; Sujeto); *Han entregado una medalla a **los que** ganaron la competición* (*a los vencedores*; CI); *De entre todos los candidatos escogió al que acababa de llegar* (*al recién llegado*; CD).

» ACTIVIDADES

37. Sustituye las subordinadas de relativo destacadas por adjetivos:

a) Las personas *que no dudan en causar mal al prójimo* deberían ser apartadas de la sociedad.
b) Les enviaron un mensaje *que no se podría borrar de su memoria durante años*.
c) Tina es una mujer *que tiene mucho patrimonio*.

38. Localiza y subraya, en el siguiente texto, tres subordinadas de relativo:

> Para no sentir frío, Pepita achina los ojos. Camina sobre la nieve levantando en exceso los pies y doblando las rodillas, con el ritmo pausado de un ave zancuda. Los zapatos que lleva no son los más apropiados para esta noche nevada, pero son los únicos que tiene. Doña Celia la ha visto lustrarlos, la ha visto sacarles brillo primorosamente y cambiarles las plantillas de cartón que les pone [desde hace ya tiempo].
>
> DULCE CHACÓN: *La voz dormida*.

39. Identifica las subordinadas de relativo en las siguientes oraciones, subraya el antecedente y di la función de la subordinada.

a) Allí donde nací no quedaba casa en pie.
b) Esconde bien las cartas que te dejaste aquí.
c) Mi hermanastra, quien había nacido en Brasil, apenas hablaba español.
d) Díselo a aquel en quien confíes.
e) Este es el momento cuando hay que darle todo.
f) Conocimos a la aristócrata cuyas fiestas eran conocidas en toda Barcelona.

40. Crea oraciones compuestas que contengan una subordinada de relativo.

a) Los alumnos estaban aburridos. Los alumnos no prestaban atención. (*que*)
b) El preso salió de la cárcel ayer. El abogado del preso pidió la amnistía. (*cuyo, -a, -os, -as*)
c) Visitamos ayer la casa. Luis vivía en esa casa desde hacía diez años. (*donde*)
d) Mis amigos son unos juerguistas. Vi a mis amigos en el parque. (*quienes*)

41. Distingue las subordinadas de relativo libres y semilibres e indica su función sintáctica.

a) Se lo contó a quienes lo escucharon.
b) De entre todas las chicas del barrio, Rodolfo amaba a la que vivía en la calle de enfrente.
c) Le acercó el agua al que trabajaba al sol.
d) Las aguas fueron surcadas por quienes mejor las conocían.
e) No vio al que venía de frente.

42. Diferencia si las oraciones subordinadas son sustantivas o de relativo e indica su función:

a) Pregúntale si vendrá esta noche.
b) Este es el camino por donde paseamos ayer.
c) Rocío, a quien vimos en el mercado, se ha ido de vacaciones.
d) Dinos adónde irás el próximo verano.
e) El peluquero que me cortó el pelo se llama Luis.
f) Dile que no iremos a visitarla este verano.

43. Explica la diferencia entre estas oraciones:

a) Tened cuidado con el caballo que tiene una pata herida.
b) Tened cuidado con el caballo, que tiene una pata herida.

44. Construye oraciones en las que se cumplan las siguientes condiciones:

a) Adverbio relativo de lugar precedido por una preposición + verbo intransitivo
b) Subordinada de relativo libre introducida por un pronombre + adverbio
c) Pronombre relativo *quien* + verbo transitivo + determinante posesivo

45. Corrige los errores de estas oraciones:

a) Aquellos fueron tiempos donde fuimos felices.
b) A quién madruga Dios le ayuda.
c) La chica que su pala de pádel se rompió es también una gran investigadora.
d) El piso adonde vivo apenas es minúsculo.
e) Viste una blusa que se la regaló su madre.
f) Mi amigo, que visité ayer, está ya muy recuperado.
g) No entendí lo qué quería decir.
h) En el ascensor había una persona que la había visto antes en la calle.

» LÉXICO

1. Sustituciones léxicas

Durante los actos comunicativos, es habitual que los hablantes sustituyan palabras que ya han aparecido previamente por otras. De esta manera se manifiesta una mayor madurez lingüística a la vez que se genera un texto más fluido y rico.

La sustitución más habitual es la de un término por un **sinónimo**, es decir, aquel cuyo significado es igual o semejante a otro en un mismo contexto: *La **bondad** era la característica más destacada de Rosa. La **benevolencia** se podía apreciar en todos sus actos*. Más difícil es la sustitución por palabras **antónimas**, pues su significado opuesto obliga a que se modifiquen otros elementos de la oración: *Su **tristeza** fue insoportable durante el último verano. La falta de **alegría** nos contagió a todos.*

Es también común que una palabra sea sustituida por un **hiperónimo**, o sea, un término que incluye el significado de otro. Obsérvalo en el ejemplo siguiente: **Pizza*, hamburguesa,* sushi*, macarrones, fabada**... daba igual. Tenía tanta hambre que cualquier **comida** le parecía bien.* Posible, aunque menos común, es la sustitución de un hiperónimo por un **hipónimo** (palabra cuyo significado se incluye en un hiperónimo): *No hubo peor cosecha de **cereal** que el año de la última sequía: el **trigo** no granó y la **cebada** apenas levantó un dedo del suelo.*

Existen otros procesos de sustitución muy comunes en el lenguaje:

PERÍFRASIS ALUSIVA	Una perífrasis alusiva es un circunloquio o rodeo para referirse a algo sin nombrarlo directamente. Esta sustitución solo puede concebirse gracias al conocimiento extratextual del receptor y del emisor. Ejemplo: ***Ennio Morricone** murió en julio de 2020. **El creador de la banda sonora de «La Misión»** fue homenajeado en todo el mundo.*
METÁFORA	La metáfora consiste en una sustitución de una palabra (término real) por otra (término figurado) debido al parecido entre lo que designan. Ejemplo: *Sus **ojos claros** le impresionaron. No había visto otros **cristales más puros** en rostro alguno.*
METONIMIA	La metonimia se produce cuando una palabra (término real) es sustituida por otra (término figurado) con la que mantiene una relación de contigüidad o proximidad, de causa por efecto o viceversa, de continente por contenido, de parte por todo o al revés, de objeto por usuario, de lugar por objeto producido, etc. Aprécialo en el siguiente ejemplo: *Nadie tocaba **el balón** como él. Cuando regateaba con **el cuero** pegado a sus pies era imposible arrebatárselo. (Se nombra el material para sustituir el objeto.)*
EUFEMISMO	El eufemismo es una palabra o expresión que sustituye a otra cargada de connotaciones negativas (tabú). Así ocurre, por ejemplo, cuando decimos *conflicto colectivo* para referirnos a 'huelga' o *residencia de tercera edad* por 'asilo'. El eufemismo se puede emplear para evitar la discriminación, ennoblecer una profesión, evitar palabras malsonantes, ocultar realidades que han ido adquiriendo valores negativos con el paso del tiempo, etc.

» ACTIVIDADES

46. Sustituye en las siguientes oraciones el verbo *hacer* por otro sinónimo en el contexto:

a) La raya que has hecho está torcida.
b) Con su pequeño cincel hizo una magnífica figura.
c) La medicina hace efecto a las dos horas.
d) Haré el papel de Max en *Luces de Bohemia*.
e) El abogado hizo varios errores en el juicio.
f) ¿Está hecha ya la cena?

47. Completa los siguientes enunciados con sinónimos de las palabras destacadas. Consulta un diccionario de sinónimos si lo consideras conveniente.

a) Los estudiantes siguieron todas las *normas* salvo una. Ninguno quiso aceptar una ■ contraria a sus principios.
b) Desde pequeño, Víctor ha sido muy *listo*. Era tan ■ que todo era fácil para él.
c) Había llegado a la *cúspide* de su vida profesional. El administrador general le advirtió: Cuando uno llega a la ■, solo le queda descender.
d) La *fatiga* se había adueñado de su alma. Durante la enfermedad, el ■ había derrotado su impetuoso carácter.
e) Llegado el momento, sintió *miedo*. Nunca pensó Luis que el ■ le paralizaría.

48. Sustituye los hipónimos por su hiperónimo:

a) En la cocina de Felipe y Laura no falta nunca el cilantro, el clavo y el azafrán. Opinan que las ■ son indispensables en su casa.
b) Apio, cebolla, puerro y patata eran dueños de la tierra. Las ■ no están tan expuestas al granizo ni a las heladas.
c) En el fondo de la persona siempre conviven el miedo, el amor, la tristeza, la alegría y el enfado. Hay que dejar que afloren estos ■.

49. Tras la oración dada, inventa otra en la que sustituyas el hiperónimo por al menos tres hipónimos. Fíjate en el ejemplo: *Su ajada* ***ropa*** *no contribuía a mejorar su desastrada figura. Su* ***camisa*** *estaba vieja, la* ***chaqueta*** *no estaba del todo limpia y sus* ***pantalones*** *mostraban algunas manchas.*

a) Había estudiado todo tipo de *barcos*.
b) Se abandonaban todos los días numerosas *mascotas*.

50. Indica si en las expresiones destacadas se produce una metáfora o una metonimia. Justifícalo.

a) Durante varios siglos, parte de la península ibérica fue gobernada *por la media luna*.
b) ¡No podéis sustituirlo! Es el *corazón* del equipo.
c) *La Casa Blanca* quiere imponer sus criterios.
d) Tiene la *llave* de mi vida.
e) Sus robustas piernas de antaño apenas eran débiles *juncos* a punto de quebrarse.
f) En el resguardo de la buhardilla, *Mozart* acudía a calmar mi ánimo.

51. Explica el significado de las expresiones metafóricas destacadas en las oraciones siguientes:

a) Pensaba que la vida era solo cuesta arriba.
b) Sus amigos intentaban *quitarle hierro* al asunto.
c) La tertulia en aquel café era *de escaso vuelo*.
d) La tristeza lo condujo a *las puertas de la muerte*.
e) Siente *alergia* por el orden.
f) Aquel profesor era *un pozo de sabiduría*.
g) No entiendo cómo no se da cuenta. Está *ciego* ante esa situación.
h) El joven jugador *tocó el cielo con las manos*.
i) Tú me pides *la luna* y yo no te la puedo dar.
j) Se le acumularon tantos problemas que se *cortocircuitó* y lo dejó todo.

52. Sustituye las palabras tabú por un eufemismo de entre los siguientes: *auxiliar de vuelo*, *conflicto bélico*, *faltar a la verdad*, *centro penitenciario*, *pasar a mejor vida*, *pronunciamiento militar*, *desaceleración económica*, *sustancias tóxicas*.

a) Los países intentan superar la *crisis*.
b) La *guerra* en Siria afecta a la vieja Europa.
c) *Mintió* a sus electores.
d) Finalmente, la vecina viejecita del tercero *murió*.
e) Lo han trasladado a la *cárcel* de Gerona.
f) Nada más entrar en el avión, pregunté a la *azafata* por el lavabo.
g) El *golpe de estado* derrocó la República.
h) Las *drogas* causan alteraciones psíquicas.

» ORTOGRAFÍA

1. La *c* y la *q*

	EJEMPLOS
Ante los diptongos ***ua***, ***ue***, ***uo*** se escribe ***c*** en castellano, mientras que en catalán se escribe ***qu***.	***cua****tro* (***qua****tre* en catalán); *fre****cue****nte* (*fre****qüe****nt* en catalán)

2. La *c*, la *s* y la *z*

	EJEMPLOS
Se escribe ***z*** delante de las vocales ***a***, ***o***, ***u*** y a final de sílaba o de palabra. Se escribe ***c*** delante de ***e***, ***i***. Hay algunas excepciones: *zéjel*, *zen*, *zepelín*...; *zigzaguear*, *zinc*...	***za****nahoria, po****zo****, **zu**mo; i**z**quierda, pa**z** **ce**ja, bi**ci**cleta*
Se escribe ***z*** en la 1.ª persona del singular del presente de indicativo y en todo el presente de subjuntivo de los verbos irregulares terminados en ***-acer***, ***-ecer***, ***-ocer*** y ***-ucir***.	*(reconocer) recono****zc****o, recono****zc****a*
Las palabras acabadas en ***-ción*** se escriben con ***cc*** si otras de su misma familia contienen ***ct***.	*constru****ct****or, constru****cc****ión*
Las palabras terminadas en ***-encia*** y ***-ancia*** se escriben con ***c***.	*asist****encia****, extravag****ancia***

3. Signos de interrogación (¿?), de exclamación (¡!) y comillas (« »)

	EJEMPLOS
Los **signos de interrogación y exclamación** se escriben **al principio y al final** de las oraciones interrogativas y exclamativas, respectivamente.	***¿****Ya es de noche****?*** ***¡****Qué oscuro está todo****!***
Los **signos de interrogación y exclamación** se colocan **donde empiece la pregunta o exclamación**, aunque no sea ese el comienzo de la oración.	*Si no lo necesitabas,* ***¿****por qué lo has comprado****?***
Se escriben **comillas** para indicar que se **reproducen textualmente** las palabras de alguien o un fragmento breve de un texto.	*Siempre decía:* ***«****No dejes para mañana lo que puedas hacer hoy****»****.*
Se escriben **comillas** para destacar palabras usadas con un énfasis especial o con **sentido irónico**. También se entrecomillan los **extranjerismos**.	*El protagonista de este* ***«****thriller****»*** *es un policía de Nueva York.*

» ACTIVIDADES

53. Traduce al castellano las siguientes palabras del catalán, y escríbelas en tu cuaderno.

quadern	aquarel·la	conseqüència
quaranta	delinqüent	quota
qüestió	equació	aquari
quadrat	antiquari	quadre

54. Consulta el diccionario y distribuye los adjetivos siguientes en el grupo que les corresponda según su significado.

pertinaz • suspicaz • locuaz • procaz • sagaz • falaz

a) astuto, agudo, ■
b) expresivo, expansivo, ■
c) persistente, prolongado, ■
d) desconfiado, malicioso, ■
e) mentiroso, engañoso, ■
f) desvergonzado, grosero, ■

55. Completa estos pares de palabras y escribe en tu cuaderno la regla ortográfica. Ejemplo: *constructor*, *construcción*.

a) ■, sección
b) ■, dirección
c) seductor, ■
d) infectar, ■
e) ■, inyección
f) fractura, ■

• Las palabras acabadas en ***-ción*** se escriben con ***cc*** si...

56. Completa las siguientes oraciones con la palabra adecuada según corresponda.

1. *adición*, *adicción*
   a) Todos sus amigos conocían su ■ a las teleseries.
   b) El control de la plaga requería la ■ de algún producto químico más potente.
2. *afición*, *afección*
   a) Una ■ pulmonar le impidió continuar el viaje.
   b) La ■ está decepcionada por el juego de su equipo.
3. *inflación*, *infracción*
   a) El conductor cometió una ■ grave.
   b) El encarecimiento de los alimentos provocó un aumento de la ■.
4. *fracción*, *facción*
   a) Chutó a portería en una ■ de segundo.
   b) La ■ moderada del partido rechazó la propuesta.
5. *fricción*, *ficción*
   a) La única ■ entre ellos la provocó el reparto de la herencia.
   b) Parece un argumento de ■, pero así sucedió.

57. Escribe el sustantivo correspondiente a los siguientes adjetivos. Ejemplo: *adolescente*, *adolescencia*.

a) abundante
b) demente
c) prudente
d) paciente
e) ausente
f) equivalente
g) elegante
h) tolerante
i) distante
j) repugnante

58. Escribe el presente de indicativo y el presente de subjuntivo de los verbos *agradecer* y *traducir*.

59. ¿Cuántas palabras puedes encontrar en las piezas de esta cadena? Escríbelas sin olvidar los acentos.

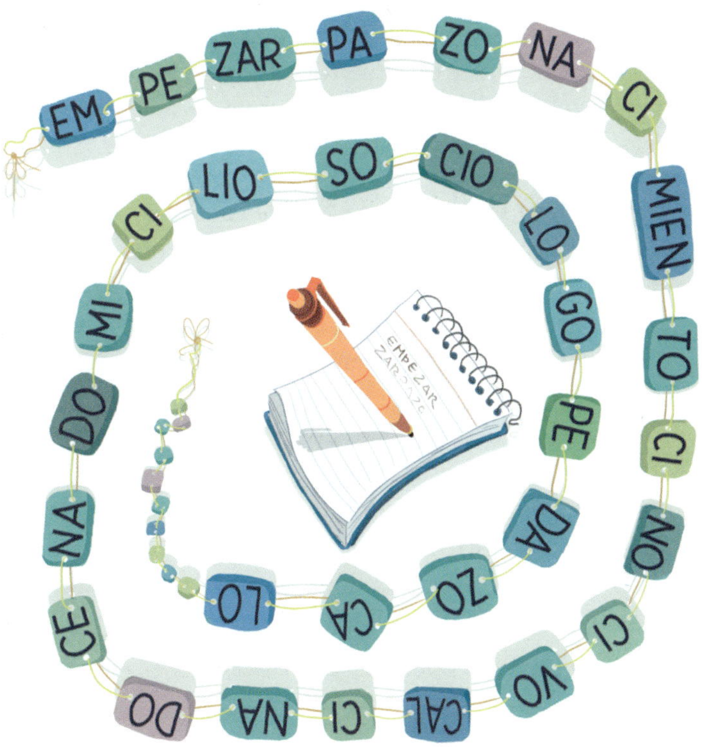

60. Copia las siguientes oraciones y escribe los signos de interrogación y de exclamación que faltan.

a) Qué rapidez Hemos llegado en tan solo veinte minutos.
b) Sinceramente, tú crees que esta es la mejor manera de prepararte para el examen
c) Sabes cuál es el menú contratado para la cena
d) Pero qué tontería es esta Por qué vas a pagar tú las consumiciones de todos
e) Si no te gusta esta bufanda, por qué no la devolviste

61. Copia y escribe las comillas que faltan.

a) Hay un refrán que dice: Más vale pájaro en mano que ciento volando.
b) La película biográfica sobre Pablo Picasso se estrenará esta temporada.
c) La novela comenzaba así: Estaba buscando un lugar tranquilo para morir...
d) Se escondió debajo de la cama: ya ves lo valiente que es este perro.
e) En el funeral leyó algunas Coplas a la muerte de su padre, de Jorge Manrique.

62. Puntúa correctamente el siguiente texto y pon mayúsculas según convenga. Te indicamos el número de signos que faltan: Coma: 8 / Punto: 5 / Puntos suspensivos: 1 / Punto y coma: 1 / Signos de interrogación: 2 de apertura + 2 de cierre / Signos de exclamación: 3 de apertura + 3 de cierre.

Era una llave muy hermosa grande como las de las casas antiguas hecha de un metal brillante dorado y ligero la llave de la felicidad ya era mía desde aquel momento todo iba a cambiar

Eché a correr por la playa lleno de alegría asustando a las gaviotas a mi paso de súbito me paré acababa de caer en la cuenta me inundó un sudor frío y tuve que apoyarme en una roca cercana todas las llaves sirven para abrir una puerta precisan una cerradura en la que se puedan introducir yo tenía la llave de la felicidad sí pero y la cerradura dónde estaba la cerradura que me permitiría abrir la puerta que da paso a un mundo diferente

AGUSTÍN FERNÁNDEZ PAZ: *Cuentos por palabras.*

LUDOLENGUA

63. Averigua tu nivel ortográfico.

a) En cada oración hay un error.
b) Por cada error bien corregido, sumas un punto. Si corriges algo que está bien escrito, lo restas.

1. No lo sabía! por eso he llegado tan tarde.
2. ¿Cómo te llamas?. ¿Cuántos años tienes?
3. Visitaron el aquario y comieron en un restaurante del puerto.
4. Me dijistes algunas cosas que no eran del todo ciertas.
5. Aquí, el término correcto es secesión y no «sucesión».
6. Enhorabuena! Tu actuación ha sido genial.
7. Le pidió discrección y prudencia.
8. Condució muchos quilómetros sin parar.
9. Reservaron mesa para catorze personas.
10. Despues de comer, tomaron café.

10 Perfecto	**9-8** Muy bien	**7-6** Bien
5-4 Regular	**3 o menos** ¡Cuidado!	

DICTADO

Premisa. Realizad el dictado por parejas, dividido en partes para que uno dicte y el otro copie y a la inversa. Corregid el texto conjuntamente.

Por los muelles y las calles aledañas pululaban marinos viejos de rostro curtido; solían llevar el pantalón arremangado hasta la rodilla, blusón a rayas horizontales y gorro frigio. Fumaban pipas de caña, bebían aguardiente y comían cecina y unos bizcochos que dejaban secar durante semanas; también succionaban limón con avidez; eran lacónicos con la gente, pero hablaban a solas sin parar; rehuían el contacto humano y eran pendencieros, pero acostumbraban a ir acompañados de un perro, un loro, un galápago o algún otro animalito al que prodigaban mimos y atenciones. En realidad sufrían un trágico destino: embarcados desde niños como grumetes, no habían regresado hasta la vejez a su tierra natal, a la que ya solo les unía la memoria.

EDUARDO MENDOZA: *La ciudad de los prodigios.*

BARCANOVA EDITORIAL

» DILO POR ESCRITO

Un artículo de crítica

Qué tienes que hacer

Los críticos (periodistas especializados) expresan en la prensa sus opiniones acerca de cualquier producción artística: libros, música, películas, series, obras de teatro, etc. Los artículos de crítica cumplen la función de asesorar al público, al mismo tiempo que ofrecen los principales datos acerca del asunto en cuestión. En esta actividad vas a redactar una crítica (unas 250 palabras) sobre una creación artística de tu elección.

Cómo puedes hacerlo

1. Escoge un libro, una película (o cualquier otro producto cultural) que conozcas bien.

2. Planifica el escrito y redacta un borrador. Puedes ayudarte del siguiente esquema:

a) Párrafo 1. Datos principales de la obra: título, género, autor o director, fecha de publicación o representación, etc.
b) Párrafo 2. Argumento y personajes principales. Procura no desvelar completamente la trama al lector.
c) Párrafo 3. Opinión razonada acerca del valor e interés de la obra. Expón tu punto de vista sobre los aciertos y los errores.
d) Párrafo 4. Resume tu opinión y formula una recomendación para el lector.

3. Revisa el escrito para asegurarte de que has tratado los aspectos principales y de que tiene la extensión adecuada. Corrige los errores de redacción y de ortografía. Dale el formato adecuado e imprímelo.

TEATRO | CRÍTICA DE «EL ENFERMO IMAGINARIO»

Un cuento médico

Josep Maria Flotats pone en pie «El enfermo imaginario» con vuelo teatral y sin descuidar detalle

Argán tiene una mala salud de hierro: se queja de mil achaques, sin otra causa que su aprensión. Josep Maria Flotats, su intérprete, vuelve a los dominios de Molière, su patrón en la Comédie-Française, con una muy divertida, vivaz y zigzagueante puesta en escena de El enfermo imaginario, con producción de la Compañía Nacional de Teatro Clásico. Bajo su batuta, esta comedia sobre el miedo a morir, la aprensión infinita, el corporativismo médico, la tiranía doméstica y la bonhomía (virtud encarnada por Beraldo, hermano de Argán, y por Tonina, criada que suple con sentido común la insensatez de su amo) es un cruce donde se entrelazan con alegría el retablo de marionetas y el entremés de figuras.

El enfermo imaginario. Texto: Molière. Dirección: Josep Maria Flotats. Teatro de la Comedia. Madrid. Hasta el 27 de diciembre.

JAVIER VALLEJO, en «Babelia», en *El País*, 21 de noviembre de 2020 (texto adapado).

» PONTE A PRUEBA

Lee y comprueba si lo has comprendido

Versus

Los carteles anunciadores de ciertos partidos de fútbol, combates de boxeo o debates parlamentarios empiezan a utilizar la palabra latina *versus*. Hasta se escribe en algunos bares para anunciar que sus clientes pueden ver allí, por la teletaquilla el «Celta *versus* Barcelona». Lo ponen así, claro, porque lo han visto en la televisión. Pero luego no se lo dirán a ningún amigo: «Vamos a este bar, que dan el partido del Celta *versus* el Barcelona».

Ya se sabe que los periodistas, para creerse realmente que lo son, necesitan hablar y escribir palabras que nadie más que ellos usa.

Ese *versus* no tiene sentido en español. En español, *versus* significa 'hacia', como en latín. *Cristo versus Arizona*, tituló Cela una de sus novelas, en la que Cristo no tenía nada contra Arizona. «PP *versus* PSOE», escribió Umbral en un artículo (donde quería decir «el PP hacia el PSOE»), porque se le empezaba a parecer en algunas corruptelas). De ese *versus* en latín han salido *vers* en francés y *verso* en italiano, que en ambos casos significan también 'hacia'.

En inglés sí se dice en el lenguaje jurídico «John Smith versus Arizona», y en ese caso el bueno de John Smith sí que tiene algo contra el estado de Arizona. Y se escribe «Manchester United versus Liverpool» para anunciar un partido. La película *Kramer versus Kramer* se tradujo bien, por cierto, como *Kramer contra Kramer*. ¿Pero de dónde salió ese *versus* en inglés? Tal vez fue una abreviatura de *adversus*, y de hecho en italiano se emplea *avverso* en el lenguaje jurídico. Pero ese uso no pasó al español. Aquí nos va más lo de estar en contra que lo de estar en *versus*.

Álex Grijelmo: *La punta de la lengua.*

El Diccionario de la Real Academia de la Lengua Española recoge la palabra *versus*:

versus
Del inglés *versus*, y este del latín *versus* 'hacia'.
1. *prep.* Frente a, contra. *Occidente versus Oriente.*

¿Se puede usar en español la preposición *versus*?
Por influencia del inglés, la preposición latina *versus* ha sido reintroducida recientemente en español, donde podemos encontrarla escrita en su forma plena y en la abreviada *vs.* Se encuentra especialmente en el lenguaje científico, el legal y el periodístico, en este sobre todo en el dedicado al deporte. No obstante, en ningún caso se recomienda su uso y se prefiere sustituirla por sus equivalentes *contra* o por *frente a*.

Instituto Cervantes: *Las 500 dudas más frecuentes del español.*

1. El texto de Álex Grijelmo es...

a) instructivo y expositivo.
b) argumentativo y narrativo.
c) expositivo y argumentativo.
d) descriptivo y expositivo.

2. ¿Has visto algún cartel en el que se anuncie que un equipo de fútbol se enfrenta a otro utilizando la palabra *versus*? Por ejemplo: «Real Sociedad *versus* Osasuna». ¿En qué tipo de establecimiento? ¿Con qué finalidad lo anuncian?

3. Según Álex Grijelmo, ¿le dice alguien a un amigo suyo «Vamos a este bar, que dan el partido del Celta *versus* el Barcelona»? Normalmente, ¿cómo se expresa lo mismo?

4. La palabra *versus* originariamente significa...

a) 'entre'.
b) 'contra'.
c) 'desde'.
d) 'hacia'.

5. La palabra latina *versus* ha dado en francés *vers*, y en italiano, *verso*. ¿Qué significan estas palabras? ¿Mantienen el significado original de la palabra latina *versus*?

6. La palabra *versus* con el significado de 'contra' entró en español a través del...

a) latín.
b) francés.
c) italiano.
d) inglés.

7. Según el autor del texto, ¿de qué palabra latina procede *versus* en inglés? ¿En qué ámbito del inglés se usa la palabra *versus* con el significado de 'contra'?

8. Según Grijelmo, ¿tiene sentido usar en español la palabra *versus* con el significado de 'contra' o 'frente a'? Escribe la frase del texto en que expone su posición.

9. Según el Instituto Cervantes la preposición *versus*...

a) se puede usar siempre, en todos los contextos.
b) hay que emplearla solo en determinadas circunstancias.
c) no debemos usarla en ningún caso.
d) solo se debe usar en el lenguaje científico.

10. Di de qué tipo es la oración subordinada subrayada del siguiente fragmento del texto: *Ya se sabe que los periodistas, para creerse realmente que lo son, necesitan hablar y escribir palabras que nadie más que ellos usa*. Elige la opción correcta:

a) Subordinada sustantiva
b) Subordinada adverbial
c) Subordinada relativa

Averigua

La locución latina *Alea iacta est* significa 'La suerte está echada' y se usa en determinadas situaciones para indicar que ya no es posible volver atrás. Busca información en internet y di a quién se atribuye esta frase y con motivo de qué hecho histórico la pronunció.

Escribe

En las lenguas modernas, se usan con frecuencia expresiones latinas que todo el mundo conoce. Infórmate sobre el significado de las que te presentamos a continuación y escribe una oración con cada una de ellas.

in extremis • *in situ* • *ipso facto* • *motu proprio*
alter ego • *grosso modo*

Investiga

Consulta en el sitio web de la RAE (Real Academia Española) y copia el siguiente texto completando los espacios en blanco según convenga.

Según la NGLE (Nueva Gramática de la Lengua Española) en español hay ▮ preposiciones. De ellas, ▮ y ▮ son de reciente incorporación. Otras dos, ▮ y ▮, están en desuso.

UNIDAD 9

CLUB DE LECTURA » *Como agua para chocolate*
LENGUA Y SOCIEDAD » Las variedades geográficas del castellano
TOMA LA PALABRA » Así hablamos
LITERATURA » La literatura hispanoamericana
GRAMÁTICA » Las oraciones subordinadas adverbiales
LÉXICO » Niveles léxicos: cultismos, tecnicismos, vulgarismos
ORTOGRAFÍA » La *x* y la *s*. Paréntesis, raya y guion
DILO POR ESCRITO » Un microrrelato

Preparamos la lectura

1. ¿Crees que una persona puede casarse con alguien de quien no está enamorada? ¿Se te ocurre en qué circunstancias puede hacerlo?

2. Observa las ilustraciones que acompañan la lectura y anota qué te sugieren en relación con el texto que vas a leer. Luego podrás comprobar si habías acertado.

★ ADIVINA

Un alumno se coloca de espaldas a la pizarra, donde otro escribe el nombre de un plato, como «paella de marisco», «callos a la madrileña», «calamares a la romana», etc., y lo borra cuando todos lo han leído. A continuación, la persona que estaba de espaldas tiene que adivinar de qué plato se trata y hace preguntas a toda la clase, que solo podrá responder «sí» o «no».

» CLUB DE LECTURA

Como agua para chocolate

En el rancho de Mamá Elena la preparación del chorizo era todo un rito. Con un día de anticipación se tenían que empezar a pelar ajos, limpiar **chiles** y a moler especias. Todas las mujeres de la familia tenían que participar: Mamá Elena, sus hijas Gertrudis, Rosaura y Tita, Nacha la cocinera y Chencha la sirvienta. Se sentaban por las tardes en la mesa del comedor y entre **pláticas** y bromas el tiempo se iba volando hasta que empezaba a oscurecer.

Una de estas tardes, antes de que Mamá Elena dijera que ya se podían levantar de la mesa, Tita, que entonces contaba con quince años, le anunció con voz temblorosa que Pedro Muzquiz quería venir a hablar con ella...

—¿Y de qué me tiene que venir a hablar ese señor? —dijo Mamá Elena luego de un silencio interminable que encogió el alma de Tita.

Con voz apenas perceptible Tita respondió:

—Yo no sé.

Mamá Elena le lanzó una mirada que para Tita encerraba todos los años de represión que habían flotado sobre la familia y dijo:

—Pues más vale que le informes que si es para pedir tu mano, no lo haga. Perdería su tiempo y me haría perder el mío. Sabes muy bien que por ser la más **chica** de las mujeres a ti te corresponde cuidarme hasta el día de mi muerte.

Dicho esto, Mamá Elena se puso lentamente de pie, guardó sus lentes dentro del delantal y a manera de orden final repitió:

—¡Por hoy, hemos terminado con esto!

Tita sabía que dentro de las normas de comunicación de la casa no estaba incluido el diálogo, pero aun así, por primera vez en su vida intentó protestar a un mandato de su madre.

—Pero es que yo opino que...

—¡Tú no opinas nada y se acabó! Nunca, por generaciones, nadie en mi familia ha protestado ante esta costumbre y no va a ser una de mis hijas quien lo haga.

Tita bajó la cabeza y con la misma fuerza con que sus lágrimas cayeron sobre la mesa, así cayó sobre ella su destino.

Al día siguiente se presentó en casa Pedro Muzquiz acompañado de su señor padre con la intención de pedir la mano de Tita. Mamá Elena los recibió en la sala, se comportó muy amable y les explicó la razón por la que Tita no se podía casar.

—Claro, que si lo que les interesa es que Pedro se case, pongo a su consideración a mi hija Rosaura, solo dos años mayor que Tita, pero está plenamente disponible y preparada para el matrimonio...

Al escuchar estas palabras, Chencha por poco tira encima de Mamá Elena la **charola** con café y galletas que había llevado a la sala para agasajar a don Pascual y a su hijo. Disculpándose, se retiró apresuradamente hacia la cocina, donde la estaban esperando Tita,

VOCABULARIO

chile (Hisp.) *m.* Pimiento.

plática (Hisp.) *f.* Charla, conversación.

chico, ca *adj.* Pequeño, menor.

charola (Hisp.) *f.* Bandeja.

Rosaura y Gertrudis para que les diera un informe detallado de lo que acontecía en la sala. Entró atropelladamente y todas suspendieron de inmediato sus labores para no perderse una sola de sus palabras.

Se encontraban ahí reunidas con el propósito de preparar tortas de Navidad. Como su nombre lo indica, estas tortas se elaboran durante la época navideña, pero en esta ocasión las estaban haciendo para festejar el cumpleaños de Tita. El 30 de septiembre cumpliría 16 años y quería celebrarlos comiendo uno de sus platillos favoritos.

Chencha les narraba, a su manera, claro, la escena que acababa de presenciar. Tita conocía lo exagerada y mentirosa que podía ser Chencha, por lo que no dejó que la angustia se apoderara de ella. Se negaba a aceptar como cierto lo que acababa de escuchar. Fingiendo serenidad, siguió partiendo las **teleras**, para que sus hermanas y Nacha se encargaran de rellenarlas.

Cuando Tita estaba acabando de envolver las tortas que comerían al día siguiente, entró en la cocina Mamá Elena para informarles que había aceptado que Pedro se casara, pero con Rosaura.

Al escuchar la confirmación de la noticia, Tita sintió como si el invierno le hubiera entrado al cuerpo de golpe y porrazo: era tal el frío y tan seco que le quemó las mejillas y se las puso rojas, rojas, como el color de las manzanas que tenía frente a ella. Este frío sobrecogedor la habría de acompañar por mucho tiempo sin que nada lo pudiera atenuar, ni tan siquiera cuando Nacha le contó lo que había escuchado cuando acompañaba a don Pascual Muzquiz y a su hijo hasta la entrada del rancho. Nacha caminaba por delante entre padre e hijo. Don Pascual y Pedro caminaban lentamente y hablaban en voz baja, reprimida por el enojo.

—¿Por qué hiciste esto, Pedro? Quedamos en ridículo aceptando la boda con Rosaura. ¿Dónde quedó pues el amor que le juraste a Tita? ¿No tienes palabra?

—Claro que la tengo, pero si a usted le negaran de una manera rotunda casarse con la mujer que ama y la única salida que le dejaran para estar cerca de ella fuera la de casarse con la hermana, ¿no tomaría la misma decisión que yo?

Nacha no alcanzó a escuchar la respuesta porque el Pulque, el perro del rancho, salió corriendo, ladrándole a un conejo al que confundió con un gato.

—Entonces, ¿te vas a casar sin sentir amor?

—No, papá, me caso sintiendo un inmenso e **imperecedero** amor por Tita.

Esa noche fue imposible que Tita conciliara el sueño; no sabía explicar lo que sentía. Lástima que en aquella época no se hubieran descubierto los hoyos negros en el espacio, porque entonces le hubiera sido muy fácil comprender que sentía un hoyo negro en medio del pecho, por donde se le colaba un frío infinito.

Cada vez que cerraba los ojos podía revivir muy claramente las escenas de aquella noche de Navidad, un año atrás, en que Pedro y su familia habían sido invitados por primera vez a cenar a su casa, y el frío se le agudizaba. A pesar del tiempo transcurrido, ella podía recordar perfectamente los sonidos, los olores, el roce de su vestido nuevo sobre el piso recién encerado; la mirada de Pedro sobre sus hombros... ¡Esa mirada! Ella caminaba hacia la mesa llevando una charola con dulces de yemas de huevo

VOCABULARIO

telera (Hisp.) *f.* Torta, galleta.

imperecedero, ra *adj.* Que no se extinguirá nunca.

BARCANOVA EDITORIAL

cuando la sintió, ardiente, quemándole la piel. Giró la cabeza y sus ojos se encontraron con los de Pedro. En ese momento comprendió perfectamente lo que debe sentir la masa de un buñuelo al entrar en contacto con el aceite hirviendo.

Mamá Elena le ordenó a Tita que fuera a la cocina por unos bocadillos para repartir entre todos los presentes. Pedro, que en ese momento pasaba por ahí, no por casualidad, se ofreció a ayudarla. Tita caminaba apresuradamente hacia la cocina, sin pronunciar una sola palabra. La cercanía de Pedro la ponía muy nerviosa. Entró y se dirigió con rapidez a tomar una de las charolas con deliciosos bocadillos que esperaban pacientemente en la mesa de la cocina.

Nunca olvidaría el roce accidental de sus manos cuando ambos trataron torpemente de tomar la misma charola al mismo tiempo.

Fue entonces cuando Pedro le confesó su amor.

Lo amó desde esa noche para siempre. Pero ahora tenía que renunciar a él. No era decente desear al futuro esposo de una hermana. Tenía que tratar de ahuyentarlo de su mente de alguna manera para poder dormir. Intentó comer la torta de Navidad que Nacha le había dejado sobre su **buró**, junto con un vaso de leche. En muchas otras ocasiones le había dado excelentes resultados. Pero no en esta ocasión. El vacío que sentía en el estómago no se alivió. Por el contrario, una sensación de náusea la invadió. Descubrió que el hueco no era de hambre; más bien se trataba de una **álgida** sensación dolorosa. Era necesario deshacerse de este molesto frío. Como primera medida se cubrió con una pesada **cobija** y ropa de lana. El frío permanecía inamovible. Entonces se puso zapatos de **estambre** y otras dos cobijas. Nada. Por último, sacó de su costurero una colcha que había empezado a tejer el día en que Pedro le habló de matrimonio. Una colcha como esta, tejida a gancho, se termina aproximadamente en un año. Justo el tiempo que Pedro y Tita habían pensado dejar pasar antes de contraer nupcias. Decidió darle utilidad al estambre en lugar de desperdiciarlo y rabiosamente tejió y lloró y tejió, hasta que en la madrugada terminó la colcha y se la echó encima. De nada sirvió. Ni esa noche ni muchas otras mientras vivió logró controlar el frío.

LAURA ESQUIVEL: *Como agua para chocolate*
© 1989, Laura Esquivel

VOCABULARIO

buró *m.* Mesa de escritorio.

álgido, da *adj.* Máximo, culminante.

cobija (Hisp.) *f.* Manta.

estambre *m.* Hilo formado con las hebras de un vellón de lana.

¿SABÍAS QUE...?

La novela *Como agua para chocolate* (1989), de Laura Esquivel, fue llevada al cine en 1992 por el director mejicano Alfonso Arau. La película tiene el mismo título que la novela y de su adaptación cinematográfica se ocupó la propia autora. Te sugerimos que la veas.

BuScA eN eL tExTo...

Anota todas las palabras del texto referidas a alimentos.

» ACTIVIDADES

Comprensión de la lectura

1. ¿Cómo se llaman las hijas de Mamá Elena? Elige la respuesta correcta.

a) Gertrudis, Rosaura y Nacha.
b) Gertrudis, Tita y Nacha.
c) Gertrudis, Rosaura y Chencha.
d) Gertrudis, Rosaura y Tita.

2. ¿Dónde vivían Mamá Elena y sus hijas?

a) En un apartamento de una gran ciudad.
b) En una casa señorial a las afueras de una gran ciudad.
c) En una habitación de hotel.
d) En un rancho.

3. ¿Quiénes forman las «mujeres de la familia»? ¿Cuántos años tiene Tita? ¿Y Rosaura?

4. En la vivienda de Mamá Elena se preparaba chorizo. ¿Quiénes participaban en dicha preparación?

5. ¿A qué ha ido Pedro Muzquiz a casa de Mamá Elena?

a) A solicitar un puesto de trabajo.
b) A pedir la mano de Rosaura.
c) A pedir la mano de Tita.
d) A llevar un recado de su padre.
e) Ha sido una simple visita de cortesía.

6. ¿Por qué dice Mamá Elena que Tita no puede casarse con Pedro Muzquiz?

7. En la familia de Mamá Elena, ¿cuál es el destino reservado a la hija menor?

8. ¿Cómo describirías el carácter de Mamá Elena? Elige la opción que te parezca más apropiada de entre las que te ofrecemos.

a) Afable y cariñosa.
b) Simpática y amable.
c) Autoritaria y dura.
d) Tranquila y serena.

9. ¿Qué plato están preparando en la cocina mientras Pedro Muzquiz y su padre hablan con Mamá Elena? ¿Con qué finalidad lo hacen?

10. ¿Cuál es el ofrecimiento de Mamá Elena a Pedro y a su padre? ¿Quién informa de ese ofrecimiento a las mujeres que están en la cocina?

11. ¿Cuánto tiempo hacía que Pedro y Tita habían pensado en contraer nupcias?

12. ¿Qué hizo Tita la noche en que supo que Pedro se casaría con su hermana?

13. ¿Cómo reacciona el padre de Pedro al saber que este ha aceptado casarse con Rosaura a pesar de que ama a Tita?

14. ¿Qué sensación experimentó Tita al enterarse de que Pedro iba a casarse con Rosaura para estar cerca de ella (de Tita)?

15. Explica el significado de la última frase del texto: «Ni esa noche ni muchas otras mientras vivió logró controlar el frío».

Expresión personal

16. En un momento de la narración se produce una retrospección (o *flashback*), es decir, un salto al pasado. Localízalo y di qué se narra en él.

17. Ante la imposibilidad de casarse con Tita, ¿por qué acepta Pedro casarse con Rosaura? ¿Qué opinas de sus razones? ¿Estás de acuerdo con ellas? ¿Te parece aceptable?

18. ¿A qué clase de palabras pertenecen las siguientes según los morfemas de que constan? Elige la opción correcta de entre las que te ofrecemos y, a continuación, señala estos morfemas.

cocinera • temblorosa • lentamente • comunicación
consideración • mentirosa • serenidad • bocadillos
casualidad • cercanía • rapidez • dolorosa
costurero • utilidad

a) compuestas
b) derivadas
c) parasintéticas
d) antónimas

19. ¿Por qué son parasintéticas las palabras del texto *acompañar*, *atenuar* y *ahuyentar*?

a) Porque contienen prefijos y sufijos.
b) Porque contienen exclusivamente sufijos.
c) Porque, si eliminamos los prefijos o los sufijos, las palabras cambian de significado.
d) Porque se han formado con la unión a la vez de un prefijo y un sufijo a la palabra primitiva.

20. ¿Por qué llevan tilde las palabras destacadas de las siguientes oraciones del texto?

a) ¿Y de **qué** me tiene que venir a hablar ese señor?
b) Yo no **sé**.
c) ¡**Tú** no opinas nada y se acabó!
d) ¿Por **qué** hiciste esto, Pedro?
e) ¿**Dónde** quedó pues el amor que le juraste a Tita?
f) Pero ahora tenía que renunciar a **él**.
g) Una sensación de **náusea** la invadió.
h) El **frío** permanecía inamovible.

21. Escribe un sinónimo para cada una de las siguientes palabras del texto destacadas en cursiva:

a) Con voz *temblorosa*.
b) Un *mandato* de su madre.
c) *Agasajar* a don Pascual.
d) Sin que nada lo pudiera *atenuar*.
e) Los *hoyos* negros.
f) El vacío no se *alivió*.
g) Tita caminaba *apresuradamente* hacia la cocina.
h) Como primera medida se *cubrió* con una pesada cobija y ropa de lana.
i) Y *rabiosamente* tejió y lloró.

22. Señala el antecedente de los pronombres destacados en el siguiente fragmento del texto:

> —¿Por qué hiciste esto, Pedro? Quedamos en ridículo aceptando la boda con Rosaura. ¿Dónde quedó pues el amor que **le** juraste a Tita? ¿No tienes palabra?
> —Claro que **la** tengo, pero si a usted **le** negaran de una manera rotunda casarse con la mujer **que** ama y la única salida que **le** dejaran para estar cerca de **ella** fuera la de casarse con la hermana, ¿no tomaría la misma decisión que yo?

23. Señala la definición correcta de cada uno de los siguientes verbos relacionados con la preparación de los alimentos:

Sazonar
a) Añadir sal a la comida.
b) Añadir a la comida condimentos para darle buen sabor.

Glasear
a) Recubrir un dulce con una capa de azúcar pulverizado.
b) Poner algo al fuego para que se dore lentamente.

Estofar
a) Guisar la carne con aceite, vino, cebolla y especias y cociéndola a fuego lento.
b) Preparar la carne teniéndola durante el tiempo necesario en agua hirviendo.

24. Adopta el papel de Pedro Muzquiz y redacta la carta que hubiera podido escribir a Tita, explicándole su decisión de aceptar el matrimonio con su hermana Rosaura. (Recuerda que has de poner el lugar y la fecha al comienzo, la fórmula de saludo, la de despedida y la firma.) Tu carta podría comenzar así:

> *Mi muy querida Tita:*
> *Sé que mis palabras te van a producir un profundo dolor…*

25. Ahora imagina que eres Tita y acabas de enterarte de que Pedro Muzquiz va a casarse con tu hermana. Escríbele una carta en la que le cuentes cómo te sientes. Podrías empezar así:

> *Estimado señor Muzquiz:*
> *He sabido que va a casarse con mi hermana y que el amor que me había jurado…*

26. Explica en un máximo de cinco líneas a qué costumbre se alude en la siguiente frase del texto. A continuación, expón tu opinión sobre dicha costumbre.

> Nunca, por generaciones, nadie en mi familia ha protestado ante esta costumbre y no va a ser una de mis hijas quien lo haga.

» LENGUA Y SOCIEDAD

1. Las variedades geográficas del castellano

1.1. Variedades dialectales del castellano

El uso de la lengua española es muy variado en función del territorio en que se habla. A esas diversas manifestaciones del castellano se las denomina **dialectos**.

En España hay dos grandes áreas dialectales, la **septentrional** y la **meridional**, que han dado lugar a los llamados **dialectos septentrionales** y **dialectos meridionales**.

Dialectos septentrionales

Los dialectos septentrionales se hablan en la mitad norte peninsular: Castilla, Aragón, Navarra, La Rioja, Cantabria y Asturias. Sus rasgos más característicos, que no se dan con carácter general en todos los territorios señalados, son:

- El **laísmo** (***La*** *dio un buen consejo*), el **leísmo** (*El coche* ***le*** *compré en Zaragoza*) y el **loísmo** (***Lo*** *envié una carta*).
- La pronunciación de la *-d* final como *-z* o su pérdida: *piedaz* o *piedá* por *piedad*; *Madriz* o *Madrí* por *Madrid*.
- La **pérdida de la consonante *-d-*** intervocálica en la terminación *-ado*: *cantao, senao* (por *cantado* y *senado*).

Según el **Instituto Cervantes**, organismo público que se encarga de promocionar la lengua y la cultura españolas en el extranjero, en el mundo hay unos 489 millones de hispanohablantes. La **Real Academia Española** es la encargada de proteger y difundir ese modelo lingüístico.

Los dialectos meridionales

Los dialectos meridionales son el **andaluz**, el **extremeño**, el **murciano** y el **canario**. Estos dialectos del castellano, a pesar de sus peculiaridades diferenciadoras, presentan bastantes características comunes, aunque no se dan en todos los territorios con la misma intensidad. Destacan los siguientes rasgos fonéticos:

- **Seseo**. Pronunciación del sonido *z* como *s*: *seresa* por *cereza*.
- **Ceceo**. Pronunciación del sonido *s* como *z*: *zaca* por *saca*.
- **Yeísmo**. Pronunciación del sonido *ll* como *y*: *caya* por *calla*.
- **Alternancia de *-r*/*-l*** en posición final de sílaba: *arto* por *alto*; *arma* por *alma*.
- **Aspiración de *-s*** final de palabra: *mih amigo* por *mis amigos* (la *s* suena casi como *j*).
- **Aspiración de *-j-*** intervocálica: *vieho por viejo*.
- **Pérdida de la *d*** en posición final e intervocálica: *verdá* por *verdad*; *partío* por *partido*; y de ***-r*** y ***-l*** finales: *poné* por *poner*; *faci* por *fácil*.
- **Asimilación de algunas consonantes** a la consonante siguiente: *lod domingo* por *los domingos*; *vel·lo* por *verlo*; *canne*, por *carne*.

El andaluz se habla en la Comunidad Autónoma de Andalucía, en parte del sur de Extremadura y en el oeste de Murcia; el extremeño, en la Comunidad Autónoma de Extremadura; el murciano, en la Comunidad Autónoma de Murcia y algunas zonas limítrofes; el canario, en la Comunidad Autónoma de Canarias.

Los dialectos meridionales presentan rasgos morfológicos y léxicos propios. Veamos algunos de ellos.

DIALECTO	RASGOS MORFOLÓGICOS	RASGOS LÉXICOS
ANDALUZ	Uso del pronombre *ustedes* en lugar de *vosotros*: *Ustedes vendrán conmigo* por *Vosotros vendréis conmigo.*	Uso de palabras específicas: *jindama* ('miedo'), *camelar* ('enamorar'), *entenzón* ('discordia, pelea').
EXTREMEÑO	Uso del diminutivo *-ino*: *guapino, delgadina.*	Uso de *quedar* por *dejar*: *He quedado el libro en la estantería.* Empleo de palabras propias: *merendillar* ('tomar la merienda'), *presta* ('hierbabuena').
MURCIANO	Uso del diminutivo *-ico*: *chiquitico, bonico.*	Uso de palabras como *albercoque* ('albaricoque'), *cieca* ('acequia'), *zafa* ('palangana'), *escullir* ('resbalar').
CANARIO	Uso de *ustedes* por *vosotros*: *Ustedes son muy amables* por *Vosotros sois muy amables.*	Tiene palabras propias: *guagua* ('autobús'), *papa* ('patata'), *alegador* ('discutidor'), *godo* ('español peninsular'), *picar* ('guiñar un ojo').

1.2. El español de América

El español se habla en la mayoría de los países de América Central y del Sur, además de en México. El español de América presenta muchas variantes, según la época de la colonización, los habitantes de los diferentes territorios, la procedencia de los inmigrantes españoles, etc. Sin embargo, se suele aceptar la existencia de rasgos comunes:

- **Fonéticamente**, comparte rasgos con los dialectos meridionales de España: el **seseo**, el **ceceo**, el **yeísmo**, la **aspiración** o **pérdida de la *-s*** en final de sílaba y palabra, la **alternancia de *r* y *l*** en final de sílaba y palabra, etc. En países como Argentina y Uruguay, los sonidos *y* y *ll* se pronuncian como la *ch* del francés (*chambre*) o la *sh* del inglés (*show*): **shuvia* (*lluvia*), **shave* (*llave*), **sho* (*yo*).
- **Gramaticalmente**, destaca el **voseo**, es decir, el uso del pronombre *vos* en lugar de *tú* o *ti* (*Vos tenés que venir*); el uso de *ustedes* en lugar de *vosotros* (*Ustedes son buenos amigos*); la preferencia del **pretérito perfecto simple** en lugar del compuesto (*Lo compré esta mañana*); el uso adverbial del adjetivo (*Suena muy lindo*); el empleo particular del **diminutivo *-ito*** (*lueguito, ahorita, adiosito*); la acentuación especial de la segunda persona del singular del presente de indicativo y la segunda del imperativo (*¿Qué hacés?* por *¿Qué haces?*; *Vení y contame qué pasó* por *Ven y cuéntame qué ha pasado*).
- En cuanto al **léxico**, este presenta numerosos términos propios: *limpiavidrios* ('limpiacristales'), *overol* ('mono', prenda de vestir), *guardavida* ('socorrista'), *pollera* ('falda'), *cuadra* ('manzana'), etc.
  Son también numerosos los extranjerismos, en especial anglicismos como *zíper* ('cremallera'), *rentar* ('alquilar'), *parquear* ('aparcar'), etc., y galicismos como *usina* ('fábrica').

Algunos grupos hispanos de Estados Unidos usan una modalidad de habla denominada ***espanglish***, caracterizada por mezclar elementos léxicos y gramaticales del español y del inglés: conjuga en castellano verbos ingleses (*enjoyar* < *to enjoy* 'disfrutar', *frizar* < *to freeze* 'congelar'); usa abundantes anglicismos (*marqueta* < *market* 'mercado'); traduce literalmente expresiones inglesas (*ir de shopping* < to go shopping 'ir de compras'), etc.

» ACTIVIDADES

27. Completa los enunciados.

a) Según el Instituto Cervantes, hay aproximadamente ▮ de hispanohablantes en el mundo.
b) El Instituto Cervantes se encarga de ▮.
c) La ▮ protege y difunde el modelo lingüístico normativo para todos los hablantes.

28. De entre los enunciados siguientes, selecciona aquellos que consideres verdaderos. Infórmate, si lo necesitas.

a) Un dialecto es una variedad geográfica de una lengua.
b) Un dialecto es una variedad mal aprendida de una lengua.
c) Un dialecto es una variedad de una lengua en una zona de su dominio lingüístico.
d) Las lenguas tienden a eliminar las diferencias dialectales.
e) Los hablantes de los distintos dialectos de un idioma tienen el mismo modelo de lengua escrita.
f) Los dialectos enriquecen las lenguas.

29. Anota los rasgos propios del dialecto andaluz que se aprecian en el siguiente fragmento de *Platero y yo* y explica en qué consisten:

> Cuando, en el crepúsculo del pueblo, Platero y yo entramos, ateridos, por la oscuridad morada de la calleja miserable que da al río seco, los niños pobres juegan a asustarse, fingiéndose mendigos. Uno se echa un saco a la cabeza, otro dice que no ve, otro se hace el cojo...
>
> Después, en ese brusco cambiar de la infancia, como llevan unos zapatos y un vestido, y como sus madres, ellas sabrán cómo, les han dado algo de comer, se creen unos príncipes:
>
> —Mi pare tié un reló e plata.
>
> —Y er mío, un cabayo.
>
> —Y er mío una ejcopeta.
>
> Reloj que levantará a la madrugada, escopeta que no matará el hambre, caballo que llevará a la miseria...
>
> JUAN RAMÓN JIMÉNEZ: *Platero y yo.*

30. En el siguiente fragmento se combinan rasgos propios de los dialectos meridionales y de los septentrionales. Identifícalos y di en qué consisten:

> Verás qué rica. Pos na; que después de ocho meses de relaciones, que me ha tenío hecho una oveja, sacándola a paseos y cines cuando l'ha dao la gana y haciéndola el favor de llevarla a mi diestra; después de tenerme sacrificao, que me dice: «No mires a ninguna», y tengo que mirar de reojo; después que me compra una corbata y me la tengo que poner aunque no me guste..., ¡y encima (y esto es lo más horrible) que me he gastao con ella un dineral.
>
> CARLOS ARNICHES: «Los pasionales», en *Del Madrid castizo. Sainetes.*

31. Sustituye las palabras destacadas en negrita del español de Argentina por sinónimos que se empleen en el castellano de España.

> Salí de casa y recorrí tres **cuadras** hasta el **paradero**. Iba al **boliche** de la esquina doce, pero el **colectivo** había partido. Tuve que caminar. Una vez allá, vi a Cecilia. Vestía una bonita **pollera** y una **remera** negra con mensaje solidario. Por encima, el **saco** de siempre. Me contó que extrañaba a su **vieja**, que murió de un paro cardiaco. Su situación había cambiado. Ahora disponía de mucha **guita**, pero la **plata** no le daba la felicidad.

32. Lee el siguiente fragmento, di qué rasgo propio del español de América se aprecia y explica en qué consiste:

> Mirá —dijo mamá, yo creo que habría que escribirle a Alejandro que venga a ver a su tía. Siempre fue el preferido de Clelia, y es justo que venga.
>
> Pero si tía Clelia no tiene nada, mamá. Si Alejandro no ha podido venir a verte a vos, imaginate...
>
> Allá él —dijo mamá. Vos escribile y decile que Clelia está enferma y que debería venir a verla.
>
> JULIO CORTÁZAR: *Todos los fuegos el fuego.*

33. Vuelve a escribir el mismo fragmento ajustándolo a la norma del castellano peninsular.

» TOMA LA PALABRA

Así hablamos

El uso de la lengua varía en función del territorio en que se habla. En esta actividad te proponemos que compruebes esa diversidad mediante una grabación (6-7 minutos) a alguna persona que represente los rasgos propios de una determinada variedad dialectal.

Según el criterio del profesor, esta tarea puede realizarse por parejas o en grupo.

Procedimiento

1. Revisa el concepto de variedad lingüística que has estudiado en esta unidad y en la anterior.
2. Selecciona a la persona a quien vas a grabar, pídele la información biográfica necesaria, infórmale acerca del objetivo del trabajo y agradécele su colaboración.
3. Documéntate y haz una relación de los rasgos dialectales propios de la variedad lingüística de tu informante.
4. Haz la grabación: puedes hacerle preguntas acerca de su vida, pedirle que narre una historia o que cuente alguna tradición o costumbre de su tierra, etc.
5. Analiza el texto oral completando la ficha siguiente:

FICHA DE OBSERVACIÓN

Variedad lingüística:

Ubicación geográfica:

Datos del informante (*la persona a quien has grabado*)
Lugar de nacimiento
Lugar de residencia
Edad
Profesión
Otros (*informaciones relevantes acerca de su biografía lingüística*)

Estudio del texto oral
- Introducción: presentación general del texto grabado y de su variedad lingüística
- Análisis de los rasgos dialectales presentes en el texto con ejemplos
- Conclusión

6. Cuando hayas terminado, expón tu trabajo ante tus compañeros.

» LITERATURA

1. La literatura hispanoamericana

Las primeras muestras literarias en Hispanoamérica son crónicas de la época de los conquistadores. Más tarde, los escritores siguen las tendencias y corrientes de la literatura española: Barroco, Clasicismo, Romanticismo, etc.

En esta unidad estudiaremos el período que va desde principios del siglo XX hasta la actualidad y nos fijaremos especialmente en algunas de las figuras más destacadas. Nos centraremos en los dos géneros literarios más representativos: la poesía y la narrativa.

Monumento a José Martí, en la Plaza de la Revolución (La Habana, Cuba).

1.1. La poesía hispanoamericana

A finales del siglo XIX y durante las dos primeras décadas del siglo XX, el Modernismo alcanzó su punto culminante gracias al poeta cubano **José Martí** (1853-1895) y, sobre todo, a la figura de **Rubén Darío**. En la segunda década, sin embargo, este movimiento quedó superado y aparecieron nuevas tendencias que cultivan, ya una poesía sencilla, ya vanguardista.

POESÍA SENCILLA	POESÍA VANGUARDISTA
Se trata de una poesía costumbrista, más humana, más intimista y sentimental, más ligera en la forma. Destacan las poetisas **Alfonsina Storni**, **Juana de Ibarbourou** y, sobre todo, **Gabriela Mistral**, Premio Nobel de Literatura en 1945. **César Vallejo** y **Pablo Neruda** cultivan esta poesía en sus comienzos.	Está influida por los movimientos vanguardistas europeos. Es una poesía que busca la perfección formal. Son figuras indiscutibles: **Pablo Neruda**, **César Vallejo**, **Octavio Paz**, **Vicente Huidobro** (fundador del creacionismo) y **Jorge Luis Borges**, entre otros.

El peruano **César Vallejo** (1892-1938) escribió poemas vanguardistas, político-sociales, de contenido humano, etc. En *España, aparta de mí este cáliz* trata el dolor y el sufrimiento de los españoles como consecuencia de la guerra civil.

El mexicano **Octavio Paz** (1914-1998) escribió poesía existencialista, social, surrealista, sobre los misterios del universo, etc. Sus versos tratan sobre la soledad, el amor, la muerte, la solidaridad, etc. De su obra destaca *Libertad bajo palabra*. Obtuvo el Premio Cervantes en 1981 y en 1990 se le concedió el Premio Nobel de Literatura.

Pablo Neruda

Monumento a Pablo Neruda, en Valparaíso (Chile).

Pablo Neruda y Rubén Darío son dos de las grandes figuras de la poesía hispanoamericana del siglo XX.

El chileno **Pablo Neruda** (1904-1973) se llamaba en realidad Neftalí Ricardo Reyes. Vivió cuatro años en Madrid como cónsul de su país y conoció a poetas de la Generación del 27. Se afilió al Partido Comunista y escribió poesía social comprometida.

En 1971 se le concedió el Premio Nobel de Literatura. Murió tras el golpe de estado del general Pinochet en Chile, en 1973.

Obra

La obra poética de Neruda se inicia con composiciones posmodernistas, pero pronto evoluciona hacia concepciones vanguardistas y, en especial, hacia el surrealismo.

Veinte poemas de amor y una canción desesperada	Escrita con veinte años, trata el amor apasionado, exaltado, desesperanzado, etc.
Residencia en la Tierra	Obra surrealista que muestra su concepción pesimista del ser humano en un mundo sin sentido.
Tercera residencia (incluye el poemario *España en el corazón*, donde apoya a la España republicana)	Obra comprometida, de carácter político.
Canto general	Dedicado a las tierras y a las gentes americanas.
Odas elementales	Poesía sencilla, que exalta objetos cotidianos (la manzana, las tijeras, la bicicleta...). De tono optimista.
Estravagario, *Cien sonetos de amor*, *Memorial de la Isla Negra*	De temas diversos: político, social, amoroso, etc.
Los versos del Capitán	De contenido amoroso.

Encontrarás un enlace para escuchar el poema cantado por Pablo Milanés, en tu espacio personal de la web *www.barcanova.cat.*

Además de los **poetas** estudiados en la unidad podríamos añadir otros: Nicanor Parra, Ernesto Cardenal, Mario Benedetti, Jorge Carrera Andrade, Juan Gelman, etc.

Para mi corazón basta tu pecho,
para tu libertad bastan mis alas.
Desde mi boca llegará hasta el cielo
lo que estaba dormido sobre tu alma.

Es en ti la ilusión de cada día.
Llegas como el rocío a las corolas.
Socavas el horizonte con tu ausencia.
Eternamente en fuga como la ola.

He dicho que cantabas en el viento
como los pinos y como los mástiles.
Como ellos eres alta y **taciturna**.
Y entristeces de pronto, como un viaje.

Acogedora como un viejo camino.
Te pueblan ecos y voces nostálgicas.
Yo desperté y a veces emigran y huyen
pájaros que dormían en tu alma.

PABLO NERUDA: *Veinte poemas de amor y una canción desesperada.*

VOCABULARIO

taciturno, na *adj.* Silencioso, callado.

1.2. La narrativa hispanoamericana

En la narrativa, la tendencia realista de la segunda mitad del siglo XIX se prolongará durante varias décadas del siglo XX, hasta su renovación. Se tratan temas sociales e indigenistas (defensa de la cultura india, la explotación, etc.). Destacan Ricardo Güiraldes (*Don Segundo Sombra*), Rómulo Gallegos (*Doña Bárbara*), Ciro Alegría (*El mundo es ancho y ajeno*) y Horacio Quiroga (*Cuentos de amor, de locura y de muerte*).

A partir de 1940 se inicia la corriente conocida como el **realismo mágico**. Son figuras destacadas de esta tendencia el argentino **Jorge Luis Borges**, el guatemalteco **Miguel Ángel Asturias**, el cubano **Alejo Carpentier** y el mexicano **Juan Rulfo**.

A partir de 1960 comienza un período de experimentación, en la estructura y en el lenguaje utilizado. Se profundiza en el realismo mágico: los escritores crean su propio mundo narrativo e incorporan nuevos temas, como el mito, la historia, el mundo rural visto de manera diferente, el existencialismo (el dolor, la angustia, el destino del ser humano, la soledad, la muerte, etc.). Son figuras destacadas **Jorge Luis Borges**, **Mario Vargas Llosa**, **Gabriel García Márquez** y **Julio Cortázar**.

Con el **realismo mágico**, la narrativa se llena de imaginación, de fantasía, con elementos misteriosos y sobrenaturales.

Monumento a Jorge Luis Borges, en la Biblioteca Nacional de Buenos Aires (Argentina).

Jorge Luis Borges

Jorge Luis Borges (Buenos Aires, 1899 - Ginebra, 1986) fue uno de los grandes renovadores del lenguaje literario.

Sus extraordinarios relatos están llenos de símbolos e imágenes. En ellos trata diferentes temas: el destino del ser humano, el tiempo, la muerte, el infinito, etc. De entre sus libros de cuentos, merecen especial mención *Historia universal de la infamia*, *Ficciones*, *El Aleph*, *El hacedor* y *El libro de arena*.

El minotauro

La idea de una casa hecha para que la gente se pierda es tal vez más rara que la de un hombre con cabeza de toro, pero las dos se ayudan y la imagen del laberinto conviene a la imagen del minotauro. Queda bien que en el centro de una casa monstruosa haya un habitante monstruoso.

El minotauro, medio toro y medio hombre, nació de los amores de Pasifae, reina de Creta, con un toro blanco que Poseidón hizo salir del mar. Dédalo, autor del artificio que permitió que se realizaran tales amores, construyó el laberinto destinado a encerrar y a ocultar al hijo monstruoso. Este comía carne humana; para su alimento, el rey de Creta exigió anualmente de Atenas un tributo de siete mancebos y de siete doncellas. Teseo decidió salvar a su patria de aquel gravamen y se ofreció voluntariamente. Ariadna, hija del rey, le dio un hilo para que no se perdiera en los corredores; el héroe mató al minotauro y pudo salir del laberinto.

Ovidio, en un pentámetro que trata de ser ingenioso, habla del *hombre mitad toro y toro mitad hombre*; Dante, que conocía las palabras de los antiguos pero no sus monedas y monumentos, imaginó al minotauro con cabeza de hombre y cuerpo de toro (*Infierno*, XII: 1-30).

[...] La fábula griega del minotauro es una tardía y torpe versión de mitos antiquísimos, la sombra de otros sueños aún más horribles.

JORGE LUIS BORGES: *El libro de los seres imaginarios*.

Julio Cortázar

El argentino **Julio Cortázar** (1914-1984) fue uno de los grandes cultivadores del cuento fantástico. Escribió *Bestiario*, *Historias de cronopios y de famas*, *Todos los fuegos el fuego*, etc. Es autor de la novela *Rayuela*, obra compleja y con una estructura curiosa y original, pues sus capítulos permiten diferentes órdenes de lectura. En ella combina la narración con la reflexión, con el humor, etc.

Mario Vargas Llosa

Mario Vargas Llosa nació en Perú en 1936. Tiene dotes extraordinarias para la creación y la experimentación y domina como nadie las técnicas narrativas. Ha escrito numerosas novelas, entre las que destacan: *La ciudad y los perros*, *La casa verde*, *Conversación en la catedral*, *Pantaleón y las visitadoras*, *La tía Julia y el escribidor*, *La guerra del fin del mundo*, *Lituma en los Andes*, *Elogio de la madrastra*, *Los cuadernos de don Rigoberto*, *La fiesta del chivo*, *Travesuras de la niña mala*, *El héroe discreto*, *Cinco esquinas*, etc. Ha obtenido numerosas distinciones, entre ellas el Premio Cervantes, en 1994, y el Premio Nobel de Literatura, en 2010.

Gabriel García Márquez

Gabriel García Márquez nació en Aracataca (Colombia), en 1927. Compaginó su trabajo de periodista con su producción novelística. Por la extraordinaria calidad de su obra narrativa, se le concedió el Premio Nobel de Literatura en 1982. Murió en México en 2014.

Sus primeras novelas y cuentos (*El coronel no tiene quien le escriba*, *La hojarasca*, etc.) están ambientados en un pueblo imaginario, Macondo.

En *Cien años de soledad*, la realidad y la fantasía se funden de forma magistral: lo real convive con elementos fantásticos y sobrenaturales. La imaginación es desbordante y la prosa es de una riqueza sin igual.

Su novela *Cien años de soledad*, publicada en 1967, lo colocó en la cima de la literatura mundial. Cuenta la historia de la familia Buendía a lo largo de siete generaciones (cien años). Ambientada también en Macondo, la obra cuenta la historia del pueblo: su fundación, sus comienzos, sus gentes, su desarrollo económico, la explotación de que es objeto por una compañía bananera, los enfrentamientos sociales, la matanza de miles de obreros, las revoluciones, etc. El resultado es la ruina y la aniquilación. La obra puede considerarse como la historia de los pueblos hispanoamericanos.

Además de las obras citadas, escribió, entre otras, *Relato de un náufrago*, *El otoño del patriarca*, *Crónica de una muerte anunciada*, *El amor en tiempos del cólera* y *Del amor y otros demonios*. En 2002 publicó *Vivir para contarla*, libro de memorias, y en 2004, su última novela, *Memoria de mis putas tristes*.

A los **narradores** mencionados anteriormente, se suman otros de cualidades narrativas excepcionales: Ernesto Sábato, Carlos Fuentes, Juan Carlos Onetti, Guillermo Cabrera Infante, Mario Benedetti, Augusto Roa Bastos, José Donoso, Manuel Puig, Adolfo Bioy Casares, Manuel Mujica Láinez, Alfredo Bryce Echenique, Antonio Skármeta, Laura Restrepo, Luis Sepúlveda, Roberto Bolaño, etc.

» ACTIVIDADES

34. ¿Cuáles son los enunciados correctos?

a) José Martí y Rubén Darío fueron poetas modernistas.
b) En Hispanoamérica no se cultivó la poesía vanguardista.
c) Pablo Neruda no escribió poesía amorosa.
d) El realismo mágico comienza a partir de 1940.
e) Jorge Luis Borges fue poeta exclusivamente.
f) Gabriel García Márquez obtuvo el Premio Nobel de Literatura.

35. Lee el siguiente poema de Pablo Neruda y responde a las preguntas que se formulan:

La reina

Yo te he nombrado reina.
Hay más altas que tú, más altas.
Hay más puras que tú, más puras.
Hay más bellas que tú, hay más bellas.
Pero tú eres la reina.

Cuando vas por las calles
nadie te reconoce.
Nadie ve tu corona de cristal, nadie mira
la alfombra de oro rojo
que pisas donde pasas,
la alfombra que no existe.

Y cuando asomas
suenan todos los ríos
en mi cuerpo, sacuden
el cielo las campanas,
y un himno llena el mundo.

Solo tú y yo,
solo tú y yo, amor mío,
lo escuchamos.

a) Analiza métricamente el poema: tipo de versos, medida, rima, etc.
b) ¿Quiénes son el «yo» y el «tú» de quienes habla el poema?
c) ¿Qué figura literaria aparece en la primera estrofa?
d) Explica el contenido del poema.

36. Lee el siguiente relato de Borges y, a continuación, responde a las cuestiones planteadas:

Episodio del enemigo

Tantos años huyendo y esperando y ahora el enemigo estaba en mi casa. Desde la ventana lo vi subir penosamente por el áspero camino del cerro. Se ayudaba con un bastón, con un torpe bastón que en sus viejas manos no podía ser un arma sino un báculo. Me costó percibir lo que esperaba: el débil golpe contra la puerta. Miré, no sin nostalgia, mis manuscritos, el borrador a medio concluir y el tratado de Artemidoro sobre los sueños, libro un tanto anómalo ahí, ya que no sé griego. Otro día perdido, pensé. Tuve que forcejear con la llave. Temí que el hombre se desplomara, pero dio unos pasos inciertos, soltó el bastón, que no volví a ver, y cayó en mi cama, rendido. Mi ansiedad lo había imaginado muchas veces, pero solo entonces noté que se parecía, de un modo casi fraternal, al último retrato de Lincoln. Serían las cuatro de la tarde.

Me incliné sobre él para que me oyera.

—Uno cree que los años pasan para uno —le dije, pero pasan también para los demás. Aquí nos encontramos al fin y lo que antes ocurrió no tiene sentido.

Mientras yo hablaba se había desabrochado el sobretodo. La mano derecha estaba en el bolsillo del saco. Algo me señalaba y yo sentí que era un revólver.

Me dijo entonces con voz firme:

—Para entrar en su casa, he recurrido a la compasión. Lo tengo ahora a mi merced y no soy misericordioso.

Ensayé unas palabras. No soy un hombre fuerte y solo las palabras podían salvarme. Atiné a decir:

—Es verdad que hace tiempo maltraté a un niño, pero usted ya no es aquel niño ni yo aquel insensato. Además, la venganza no es menos vanidosa y ridícula que el perdón.

—Precisamente porque ya no soy aquel niño —me replicó— tengo que matarlo. No se trata de una venganza, sino de un acto de justicia. Sus argumentos, Borges, son meras estratagemas de su terror para que no lo mate. Usted ya no puede hacer nada.

—Puedo hacer una cosa —le contesté.

—¿Cuál? —me preguntó.

—Despertarme.

Y así lo hice.

JORGE LUIS BORGES: *Nueva antología personal.*

a) ¿Quién es el narrador del relato?
b) ¿Quiénes son los protagonistas?
c) Uno de los personajes quiere matar al otro; ¿por qué? Sin embargo, el crimen no se lleva a cabo; ¿por qué?
d) Escribe, en un máximo de diez líneas, un final distinto para este relato.

37. Lee el siguiente texto de *Historias de cronopios y de famas* y responde a las preguntas:

El diario a diario

Un señor toma el tranvía después de comprar el diario y ponérselo bajo el brazo. Media hora más tarde desciende con el mismo diario bajo el mismo brazo.

Pero ya no es el mismo diario, ahora es un montón de hojas impresas que el señor abandona en un banco de plaza.

Apenas queda solo en el banco, el montón de hojas impresas se convierte otra vez en un diario, hasta que un muchacho lo ve, lo lee y lo deja convertido en un montón de hojas impresas.

Apenas queda solo en el banco, el montón de hojas impresas se convierte otra vez en un diario, hasta que una anciana lo encuentra, lo lee y lo deja convertido en un montón de hojas impresas. Luego se lo lleva a su casa y en el camino lo usa para empaquetar medio kilo de acelgas, que es para lo que sirven los diarios después de estas excitantes metamorfosis.

JULIO CORTÁZAR: *Historias de cronopios y de famas.*

a) ¿Cuándo un diario deja de ser un diario? ¿En qué se convierte?
b) ¿Cuándo vuelve, de nuevo, a ser un diario?
c) Según Julio Cortázar, ¿para qué sirve realmente un diario?
d) En tu opinión, ¿para qué sirve un diario?

38. Indica el país de nacimiento de los siguientes poetas y narradores hispanoamericanos: José Martí, Rubén Darío, Alfonsina Storni, Pablo Neruda, Nicolás Guillén, Juana de Ibarbourou, Mario Vargas Llosa, Jorge Luis Borges, Gabriel García Márquez, Julio Cortázar, Gabriela Mistral.

39. En el siguiente fragmento, el protagonista cuenta cómo conoció, de jovencito, a una persona muy especial. Léelo y responde a las preguntas.

Pero el hecho más notable de aquel verano fue la llegada a Miraflores, desde Chile, su lejanísimo país, de dos hermanas cuya presencia llamativa y su inconfundible manerita de hablar, rapidito, comiéndose las últimas sílabas de las palabras y rematando las frases con una aspirada exclamación que sonaba como un «pue», nos pusieron de vuelta y media a todos los miraflorinos que acabábamos de mudar el pantalón corto por el largo. Y, a mí, más que a los otros.

La menor parecía la mayor y viceversa. La mayor se llamaba Lily y era algo más bajita que Lucy, a la que le llevaba un año. Lily tendría catorce o quince años a lo más y Lucy trece o catorce. [...].

Yo de Lily me enamoré como un becerro, la forma más romántica de enamorarse —se decía también templarse al cien—, y, en ese verano inolvidable, le caí tres veces. La primera, en la platea alta del Ricardo Palma, ese cine que estaba en el Parque Central de Miraflores, en la matinée del domingo, y me dijo que no, era todavía muy joven para tener enamorado. La segunda, en la pista de patinaje que se inauguró justamente ese verano al pie del Parque Salazar, y me dijo no, necesitaba pensarlo porque, aunque yo le gustaba un poquito, sus padres le habían pedido que no tuviera enamorado hasta el cuarto de media y ella estaba todavía en tercero. Y, la última, pocos días antes del gran lío, en el Cream Rica, de la avenida Larco, mientras tomábamos un *milk-shake* de vainilla, y, por supuesto, otra vez que no, para qué me iba a decir que sí ya que estando como estábamos parecíamos enamorados.

MARIO VARGAS LLOSA: *Travesuras de la niña mala.*

a) ¿Por qué el protagonista se refiere a Chile como «su lejanísimo país»?
b) ¿Qué efectos produce en los muchachos del barrio de Miraflores la llegada de Lucy y de Lily?
c) Las chicas tienen entre trece y quince años. ¿Qué edad crees que pueden tener los chicos? ¿Cómo lo has deducido?
d) El protagonista se enamora de Lily y dice que ese verano «le caí tres veces». ¿Qué significa esta expresión?
e) ¿Cuál es la respuesta de Lily?
f) Reescribe el último párrafo de manera que el narrador sea externo y omnisciente, es decir, en 3.ª persona. Puedes empezar así: *Él de Lily se enamoró como un becerro...*

40. Lee el siguiente fragmento de *Último round*, de Julio Cortázar, y responde a las preguntas:

Es terrible, mi tía me invita a su cumpleaños, yo le compro un canario de regalo, llego y no hay nadie, mi almanaque es defectuoso, al volver el canario canta a chorros en el tranvía, los pasajeros **entran en amok**, le saco **boleto** al animal para que lo respeten, al bajarme le doy con la jaula en la cabeza a una señora que se vuelve toda dientes, llego a casa bañado en **alpiste**, mi mujer se ha ido con un escribano, caigo rígido en el **zaguán** y aplasto al canario, los vecinos claman por la ambulancia y se lo llevan en una tablita, me quedo toda la noche tirado en el zaguán comiéndome el alpiste y oyendo el teléfono en la sala, debe ser mi tía que llama y llama para que no vaya a olvidarme de su cumpleaños, ella siempre cuenta con mi regalo, pobre tía.

JULIO CORTÁZAR: *Último round.*

VOCABULARIO

entrar en amok Enfurecerse violentamente.

boleto *m.* Billete.

alpiste *m.* Planta de la familia de las gramíneas, cuyas semillas sirven de alimento para pájaros.

zaguán *m.* Espacio cubierto situado dentro de una casa, que sirve de entrada a ella y está inmediato a la puerta de la calle.

a) Explica el significado de las siguientes expresiones del texto:
   1. «mi almanaque es defectuoso»
   2. «el canario canta a chorros»

b) Resume el contenido del texto en un par de líneas.

c) Señala los elementos humorísticos más destacados del texto.

41. Lee el siguiente fragmento de *Cien años de soledad* y responde a las preguntas:

El gitano Melquíades visita Macondo todos los años para vender objetos desconocidos a sus habitantes. En una visita anterior, José Arcadio Buendía le compró un imán con el que pretendió encontrar oro bajo tierra. Fracasó en su intento. Ahora le comprará algo distinto.

En marzo volvieron los gitanos. Esta vez llevaban un catalejo y una lupa del tamaño de un tambor, que exhibieron como el último descubrimiento de los judíos de Ámsterdam. Sentaron a la gitana en un extremo de la aldea e instalaron el catalejo a la entrada de la carpa. Mediante el pago de cinco reales, la gente se asomaba al catalejo y veía a la gitana al alcance de su mano. «La ciencia ha eliminado las distancias», pregonaba Melquíades. «Dentro de poco, el hombre podrá ver lo que ocurre en cualquier lugar de la tierra, sin moverse de su casa». Un mediodía ardiente hicieron una asombrosa demostración con la lupa gigantesca: pusieron un montón de hierba seca en mitad de la calle y le prendieron fuego mediante la concentración de los rayos solares. José Arcadio Buendía, que aún no acababa de consolarse por el fracaso de los imanes, concibió la idea de utilizar aquel invento como un arma de guerra. Melquíades, otra vez, trató de disuadirlo. Pero terminó por aceptar los dos lingotes imantados y tres piezas de dinero colonial a cambio de la lupa. Úrsula lloró de consternación. Aquel dinero formaba parte de un cofre de monedas de oro que su padre había acumulado en toda una vida de privaciones, y que ella había enterrado debajo de la cama en espera de una buena ocasión para invertirlas. *José Arcadio Buendía no trató siquiera de consolarla, entregado por entero a sus experimentos tácticos con la abnegación de un científico y aun a riesgo de su propia vida. Tratando de demostrar los efectos de la lupa en la tropa enemiga, se expuso él mismo a la concentración de rayos solares y sufrió quemaduras que se convirtieron en úlceras y tardaron mucho tiempo en sanar. Ante las protestas de su mujer, alarmada por tan peligrosa inventiva, estuvo a punto de incendiar la casa. Pasaba largas horas en su cuarto, haciendo cálculos sobre las posibilidades estratégicas de su arma novedosa, hasta que logró componer un manual de una asombrosa claridad didáctica y un poder de convicción irresistible.*

GABRIEL GARCÍA MÁRQUEZ: *Cien años de soledad.*

a) ¿Cuánto pagó José Arcadio Buendía a Melquíades por la lupa? ¿De dónde procedía el dinero? ¿Por qué Úrsula llora de consternación?

b) ¿Qué uso pretendía darle José Arcadio Buendía a la lupa?

c) ¿Qué consecuencias tuvo el experimento que lleva a cabo con la lupa en su propia persona?

d) Reescribe el texto en cursiva de manera que el narrador sea el propio José Arcadio Buendía.

» GRAMÁTICA

1. Las oraciones subordinadas adverbiales

Recuerda que los **adjuntos** modifican a una palabra, un sintagma u otro segmento lingüístico sin que vengan exigidos semánticamente por estos.

Las **oraciones subordinadas adverbiales** son aquellas que, introducidas por una conjunción o una locución conjuntiva, expresan un significado no argumental. Funcionan, por tanto, como adjuntos, aportando información de causa, tiempo, finalidad, etc. De todos modos, su definición y clasificación son altamente controvertidas.

1.1. Adverbiales de tiempo y de modo

Las oraciones tradicionalmente denominadas *adverbiales de lugar, modo y tiempo*, encabezadas por adverbios relativos *donde*, *como* y *cuando*, se consideran mejor oraciones subordinadas de relativo: *cuando* (el momento en que...); *donde* (el lugar en que...). Consulta la pág. 236.

Hay una serie de construcciones temporales y modales que se consideran subordinadas adverbiales, puesto que se introducen con conjunciones o locuciones conjuntivas.

- **Adverbiales de tiempo**. Informan de una acción que se realiza antes, al mismo tiempo o después de la acción principal. Van encabezadas por conjunciones o locuciones conjuntivas como *mientras*, *apenas*, *luego que*, etc. Ejemplos: ***Apenas** salieron de casa, les sorprendió la lluvia; **En cuanto** le dieron el premio, se fue a casa.*
- **Adverbiales de modo**. Indican la manera como se realiza la acción principal. Van encabezadas por las conjunciones modales *según* o *conforme*. Ejemplos: *Se tomaron la medicación **según** se lo había indicado el médico*; *Vivieron en Alaska **conforme** recomendaban sus leyes*.

1.2. Adverbiales causales, finales e ilativas

Numerosas construcciones **causales** y **finales** pueden analizarse como subordinadas sustantivas precedidas de preposición o locución prepositiva: *Se cayó porque llevaba los cordones desatados* (*por eso*); *Mandaron un mensaje a dirección para que revisase el problema* (*para eso*).

- **Las adverbiales causales** informan sobre la causa de lo expresado en el predicado que modifican. Ejemplos: *Dado que no tienes los papeles, no podrás renovar el carné de identidad*; *Quizás esté enfermo, puesto que no ha acudido a la cita*; *Como he vivido en París, tengo buen acento francés.*

  Las oraciones causales son introducidas por las conjunciones o locuciones conjuntivas *que*, *como*, *dado que*, *pues*, *puesto que*, *ya que*, *visto que*, *porque*, *en vista de que*...
- **Las adverbiales finales** expresan la finalidad de la oración principal. Pueden aparecer precedidas de las conjunciones y locuciones conjuntivas *que*, *para que*, *a fin de que*, *a efecto de que*, *en orden a que*... Ejemplos: *Abre la ventana del salón, que entre un poco de aire*; *Trabajamos el acero con cuidado con el objeto de que no se deteriore*.

- **Las adverbiales ilativas** expresan una consecuencia natural de lo afirmado en la oración principal. Introducen estas subordinadas las conjunciones ilativas *luego* (*Lo dijo el teniente, luego tienes que hacerlo*), *conque* (*Al final he llegado; conque no te quejes*), *pues* (*No te alegras de mi éxito, pues ya no eres mi amigo*), etc., así como diversas locuciones conjuntivas: *así que* (*Vendieron pocas entradas, así que suspendieron el acto*), *de modo que* (*Rafael tiene el coche en el garaje, de modo que ya ha vuelto de vacaciones*) o *de ahí que* (*Se equivocó en el diagnóstico, de ahí que cambiara de médico*).

1.3. Adverbiales concesivas y condicionales

- **Las adverbiales concesivas** plantean un obstáculo para el cumplimiento de la acción principal, pero no impiden que se cumpla. Las conjunciones o locuciones conjuntivas más habituales son *aunque* y *si bien*. Ejemplos: *Aunque llevábamos un paraguas, nos mojamos*; *Finalmente, acabó la carrera de Medicina, si bien realizó muchos sacrificios*.
- **Las adverbiales condicionales** expresan un requisito para que pueda cumplirse la acción principal. Suelen venir encabezadas por las conjunciones *si* (*Si vienes conmigo a la biblioteca, te invitaré al teatro*), *como* (*Como no vayas más deprisa, no llegarás a tiempo*) y *cuando* (*Cuando tú lo dices, será verdad*), así como por algunas locuciones conjuntivas tales como *siempre que*, *a menos que* y *siempre y cuando* (*Te dejaré mis apuntes siempre que me los devuelvas mañana*).

En las oraciones que incluyen una subordinada concesiva o condicional, se denomina **prótasis** a la subordinada y **apódosis** al segmento principal. *Si vienes* (prótasis), *te ayudaré* (apódosis); *Aunque llueva* (prótasis), *iré* (apódosis).

1.4. Construcciones comparativas y consecutivas

- **Las construcciones comparativas** establecen, mediante recursos gramaticales, una relación de igualdad o desigualdad entre dos elementos. Se compara principalmente la cualidad, la cantidad o el grado de estos. Ejemplos:

  Igualdad: Establecen relaciones de equivalencia entre dos elementos: *El tren de mercancías alcanzó **tanta** velocidad **como el de pasajeros**; Esas zapatillas son **igual de** bonitas **que las de María**.*
  Desigualdad: Se expresan relaciones de diferencia entre dos elementos: *Ese papel es **menos** rugoso **que aquel**; Julia encontró **más** fósiles en el río **que yo**.*

Toda estructura comparativa presenta dos partes:

1. **La noción comparada**. En ella aparecen los cuantificadores *más*, *menos* y *tan*(*to*), además del núcleo de la comparación (nombres, adjetivos, verbos, adverbios, etc.).
2. **El complemento comparativo**. Aparece el segundo término de la comparación introducido mediante las conjunciones *que* y *como*, además de la preposición *de* (*Tuvo más beneficios* ***de*** *los que esperaba conseguir*; *Esperaba ser tan feliz* ***como*** *su abuelo*.) Estas deben aparecer cerca de los cuantificadores.

<table>
<tr><th colspan="4">TIPOS DE CONSTRUCCIONES COMPARATIVAS</th></tr>
<tr><td rowspan="2">DE IGUALDAD</td><td>tan (adverbio)</td><td colspan="2">Era tan bonito el boceto como el dibujo definitivo.</td></tr>
<tr><td>tanto, tanta, tantos, tantas (determinantes)</td><td colspan="2">Este autor tiene tantos libros como premios.</td></tr>
<tr><td rowspan="2">DE DESIGUALDAD</td><td>superioridad</td><td>más (adverbio o determinante)</td><td>La torre de la catedral es más alta que la de la iglesia del puerto.</td></tr>
<tr><td>inferioridad</td><td>menos (adverbio o determinante)</td><td>Su conferencia fue menos interesante que la mía.
Recolectamos menos cebada este año que el anterior.</td></tr>
</table>

En las construcciones comparativas se produce la elisión de elementos sobreentendidos en el primer término de comparación: *Alonso nada tan bien como Laura* (*nada*).

Por razones históricas, el castellano presenta construcciones comparativas con adjetivos que contienen en sí un valor cuantificador (comparativos sincréticos): *mejor que*, *peor que*, *mayor que*, *menor que*, *superior a* e *inferior a*. Por ejemplo: *Los ingresos de este año han sido* ***superiores a*** *los de la temporada pasada.*

- **Las construcciones consecutivas** expresan una consecuencia de la intensidad de la acción principal o de alguno de sus elementos. Ejemplos: *Sufrió* ***tanto*** *que no levantó cabeza en dos meses*; *Juan es* ***tan listo*** *que no necesita estudiar demasiado*.

Estas construcciones consecutivas son **cuantitativas** cuando se construyen con *tan*, *tanto*, *tanta*, *tantos*, *tantas* más la conjunción *que*, mientras que se denominan **cualitativas** cuando se generan con *tal*, *tales* más *que*:

- **Cuantitativas:** *Saludé a* ***tantas*** *personas en mi viaje que no recuerdo el nombre de la mitad.*
  Se sabía ***tan*** *bien todos los trucos de su oficio que nadie osaba engañarle.*
- **Cualitativas:** *Hubo* ***tal*** *despliegue de medios que cualquier otra actuación anterior parecía ridícula.*
  Vestía de ***tal*** *modo que todo el mundo se fijaba en él.*

» ACTIVIDADES

42. Di de qué tipo son las oraciones adverbiales destacadas:

a) *Aunque no podíamos verla*, Belén nos transmitió toda su fuerza y ánimo.
b) *Mientras los bomberos hacían su trabajo*, la gente estaba expectante.
c) Tiene cada ocurrencia *que nos sorprende a todos*.
d) Lo contrataron *ya que cumplía todos los requisitos para el nuevo empleo*.
e) *Como sigas trabajando tanto*, no tendrás tiempo para vivir.
f) Ayer no pude dormir, *así que hoy tengo sueño*.
g) *Apenas tenga tiempo*, te escribiré.
h) Superó las pruebas físicas *puesto que se había preparado bien*.
i) *Si se integra en el equipo*, nos ayudará mucho.
j) Gírate, *que te veamos*.

43. Escribe oraciones con una subordinada adverbial de cada uno de los siguientes tipos: condicional, concesiva, causal, ilativa y final. Todas las oraciones deben tratar sobre cuestiones relacionadas con la necesidad de conservar el medio ambiente.

44. Di de qué tipo es la subordinada adverbial destacada en estos fragmentos de *El mundo*, novela de J. J. Millás:

a) Siempre que he atravesado Castilla en coche a lo largo de mi vida, se ha reproducido en un grado u otro la angustia que sentí entonces.
b) Empleé gran parte de mi análisis en intentar verla como una mujer frágil, pues detrás de caracteres tan poderosos se oculta con frecuencia una debilidad insoportable.
c) Si supiera, pensé, que se iba a morir al minuto siguiente, lo abrazaría en vez de reñirle.
d) Como el Vitaminas no podía ayudar a su padre en la tienda, le echaba una mano anotando las costumbres de la gente.
e) Aunque pasaba mucho tiempo delante de ellos [libros], a los cinco minutos de haberlos abierto ya me había fugado a través de una trampilla imaginaria.
f) Si cierro los ojos, puedo ver dentro de mi cabeza una calle iluminada por farolas de gas.
g) Mientras escribíamos, mi pierna izquierda y su derecha se aproximaban y permanecían juntas, en una suerte de caricia prolongada, sin que nada, por encima del mueble híbrido, delatara esta actividad subterránea.

45. Describe algunas de tus características personales (físico, aficiones, intereses...) mediante las siguientes construcciones consecutivas y comparativas:

a) *tan* + adjetivo + *que*
b) *tanto* (*-ta*, *-tos*,*-tas*) + nombre + *que*
c) *más* + adjetivo + *que*
d) *menos* + adjetivo + *que*
e) *tan* + adjetivo + *como*

46. Reescribe las siguientes oraciones cambiando los elementos destacados por otros que aporten el mismo valor a la oración. Realiza las adaptaciones que consideres necesarias.

a) *Si bien* no le interesaba, vio el desfile asomado al balcón de su casa.
b) *Como* escuche las canciones con el volumen tan alto, se quedará sordo.
c) Hay que levantarse muy pronto *ya que* el tren sale a las seis.
d) *Con tal de que* me dejes tranquilo ahora, yo prepararé la cena después.
e) *En vista de que* la nevera se ha estropeado, la cambiaremos.
f) *A pesar de que* las riega por la noche, las plantas no tienen buen aspecto.

47. Identifica qué valores (causales, concesivos, condicionales) tienen las construcciones destacadas:

a) *Con ser de esa manera*, se puede confiar en él.
b) *De ser cierto lo que dices*, tenemos que huir.
c) *Al dormir tan poco por las noches*, está muy cansado durante el día.
d) *Habiéndote esforzado un poco*, lo hubieras conseguido.
e) *Con tanto dinero que ha tenido*, ahora vive en la pobreza.
f) *Viendo que todo estaba solucionado*, la policía se retiró.

48. Reescribe las oraciones del ejercicio anterior utilizando conjunciones o locuciones conjuntivas de forma que se mantengan sus mismos significados.

49. Clasifica cada una de estas oraciones con *que* en su lugar correspondiente:

a) Siempre pensé *que* Lucía tenía un gran sentido del humor.
b) Siéntate, *que* te ate el zapato.
c) Juan tenía un perro *que* solo dormitaba en el balcón de su casa.
d) Prepárate, *que* salimos de inmediato.
e) No nos interesaba *que* los jugadores entrenaran solo dos días por semana.
f) Ven aquí, *que* te vea bien.
g) ¡Me he olvidado en casa el libro *que* estaba leyendo con tanto interés!
h) No me quedo hoy, *que* tengo muchas cosas por hacer en casa.

sustantivas		
de relativo		
adverbiales	causales	
	finales	

50. ¿Qué diferencia hay entre las dos oraciones siguientes?

a) Aunque lo hace bien, no lo contratarán.
b) Aunque lo haga bien, no lo contratarán.

51. Lee las siguientes oraciones y elige la opción que identifica de manera correcta y ordenada el tipo de subordinada adverbial que aparece en cada una de ellas:

a) Aunque cantó bien, no la seleccionaron.
b) Es bastante tarde, conque date prisa.
c) Como se esforzó tanto, consiguió escribir sin faltas de ortografía.
d) Como me lo pida mi madre, lo haré sin dudarlo.

1. a) temporal, b) causal, c) comparativa, d) final
2. a) concesiva, b) final, c) consecutiva, d) causal
3. a) concesiva, b) ilativa, c) causal, d) condicional
4. a) modal, b) consecutiva, c) condicional, d) causal

52. Crea oraciones que tengan sentido rellenando los espacios en blanco con conjunciones o locuciones conjuntivas adecuadas.

a) He llegado tarde a clase ■ se me ha pinchado una rueda del coche.
b) ■ nadie se lo comunicó, no se enteró de la nueva fecha de reunión.
c) No nos hemos presentado a las oposiciones, ■ seguiremos siendo interinos.
d) ■ no le ofrecen un buen acuerdo, no delatará a los corruptos.
e) ■ en muchos tramos se necesitan las cadenas de nieve, no han cortado la carretera.
f) Es bastante tarde, ■ date prisa.

53. ¿De qué tipo son las oraciones adverbiales del ejercicio anterior?

54. Identifica las construcciones adverbiales en estas oraciones y señala la conjunción o la locución conjuntiva que las introduce. ¿De qué tipo son todas?

a) Solo con que pongas un poco de interés, conseguirás tus propósitos.
b) Accederán a tu petición con tal de que realices un curso de adaptación.
c) Te invitarán a la presentación de la película a condición de que vayas con traje.
d) Será tu amigo siempre que no lo incomodes.
e) Como no apruebes el curso en junio, no te concederán la beca.

55. En las siguientes oraciones aparecen valores consecutivos. Unas presentan una construcción consecutiva derivada de la intensificación de un elemento de la primera parte de la oración, mientras que las otras no. Indentifícalas. Recuerda que a estas últimas se las denomina ilativas, mientras que a las primeras se les llama propiamente consecutivas.

a) El nuevo abogado era tan inteligente que fue el primero de su promoción.
b) Cometió numerosas faltas de ortografía; por tanto, no aprobó el examen.
c) El conserje es tan despistado que se pierde por los pasillos.
d) El nuevo fichaje del club ya está recuperado, luego jugará el partido.

» LÉXICO

1. Niveles léxicos: cultismos, tecnicismos, vulgarismos

Para que un texto sea adecuado, el hablante debe escoger el registro lingüístico más apropiado a la situación comunicativa. En general, los registros se agrupan en tres bloques:

- El registro **culto** es aquel que un emisor culto emplea en situaciones de formalidad (una conferencia, un artículo periodístico, un libro técnico o especializado, etc.). Se caracteriza por su precisión léxica y su corrección sintáctica. En este nivel es muy habitual el empleo **de palabras y expresiones cultas**, además de los **tecnicismos**, es decir, las palabras técnicas propias de un determinado campo u oficio (tecnología, ciencia, música, literatura...).
- El registro **familiar** o coloquial se utiliza en situaciones de relajación y confianza. Se caracteriza por la sencillez, la ausencia de léxico especializado y el uso relajado de la lengua.
- El registro **vulgar** es el empleado por aquellas personas que no han adquirido una suficiente formación académica y, por tanto, cometen numerosas incorrecciones y errores en el uso de la lengua. A estos errores se los denomina de forma genérica **vulgarismos** y se clasifican por ámbitos lingüísticos: fonéticos, gramaticales o sintácticos y léxicos.

La elección del registro lingüístico empleado en un determinado contexto es fundamental para lograr una comunicación efectiva.

VULGARISMOS		
FONÉTICOS	**GRAMATICALES O SINTÁCTICOS**	**LÉXICOS**
Incorporación de sonidos a principio de palabra: **amoto*	Uso erróneo de pronombres por alteración del orden (**me se cayó*; **yo y Juan*), cambio de forma (**sus vais*), etc.	Confusiones con el uso de palabras parecidas: **prejuicio* en vez de *perjuicio* (o a la inversa)
Pérdida de sonidos a final de palabra: **to*, **na*, **verdá*	Laísmo (**La envié una carta*), loísmo (**Lo regalé una camisa*) y leísmo (**El ventilador le compré ayer*)	Invención de palabras: **destinaje* en vez de *destino*
Pérdida de consonantes intervocálicas: **bailao*, **comío*	Irregularidades verbales: *andé (*anduve*), **conducí* (*conduje*), **vistes* (*viste*), etc.	Insultos o palabras malsonantes
Cambio y confusión de sonidos consonánticos y vocálicos: **trai* (traje), **Grabiel* (Gabriel), **cocreta* (croqueta), **endición* (inyección)	Errores en concordancias (**habían diez personas*, **a mis hermanos le vi...*)	
	Mal uso de preposiciones (**contra más va...*)	
	*Empleo del artículo con antropónimos (*el Ramón)*	

» ACTIVIDADES

56. Identifica en el siguiente texto al menos cinco tecnicismos propios de la arquitectura. Busca en el diccionario su significado y anótalo en el cuaderno.

> El monasterio de Sant Pere de Roda (Gerona) sería un ejemplo primerizo [de construcción románica] [...]. Lo más peculiar de lo conservado son órdenes de columnas superpuestas, de dos en dos, que parten de pequeños podios y que soportan una bóveda de cañón de grandes dimensiones en la nave central. Esta resolución, algo curiosa, se asemeja a construcciones clásicas helénicas o romanas, sin ningún tipo de justificación para ello. En general, todos los elementos, incluido un estrecho deambulatorio en la cabecera, hicieron pensar que se trataba de una obra del siglo XII, pero la documentación demuestra que no fue así.
>
> JANNIC DURAND y otros: *El románico.*

57. En ocasiones, los autores literarios tienden a utilizar en sus escritos términos cultos con el fin de llamar la atención sobre el lenguaje. Indica qué significan las palabras destacadas en los siguientes textos:

a)
> «Probablemente moriría o, todavía peor, pasaría el resto de la vida en este **ergástulo**. Tenía los ojos llenos de lágrimas, sentía una enorme tristeza, se hundía en la desmoralización.»
>
> M. VARGAS LLOSA: *Cinco esquinas.*

b)
> «Por cierto, don Jaume, ¿cuántos **protervos** han podido prender?»
>
> CARME RIERA: *En el último azul.*

c)
> «Los años y su natural orgulloso la hacían ser consciente de su **prosapia**, y la altura de su linaje la obligaba a recordar siempre y en cualquier ocasión lo preclaro de su abolengo.»
>
> CHUFO LLORÉNS: *Te daré la tierra.*

58. Reescribe las siguientes oraciones en un registro familiar:

a) Sus argumentos falaces no nos convencieron.
b) Corrieron un tupido velo sobre el asunto.
c) La topografía del lugar se modificó con la última avenida fluvial.
d) Durante el estío descubrieron los recónditos tesoros de la urbe.

59. Reescribe el siguiente texto, plagado de vulgarismos, de forma que el resultado final sea correcto:

> ¡Qué curro he pillao, tío! Pensaba que no tenía los requesitos pal puesto, pero me han dicho que solo hay que trabajar mu duro. En cuando me dijeron que sí, agarré y me fui a to meter al bar del Facu a celebralo. Detrás mío entró el Enrique y nos hicimos unas birras. De seguro que tos se morían de la rabia. Se me hace a mí que antiayer no me miraban estos igual.

60. Identifica y corrige los errores que aparecen en las siguientes oraciones:

a) En el parque no habían bancos donde sentarse.
b) Te se dijo todo bien claro.
c) ¡Ostras! ¡Todavía debo de comprar el pan!
d) Siéntate delante nuestro, por favor.
e) El Córdoba jugó ante el Betis.
f) ¿Qué sentistes después de la noticia?
g) Me miró de arriba a abajo.
h) El profesor traducció el texto en un santiamén.

61. Escoge el término adecuado para cada enunciado de modo que no aparezcan vulgarismos.

a) La sal, el clavo y el comino son tres tipos de ▮. (*especia / especie*)
b) El maestro siempre habla de que los alumnos deben tener una buena ▮. (*actitud / aptitud*)
c) Inspirar y ▮ profundamente es básico para controlar los nervios. (*espirar / expirar*)
d) Los dacios ▮ una gran derrota al pueblo romano. (*infringir / infligir*)
e) Para conocer a las personas, los ▮ suelen ser malos compañeros. (*perjuicio / prejuicio*)
f) El acusado cayó en una contradicción ▮. (*flagrante / fragrante*)

» ORTOGRAFÍA

1. La *x* y la *s*

	EJEMPLOS
Se escribe ***x*** entre la ***e*** **inicial** de una palabra y **otra vocal** o ***h***.	***ex****acto*, ***ex****agerar*, ***ex****hibir*
Se escribe ***x*** entre la ***e*** de principio de palabra y los grupos ***pl*** y ***pr***. Excepciones: *esplendor*, *espliego*.	***ex****plicar*, ***ex****plosión*, ***ex****primir*
Las palabras que empiezan por ***exce-*** se escriben con ***x***. Excepciones: *escena*, *escéptico*.	***exce****sivo*, ***exce****lente*
Se escriben con ***x*** las palabras que empiezan por los prefijos ***ex-*** ('fuera de', 'privación'), ***extra-*** ('fuera de').	***ex****carcelar*, ***extra****escolar*
Se escriben con ***s*** las palabras que empiezan por ***es-*** o ***estra-*** siempre que no se trate de los prefijos *ex-* o *extra-*.	***es****calofrío*, ***estra****tégico*

2. Paréntesis, raya y guion

	EJEMPLOS
El **paréntesis** se usa para introducir **aclaraciones**.	*Su piso* **(***situado en un barrio céntrico***)** *era su única propiedad.*
Se escriben entre **paréntesis** algunos **datos** que completan un texto, como fechas, páginas, lugares, etc.	*Agatha Christie* **(***1890-1976***)** *fue una escritora inglesa conocida como «la Reina del Crimen».*
La **raya** es un guion largo que se puede utilizar solo, o como signo de apertura y cierre. Se escribe raya para señalar las **intervenciones de los personajes en un diálogo** y para encerrar los comentarios que introduce el narrador.	**—***¿Tiene gasolina?* **—***preguntó Montse***—***, ¿lo has comprobado?* **—***Sí, yo mismo llené el depósito ayer* **—***dijo él.* **—***Pues en marcha* **—***añadió ella, muy tranquila.*
Se escribe **raya** para separar **incisos** que interrumpen el discurso.	*El perro* **—***un pastor alemán***—** *dormitaba delante de la chimenea.*
El **guion** es una raya pequeña que se usa para **unir palabras**: adjetivos, nombres, etc.	*El conflicto palestino***-***israelí era el tema de la conferencia.*
Se escribe **guion** para **separar períodos de tiempo**.	*Su proyecto era montar un equipo ciclista profesional para la temporada 2016***-***2017*
Se usa **guion** para **cortar una palabra** que no cabe en un renglón y ha de pasar al siguiente. En estos casos, el guion solo se anota a final de la línea en que aparece la primera parte de la palabra cortada.	*Al salir de la plaza del mercado municipal, la carre***-** *tera bajaba súbitamente y se podía ver todo el valle bajo el sol del atardecer.*

» ACTIVIDADES

62. Para cada una de las siguientes palabras escribe al menos otras dos de su misma familia léxica:

expresar: *expresión, expresivo*

a) extenso
b) exacto
c) exhibir
d) excluir
e) estallar
f) esclavo
g) especular
h) espléndido

63. En cada una de las siguientes series hay una palabra que no sigue el orden alfabético. Señálala y colócala en el lugar correspondiente:

a) excedente, exceder, excelencia, excedencia, excelente
b) exclamación, exclamar, exclamativo, exclaustración, exclamatorio
c) existencia, existencial, existencialismo, existir, existente
d) expresamente, expresión, expresar, expresionismo, expresivamente

64. Copia las siguientes oraciones y escribe los paréntesis que faltan:

a) Las reuniones de vecinos con sus tediosas e interminables discusiones se celebraban en el vestíbulo del edificio.
b) Su padre era natural de Olite Navarra y su madre había nacido en Reus Tarragona.
c) La ITV Inspección Técnica de Vehículos detectó que habían manipulado el motor del vehículo.
d) Su forma física ¡había corrido la maratón! era envidiable.

65. Ordena las siguientes palabras y escribe los titulares periodísticos que resulten:

A — DE EXTINCIÓN SE ILUMINA DE LOS ANIMALES EN DEFENSA EN PELIGRO LA TORRE AGBAR

B — DE ESCISIÓN QUE SUFRIÓ ADMITE UN INTENTO EL PARTIDO DEMOCRÁTICO

66. Puntúa correctamente el siguiente texto y pon mayúsculas según convenga. Te indicamos el número de signos que faltan: Coma: 6 / Punto: 4 / Raya: 4 / Dos puntos: 1.

> Atlas estaba sentado con las piernas bien abiertas cargando el mundo sobre los hombros Hiperión le preguntó
>
> Supongo Atlas que te pesará más cada vez que cae un aerolito y se clava en la tierra
>
> Exactamente contestó Atlas Y por el contrario a veces me siento aliviado cuando un pájaro levanta el vuelo
>
> ENRIQUE ANDERSON IMBERT,
> en *Antología de relatos hiperbreves*.

67. Agrupa las siguientes palabras de dos en dos de manera que cada pareja tenga un significado parecido:

debilitado • evidente • escuálido • exhaustivo
completo • exiguo • éxodo • huida • estentóreo
flaco • ruidoso • excéntrico • raro • extenuado
exorbitante • exagerado • explícito • extorsión
amenaza • insuficiente

68. Copia las siguientes oraciones y escribe guion donde sea necesario:

a) La relación calidad precio de la mayoría de los productos era excelente.
b) Para cualquier duda, consultad las páginas 94 95 de esta misma obra.
c) La frontera chileno argentina es extensísima.
d) El Renacimiento se desarrolla en Europa durante los siglos XV XVI.
e) El trasvase Tajo Segura supondrá un conflicto entre comunidades.

f) Una película franco italiana se llevó el primer premio.

69. El siguiente fragmento reproduce un diálogo entre un profesor y un alumno. Pon las rayas que señalan las intervenciones de cada personaje.

Todo lo contrario

Veamos dijo el profesor. ¿Alguno de ustedes sabe qué es lo contrario de IN?

OUT respondió prestamente un alumno.

No es obligatorio pensar en inglés. En español, lo contrario de IN (como prefijo privativo, claro) suele ser la misma palabra, pero sin esa sílaba.

Sí, ya sé: insensato y sensato, indócil y dócil, ¿no?

Parcialmente correcto. No olvide, muchacho, que lo contrario del invierno no es el vierno sino el verano.

No se burle, profesor.

Vamos a ver. ¿Sería capaz de formar una frase, más o menos coherente, con palabras que, si son despojadas del prefijo IN, no confirman la ortodoxia gramatical?

Probaré, profesor: «Aquel dividuo memorizó sus cógnitas, se sintió fulgente pero dómito, hizo ventario de las famias con que tanto lo habían cordiado, y aunque se resignó a mantenerse cólume, así y todo en las noches padecía de somnio, ya que le preocupaban la flación y su cremento.»

Sulso pero pecable admitió sin euforia el profesor.

MARIO BENEDETTI: *Despistes y franquezas.*

- Redacta en estilo indirecto las cuatro primeras intervenciones del diálogo. Observa que, cuando el narrador expresa lo que piensan o dicen los personajes, no debe utilizarse la raya.

LUDOLENGUA

70. Averigua tu conocimiento ortográfico.

a) En cada oración hay un error.
b) Por cada error detectado y bien corregido, sumas un punto. El nivel máximo corresponde a 10 puntos.
c) Si corriges algo que está bien escrito, restas un punto.

1. Se viste así por que le gusta llamar la atención.
2. Fué a la floristería y compró un ramo de rosas para su madre.
3. La obesidad es un problema de salud en los paises desarrollados.
4. Se marchó al estranjero para huir de sus muchos problemas familiares.
5. Las obras del trambía han complicado el tráfico en toda la ciudad.
6. Los expectadores salían conmovidos por la belleza del espectáculo.
7. Se encontraba también que le iban a dar el alta médica pronto.
8. ¿Y quién va a cuidarte, sino lo hago yo?
9. El vencedor, llegó exhausto a la meta de la carrera.
10. Tienen carácteres opuestos y discuten con frecuencia.

10 Perfecto	**9-8** Muy bien	**7-6** Bien
5-4 Regular	**3 o menos** ¡Cuidado!	

DICTADO

Premisa. 1. Lee el texto atentamente y apunta todos los signos de puntuación que contiene. Por ejemplo: punto y coma: 1; puntos: 3, etc. **2.** Escribe el texto (te lo dictarán sin indicar los signos de puntuación). **3.** Comprueba si has usado los signos que habías previsto. **4.** Corrige el texto con el modelo.

Muchos años después, frente al pelotón de fusilamiento, el coronel Aureliano Buendía había de recordar aquella tarde remota en que su padre lo llevó a conocer el hielo. Macondo era entonces una aldea de veinte casas de barro y cañabrava construidas a la orilla de un río de aguas diáfanas que se precipitaban por un lecho de piedras pulidas, blancas y enormes como huevos prehistóricos. El mundo era tan reciente que muchas cosas carecían de nombre, y para mencionarlas había que señalarlas con el dedo.

GABRIEL GARCÍA MÁRQUEZ: *Cien años de soledad.*

» DILO POR ESCRITO

Un microrrelato

Un **microrrelato** es un relato muy breve que cuenta una historia sorprendente con un lenguaje escueto y preciso. Por este motivo, el lector tiene que esforzarse si quiere comprender la narración: deducir las elipsis, captar los detalles, resolver el enigma, etc. En esta actividad te proponemos que escribas un microrrelato de entre 100 y 200 palabras de extensión aproximadamente.

Procedimiento

1. Piensa en un hecho o en una anécdota para el microrrelato. Puedes escoger como punto de partida alguna de las siguientes opciones (u otras):

UN SUCESO EXTRAÑO

UN SUEÑO APARENTEMENTE IRREALIZABLE

Una visita inesperada

UNA CIRCUNSTANCIA ABSURDA

UN PERSONAJE PECULIAR

UNA PROFECÍA AMENAZANTE

2. La situación que escojas debe tener un significado oculto, es decir, una idea que el lector desconoce y forma parte del desenlace sorprendente. Puede ayudarte completar un esquema como el siguiente:

	TÍTULO
SITUACIÓN INICIAL	
SIGNIFICADO OCULTO	
EVOLUCIÓN DE LOS HECHOS	
DESENLACE	

3. Ten en cuenta que no se recomienda la intervención de más de tres personajes ni que las indicaciones de lugar y tiempo se extiendan mucho. Además, las descripciones deben ser mínimas.

4. ✓ Escribe el microrrelato y ponle título. No olvides revisar y corregir el texto antes de darlo por terminado.

5. Si lo deseas, puedes participar en alguno de los muchos concursos de microrrelatos que se convocan y se anuncian en internet.

¡Arriad el foque!

¡Arriad el foque!, ordena el capitán. ¡Arriad el foque!, repite el segundo. ¡Orzad a estribor!, grita el capitán. ¡Orzad a estribor!, repite el segundo. ¡Cuidado con el bauprés!, grita el capitán. ¡El bauprés!, repite el segundo. ¡Abatid el palo de mesana!, grita el capitán. ¡El palo de mesana!, repite el segundo. Entretanto la tormenta arrecia y los marineros corremos de un lado a otro de la cubierta, desconcertados. Si no encontramos pronto un diccionario, nos vamos a pique sin remedio.

ANA M.ª SHUA: *Por favor, sea breve. Antología de relatos hiperbreves*

» PONTE A PRUEBA

Lee y comprueba si lo has comprendido

El español da dinero

El español es el producto más internacional de España y de todos los países que lo tienen como lengua propia. Por eso, el conocimiento de sus dimensiones económicas, quiere decirse, el valor económico del español —su capacidad para potenciar actividades productivas y hacer negocio—, merece más atención de la que durante mucho tiempo se le ha dispensado.

En un mundo que suprime fronteras para la producción, los intercambios económicos y las transacciones financieras, y en una época que contempla el incesante despliegue de la sociedad del conocimiento, las lenguas de comunicación internacional ganan en utilidad y se revalorizan; el español, entre ellas. Es un fenómeno de alcance general, constatable día a día. Los primeros lustros del siglo XXI están siendo especialmente prometedores para las potencialidades del español como lengua global. Dos hechos novedosos permiten afirmarlo con rotundidad; son de distinta naturaleza, pero su trascendencia —también desde la perspectiva económica— apunta en la misma dirección.

Uno es el formidable avance conseguido en la normativización consensuada, gracias al desarrollo del programa de política lingüística panhispánica desarrollado desde 1999 con la participación de las 22 corporaciones que integran la Asociación de Academias de la Lengua Española. Sus frutos están a la vista: el *Diccionario panhispánico de dudas* (publicado en 2005), la *Nueva gramática de la lengua española* (en 2009), la *Ortografía de la lengua española* (en 2010) y la nueva edición del *Diccionario de la lengua española* (en 2014), coincidiendo con el tricentenario de la Real Academia Española, que ha liderado todo el trabajo conjunto. Se trata de una realidad de naturaleza lingüística —homogeneidad que hace más atractivo el aprendizaje y facilita la comunicatividad, esto es, el entendimiento mutuo—, con efectos positivos sobre la expansión, la funcionalidad y, en definitiva, la economía del español en tanto que lengua de comunicación internacional. Con otras palabras: solo el español, entre las grandes lenguas internacionales y merced a ese esfuerzo compartido, dispone de ortografía, gramática y diccionario comunes, es decir, de los tres códigos fundamentales de toda lengua culta. [...]

El segundo hecho de gran alcance pertenece más bien al campo de la demolingüística, y atiende a la creciente penetración del español en dos extensos territorios de América: Estados Unidos y Brasil. En Estados Unidos la primera década de la actual centuria ha sido testigo de un aumento de la población hispana que cabe calificar de histórico por su magnitud, un 43 %, mitad por inmigración, mitad por nacimiento, alcanzando un total de 50 millones en el censo de 2011, con la previsión de que antes del ecuador de la centuria, entre 2040 y 2050, uno de cada tres norteamericanos será de origen hispano. Así pues, el horizonte para el español en Estados Unidos es promisorio.

En Brasil, a su vez, el arranque de siglo ha coincidido con la promulgación de la ley que hace obligatoria, de manera gradual, la oferta del español en toda la enseñanza media, y opcional en los tres últimos cursos de la enseñanza primaria. [...]

Buen momento, en definitiva, para el español, convertido ya definitivamente en una lengua americana: americanos son 9 de cada 10 de sus hablantes.

José Luis García Delgado: «El español da dinero»,
en José M.ª Merino y Álex Grijelmo:
Más de 555 millones podemos leer este libro sin traducción.

1. En el texto predominan los fragmentos...

a) descriptivos y argumentativos.
b) expositivos y narrativos.
c) argumentativos y expositivos.
d) narrativos y descriptivos.

2. ¿Qué significa *el valor económico del español*?

a) Su valor como lengua propia en muchos países.
b) Su capacidad para potenciar actividades productivas y hacer negocio.
c) Su uso en las transacciones financieras.

3. En un mundo que suprime fronteras...

a) las lenguas de comunicación internacional como el español se revalorizan.
b) las lenguas de comunicación internacional como el español se normativizan.

4. Señala cuál es la definición correcta de *panhispánico*.

a) Perteneciente al conjunto de los países de habla española.
b) Relativo a todas las variedades de la lengua española.

5. ¿De quién es obra la nueva edición del *Diccionario de la lengua española* (2014)?

a) De la Real Academia Española.
b) De las 22 corporaciones que integran la Asociación de Academias de la Lengua Española.

6. Según el texto, el español...

a) es una lengua de un extenso dominio lingüístico pero homogénea.
b) es una lengua muy fragmentada a causa de su extenso dominio lingüístico.

7. *Demolingüística* es una palabra compuesta por los siguientes elementos:

a) *Democracia* y *lingüística*.
b) *Demografía* y *lingüística*.

8. En la oración *El horizonte para el español en Estados Unidos es promisorio*, la palabra *promisorio* significa... (Señala las opciones correctas.)

halagüeño • lisonjero • favorable • desalentador
esperanzador • prometedor • aciago

9. Señala la subordinada adverbial y di de qué tipo es:

Si se cumplen las previsiones, uno de cada tres norteamericanos será de origen hispano.

10. En la oración «El valor económico del español —su capacidad para potenciar actividades productivas y hacer negocio— merece más atención»...

a) deberían sustituirse las rayas por paréntesis.
b) deberían sustituirse las rayas por comas.
c) no hay que modificar nada porque está bien puntuado.

Averigua

Infórmate y haz una breve reseña de las obras sobre la lengua española que se mencionan en el texto.

Mira

Busca en internet vídeos con ejemplos de las diferentes variedades del español de América.

» RUTA POR LATINOAMÉRICA

Llamamos Latinoamérica a un conjunto de países americanos cuya lengua y cultura son prioritariamente latinas. Comprende, pues, a aquellos países de ese continente que tienen como lengua oficial el español o el portugués y, en menor medida, el francés.

Un cliente importante ha encargado a la agencia de viajes Carabela para la que trabajas la planificación de un viaje de entre 10 y 15 días por Latinoamérica. Viajará con un grupo de amigos y está dispuesto a contratar como asistentes (irían al viaje y cobrarían por ello) al equipo de la agencia que le prepare la mejor ruta.

¿Qué tenéis que hacer en este proyecto?

- Planificar el viaje incluyendo itinerario, vuelos, hoteles y actividades diarias. Hay que programar todas las visitas a atracciones turísticas: monumentos, museos, lugares históricos, restos arqueológicos, parques naturales, etc.
- Elaborar un documento para el cliente con los datos principales del viaje:
  - Viaje a... (título)
  - Descripción (presentación general)
  - Resumen (ruta día a día)
  - Itinerario (día, lugar y actividades previstas)
- Realizar una exposición oral con soporte audiovisual de la ruta planeada. En las conclusiones, hay que argumentar los atractivos de esta propuesta frente a cualquier otra: ¿por qué motivos el cliente debería escogerla?
- Confeccionar un folleto turístico para mostrar las principales características de la ruta y promocionar los lugares que se visitarán. Puede ser un tríptico con imágenes, mapas, gráficos y texto explicativo.
- Organizar una votación para escoger la mejor ruta y decidir, por tanto, quién irá de viaje.

¿Cómo tenéis que hacerlo?

1. Haced el trabajo en grupos de 4 o 5 alumnos. Es importante que todos los miembros del grupo participéis en cada una de las actividades según la tarea que tengáis asignada (que puede estar de acuerdo con las habilidades y preferencias de cada uno).

2. Buscad información para aportar datos y argumentos que os permitan defender con criterio vuestras opiniones. (Podéis consultar el *Material complementario* en vuestro espacio personal de la página web *www.barcanova.cat*.) Seleccionad con cuidado los lugares de interés y contabilizad el tiempo que asignáis a cada actividad.

3. Preparad la exposición oral de manera que resulte original y atractiva

4. Planificad los textos escritos y haced una primera versión que luego revisaréis y corregiréis hasta tener la versión definitiva.

5. Para la votación final, estableced criterios de puntuación lo más objetivos posible y valorad aspectos de contenido (relevancia de los destinos turísticos, información que se facilita, viabilidad de la propuesta, etc.) y aspectos formales (recursos audiovisuales y otros medios técnicos, etc.)

Material complementario y modelos

En vuestro espacio personal de la página web *www.barcanova.cat* encontraréis enlaces que os pueden ayudar en la tarea asignada.

APÉNDICE

» VERBOS REGULARES

» REFERENCIAS BIBLIOGRÁFICAS

CANTAR

INFINITIVO

Presente

canto
cantas
canta
cantamos
cantáis
cantan

Pretérito perfecto compuesto

he cantado
has cantado
ha cantado
hemos cantado
habéis cantado
han cantado

Pretérito imperfecto

cantaba
cantabas
cantaba
cantábamos
cantabais
cantaban

Pretérito pluscuamperfecto

había cantado
habías cantado
había cantado
habíamos cantado
habíais cantado
habían cantado

Pretérito perfecto simple

canté
cantaste
cantó
cantamos
cantasteis
cantaron

Pretérito anterior

hube cantado
hubiste cantado
hubo cantado
hubimos cantado
hubisteis cantado
hubieron cantado

Futuro simple

cantaré
cantarás
cantará
cantaremos
cantaréis
cantarán

Futuro compuesto

habré cantado
habrás cantado
habrá cantado
habremos cantado
habréis cantado
habrán cantado

Condicional simple

cantaría
cantarías
cantaría
cantaríamos
cantaríais
cantarían

Condicional compuesto

habría cantado
habrías cantado
habría cantado
habríamos cantado
habríais cantado
habrían cantado

SUBJUNTIVO

Presente

cante
cantes
cante
cantemos
cantéis
canten

Pretérito perfecto compuesto

haya cantado
hayas cantado
haya cantado
hayamos cantado
hayáis cantado
hayan cantado

Pretérito imperfecto

cantara o cantase
cantaras o cantases
cantara o cantase
cantáramos o cantásemos
cantarais o cantaseis
cantaran o cantasen

Pretérito pluscuamperfecto

hubiera o hubiese cantado
hubieras o hubieses cantado
hubiera o hubiese cantado
hubiéramos o hubiésemos cantado
hubierais o hubieseis cantado
hubieran o hubiesen cantado

Futuro simple

cantare
cantares
cantare
cantáremos
cantareis
cantaren

Futuro compuesto

hubiere cantado
hubieres cantado
hubiere cantado
hubiéremos cantado
hubiereis cantado
hubieren cantado

IMPERATIVO

canta (tú)
cante (él, ella)
cantemos (nosotros, nosotras)
cantad (vosotros, vosotras)
canten (ellos, ellas)

FORMAS NO PERSONALES

	Infinitivo	Gerundio	Participio
Simple:	cantar	cantando	cantado
Compuesto:	haber cantado	habiendo cantado	

TEMER

INFINITIVO

Presente	Pretérito perfecto compuesto
temo	he temido
temes	has temido
teme	ha temido
tememos	hemos temido
teméis	habéis temido
temen	han temido

Pretérito imperfecto	Pretérito pluscuamperfecto
temía	había temido
temías	habías temido
temía	había temido
temíamos	habíamos temido
temíais	habíais temido
temían	habían temido

Pretérito perfecto simple	Pretérito anterior
temí	hube temido
temiste	hubiste temido
temió	hubo temido
temimos	hubimos temido
temisteis	hubisteis temido
temieron	hubieron temido

Futuro simple	Futuro compuesto
temeré	habré temido
temerás	habrás temido
temerá	habrá temido
temeremos	habremos temido
temeréis	habréis temido
temerán	habrán temido

Condicional simple	Condicional compuesto
temería	habría temido
temerías	habrías temido
temería	habría temido
temeríamos	habríamos temido
temeríais	habríais temido
temerían	habrían temido

SUBJUNTIVO

Presente	Pretérito perfecto compuesto
tema	haya temido
temas	hayas temido
tema	haya temido
temamos	hayamos temido
temáis	hayáis temido
teman	hayan temido

Pretérito imperfecto	Pretérito pluscuamperfecto
temiera o temiese	hubiera o hubiese temido
temieras o temieses	hubieras o hubieses temido
temiera o temiese	hubiera o hubiese temido
temiéramos o temiésemos	hubiéramos o hubiésemos temido
temierais o temieseis	hubierais o hubieseis temido
temieran o temiesen	hubieran o hubiesen temido

Futuro simple	Futuro compuesto
temiere	hubiere temido
temieres	hubieres temido
temiere	hubiere temido
temiéremos	hubiéremos temido
temiereis	hubiereis temido
temieren	hubieren temido

IMPERATIVO

teme (tú)
tema (él, ella)
temamos (nosotros, nosotras)
temed (vosotros, vosotras)
teman (ellos, ellas)

FORMAS NO PERSONALES

	Infinitivo	Gerundio	Participio
Simple:	temer	temiendo	temido
Compuesto:	haber temido	habiendo temido	

PARTIR

INFINITIVO

Presente	Pretérito perfecto compuesto
parto	he partido
partes	has partido
parte	ha partido
partimos	hemos partido
partís	habéis partido
parten	han partido

Pretérito imperfecto	Pretérito pluscuamperfecto
partía	había partido
partías	habías partido
partía	había partido
partíamos	habíamos partido
partíais	habíais partido
partían	habían partido

Pretérito perfecto simple	Pretérito anterior
partí	hube partido
partiste	hubiste partido
partió	hubo partido
partimos	hubimos partido
partisteis	hubisteis partido
partieron	hubieron partido

Futuro simple	Futuro compuesto
partiré	habré partido
partirás	habrás partido
partirá	habrá partido
partiremos	habremos partido
partiréis	habréis partido
partirán	habrán partido

Condicional simple	Condicional compuesto
partiría	habría partido
partirías	habrías partido
partiría	habría partido
partiríamos	habríamos partido
partiríais	habríais partido
partirían	habrían partido

SUBJUNTIVO

Presente	Pretérito perfecto compuesto
parta	haya partido
partas	hayas partido
parta	haya partido
partamos	hayamos partido
partáis	hayáis partido
partan	hayan partido

Pretérito imperfecto	Pretérito pluscuamperfecto
partiera o partiese	hubiera o hubiese partido
partieras o partieses	hubieras o hubieses partido
partiera o partiese	hubiera o hubiese partido
partiéramos o partiésemos	hubiéramos o hubiésemos partido
partierais o partieseis	hubierais o hubieseis partido
partieran o partiesen	hubieran o hubiesen partido

Futuro simple	Futuro compuesto
partiere	hubiere partido
partieres	hubieres partido
partiere	hubiere partido
partiéremos	hubiéremos partido
partiereis	hubiereis partido
partieren	hubieren partido

IMPERATIVO

parte (tú)
parta (él, ella)
partamos (nosotros, nosotras)
partid (vosotros, vosotras)
partan (ellos, ellas)

FORMAS NO PERSONALES

	Infinitivo	Gerundio	Participio
Simple:	partir	partiendo	partido
Compuesto:	haber partido	habiendo partido	

» REFERENCIAS BIBLIOGRÁFICAS

- «Quién fue Mercedes, la niña de 11 años que dio nombre a un imperio automobilístico». 14 de abril de 2020, en *https://www.lavanguardia.com/motor/20200413/48403999593/mercedes-nina-nombre-marca-coches-mercedes-benz.html*
- Agostinho, Elizabete: *Grandes cartas de amor*. Madrid, La Esfera de los Libros, 2017.
- Alberti, Rafael: «Qué altos...», en *Marinero en tierra*. Madrid, Alianza, 2016.
- Aldecoa, Ignacio: «La despedida», en *Cuentos completos*. Barcelona, Alfaguara, 2018.
- Aleixandre, Vicente: «Adolescencia», en *Antología poética de la generación del 27*. Barcelona, Punto de lectura, 2002.
- Alonso, Dámaso: «Madrid es una ciudad de más de un millón de cadáveres (según las últimas estadísticas)», en *Hijos de la ira*. Barcelona, Castalia Ediciones, 1989.
- Allende, Isabel: *Largo pétalo de mar*. Barcelona, Plaza y Janés, 2019.
- Atxaga, Bernardo: *Esos cielos*. Barcelona, Ediciones B, 1997.
- Azorín: «Una lucecita roja», en *La ruta de don Quijote*. Madrid, Alianza, 2013.
- Baroja, Pío: *Zalacaín el Aventurero*. Madrid, Cátedra, 2014.
- Bécquer, Gustavo Adolfo: *Rimas*. Madrid, Cátedra, 2016.
- Benedetti, Mario: *Despistes y franquezas*. Barcelona, Alfaguara, 2010.
- Benítez Reyes, Felipe: «El actor», en *El equipaje abierto*. Barcelona, Tusquets, 1996.
- Borges, Jorge Luis: «El minotauro», en *El libro de los seres imaginarios*. Madrid, Alianza, 2010.
- Borges, Jorge Luis: «Episodio del enemigo», en *Nueva antología personal*. Madrid, Siglo XXI de España Editores, 2009.
- Cadalso, José: *Cartas marruecas*. Madrid, Cátedra, 2006.
- Cantó, Pablo: «El viaje de una pera: por qué hay alimentos que hacen miles de kilómetros antes de llegar al supermercado». 8 de septiembre de 2020, en *https://verne.elpais.com/verne/2020/09/07/articulo/1599478262_267175.html*.
- Castro, Rosalía de: *En las orillas del Sar*. Madrid, Cátedra, 2006.
- Caso, Ángeles: *Quiero escribirte esta noche una carta de amor. La correspondencia pasional de quince grandes escritoras y sus historias.* Barcelona, Lumen, 2019.
- Cela, Camilo José: *La colmena*. Madrid, Cátedra, 2018.
- Celaya, Gabriel: «No cojas la cuchara con la mano izquierda», en *Itinerario poético*. Madrid, Cátedra, 2004.
- *Clarín*, Leopoldo Alas: *La regenta*. Madrid, Cátedra, 2004.
- Cortázar, Julio: «El diario a diario», en *Historias de cronopios y de famas*. Barcelona, Punto de Lectura, 2016.
- Cortázar, Julio: *Último round*. Madrid, Siglo XXI de España editores, 2009.
- Darío, Rubén: «Sonatina» y «La nube de verano», en *Obras completas. Poesía*. Barcelona, Galaxia Gutenberg, 2007.
- Delibes, Miguel: *Cinco horas con Mario*. Barcelona, Destino, 2006.
- Esquivel, Laura: *Como agua para chocolate*. Barcelona, Debolsillo, 2003. © 1989, Laura Esquivel.
- García Delgado, José Luis: «El español da dinero», en José M.ª Merino y Álex Grijelmo: *Más de 555 millones podemos leer este libro sin traducción*. Barcelona, Taurus, 2019.
- Espronceda, José de: «Canción del pirata», en *Obras completas.* Madrid, Cátedra, 2006.
- Espronceda, José de: «Canto a Teresa», en *El diablo mundo; El pelayo y poesías*. Madrid, Cátedra, 2013.
- Fernández de Moratín, Leandro: *El sí de las niñas*. Madrid, Cátedra, 2005.

- G. Ferrán, Judith: «10 preguntas frecuentes sobre los diccionarios», en *https://www.fundeu.es/especial-diccionarios/10-preguntas-frecuentes-sobre-los-diccionarios/*
- García Lorca, Federico: «Adivinanza de la guitarra», en *Poema del cante jondo. Romancero gitano.* Madrid, Cátedra, 2016.
- García Lorca, Federico: «Canción del jinete», en *Canciones* y *Primeras canciones*. Valencia, Calambur Editorial, 2018.
- García Márquez, Gabriel: *Cien años de soledad*. Madrid, Cátedra, 2007.
- García Montero, Luis: «Aunque tú no lo sepas», en *Poesía (1980-2005)*. Barcelona, Tusquets, 2008.
- Gavaldà, Josep: «Edward Jenner». 12 de diciembre de 2017, en *https://historia.nationalgeographic.com.es/a/edward-jenner-probablemente-cientifico-que-mas-vidas-ha-salvado-historia_14242*.
- González, Ángel: «Nada es lo mismo», en *Poemas*. Madrid, Cátedra, 1998.
- Goytisolo, Juan: *Coto vedado*. Madrid, Alianza, 2018.
- Grandes, Almudena: *El corazón helado*. Barcelona, Tusquets, 2009.
- Grijelmo, Álex: «Versus», en *La punta de la lengua*. Barcelona, Aguilar, 2004.
- Hernández, Miguel: «Nanas de la cebolla», en *El hombre acecha. Cancionero y romancero de ausencias*. Madrid, Cátedra, 2004.
- Hernández, Miguel: «Tengo estos huesos hechos a las penas...», en *El rayo que no cesa*. Madrid, Alianza, 2018.
- Hierro, José: «Segundo amor», en *Libro de las alucinaciones*. Madrid, Cátedra, 1986.
- Huerta, Màxim: *Una tienda en París*. Barcelona, Ediciones Martínez Roca, 2012.
- Imserso: «Una imagen inadecuada», en *Libro blanco sobre el envejecimiento activo*, en *https://www.imserso.es/InterPresent2/groups/imserso/documents/binario/lbea_c9.pdf*
- Jiménez, Juan Ramón: «¿Cómo, muerte, tenerte miedo...?», en *Poemas escogidos*. Barcelona, Vicens Vives, colección Clásicos Hispánicos, 2006.
- José Ortega y Gasset: *La deshumanización del arte e Ideas sobre la novela y otros ensayos*. Madrid, Alianza, 2019.
- Juaristi, Jon: «Rosario», en *Poesía española reciente (1980-2000)*. Madrid, Cátedra, 2001.
- Larra, Mariano José de: «El día de difuntos de 1836» y «Vuelva usted mañana», en *Artículos*. Madrid, Cátedra, 2006.
- Machado, Antonio: «Es una tarde cenicienta y mustia», en *Soledades. Galerías. Otros poemas*. Madrid, Cátedra, 2019.
- Machado, Antonio: «Las moscas», en *Antonio Machado. Antología poética* (edición de Raquel Ramírez de Arellano). Madrid, Anaya, Clásicos Hispánicos, 2020.
- Marías, Javier: *Berta Isla*. Barcelona, Punto de Lectura, 2019.
- Matute, Ana María: «La niña fea», en *Los niños tontos*. Madrid, Cátedra, 2019.
- Matute, Ana María: *Luciérnagas*. Madrid, Cátedra, 2014.
- Mendoza, Eduardo: *El misterio de la cripta embrujada*. Barcelona, Seix Barral, 2016.
- Millás, Juan José: *El mundo*. Barcelona, Planeta, 2008.
- Miralles, Francesc: «Consejos inuit para mejorar tu vida». 8 de marzo de 2020, en *https://elpais.com/elpais/2020/03/02/eps/1583148380_800866.html*.
- Muñoz Molina, Antonio: *La noche de los tiempos* (2009). Barcelona, Seix Barral, 2017.

- Neruda, Pablo: «La reina», *Obras completas I*. Barcelona, RBA-Instituto Cervantes, 2005.
- Neruda, Pablo: «Para mi corazón basta tu pecho», en *Veinte poemas de amor y una canción desesperada.* Madrid, Alianza, 2013.
- Neruda, Pablo: «Oda a la ola», en *Tercer libro de las odas*. Buenos Aires, Losada, 1957.
- Ordine, Nuccio: «Las tonterías infestan internet». 1 de junio de 2019, en *https://elpais.com/elpais/2019/05/28/opinion/1559059248_741422.html.*
- Pardo Bazán, Emilia: *Un destripador de antaño y otros cuentos*. Madrid, Alianza, 2015.
- Pascual, Emilio: *Días de Reyes Magos*. Madrid, Anaya, 2014.
- Pérez Galdós, Benito: *Episodios Nacionales. El 19 de marzo y el 2 de mayo*. Madrid, Alianza, 2015.
- Pérez Galdós, Benito: *Fortunata y Jacinta*. Madrid, Alianza, 2015.
- ...érez Galdós, Benito: *Misericordia*. Madrid, Cátedra, 2004.
- ...Zafón, Carlos: *El juego del ángel*. Barcelona, Planeta,
- Saki: «Los intrusos», en *Cuentos completos* (traducción de Juan Gabriel López Guix). Barcelona, Alpha Decay, 2005.
- Savater, Fernando: *Ética para Amador*. Barcelona, Ariel, 2011.
- Sierra i Fabra, Jordi: *Mendigo en la playa de oro*. Madrid, Alhambra, 2006.
- Torres Villarroel, Diego de: *Vida*. Madrid, Cátedra, 2011.
- Trapiello, Andrés: «Casinos», en *Poesía española reciente (1980-2000)*. Madrid, Cátedra, 2001.
- Unamuno, Miguel de: «Salmo I», en *Poesía completa* I. Madrid, Alianza, 1987.
- Valle-Inclán, Ramón María del: *Luces de bohemia*. Madrid, Cátedra, 2017.
- Vallejo, Irene: *El infinito en un junco*. Madrid, Siruela, 2019.
- Vargas Llosa, Mario: *Elogio de la madrastra*. Barcelona, Tusquets, 2010.
- Vargas Llosa, Mario: *Travesuras de la niña mala*. Barcelona, DeBolsillo, 2015.
- Zorrilla, José: *Don Juan Tenorio*. Madrid, Cátedra, 2006.

Este proyecto editorial del ámbito lingüístico ha sido elaborado de acuerdo con las dimensiones competenciales y los contenidos descritos en el decreto de ordenación curricular publicado por el Departament d'Ensenyament de la Generalitat de Catalunya en el año 2015; este decreto se basa en la Llei d'educació de Catalunya y en las directrices de la Unión Europea, y responde al marco normativo y a la legalidad vigente.

Equipo editorial:

Responsable del proyecto editorial: Montse Ballaró
Edición: Clàudia Sabater, Esther Ordóñez
Corrección: Ester Vallbona
Documentalista: Cristina Boj

Coordinación artística y diseño: Laura R. Dengra
Coordinación técnica: Gemma Vadillo y Laura R. Dengra
Maquetación: Montse Lombarte

Coordinación técnica digital: Montse Cascales
Edición digital: Glòria Jodar Pubill

Ilustraciones: Montse Español
Fotografías: AGE-Fotostock, Album (akg-images; EFE; Heritage-Images; The Print; National Motor Museum), Archivo Anaya (Enríquez, S.; García Pelayo, Á.; Martin, J.), Cordon Press/Alamy, Depositphotos, Imágenes de Shutterstock.com, Photoaisa, Prisma, 123 RF, Archivo Barcanova

Rosa Sensat, 9-11, 4.ª planta. 08005 Barcelona
Teléfono 932 172 054
barcanova@barcanova.cat
www.barcanova.cat

Primera edición: marzo de 2021
ISBN: 978-84-489-5319-5
DL B. 4434-2021
Printed in Spain

PAPEL DE FIBRA CERTIFICADO